15

世界で一番やさしいインテリア

改訂版

和田浩一＝著

もくじ｜Contents

第1章 インテリアの基礎知識

第2章 建築構造と部位のつくり

第3章 インテリアの素材と仕上げ

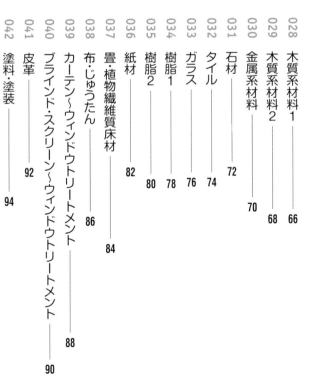

第4章 家具と建具

第5章 設備

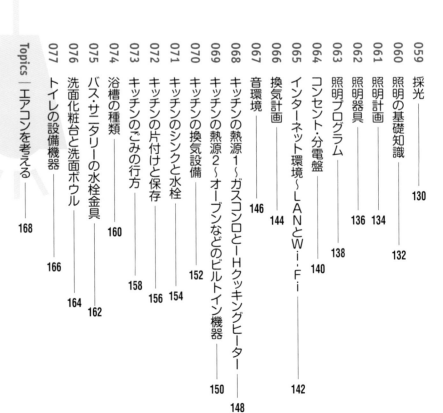

第6章 計画

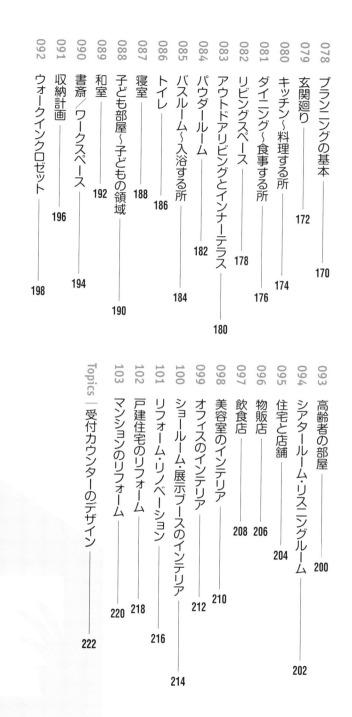

第7章 インテリアデザインの仕事をするために

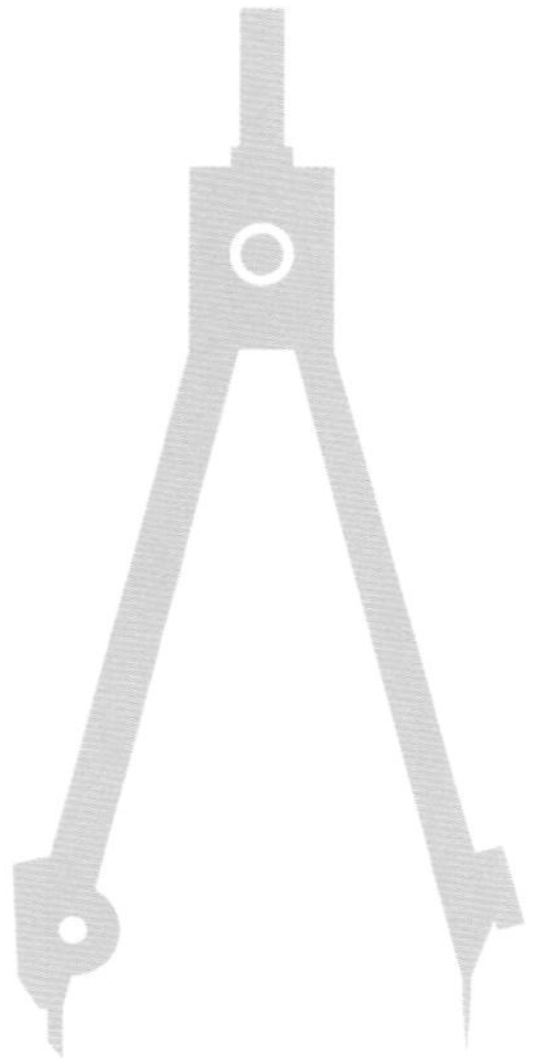

DTP・竹下隆雄
印刷・シナノ書籍印刷

本書は建築知識創刊60周年を記念し、ご好評いただいた書籍「世界で一番やさしいインテリア」（2018年11月刊）を大幅に増補改訂したものです。

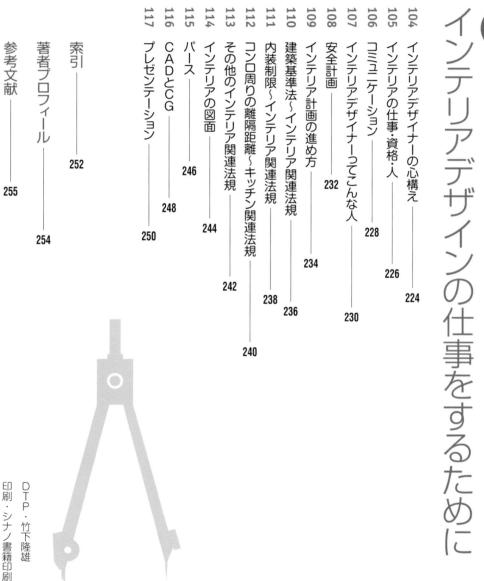

第1章
インテリアの基礎知識

設計:STUDIO KAZ　写真:山本まりこ

001

インテリアをデザインすること

Point
- インテリアデザイン＝生活デザインだと認識する
- 常に「ヒト」とのかかわりを意識する

「ヒト」がかかわるということ

空間の基本は床・壁・天井である。もちろんその形状やプロポーションだけでも受け取るイメージがずいぶん変わるのだが、その囲まれただけの空間では単なる箱にすぎず、そこに色が入り、光が入り、素材が入り、家具が入り、インテリアらしくなってくる。しかし、それで完成ではなく、住宅であれ、店舗であれ、その空間に「ヒト」が介在することではじめて「インテリア」が完成する。つまり、インテリアをデザインするとき、常に「ヒト」の存在を意識しなければならないのである。

そのように考えると、私たちがデザインしているのは、実は空間ではなく「行為」や「シーン」であることに気付く。「ヒト」がその空間に入ったとき、何が見えるのか、どんな匂いがするのか、何が聞こえてくるのか、明るさは？　温度は？　湿度は？　などを考え、それらの要因から「ヒト」はいろいろな感情を持ち、さまざまな行動へと変換させるのである。

トータルデザインを意識する

たとえば茶道を例に考えると分かりやすい。茶室という空間構成ばかりでなく、枦の切り方、そこにある花や書、香《こう》、茶道具、茶器、茶菓子、着物の柄から所作の一つひとつに至るまでトータルに「感じること」が茶道である。まず、ある行為を想定し、その行為のために必要な物や素材を周辺に配置し、徐々にその範囲を広げ、空間全体にまで至るという手法は非常に有効である。ここでは、光や色、匂い、音も家具や素材、空間構成などと等価に、そして同時にイメージされなければならない。極端に言うならば、観葉植物の種類、壁に掛けられた絵画、「ヒト」が着ている洋服の柄や髪型さえもインテリアデザインの一部なのである。

空間内のさまざまな事象を等価に、かつ同時にイメージしている

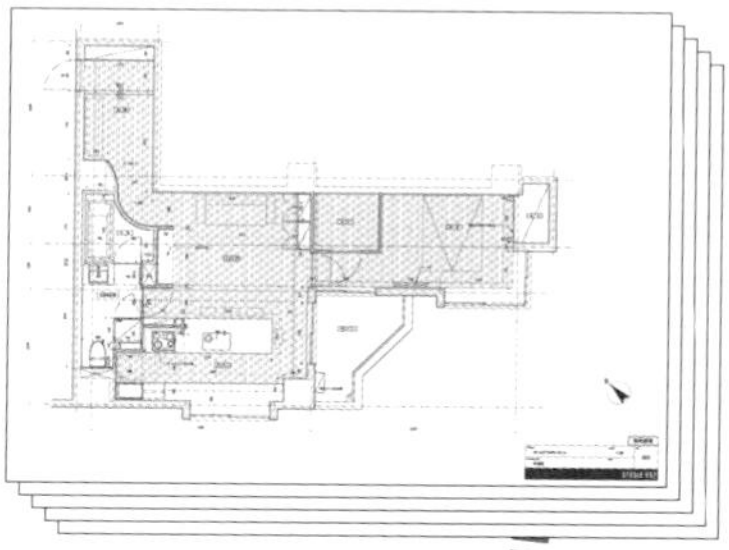

思い描いたイメージの色や素材の一つひとつを図面に落とし込む

図面どおりに完成するように現場を監理する

設計:STUDIO KAZ
写真:山本まりこ

写真:STUDIO KAZ

002

日本のインテリアの歴史（古代〜近世）

Point
文化の流れと建築様式を合わせて理解する
寝殿造・書院造・数寄屋造の違いを知っておく

日本家屋の原型

日本の建築が西洋の建築と最も違う点は、建物の外部と内部を分けずに考えてきたことだろう。したがって建築様式の特性と一体に、生活文化としての調度品などを含めた内部空間を把握することが望ましい。

　日本の建築様式のなかで、初めてインテリアデザインが意識されたのは平安時代の「寝殿造《しんでんづくり》」である。広い空間に「しつらい」と呼ばれる座臥具《ざがぐ》（置畳や円座など）で場をつくり、障屏具《しょうへいぐ》（屏風《びょうぶ》、几帳《きちょう》など）で空間を分節し、収納具（櫃《ひつ》、箱、逗子棚《ずしだな》など）に道具を収めた。開放的な空間を家具や調度で分節、連結し、行為に応じて使い分けるという日本家屋の原型が現れた。

　鎌倉時代から室町時代に移行すると、武家文化と公家文化、さらに外来文化が結合して「書院造《しょいんづくり》」など新しい様式が生まれた。それまで持ち運んでいた畳が敷き詰められるようになり、襖《ふすま》や障子《しょうじ》といった建具が登場し、天井のデザインを意識するようになった。また、床や棚、書院(出文机《だしふづくえ》)など以前は調度であったものが建築化された。

文化の成熟と共に

　安土・桃山時代は南蛮貿易が始まった時期と重なり、外来文化の影響が強くなった。ちなみに、ヨーロッパはルネサンス期、中国は明の時代にあたる。各地で城郭建築が本格化する一方、草庵風の「茶」が広まり、建築、庭、茶道具から所作に至るまでの総合芸術として完成した。また、「木割《きわり》」と呼ばれるモデュラーコーディネーションが確立されたのもこの時期だ。

　江戸時代になると、茶室建築が成熟し、桂離宮に代表される「数寄屋造《すきやづくり》」が登場した。美術工芸品も発達し、特に浮世絵や陶磁器は海外での評価も高い。家具では箪笥《たんす》が発達、普及した。

年表｜日本Ⅰ（建築様式・インテリア関連）

古代	縄文・弥生 (B.C.7000〜A.D.3c)	古墳 (A.D.3c〜A.D.7c)	飛鳥 (A.D.6c〜A.D.8c)	奈良 (A.D.8c)	平安 (A.D.8c〜)

	年	時代	社会・文化	建築・インテリア
古代	1000 (年)	平安	●国風文化	寝殿造
			▶貴族文化	
	1100			
			▶武士の台頭 ●鎌倉幕府	
中世	1200	鎌倉	▶武家文化	▶仏教建築 ▶武家造
	1300			
		室町	●室町幕府 ▶武家文化と貴族文化と外来文化の結合	
	1400			▶金閣・銀閣
	1500		▶戦国時代 ▶南蛮貿易	書院造 ▶城郭建築
	1600	安土桃山	●織田信長 ●豊臣秀吉 ▶侘び茶の完成・千利休	草庵茶室 数寄屋造 ▶桂離宮
近世		江戸	●江戸幕府 ▶鎖国	権現造 ▶日光東照宮 ▶箪笥の普及
	1700		▶元禄文化 ▶工芸品・浮世絵 （町民文化）	
			▶化政文化	
	1800		●大政奉還	

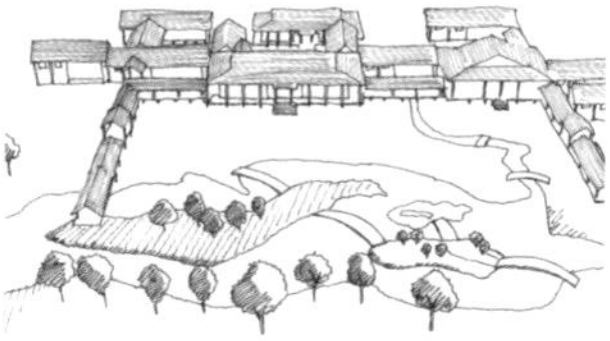

寝殿造（東三条殿）

書院造（二条城の二の丸御殿）

草庵茶室（妙喜庵茶室）

数寄屋造（桂離宮）
写真：STUDIO KAZ

写真提供:UR都市機構技術研究所

003

日本のインテリアの歴史（近代〜現在）

Point
- 日本独自の文化に西洋文化が融合して新しいインテリアの時代が始まった
- 現在、インテリアデザインの領域はさまざまに細分化されている

欧米からの影響

明治政府は、産業の技術水準を高めるため外国人を招いた。その1人、ジョサイア・コンドルは工部大学校で造形教育に携わると共に、多くの建築設計にあたった。明治中期には、コンドルの教えを受けた日本人が活躍し始める。その代表が日本銀行や東京駅などを設計した辰野金吾だ。西洋式建築物は官庁や学校が中心だったが、19世紀末の岩崎邸以降、各地で洋館と呼ばれる洋風住宅が現れた。また、官庁や学校、軍隊などで椅子式を取り入れたこともあり、洋風家具が生産されるようになった。一方、一般家庭で「ちゃぶ台」が見られるようになり、家族が1つの食卓で食事するスタイルが広まった。第一次世界大戦後、インフラ設備の充実が進み、台所を中心に家事労働の合理化が図られた。この頃、フランク・ロイド・ライトが旧帝国ホテルを設計し、その内部空間や家具のデザインが注目された。1923年の関東大震災は、RC造（鉄筋コンクリート造）の普及を促進し、まもなく東京中央郵便局や同潤会アパートなどが建てられた。'30年代にはル・コルビュジェに師事した前川國男や坂倉準三などの建築家が台頭し、彼らの建築の内部や家具を手掛けた柳宗理や剣持勇らがインテリアデザイナーとして活躍し始めた。

多彩に広がるインテリア

'55年に日本住宅公団が設立され、食寝分離を基本とした2DKプランが登場し、その後の日本住宅に大きな影響を与えた。この時代になって、ようやくインテリアデザインという言葉も定着する。そして現在、インテリアは家具や雑貨、プロダクト、テキスタイルのデザイン、コーディネート、スタイリングなどに細分化され、さまざまな人がかかわるようになっている。

年表｜日本Ⅱ（建築様式・インテリア関連）

年		時代	社会・文化	建築・インテリア
1850 （年）	近世	江戸	▶開国	
				グラバー邸
	近代	明治	●明治維新 ▶文明開化 （外国技術の導入）	
				鹿鳴館（ジョサイア・コンドル） 日本銀行本店（辰野金吾）
1900			▶官庁や学校などの洋式化	▶洋館 ▶洋風家具
		大正	●大正時代 ▶大正デモクラシー ▶生活改善運動	東京駅（辰野金吾） ▶中廊下式住宅 ▶台所など住空間の合理化 旧帝国ホテル （フランク・ロイド・ライト）
			●関東大震災	
		昭和	●昭和時代	同潤会アパート ▶鉄筋コンクリート造の普及 ▶前川國男、板倉準三らが活躍 ▶柳宗理、剣持勇らインテリアデザイナーが活躍
	現代		●終戦 ▶戦後復興	▶モダンデザイン
1950			▶高度成長時代	日本住宅公団設立 ▶公団住宅2DKプラン （食寝分離） 日本インテリアデザイナー協会設立 （当初は日本室内設計家協会）
			▶情報化時代	▶モダニズムの拡大 インテリアコーディネーターの資格制度
		平成	●平成時代	▶エコロジー ▶バリアフリー
2000				

旧帝国ホテル

同潤会青山アパート

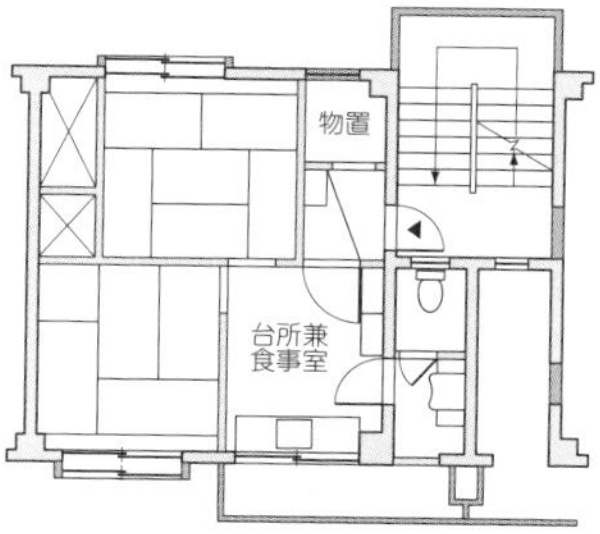

初期公営住宅51C型
（平成7年度国民生活白書より）

re-kitchen/m 2002年
（設計：STUDIO KAZ　写真：Nacása & Partners）

004

西洋のインテリアの歴史（古代〜近世）

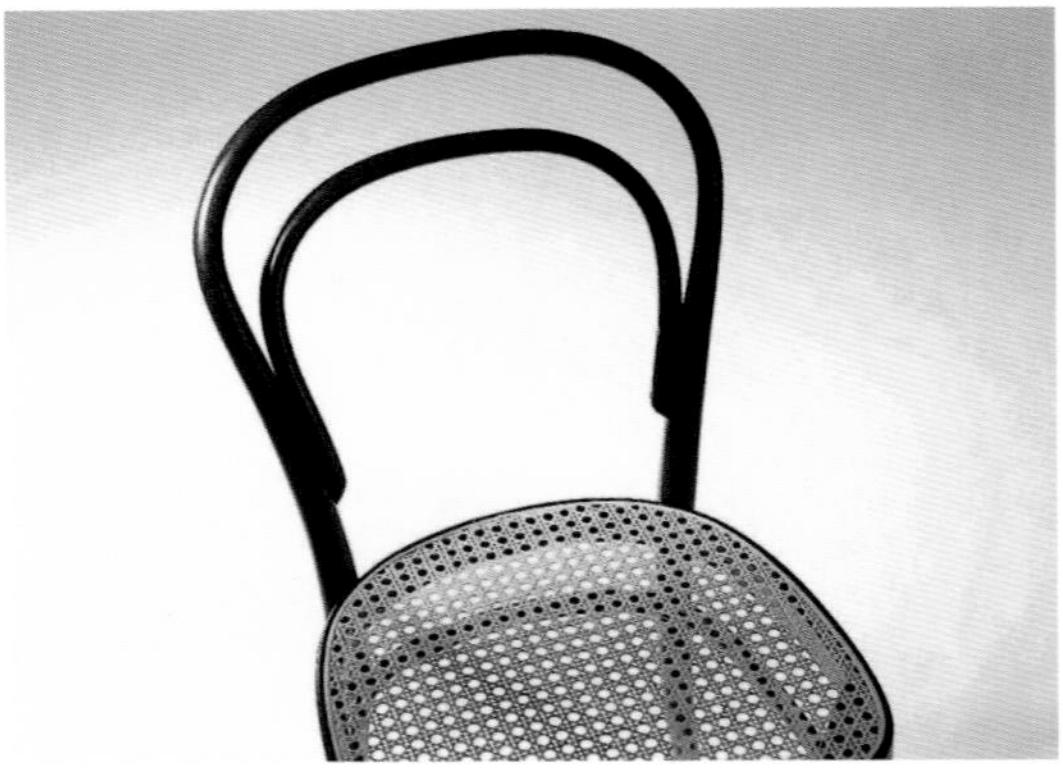

写真提供:株式会社アイデック

Point
西洋の建築史は装飾芸術の変遷とも言える
国別、時代別にそれぞれの様式の特徴を把握する

ギリシャ・ローマの時代を経て

西洋の建築の歴史は、その時々の権力者や支配階級の趣味や嗜好を反映した装飾芸術（様式）の変遷でもある。

洞窟生活からの脱出は、紀元前3千年ごろのエジプト統一国家にさかのぼる。いくつかの文明の後、紀元前5世紀ごろのギリシャ文明において、かのパルテノン神殿が建てられた。黄金比など計算された寸法体系を駆使したこの神殿の設計には驚かされる。また、椅子やソファーの原型がつくられたのもこの時期だ。

ローマ時代には大理石やレンガに加え、コンクリートを建築に用いるようになり、大空間をつくることが可能になった。元々あったアーチの技術を発展させ、パンテオンを代表とするドーム型の建築がつくられている。当時のインテリアは大理石の床、漆喰の壁にはフレスコ画が描かれていた。家具は木製だけでなく、大理石や青銅が用いられ、装飾性の高いものが好まれた。

大ローマ帝国の衰退後はキリスト教中心の文化が形成された。ビザンチン様式と呼ばれ、華美なモザイク画が特徴である。家具はローマ時代より直線的になったものの、東洋的な装飾手法が加わった。その後、ヨーロッパ内で文化拠点の移動を繰り返し、11・12世紀のロマネスク、13・14世紀のゴシックなど特徴ある様式が生まれた。

デザインの広がり

15世紀以降、人や文化の動きは活発化し、各国がお互いに影響し合いさまざまな様式が展開された。家具に関して言えば、そのほとんどが今日において「クラシック家具」に分類されるものだが、18世紀後半アメリカのウィンザーチェアーやシェーカースタイルなどは現代のインテリアでも十分使えるデザインなのでぜひ覚えておきたい。

年表｜西洋 I（建築様式・インテリア関連）

古代〜中世	エジプト (B.C.3000〜B.C.5c)	ギリシア (B.C.7c〜B.C.2c)	ローマ (B.C.2c〜A.D.3c)	初期キリスト教 (A.D.3c〜A.D.6c)	ロマネスク (A.D.11c〜A.D.12c)
				ビザンチン (A.D.4c〜A.D.15c)	

年	時代	イギリス	フランス	イタリア	ドイツ・北欧	アメリカ	日本
1400（年）	中世		ゴシック	ルネサンス初期			
1450			ルネサンス初期				（室町）
1500		チュードル	ルネサンス盛期（フランソワ1世）	ルネサンス盛期			
1550		エリザベス1世	ルネサンス後期	ルネサンス後期	ルネサンス		（安土桃山）
1600		ジャコビアン	ルイ13世	イタリアンバロック		ピルグリムコロニアル	
1650	近世	カロリン	ルイ14世（バロック）				
1700		ウイリアム&メアリ クイーンアン ジョージアン	フイリップ摂政（レジャンス） ルイ15世（ロココ）	イタリアンロココ		ウイリアム&メアリ カントリー（〜1850） クイーンアン	（江戸）
1750		アーリージョージアン アダムス ヘップルホワイト チッペンデール シュラトン	ルイ16世 デイレクトワール	ネオクラシック		チッペンデール フェデラル	
1800		リーゼント ヴィクトリア	ナポレオン1世（アンピール）		トーネット	エンペラー 古典リバイバル	
1850							

ヴェルサイユ宮殿鏡の間

モンタキュートハウス

サンピエトロ寺院

ウィンザーチェア

シェーカースタイルの椅子

写真提供:株式会社カッシーナ・イクスシー

005

西洋のインテリアの歴史（近代～現在）

Point

アートとデザインが融合して、さまざまな運動が盛んになった

現代のデザインはテクノロジーの進化と密接に関係している

鉄とガラスとコンクリート

19世紀に起こった産業革命は建築にも大きな影響を及ぼした。1851年のロンドン万博では鉄とガラスを多用し近代建築の幕開けとも言われた「クリスタルパレス」、’89年のパリ万博ではエッフェル塔、’85年には最初の高層建築がシカゴに登場した。それまでの石とレンガによる建築から、鉄とガラスとコンクリートによる建築へと変わっていく時代である。一方で産業革命に異を唱える運動も起こった。アーツ・アンド・クラフツ運動、アール・ヌーボーなどがそれにあたる。

20世紀に入ると、オランダでデ・スティールが結成され、ドイツではバウハウスが設立された。建築や家具デザインの国際交流も盛んになり、ル・コルビジエやマルセル・ブロイヤー、ミース・ファン・デル・ローエなどが新しい試みの名作家具を発表している。’30年代には北欧が注目され、アルヴァ・アアルトやグンナー・アスプルンド、ブルーノ・マットソンなどが活躍した。’29年に開設されたニューヨーク近代美術館（MOMA）がデザインの普及に果たした役割も大きい。チャールズ・イームズやエーロ・サーリネンらがMOMAで入賞している。

デザインの時代

戦後はミースやフィリップ・ジョンソン、イームズ夫妻らにより、アメリカを中心にモダニズムが成熟した。

’50年ごろからは家具に木材以外のプラスチックや金属が使われ、加工技術の進歩と共にデザインも変化した。さらに新しい可能性を模索するため、多くの建築家やデザイナーがさまざまな実験を試み、モダニズムに対するポストモダニズムの動きとなった。これらはテクノロジーの進化と密接に関係し、常に新たな展開を見せている。

年表｜西洋Ⅱ（建築様式・インテリア関連）

年	イギリス	フランス	イタリア	ドイツ・北欧	アメリカ	日本
近世 1850（年）	ヴィクトリア（ロンドン万博1851年）			（ロンドン万博1851年）	古典リバイバル（ゴシック、ロココ、ルネサンスほか）	（江戸）
近代		（4回目のパリ万博1989年・エッフェル塔）				（明治）
	アーツ&クラフツ	アールヌーボー		セセッション（オーストリア）	アールヌーボー	
1900	エドワード	アールデコ		ドイツ工作連盟	アールデコ	
				デ・スティール(オランダ)		（大正）
				バウハウス	エスプリヌーボー	
		（パリ国際美術展1925年）		スカンジナビア		
	（イギリス工業美術展）					
1950 現代			イタリアンモダン	モダン	アメリカンモダン	（昭和）
1980	ニューインターナショナルモダン（コンテンポラリーモダン）		ポストモダン	インターナショナルモダン	ニューインターナショナルモダン（コンテンポラリーモダン）	（平成）
2000						

① LC2／ル・コルビュジェ

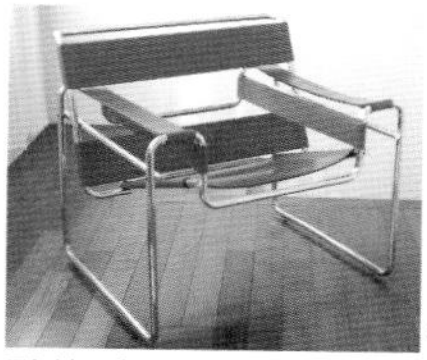
② ワシリーチェア／マルセル・ブロイヤー

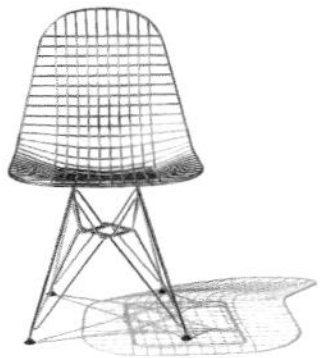
③ ワイヤーチェア／チャールズアンドレイ・イームズ

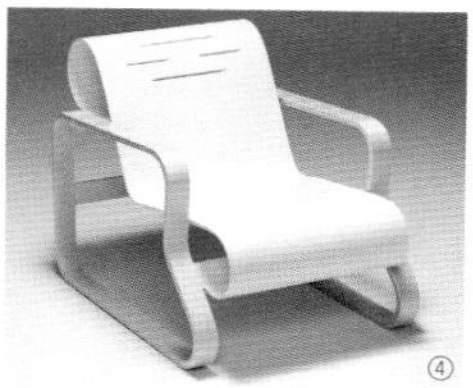
④ パイミオチェア／アルヴァ・アアルト

⑤ エッグチェア／アルネ・ヤコブセン

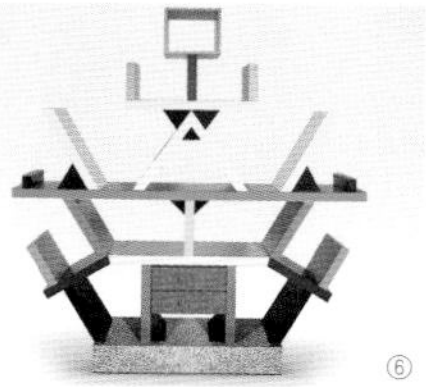
⑥ カールトン／エットーレ・ソットサス

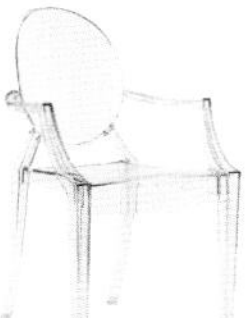
⑦ ルイ・ゴースト／フィリップ・スタルク

写真提供：①株式会社カッシーナ・イクスシー、②STUDIO KAZ、③ハーマンミラージャパン株式会社、④アルテック／ヤマギワ株式会社、⑤フリッツ・ハンセン日本支社、⑥株式会社トーヨーキッチンアンドスタイル、⑦株式会社トーヨーキッチンアンドスタイル

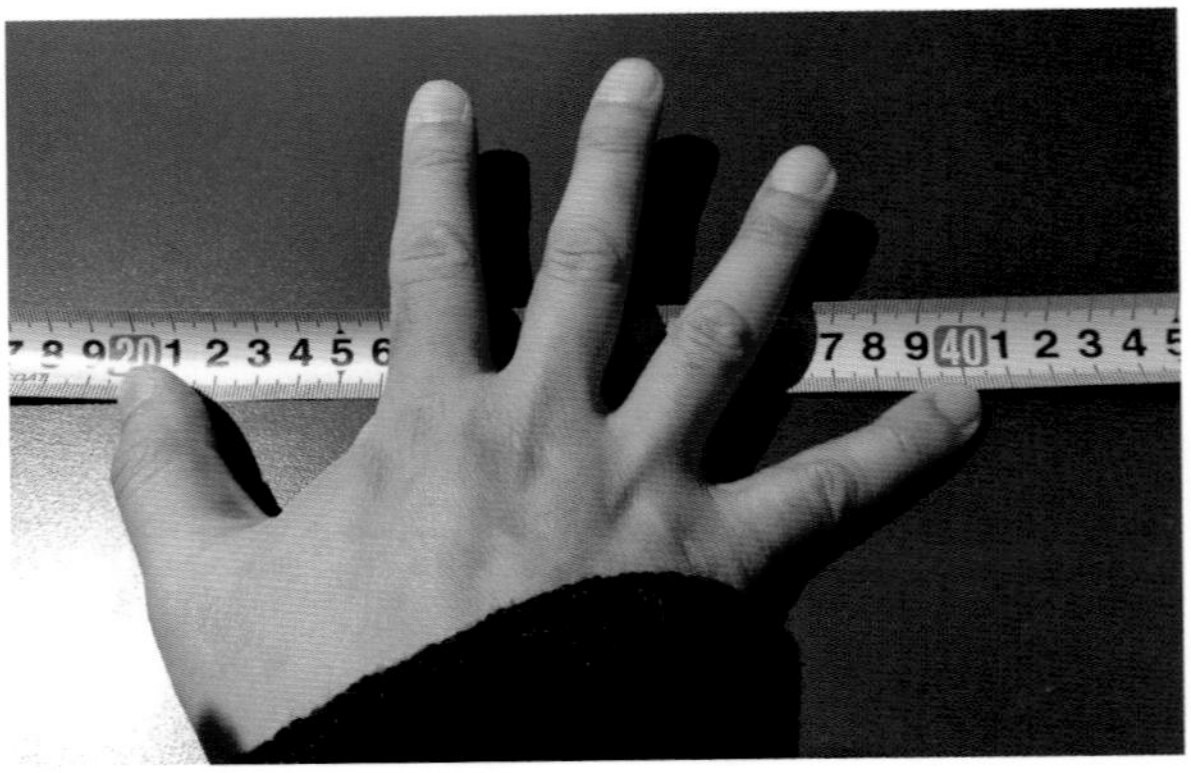

写真:STUDIO KAZ

006

人体寸法からの発想
～大きさのデザイン

Point
- **長さの単位はもともと身体の一部から導かれた**
- **住宅に使う建材の寸法は尺を基本にしている**

身体と尺度

現在、私たちが使っているメートル法は、北極点から赤道までの子午線弧長の1千万分の1を1mに定めたものだが、昔は身体の一部を使って物の大きさを測っていた。たとえば「尺」という漢字の象形は「親指と他の4本の指との間を広げて長さを測るさまにより、長さの単位を表す」(『新字源改訂版』角川書店)とあることからも分かる。そして、「身体寸法からの発想」をもとにして仕上がった空間は、より人間らしい感覚になる。

1921年に尺貫法は廃止されたが、建築現場ではいまだに尺が通用する。住宅に使う建材のほとんどが尺を基本としているからだ。合板やボードは910×1820㎜(3尺×6尺)や1215×2430㎜(4尺×8尺)といった具合である。現場でベテランの大工さんに「よう、ここの溝、3分《ぶ》でいいかい?」と聞かれて困るようではいけない。6尺の寸法が1間、1間×1間の面積が1坪であり、現在も建築に欠かせない単位である。「起きて半畳、寝て1畳」と言うように標準的な畳の大きさ=5尺8寸(1760㎜)が身体寸法から導かれたことは容易に想像できる【図1】。

モデュロール

「建築空間や構成材の寸法を決めるための単位寸法または寸法体系」をモデュールと言うが、その1つ、ル・コルビュジェが提唱した「モデュロール」という考え方が有名だ【図2】。

アメリカに目を向けるとインチやフィート、ヤードという単位が現れる。フィート(feet)は脚(foot)であり、身体から導かれた寸法であろうことは明白である。1フィートは約304・8㎜、1ヤードは約914・4㎜と日本の寸法体系に近い数値である【表】。

図1 柱割と畳割

① 柱割(江戸間)

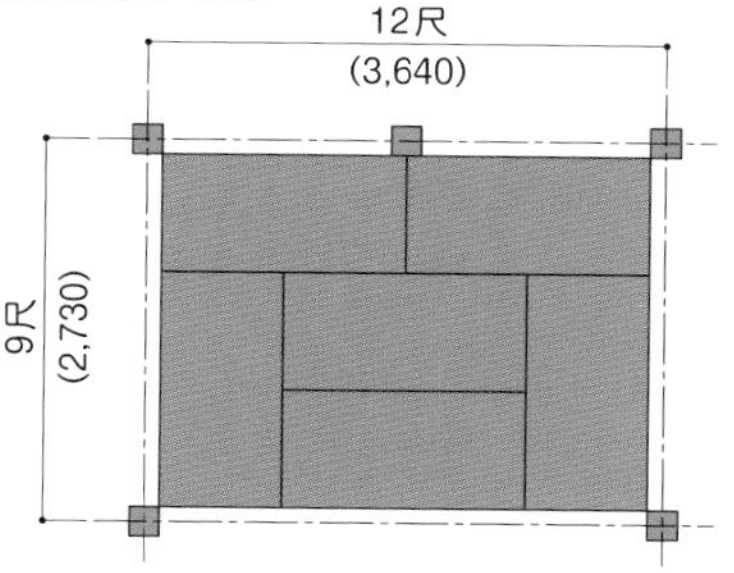

② 畳割(京間)

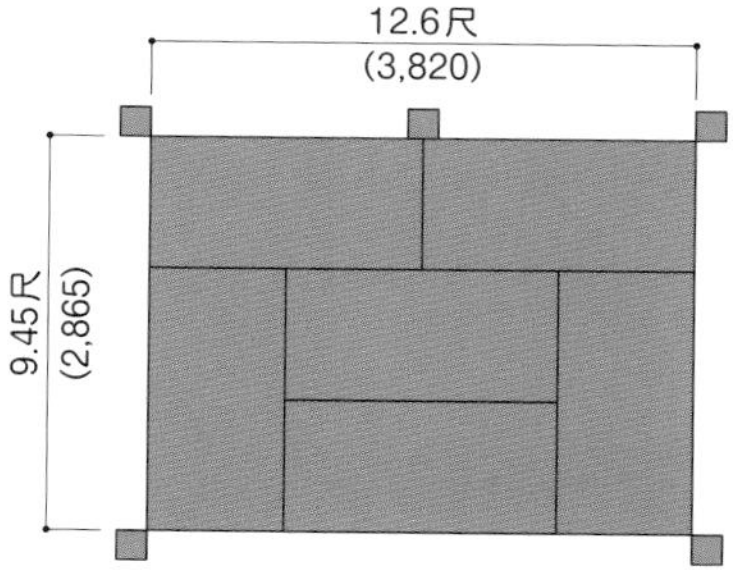

(単位:mm)

	京 間	中京間	江戸間(田舎間)
柱 割	6尺5寸	6尺3寸	6尺
畳 割	6尺3寸	6尺	5尺8寸

※6尺3寸は太閤検地のとき設定した1間
※このように同じ1畳でも地方色が出る。1間の大きさは格の高さを表していたので、京都が一番上になる。ほかにも「九州間」「四国間」「関西間」というのもあり、30年くらい前までの住宅サッシのカタログにはその名称が残っていた

図2 モデュロール

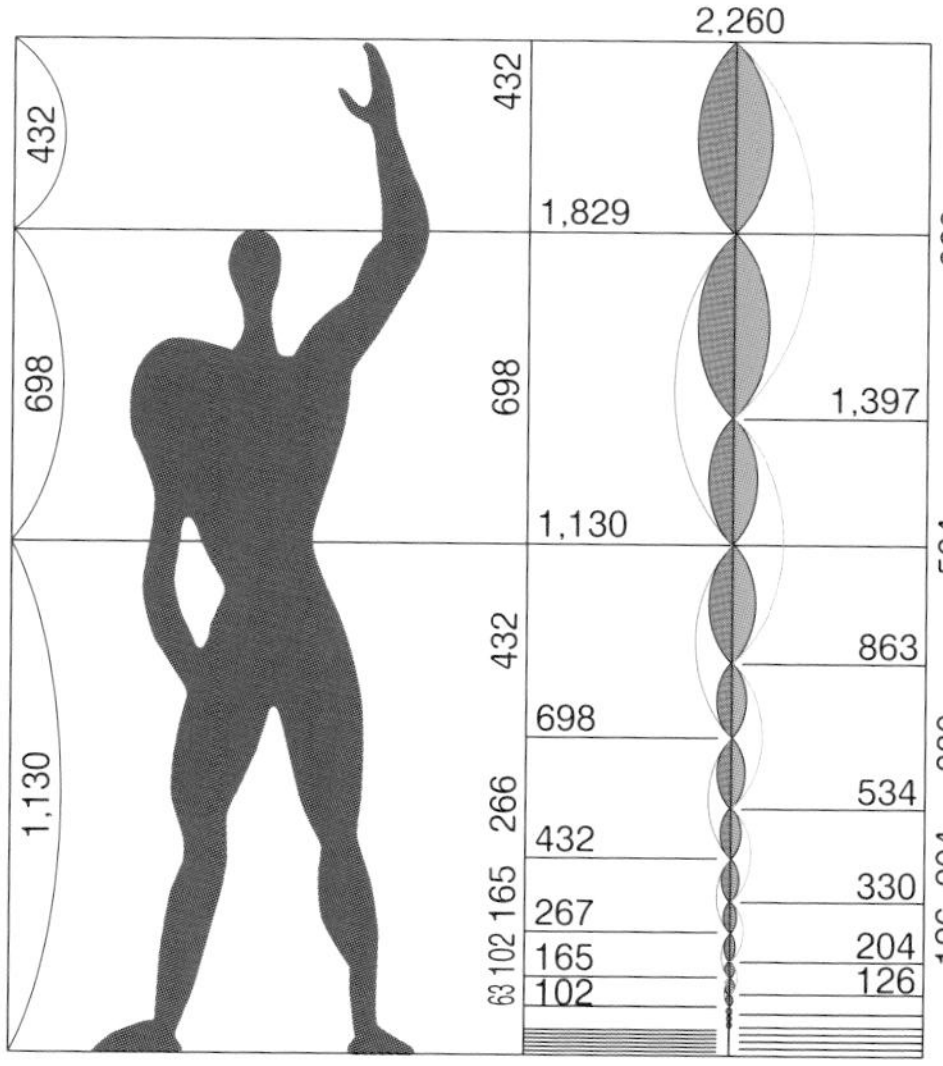

赤	青
6	
9	11
15	18
24	30
39	48
63	78
102	126
165	204
267	330
432	534
698	863
1,130	1,397
1,829	2,260
2,959	3,658
4,788	5,918
7,747	9,576
12,535	15,494

モデュロールは人体寸法と黄金比(フィボナッチ数列)に基づいて設定されている。基本的には人(実はコルビジェ本人だが)が立って片手を上げた高さ(2,260mm=青列)、身長(1,829mm=赤列)を黄金比で割り込んだ寸法体系でできている

表 単位換算表

ミリメートル	尺	間	インチ	フィート
1	0.0033	0.00055	0.03937	0.00328
303.0	1	0.1666	11.93	0.9942
1818	6	1	71.583	5.9653
25.4	0.083818	0.0139	1	0.0833
304.8	1.00584	0.1676	12	1

平方メートル	アール	坪
1	0.01	0.30250
100	1	30.2500
3.30579	0.03306	1

設計:STUDIO KAZ　写真:山本まりこ

007

作業域
～大きさのデザイン

Point
- 姿勢や動作をデザインの一部として考える
- 作業域は家具や機器も含めた寸法を考える

姿勢と動作

姿勢は立位、椅座位《いざい》、平座位《へいざい》、臥位《がい》の4つに分けられる。それぞれに正しい姿勢を取ることで、身体的負担を軽減できる。そのためには物の大きさや位置などが重要であり、インテリアデザインとの密接な関係が生まれる。

たとえば差尺が合わないデスクと椅子で作業をすると、作業効率が落ち、姿勢が悪くなり、肩や腰など身体的に負担がかかる。また、手の大きさに合わない茶碗を使うと脇が開いた姿勢になり、肩に負担がかかる。この2つの例は身体的負担もさることながら、見た目にも格好悪い。この「格好悪い」が重要であり、デザインされた空間は格好良い空間でなければならず、そこに存在する人の姿勢もインテリアデザインの一部であると考えたい。動作に関しても同様で、立ち居振る舞いがしなやかで格好良く見えるように空間の大きさを考えなければならない。

作業域

人が何らかの作業を行う場合、平面的にも立体的にも四肢が届く範囲が存在するが、その範囲を「作業域」と呼ぶ【図1】。これは使い勝手や身体的負担だけでなく、安全性にも関係するので注意したい。たとえば多くのキッチンで吊戸棚式の収納を採用しているが、高い所の物は取り出しにくくなって、踏台などを使用しなければならず、安全面でも有効とは言えない。

生活のなかでの動作の多くは機械や機器の使用を伴うため、身体だけの空間でなく、家具や機器の大きさも含めた作業域を求める必要がある【図2・3】。また、1つの行動が単独で行われることは少なく、たとえばトイレでは主目的のほかに、手を洗う、化粧をする、ドアを開けるといった作業も組み合わせて考えなければならない。

図1 作業域

① 水平作業域

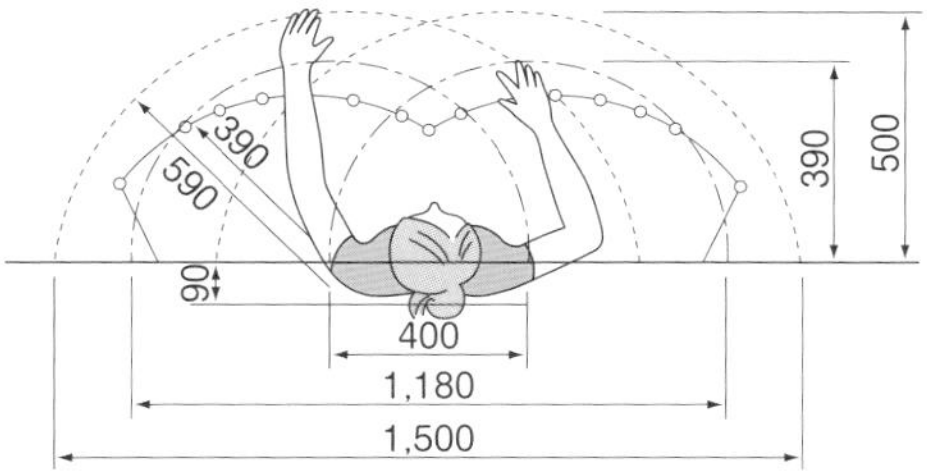

② 立体作業域(R.Barnes提唱)

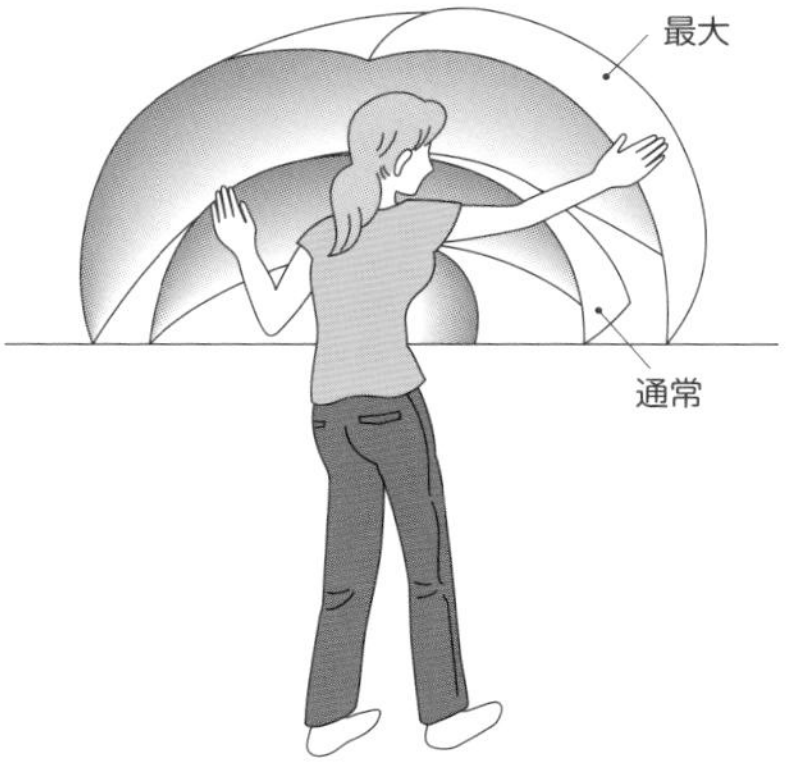

図2 動作空間の考え方

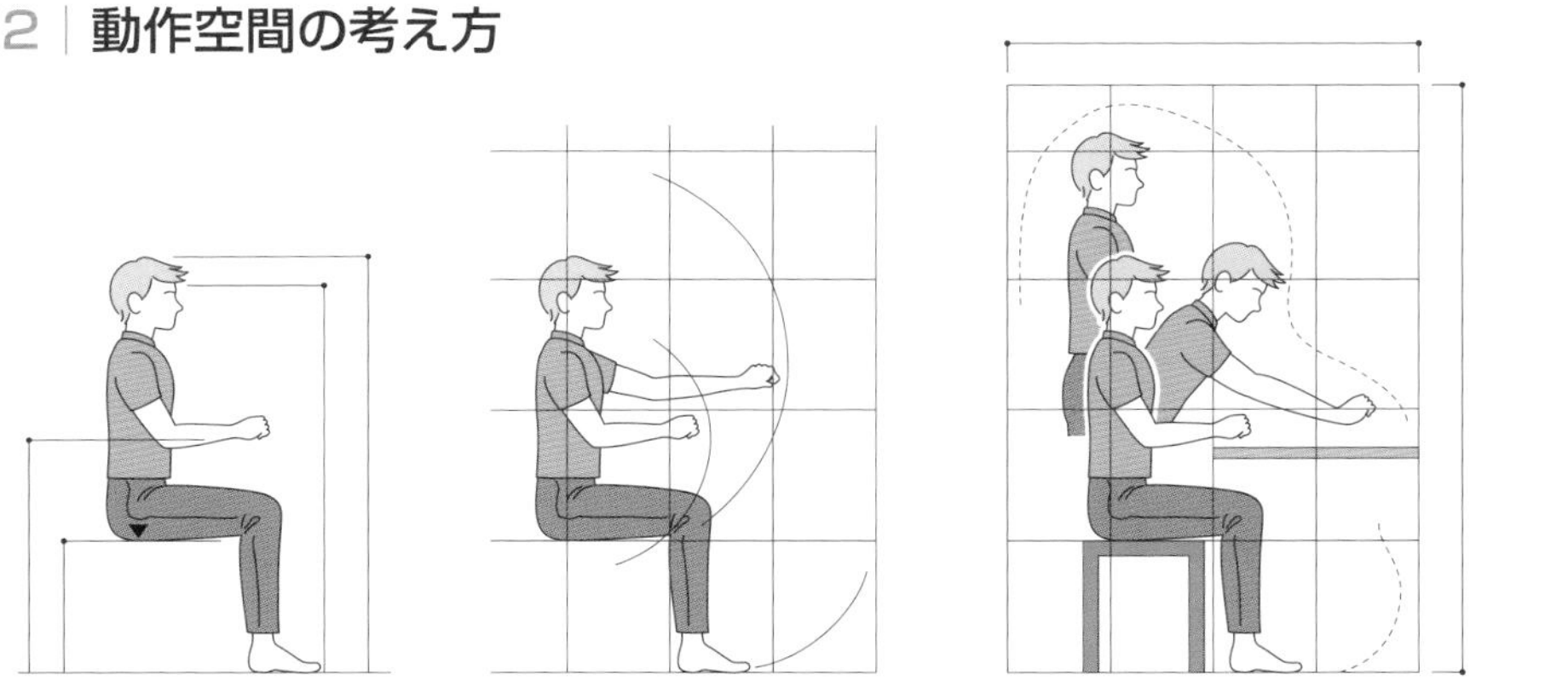

人体寸法
椅子に腰掛けたときの主要な身体の寸法

動作域(動作寸法)
腰掛けた状態で手足の動作の寸法

動作空間
動作の領域にゆとりと家具や用具の大きさを加え直交座標系で表したもの

単位空間

図3 動作空間の例

① 上着を着る
② 引出しを開ける
③ 洗面
④ 荷物を持って階段を上がる

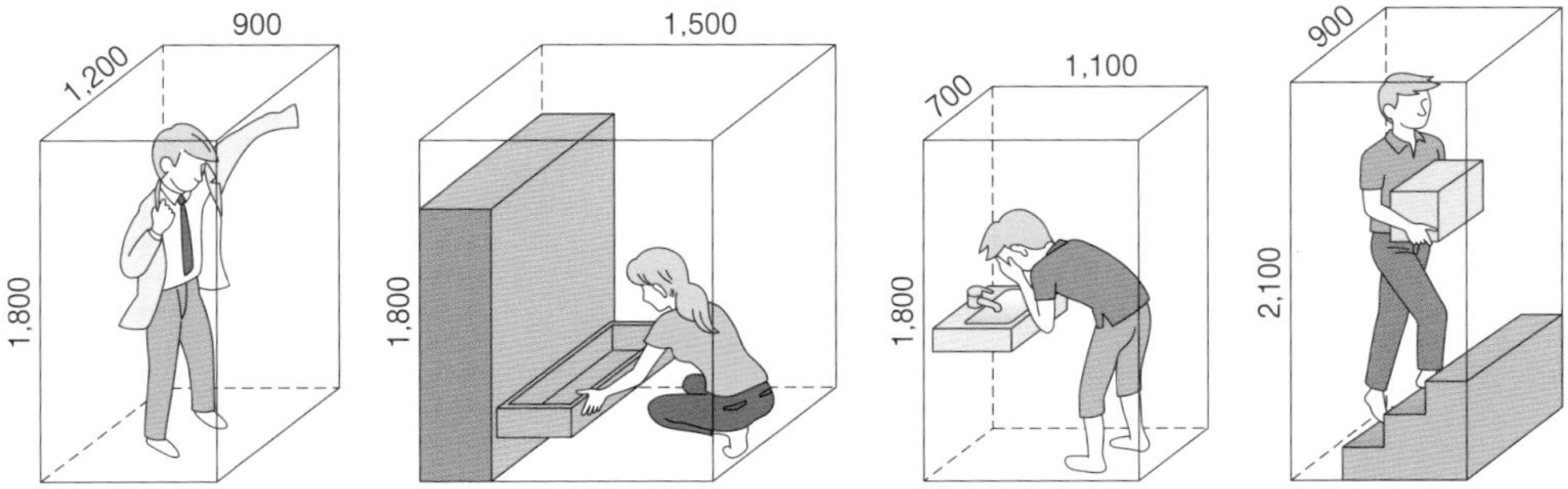

(単位:mm)

設計·写真:STUDIO KAZ

008

行動心理
～大きさのデザイン

Point
ポピュレーションステレオタイプを考慮する
物理的尺度だけでなく心理的尺度も頭に入れておく

動作特性・行動心理

人間の動作や行動のなかには、ある程度共通のパターンとしてとらえることができる特性がある。

そのような生理的な傾向や癖をポピュレーションステレオタイプと言う【図1】。そのことをしっかり考慮して設計しないと、使いにくかったり、混乱を起こしたりする。特に安全に関する物についてはその配慮が不可欠である。

同じようなことが道具だけでなく、行動にも見られる。たとえば多くのコンビニエンスストアでは、左回りに商品をレイアウトしている【図2】。

しかし、これは国際的に共通しているわけではない。たとえば部屋のなかに机を配置する場合、日本では窓に向かって置くことが多いが、欧米では入り口に向かって置く傾向があるので、注意が必要である。

心理的尺度

人間は、他者とのかかわりのなかで生活している。その関係性やコミュニケーションの親密度によってお互いの距離を取っている。たとえば電車のロングシートでは、見知らぬ人どうしなら両端が最初に埋まり、次に中央に座る【図3】。テーブルに対しての座り方にも特徴が見られる。コミュニケーションを高めるには視線を合わせやすくするため、向かい合わせに座る。キッチンなどでは視線の高さを揃えたい。立っている人と座っている人の視線の高さを揃える方法はいくつかあるが、状況によって使い分けたい【図4】。

また、テーブルのかたちがコミュニケーションの円滑さに結び付くこともある。矩形のテーブルよりも、少しでもラウンドしているテーブルのほうが和らいだ雰囲気をつくり、商談などの話もスムーズに進むとされる【写真】。

図1 ポピュレーションステレオタイプ

生理的な動作の特性

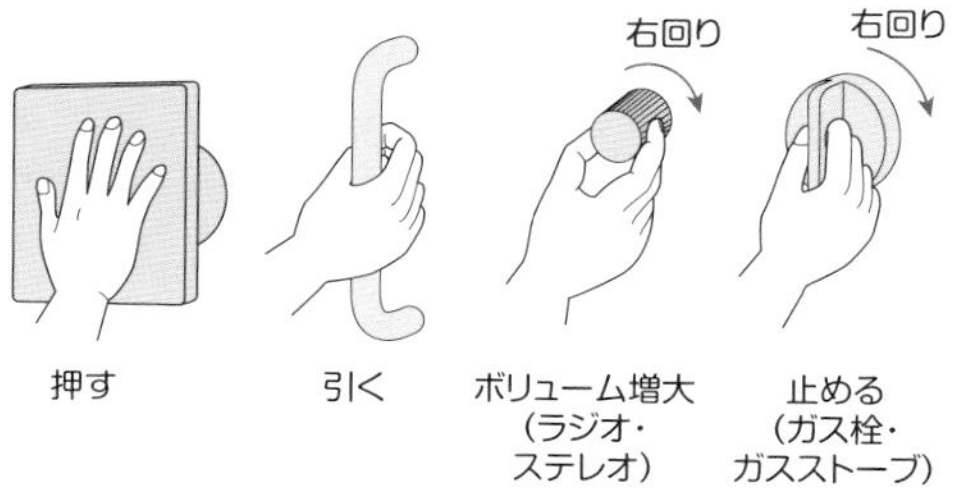

図2 左回りの法則（コンビニエンスストア）

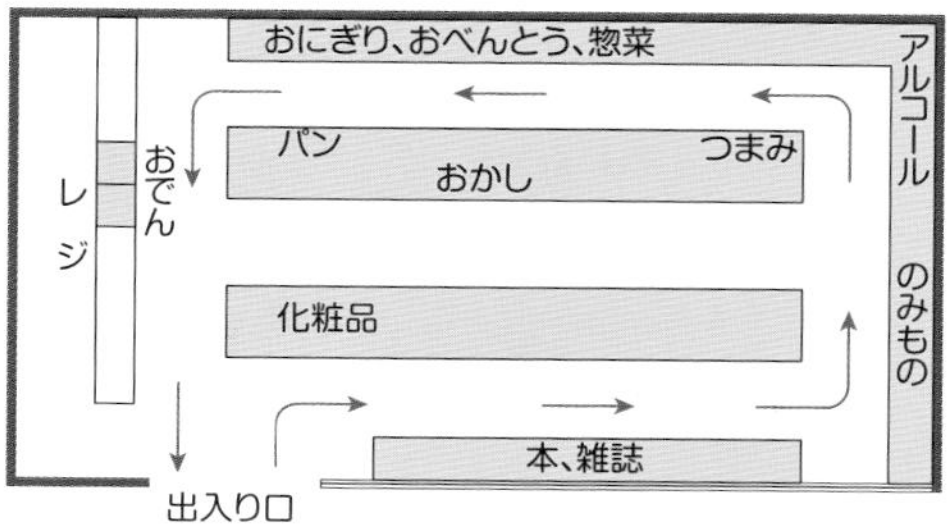

この法則に限らずコンビニエンスストアでは、ポピュレーションステレオタイプを巧みに利用した手法を取っている

図3 電車のロングシートの座り方

7人がけのシートだが5人しか座れない。
シートの縫い目を3：4にしたり、個別にくぼみをつけたりしても効果が少なかったが、3：4に分けるポールを立てたことで7人座れるようになった

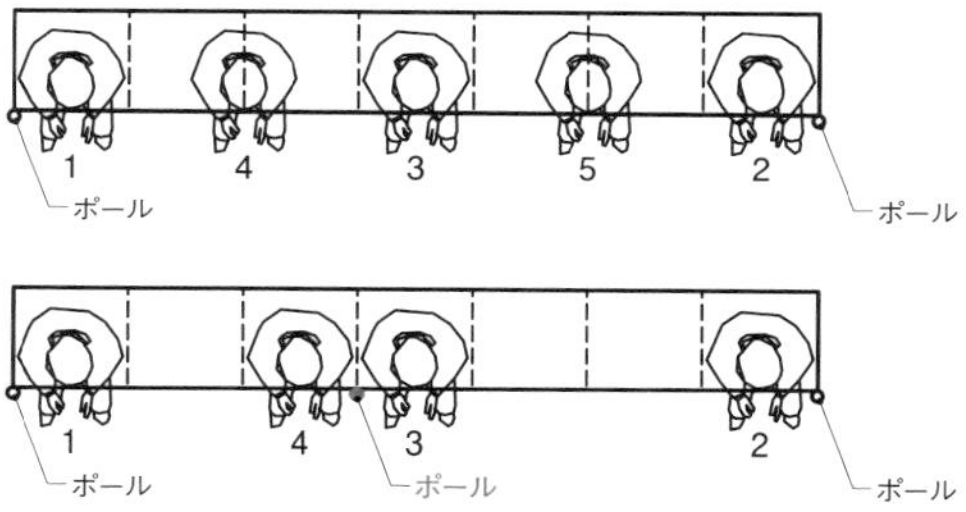

写真 座る面をラウンドさせたミーティングテーブル

設計:STUDIO KAZ　写真:垂水孔士

図4 視線の高さを揃える（キッチン）

（単位:mm）

① 床段差で

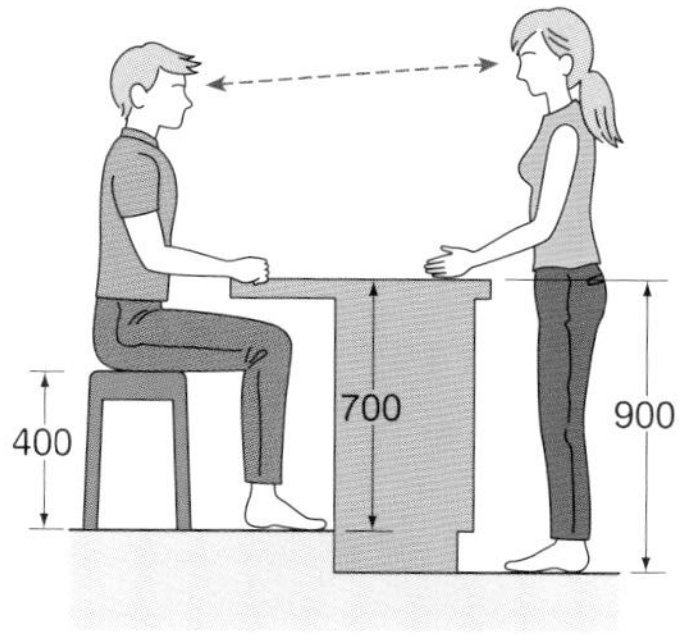

昔からよく取られる手法だが、段差部分の安全性や床仕上材の納まり、下地の造作など課題は多い

② 椅子の高さ

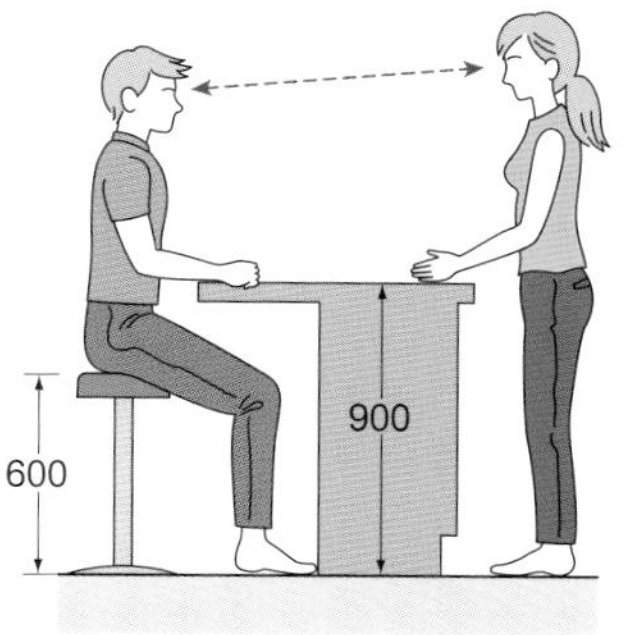

最近、最もよく見られる方法。ただし、この高さに合わせるスツールに良いデザインのものが少なく、困ることが多い

③ カウンターの高さ

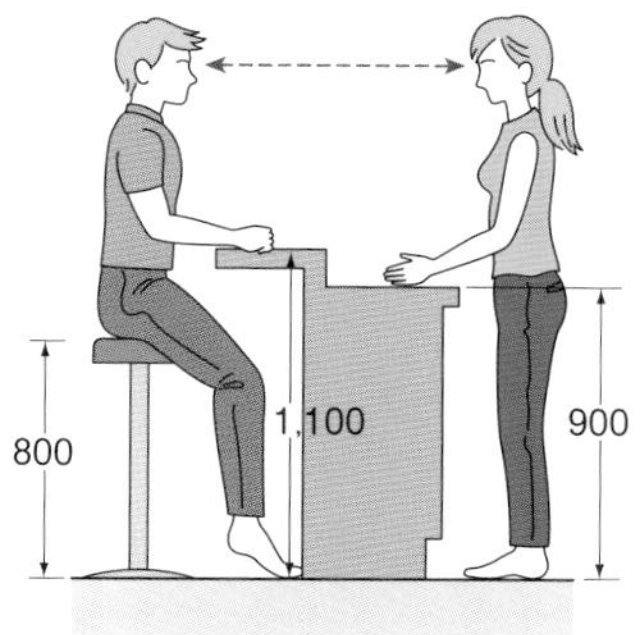

目線を完全に合わせるのはこの方法だが、ハイチェアーでは、長時間、同じ姿勢を保つことは難しい

009

人間工学の応用
〜大きさのデザイン

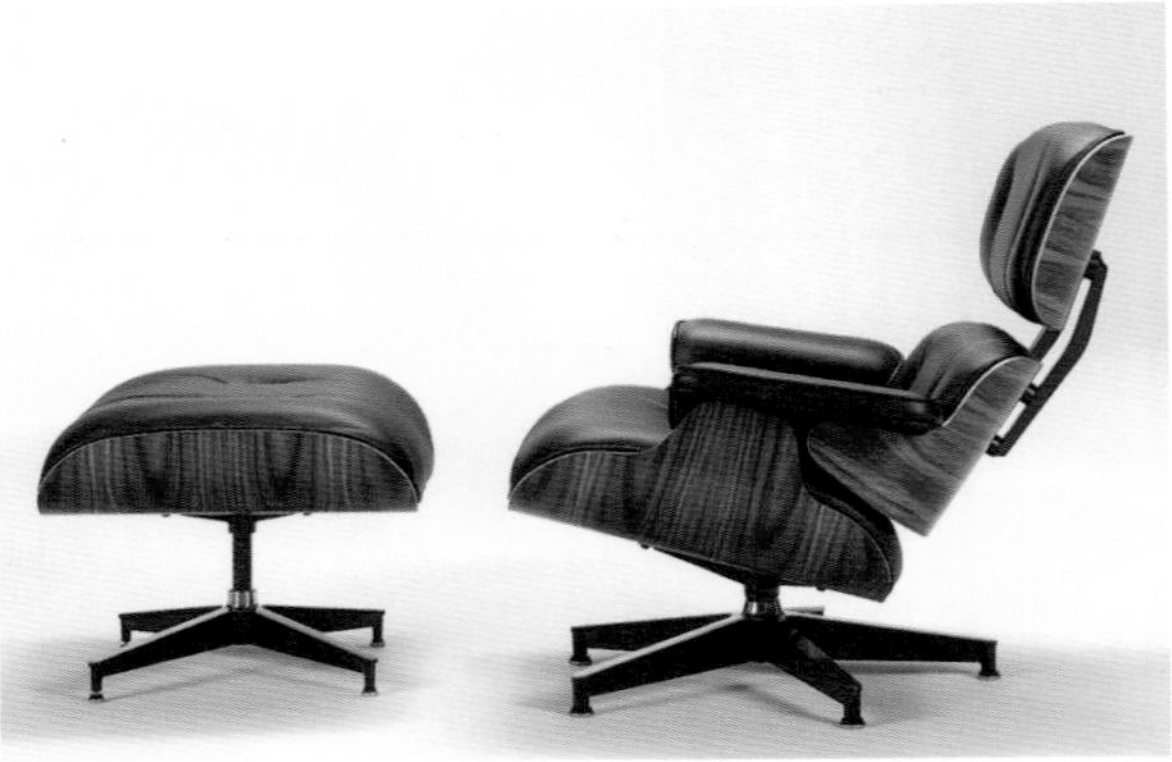
写真提供:ハーマンミラージャパン株式会社　イームズラウンジチェア&オットマン

Point
JIS規格の寸法を鵜呑みにしない
スイッチなどの位置は使いやすさと見た目のバランスを考える

家具への応用

椅子の座り心地を決める基準は、座面の高さ・角度、奥行き・背もたれの角度・高さなどである。これらは作業用か休息用かによって異なる【図1】。座面高が高すぎるとふくらはぎ上部を圧迫してしまうので注意したい。また、机と椅子の関係で最も重要な数値は差尺と呼ばれる、机の甲板と座面高の垂直距離である。作業の種類にもよるが270〜300㎜を基準に考えるとよい。本来であれば人体寸法の座高から算出するのが理想だが【図2】、机と椅子の両方をオーダーしないかぎり、あまり現実的ではない。既製品の脚を切って身体に合わせることもある。キッチンなどの作業台では、JIS規格により調理台の高さは800㎜、850㎜、900㎜、950㎜だがもっと多様性を持たせている。「身長÷2+50㎜」の計算式から算出する設計者もいるが、人それぞれ手足の長さが違い、複数の人が作業することなどを考え、慎重に算出したい。洗面台ではJIS規格は「680㎜以上」とされているが、実際は800〜850㎜に設定することが多い。

空間への応用

収納は物の重さや大きさ、しまうときの姿勢などを考慮して高さや奥行きを決める。特に床に近い高さではかがむ姿勢になるため前面スペースが必要になる。スイッチやコンセント、レバーハンドル、インターホンなどは人体寸法から使いやすい高さに配置すべきで、一般的な寸法はスイッチ類が床から1200㎜、レバーハンドルが1000㎜ぐらいだが【図3】、あえてその位置を避け視界から少しはずしたり、スイッチとレバーハンドルの高さを揃えることで、空間をすっきり見せることがある。だが使いにくいのでは本末転倒なのでその点も検討したい。

図1 椅子の分類

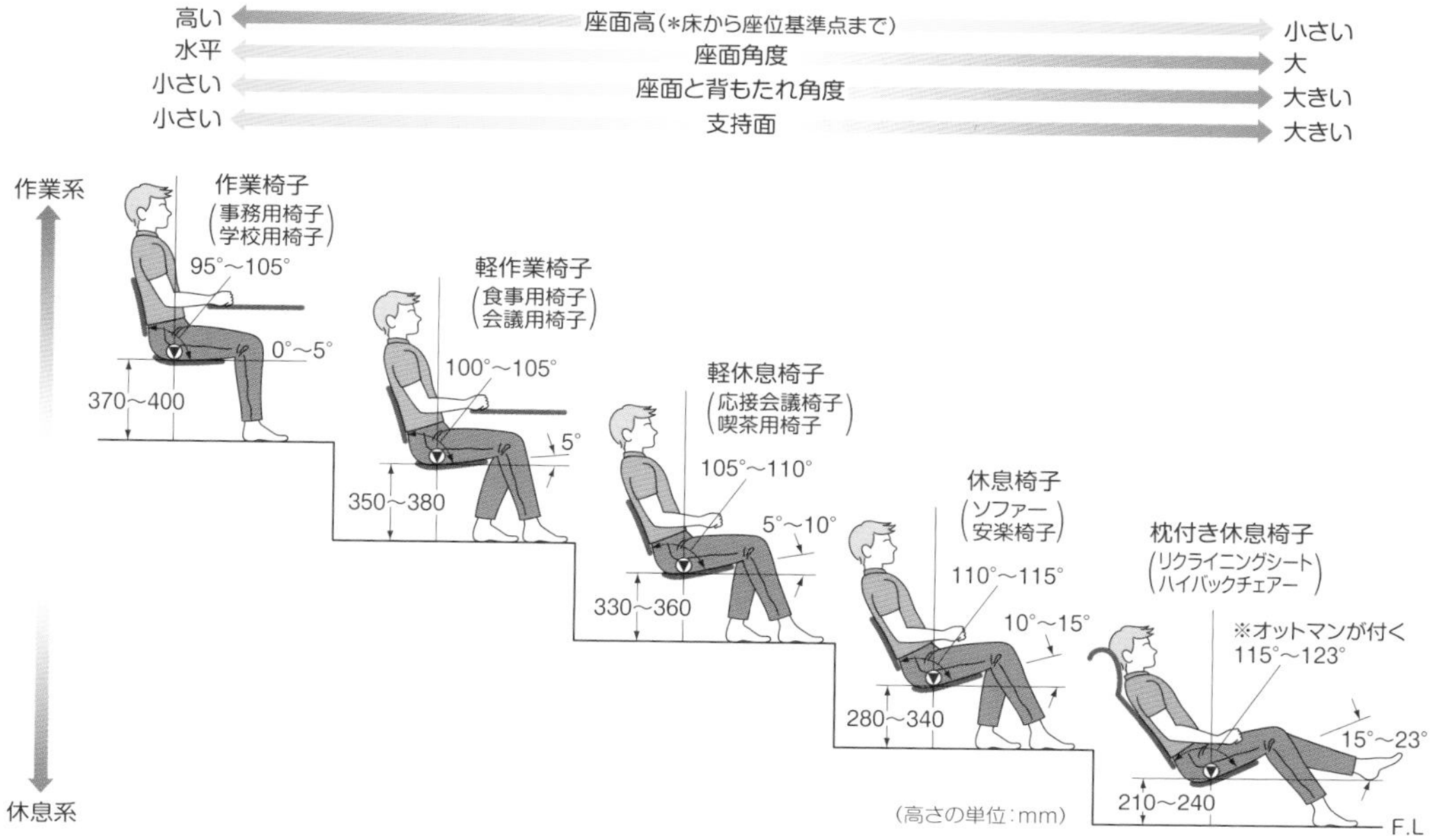

図2 椅子・机の機能寸法

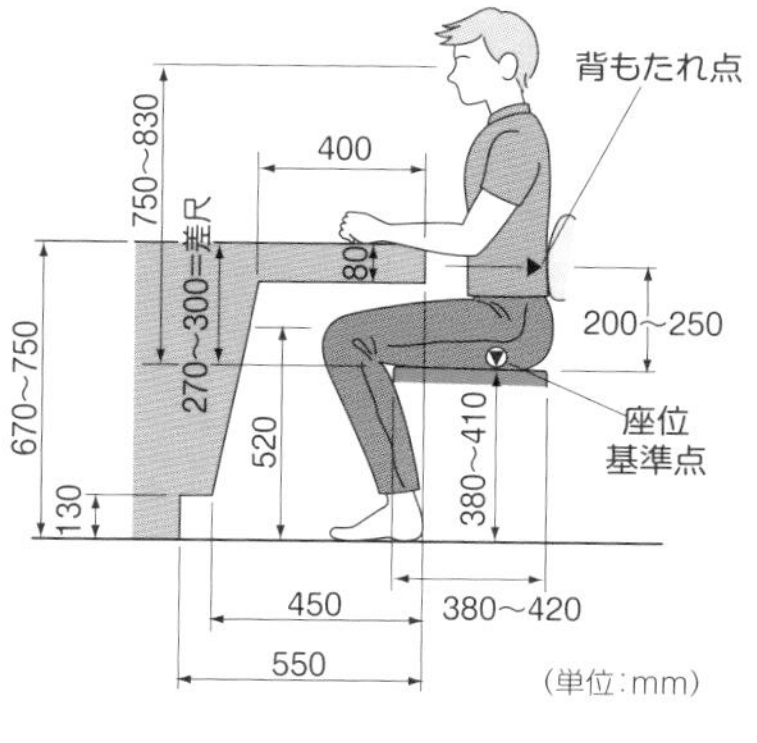

図3 設備の標準的な取付位置

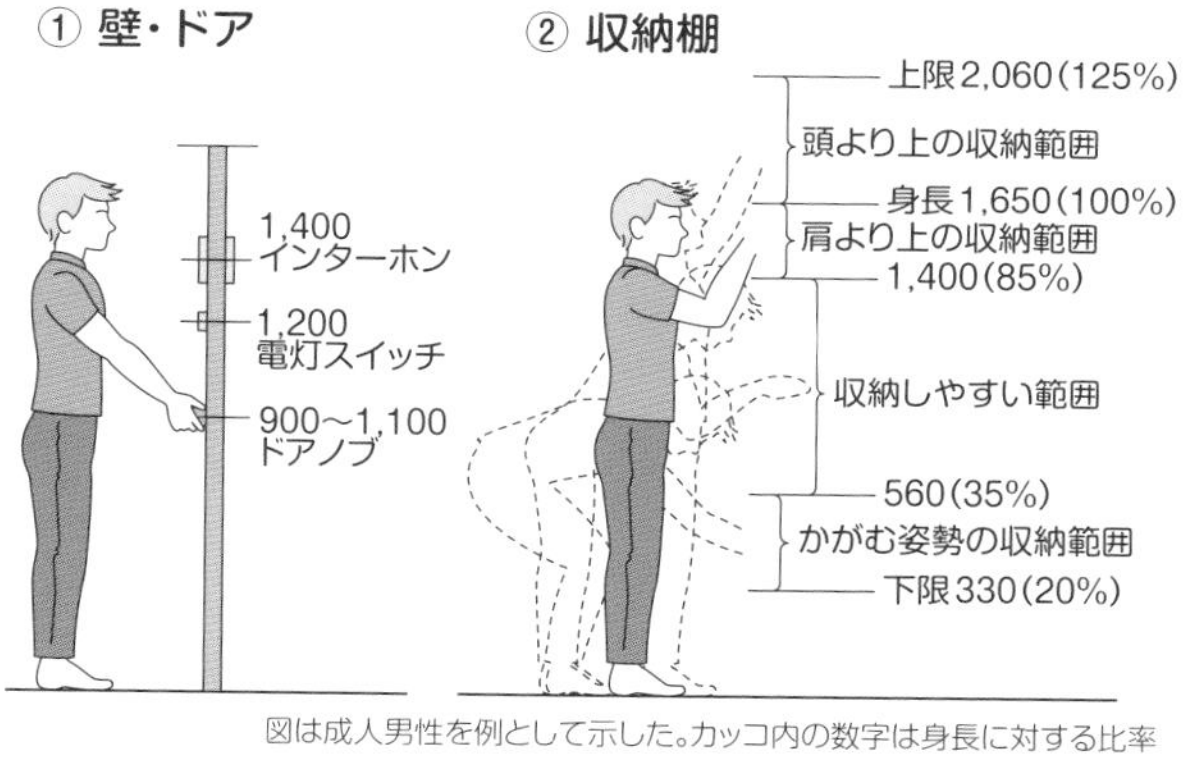

図は成人男性を例として示した。カッコ内の数字は身長に対する比率
(単位:mm)

Pick UP! 現場の話、あれこれ

椅子選びのコツ

家具のショールームで椅子を選ぶときは、実際の家庭で使う状況を想定して選びたい。靴を脱いで座ってみるのは当然として、スリッパを履くのか、クッションを使うのか、肘掛けは必要か、椅子の上であぐらをかくか、座面の弾力性は、テーブルとの関係は、など気にしなければならないことはたくさんある。

設計:STUDIO KAZ　撮影:山本まりこ

010

色とは?
~色のデザイン

Point
色は物体が発する光の色とそれが反射した色に分かれる
色の感覚は視覚情報を知覚情報に変換され言語化されたもの

二種類の色

私たちがインテリアを体験するとき、約8割を目から入ってくる視覚情報から判断している。その中でも色と光の要素は大きな割合を占める。

私たちの身の回りにはさまざまな色(もしくは色の情報)であふれている。私たちが認識する『色』には二つの種類がある。ひとつは物体そのものが発している色、つまり「光の色」である。もうひとつは物体にあたって、ある一色だけが反射している光の色である。例えば、葉っぱにあたった光は緑色の光のみを反射し、私たちの目に飛び込んで色として認識されているのである。

色を認識する仕組み

太陽から降り注ぐ光には様々な波長を持った光(単色光)が含まれていて無色透明の状態である。この太陽光(白色光)がプリズムを通ることで、波長による屈折率が違うために様々な波長の光に分解することができる。雨上がりに発生する虹も同じ理屈である。分解された光(色)の中で約380nmから780nmが色として認識できる。よってこの波長域を可視光と呼び、この可視光こそが私たちが「色」と呼んでいるもの(現象?)である。可視光のうち、一番波長が短い380nmは紫色なのでそれよりも短い波長の光を紫外線、一番長い780nmは赤色なので、それより長い波長の光を赤外線と呼ぶ。

我々が目にしている(認識している)色は、白色光が物体に当たり、反射した一つの周波数だけが目に飛び込み、その他の色は物体に吸収される。網膜で受け取った直後の色の情報は、波長の数値データであるが、網膜で感知した視覚情報を脳に伝達することで知覚情報へと変化させ言語化しているのである。

図1 色と光の関係

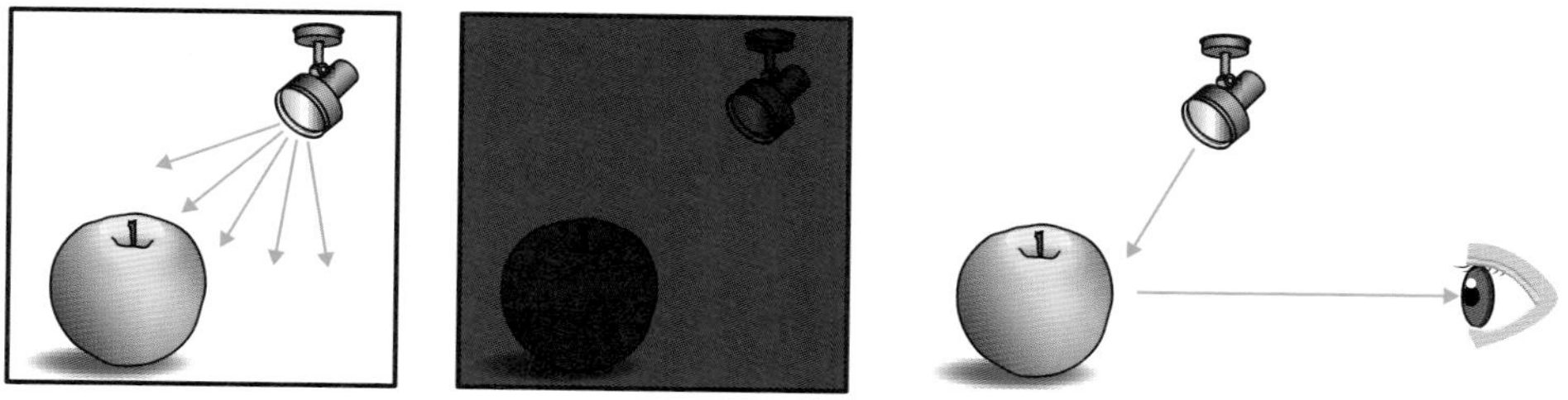

図2 色が見える仕組み

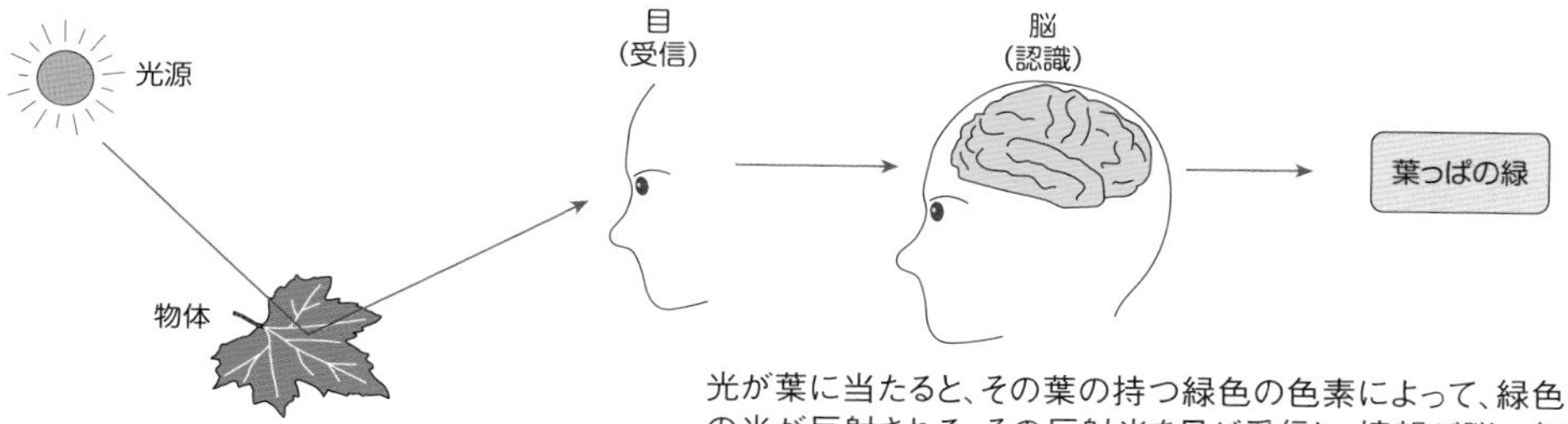

光が葉に当たると、その葉の持つ緑色の色素によって、緑色の光が反射される。その反射光を目が受信し、情報が脳へ伝わる。そこではじめて葉が緑色であることを認識する

図3 可視光の波長と色

① プリズムによる白色光分解とスペクトル

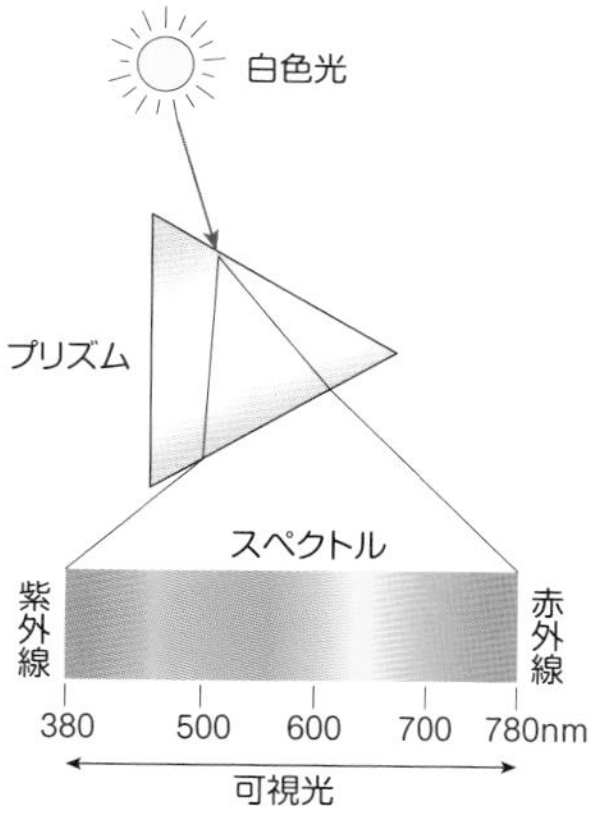

② 可視光の波長と色

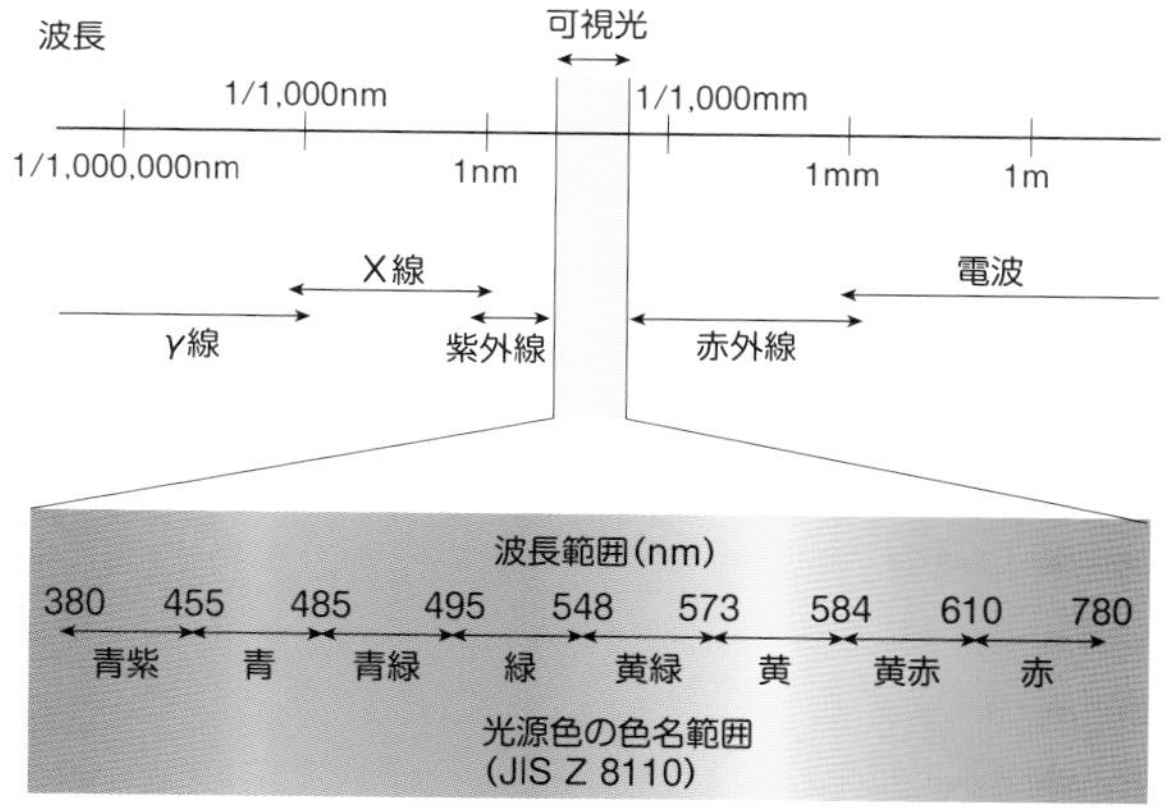

1nmは10億分の1mで、1ナノメーターと読む

Pick UP! 現場の話、あれこれ

「かたち・素材・色」を同時に考える

インテリアや建築のデザインを行うとき、構想ができ上がれば、まず図面を描き、パースや模型をつくる。その制作過程において、「かたち・素材・色」を「かたち→素材→色」と時系列で考えることはナンセンスであり、最初のデザイン構想時から同時発生的にイメージしておくべきである。

011

設計:STUDIO KAZ　撮影:山本まりこ

色を伝えること
～色のデザイン

Point あいまいに言語化された色を正確に伝えるために色を構成する要素を知る

色を数値化する

網膜で認識した色の視覚情報（＝色覚）は周波数であり、数値化されたデジタルな情報だといってよいが、その視覚情報を知覚情報に変換して言語化する際に極めてあいまいな表現になってしまっている。たとえば、うぐいすのような薄い緑から、森の深緑や抹茶のような色まで緑色と表現される。日本には昔から「孔雀緑」や「浅葱色」「若竹色」といった慣用色名が存在するが、それにしてもあいまいであることに変わりはない。他者に正確に色を伝えるには、色を数値化する必要がある。

多くの人がその理論を提唱しているが、そのなかで最もメジャーなものが「マンセル表色系」である。アメリカの画家アルバート・マンセルによって考案されたこの理論では、色を「色相」「明度」「彩度」の三つの尺度で表現している。

他にもヴィルヘルム・オストヴァルトやJ・B・ジャッドなどの理論は有名である。

ヒュートーンカラーシステム

日本にも「PCCS（Practical Color Co-ordinate System：日本色研配色体系）」というカラーシステムがある。これは（一財）日本色彩研究所によって開発されたカラーシステムで、色彩の調和に適した概念であり、先の「色の三属性」のうちの「明度」と「彩度」を融合した「トーン（色調）」と「色相」の二属性で表現される。「色相」はHue（ヒュー）と呼ばれ得ることからこのカラーシステムを「ヒュートーンカラーシステム」とも呼ばれている。この理論により作られた『PCCSトーンマップ』は色をイメージで分類しており、色の組み合わせを決める色彩調和を考える上では非常に有効な手段であるといえる。

図1 マンセル色相環

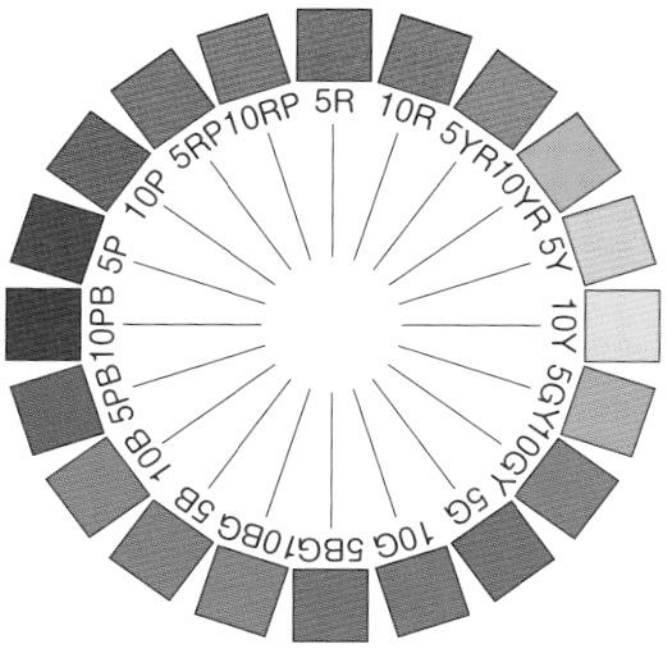

※上図は、10分割された各色相のうち、それぞれ第5色相と第10色相を抜粋した20色相を提示

色相(Hue・略称H)は赤(R)黄(Y)緑(G)青(B)紫(P)の5色を基本色相とし、それぞれの間に黄赤(YR)黄緑(GY)青緑(BG)青紫(PB)赤紫(RP)の中間色相を加える。さらに各色相はそれぞれ10分割され、合計100色となる。各色相は1から10までで表示され、5がそれぞれの中心となる。さらに明度(Value・略称V)、彩度(Chroma・略称C)を加えた3つの尺度を示したマンセル記号(HV／C)で表される。
例)5R4／14(5アール4の14と読む)この色は、色相がRの中心で、明度は4で中明度、彩度は14で高彩度、すなわち「鮮やかな赤」である

図2 三属性による色立体の骨組み

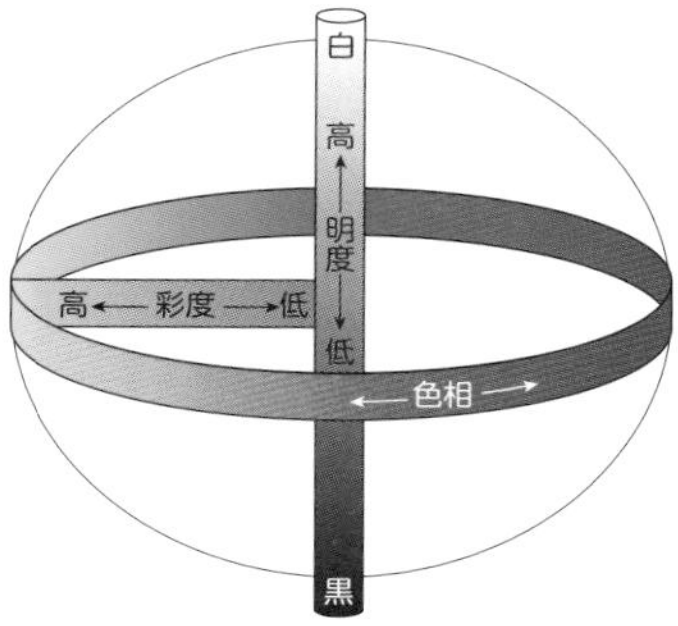

図3 マンセル色立体

マンセル色立体は、それぞれの色相の最高彩度値が異なるため、歪んだかたちをしている

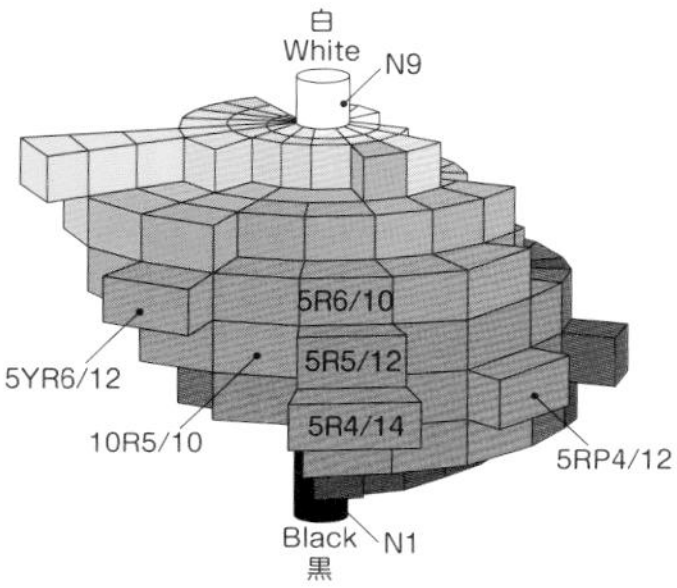

図4 PCCSトーンマップ

(PCCS©日本色研事業株式会社)

PCCSトーンのイメージ　PCCSトーンの成り立ち　PCCSトーンマップ

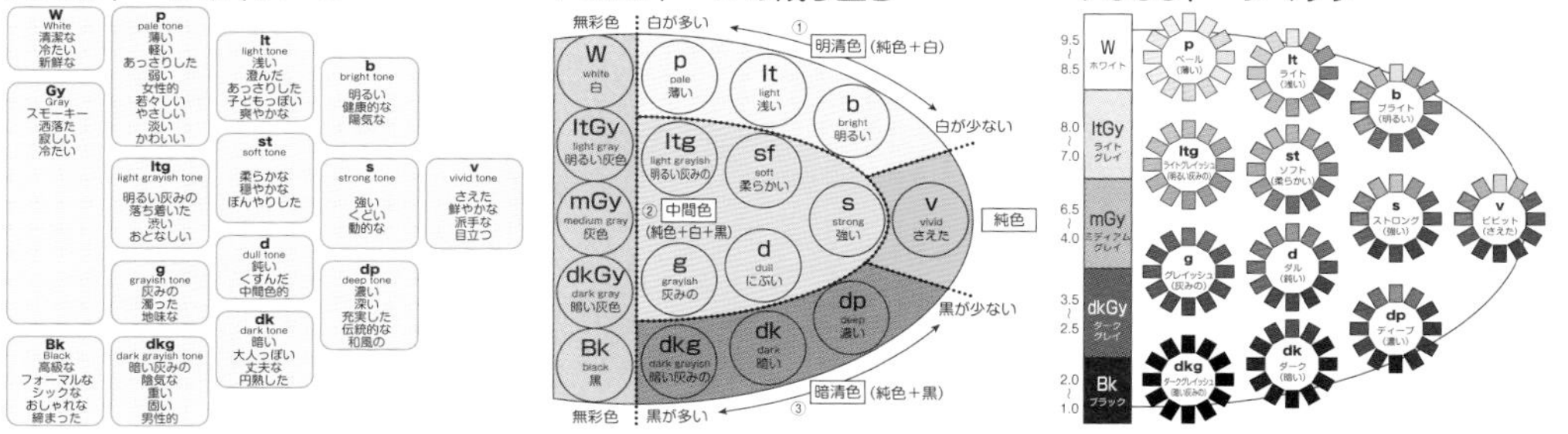

Pick UP 現場の話、あれこれ

多様化したインテリアデザインの色指定

インテリアの現場では、塗装色は「日本塗料工業会塗料用標準色」(写真)で選ばれることが多いが、最近ではその見本も多種多様になった。我々がよく使う代表として、J-COLOUR、DIC、PANTONE、ROOMBLOOM、Benjamin Moore、Farrow & Ballなど塗料専門の見本帳から、化粧板や樹脂シートなどの印刷物の見本帳からも選ばれる。しかし、それらの色は下地の種類や塗料の種類、ツヤなどで表情は大きく異なるため、必ず現物の塗装見本を作成して確認したい。

設計:STUDIO KAZ　撮影:山本まりこ

012

色の組み合わせ
～色のデザイン

Point
色は二色以上の組み合わせによって空間の雰囲気が決まる
周囲の環境によって同じ色でも見え方が変わる

色の対比と同化

色はよほど意図的でない限り、単色で存在することはなく、必ず二色以上の組み合わせで存在する。先述した通り、空間を体験するための情報の8割は目から得られる視覚情報によるものである。なかでも色彩の影響は大きく、空間をデザインする上で色の使い方が雰囲気を大きく左右する。

「色の三属性」である「色相」「明度」「彩度」のそれぞれに色の対比**【図1】**が見られ、同じ色でも周囲の色によって違う見え方をする。たとえば、濃い青のテーブルクロスの上に置かれた白い皿と淡い青のテーブルクロスの上に置かれた同じ皿では違う白に見える。前者の方がより白が際立って目に入ってくる。これは「明度対比」の一つである。また周囲の色を巻き込んで違う色に見える「色の同化」という現象もある**【図2】**。隣り合った二つの色が混ざり合ったように錯覚するのである。たとえば、赤いネットに入ったみかんは、本来の色よりも赤く感じ、より美味しそうに感じる。これは「色相の同化」と呼ばれる現象で、赤と黄色の二つの色が視覚的に混色された状態になることである。

加法混色と減法混色

このように私たちの日常では、色の対比や同化などの視覚的な影響を受けて生活しているのである。つまり、これらの現象を意図的にデザインに応用することによって、その空間をコンセプトに合わせて仕上げることができる。そのためには混色の知識も必要となる。混色には光の三原色（RGB）による「加法混色」と色の三原色（CMY）による「減法混色」がある。舞台照明やパソコンのディスプレイは加法混色、印刷物や現場の塗装などは減法混色が用いられる。

図1 色の対比

色相対比
左右の赤は同じ色である。しかし、左は黄みが強く見え、右は青みが強く見える

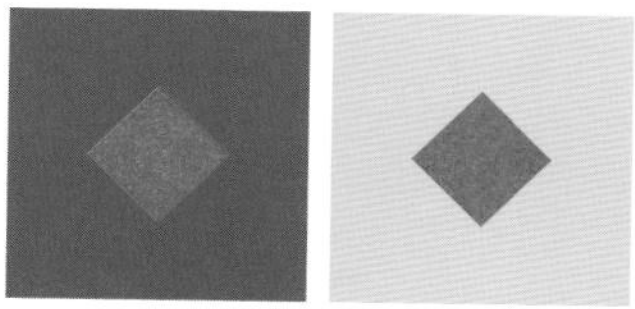

明度対比
左右の白は同じ色である。しかし、背景が黒いほうが明るく見える

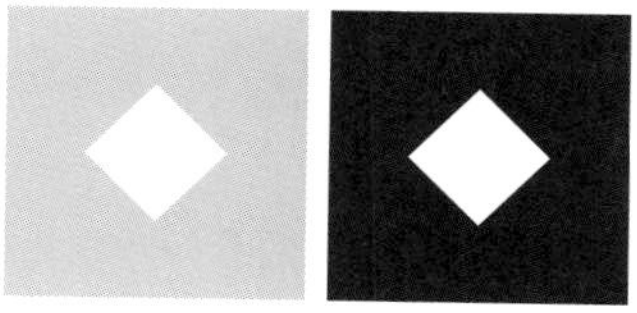

彩度対比
左右の淡い緑は同じ色である。しかし、鮮やかな緑に囲まれるとくすんで見え、無彩色に囲まれると鮮やかに見える

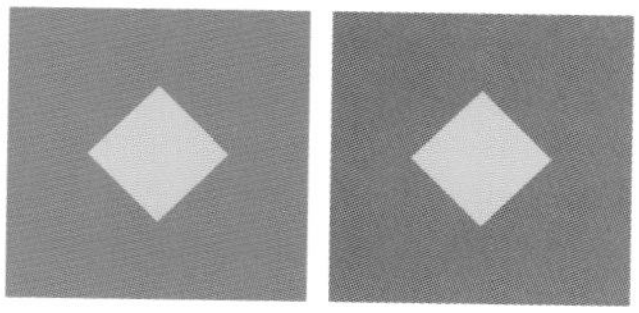

図2 色の同化

色相の同化
赤に黄色の線を入れると黄みを帯び、青い線を入れると青みを帯びて見える

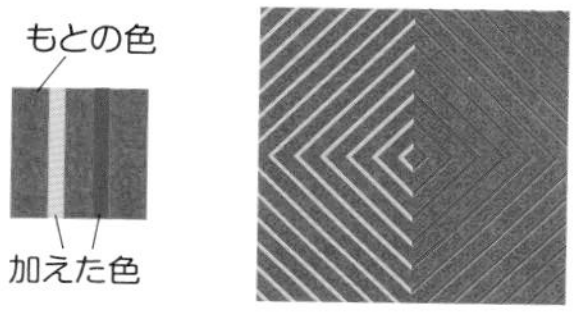

明度の同化
灰色に黒線を入れると暗く見え、白線を入れると明るく見える

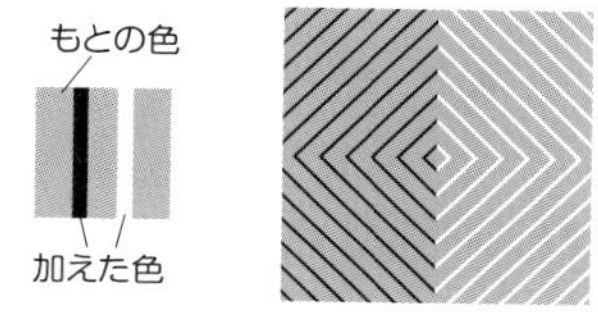

彩度の同化
淡い緑に鮮やかな緑の線を入れると鮮やかさが増し、灰色の線を入れるとくすんで見える

図3 光の三原色と色の三原色

減法混色

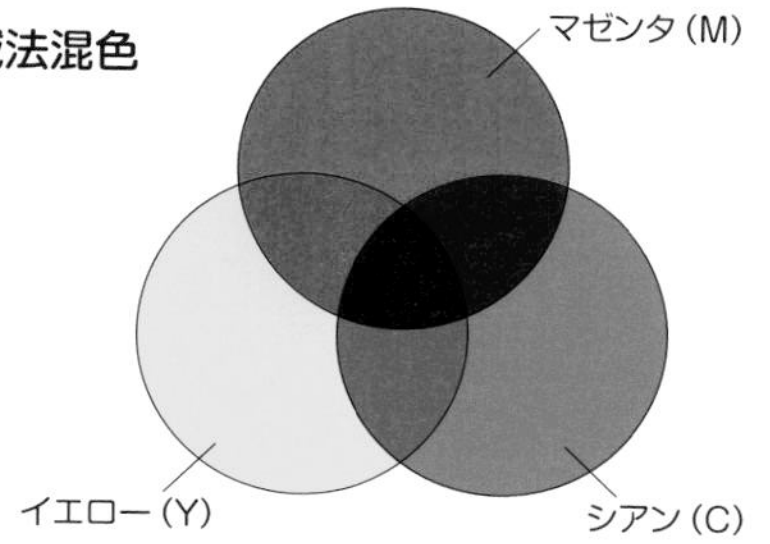

加法混色

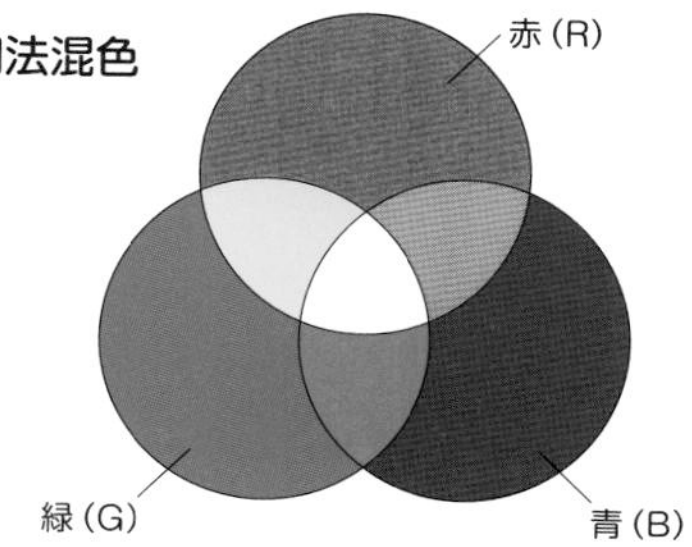

Pick! UP.
現場の話、あれこれ

色の面積効果

同じ色でも面積によって見え方が異なる。通常は面積が大きくなるとより明るく鮮やかに見えるが、暗い色の場合は逆に大きくなるほど暗く見える。したがって、色彩設計するとき、小さい色見本帳で選ぶ場合には、候補色を絞り込み、できるだけ大きいサンプルを取り寄せ、実物との誤差がないように配慮する。

大きいほうが、明るく鮮やかに見える

設計:STUDIO KAZ
撮影:垂見孔士

013

色彩計画（配色方法）
〜色のデザイン

Point
色がもたらす心理的影響を認識する
色の組み合わせ方で空間のイメージが決まる

色の心理的効果

色が持つ心理的な効果は科学的にも明らかにされている。同じモノでも色によってイメージが違ったり、それを所有する人の気分まで変わることがある。自分の部屋の壁の色を変えただけで、気分が一新した、その場の雰囲気が一変したという経験を持つ人も多いだろう。だからこそ〜何度も言うが〜インテリアデザインにおいて色彩計画が占める役割＝責任は大きい。

空間の中で色は面積によって三つのカテゴリーに分類される。もっとも大きな面積を占め、空間のベースとなる「基調色＝ベースカラー」、基調色ほどではないが大きな面積を占め、ベースカラーを補完する「配合色＝アソートカラー」、空間に変化や刺激を与える「強調色＝アクセントカラー／差し色」である。これらを慎重に調整することで、美しい空間、広く見える空間、居心地よい空間など空間の性格が決められる。

色の持つイメージと組み合わせ

色彩計画を行う場合、空間のコンセプトから組み合わせる色を決めていく【表1】。その際にまず意識しなければならないのは、色そのものが持つイメージである【表2】。ここで空間のコンセプトと色使いのベースを決めたら、次にその組み合わせを考える。色の組み合わせ方（配色方法）では、色相、明度、彩度の三属性を調整、コントロールして、それを見る人の感情に訴えかけるような配色を心がけるとよいだろう。

たとえば飽きの来ない落ち着いた空間なら統一感のある「ドミナント配色」、刺激的な店舗なら変化のある「コントラスト配色」を意識すると良い。その他にも三属性の捉え方によってさまざまな配色方法がある【表3】。

図 | 色彩計画の手順

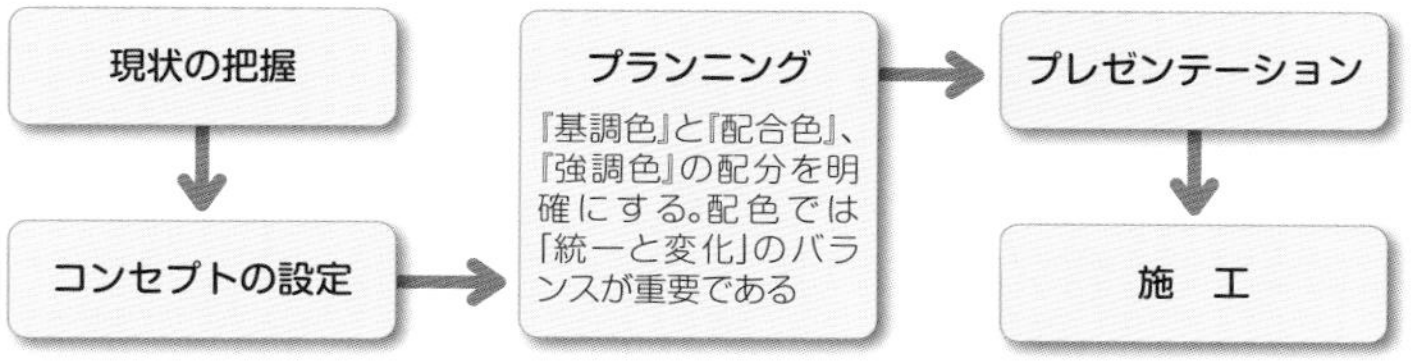
現状の把握
コンセプトの設定
プランニング
『基調色』と『配合色』、『強調色』の配分を明確にする。配色では「統一と変化」のバランスが重要である
プレゼンテーション
施　工

■基調色（ベースカラー）
全体の基調となる色
■配合色（アソートカラー）
基調色の次に面積を占める色
■強調色：（アクセントカラー）
全体を引き締める色＝差し色

表1 | 色彩と心理の関係

色には様々な表情があり、人の感情にいろいろな影響を与える。
その作用や心理への影響は、インテリアにおいても応用の機会は多い。

寒色と暖色	寒さや冷たさを感じさせる色を「寒色」、暖かさを感じさせる色を「暖色」という。寒色は主に、青、青緑、青紫などが該当し、暖色は、赤、橙、黄色などが該当する。また、どちらにも該当しない黄緑、緑、紫などを中性色という。
鎮静色と興奮色	暖色系で彩度が高い色は、興奮を与える効果がある。寒色系で彩度が低い色は、心理状態を落ち着かせる沈静効果がある。
膨張色と収縮色	同じ大きさなのに大きく見える色を膨張色、小さく見える色を収縮色。
進出色と後退色	暖色系の色や明るい色が進出して見え、寒色系の色や暗い色が後退して見える。
軽い色と重い色	明度が高い明るい色は軽く感じ、明度が低い暗い色は重たく感じる。最も軽い色は白で、最も重い色は黒。
硬い色と柔らかい色	暖色系で明度が高く、彩度が低い色は、柔らかく見え、寒色系で明度が低く、彩度が高い色は、堅く見える。

表2 | 色が持つイメージ

色	ポジティブなイメージ	ネガティブなイメージ
□ 白	純粋、清潔、神聖、正義	空虚、無
■ グレー	落ち着き、大人、真面目	抑うつ、迷い、不信
■ 黒	高級感、重厚感、威厳	恐怖、絶望、不吉、悪、死
■ 赤	情熱、活力、興奮、高揚	怒り、暴力、警戒
■ 橙	喜び、活発、陽気、明るい、暖かい	—
■ 黄色	愉快、元気、軽快、希望、無邪気	注意、注目
■ 緑	安らぎ、癒し、調和、安定、若々しい、健康、やさしい	—
■ 青	知的、落ち着き、信頼感、誠実、爽快感	悲哀、冷たい、孤独
■ 紫	上品、優雅、妖艶、神秘、高貴	不安
■ ピンク	可愛い、幸福、愛情	—

表3 | 配色方法の一例

1. ドミナントカラー配色	色相を同一か少し変えて組み合わせた手法
2. ドミナントトーン配色	トーンを統一させた多色配色
3. トーンオントーン配色	色相を統一しトーンに大きく差をつけた配色技法
4. トーンイントーン配色	トーンを揃えて色相に差をつけた配色技法
5. カマイユ配色	色相・彩度・明度の差がほとんどない配色
6. ダイアード配色	補色同士の配色
7. トライアド配色	色相環上の正三角形の位置にある色相同士の配色
8. スプリット・コンプリメンタリー配色	色相を2分割にしその一方を両脇の2色に分裂させた配色技法

表4 | 補色の効果

補色とは同じ分量を混ぜると無彩色になる、マンセル色相環上で180°反対側に位置する二つの色のことをいう。ある色を凝視するとその色の補色が残像として知覚される

1. 補色を同時に配色して残像の相乗効果によって対比を強調する
2. 補色を混ぜて無彩色にすることで残像を消去する
3. 見えない補色をイメージして残像を現出させる

Pick UP! 現場の話、あれこれ

1/fゆらぎカラーシステム

全ての色は『イエロードミナント』と『ブルードミナント』に分かれ、一つの個体の中でその二つが混じり合うことはない。

その人の持つ『色』と衣服やインテリアのドミナントを合わせると間違いないコーディネートとなる。

014

光のデザイン

設計·写真:STUDIO KAZ

Point
- 心理的な作用などが注目され、照明の役割は重要度が増している
- 「影をつくる」という照明のもう1つの働きを重視する

採光と照明

太古の人間は昼間、戸外で太陽光による自然の明るさの下で過ごし、暗くなれば寝るという単純な生活をしていたと思われる。そこに「火」を起こすことを発見し、人工照明の誕生となった。照明と調理などを兼用していた焚き火に始まり、かがり火、松明《たいまつ》、ろうそく、行灯《あんどん》、提灯《ちょうちん》、石油ランプ、ガス灯など火を使った照明が、かつては主流であった。1870年代に電気の利用が始まり、より安全で安定した照明を使うようになった。

光と闇のインテリア

昨今の住空間の大きな流れとして、「一室空間」というキーワードが挙げられる。都市型の狭小住宅においては、1つの空間を多くの用途に使い分けるほうが現実的だと言える。そうすると、その空間における照明の役割は、一層重要になる。

照明の目的は必要な光の供給であるが、それと同じぐらい影をつくることも重要となる。空間のなかにある「暗い」部分は、空間を心理的に広く見せ、深みのような感覚を与える。その明るい所と暗い所を意識的に配置することにより、表情豊かなインテリアをつくり出し、さまざまなシーンに応じることもできる【図1・2】。もちろん、その場合に最も重要なことは、「光と闇」という照明効果であり、照明器具のデザインではない【写真】。

よって、できるだけ照明器具の存在は消してしまい、光そのものだけを扱いたいと思っている。照明器具は、インテリアを構成する1つのオブジェクトとして、また、「光と闇」をつくり出す装置としてのみ存在すればよい。そして、その2点に合致する場合においてのみ、照明器具の存在理由を見い出すことができる。

図1 光源の光色(色温度)

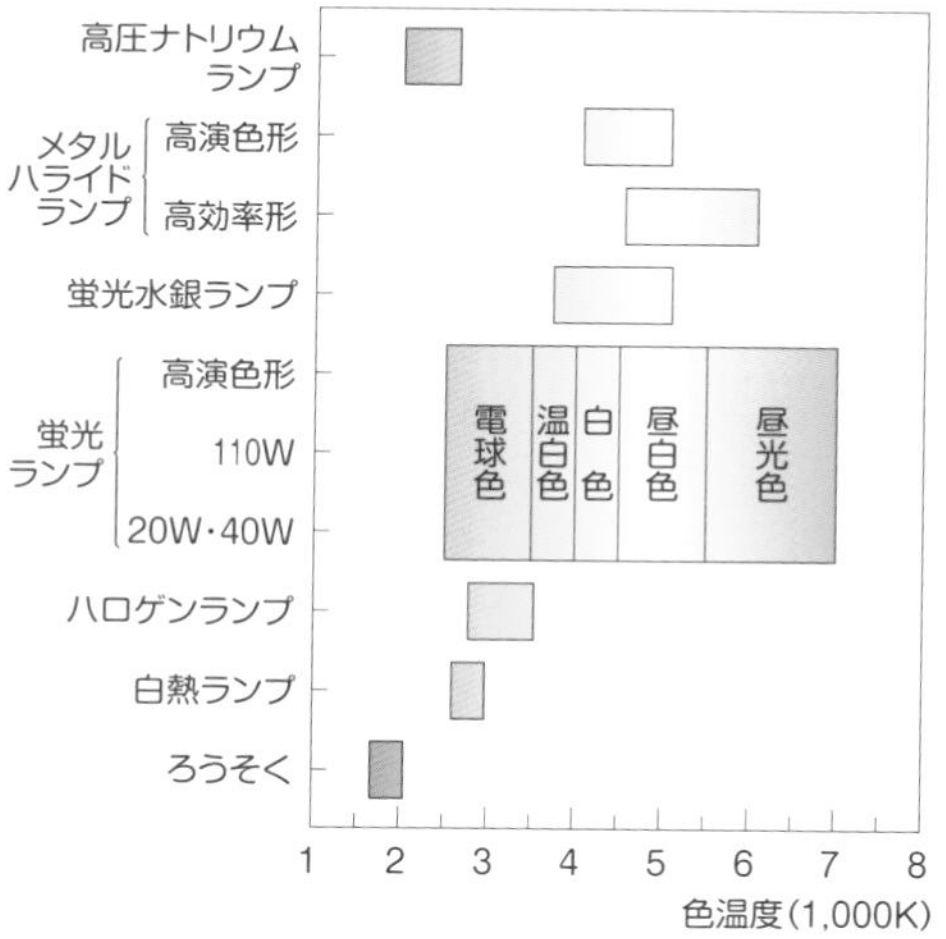

図2 色温度と照度から感じる印象

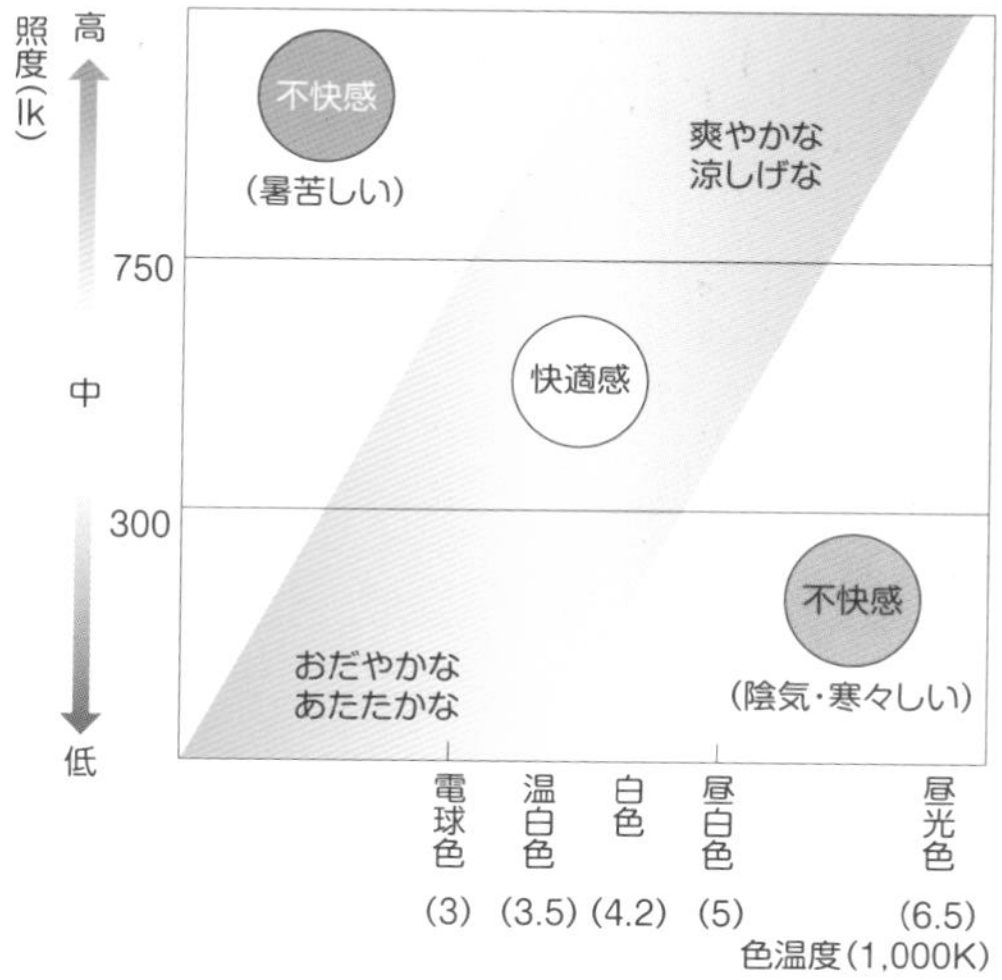

写真 照明による光と闇の演出

設計・写真:STUDIO KAZ

この写真ではアイランドキッチンの天井にスーパーグレアレスのダウンライトを埋め込み、存在感を消しているが、ワークトップの上はしっかり明るい。また、ワークトップのステンレスがレフ板の役割を果たし、幻想的な雰囲気をつくり出している

Pick UP! 現場の話、あれこれ

キャンドルライトの癒し

アロマキャンドルなど、ろうそくが流行っている。ろうそくの明かりを眺めていると気持ちが安らいでくるが、その理由はいくつかある。1つ目は色温度が低いこと。白熱灯よりも低いため、より落ち着いた雰囲気になる。2つ目は光が広がらないこと。暗いなかではどうしても明るい所を見てしまい、ろうそくの明かりに神経が集中する。3つ目はゆらいでいること。このろうそくのゆらぎは1/fゆらぎと呼ばれ、癒しの効果があると言われている。1/fゆらぎは人の心拍の間隔にも見られ、ろうそくの炎を見ていると自分の鼓動とシンクロした状態になるためである。

写真:STUDIO KAZ

015

音のデザイン

Point
音の感覚には個人差がある
インテリアの１要素として音環境にこだわる

音と感覚

人の耳には絶え間なく何かの音が聞こえている。まったく無音の状態は通常ではあり得ない。しかし、その音の感じ方には個人差や習慣の違いなどがある。たとえば秋の夜に聞こえてくる虫の声を、日本人は「情緒的な音」として聞いているが、欧米人にとってはただの「騒音」としか認識しない。

音が心理的に作用することもある。たとえば軽自動車と高級車でドアの閉まる音が同じではいけない。以前に筆者が商品開発にかかわった高級玄関ドアでは、ドアが閉まる音にまでこだわったこともある。また、鍵を掛ける時の「ガチャリ」という音が記憶に残り、掛け忘れが少なくなることもある。

店に入ってそこで流れてくる音楽のジャンルや音量によって居心地が違う。どんな音楽が良いということではなく、客層や時間帯によって使い分けなければならない。そういう意味で考えると「選曲家」という職業もインテリアに関連する職業の1つとして成り立つかもしれない。

音をコントロールする

音は、強さ（db）・高さ（Hz）・音色（固有に持っている音）によって性格が決まり、波形の状態で伝達する。インテリアデザインでは、その「波」を遮音・吸音・残響などの手段を使ってコントロールする［図］。ホールの音響設計においては、（専門的な場にするのであれば）クラシックか演劇かによって違う音響計画となる。一般住宅でも、最近はホームシアターなど、大音量を発生させる機会が増え、以前にも増して高い遮音性能が求められる［表1］。特に集合住宅では階下への音の伝達は厳しく決められている場合が多いため、床材の種類と性能には気を付けなければならない［表2］。

表1 | 室内許容騒音レベル

dB(A)	20	25	30	35	40	45	50	55	60
うるささ	無音感		非常に静か		特に気にならない		騒音を感じる		騒音を無視できない
会話・電話への影響			5m離れてささやき声が聞こえる		10m離れて会話可能 電話に支障無し		普通会話(3m以内) 電話は可能		大声会話(3m) 電話やや困難
集会・ホール		音楽室	劇場(中)	舞台劇場		映画館・プラネタリウム		ホール・ロビー	
ホテル・住宅				書斎	寝室・客室	宴会場	ロビー		
学校				音楽教室	講堂	研究室・普通教室		廊下	
商業建物					音楽喫茶店・書籍店・宝石店・美術店		一般商店・銀行・レストラン・食堂		

図 | 音の入射、反射、吸収と透過

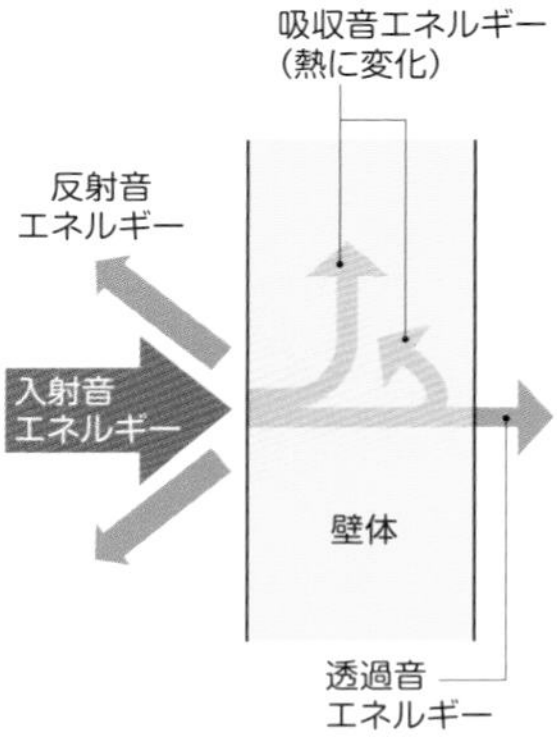

表2 | フローリングの遮音等級

遮音等級	集合住宅としての等級 軽量床衝撃	集合住宅としての等級 重量床衝撃	椅子の移動音、物の落下音など(軽量：L_L)	人の走り回り、飛び跳ねなど(重量：L_H)	生活実感、プライバシーの確保
L-40	特級	特級	ほとんど聞こえない	かすかに聞こえるが遠くから聞こえる感じ	・上階で物音がかすかにする程度 ・気配は感じるが気にはならない
L-45	1級		小さく聞こえる	聞こえるが、意識することはあまりない	・上階の生活が多少意識される状態
L-50	2級	1級	聞こえる	小さく聞こえる	・上階の生活状況が意識される ・椅子の引きずる音は聞こえる ・歩行などがわかる
L-55		2級	発生音が気になる	聞こえる	・上階の生活行為がある程度わかる ・椅子の引きずる音はうるさく感じる ・スリッパ歩行音が聞こえる
L-60	3級	3級	発生音がかなり気になる	よく聞こえる	・上階の生活行為がわかる ・スリッパ歩行音がよく聞こえる
L-65	級外		うるさい	発生音がかなり気になる	・上階住戸の生活行為がよくわかる
L-70			かなりうるさい	うるさい	・たいていの落下音ははっきり聞こえる ・素足でも聞こえる
L-75			大変うるさい	かなりうるさい	・生活行為が大変よくわかる ・人の位置がわかる ・すべての落下音が気になる ・大変うるさい
L-80			うるさくて我慢できない	うるさくて我慢できない	・生活行為が大変よくわかる ・人の位置がわかる ・すべての落下音が気になる ・大変うるさい
備考			高音域の音、軽量・硬衝撃音	低音域の音、重量・柔衝撃音	生活行為、気配での例

「L値」とはスラブ厚150㎜のときの音の伝わりにくさを表しているが、「L値」には重量床衝撃音(LH)と軽量衝撃音(LL)の2つがあり、LHは「ドンドン」と響くような音のことで、子どもの飛び跳ねたり、走り回ったりする事にような音が当てはまる。LLは「コツコツ」という音のことで、軽いおもちゃを落とした時やスリッパの音など比較的硬質で軽量な物が床に落ちた時などの音のこと。

Pick UP! 現場の話、あれこれ

若者だけが聞こえる音

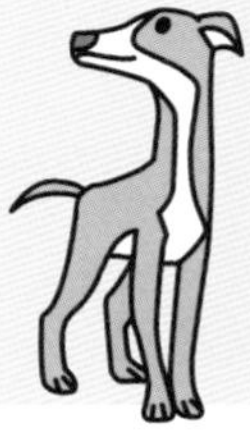

人の可聴域は20Hz～20kHz程度と言われているが、20歳代を境にして高周波数域が聞こえにくくなる。特に17kHz以上の周波数域をモスキート音と呼び、その利用法が話題になっている。深夜、若者が集まるコンビニエンスストアや公園などで発生させることにより、その場所に留まらせないようにしている。2009年5月に東京都足立区が自治体として初めて、区立公園に設置した。

設計:STUDIO KAZ　写真:山本まりこ

016

温度のデザイン
〜熱の性質

Point
ZEHは戸建住宅の数値目標であり、差別化の手段ではない
吸湿性や断熱性のある素材・部材を用いて結露を抑える

ZEHとは

ZEH（ネット・ゼロ・エネルギー・ハウス＝ゼッチ）とは、「快適な室内環境を保ちながら、住宅の高断熱化と高効率設備によりできる限りの省エネルギーに努め、太陽光発電等によりエネルギーを創ることで、1年間で消費する住宅のエネルギー量が正味（ネット）で概ねゼロ以下となる住宅」である。2015年に経済産業省が公表したロードマップでは、2020年までに標準的な新築住宅で、2030年までに新築住宅の平均でZEHを実現しようという数値目標だ。これらの対策はあたりまえにやらなければならないことで、ZEHによって企業（工務店）の差別化が図れるものではない。

建物の断熱性能を知るには日射を理解する必要がある。日本の古来の家は様々な手段を使って夏は日射を遮り、冬は取り入れることを考えていた【図1・2】。これに建築材料の熱容量も考慮する。それは外壁だけでなく、内装材についてもいえる。熱容量が大きな大理石やタイルを床材にした場合、日中に蓄えた熱が夜まで持続し、結果的に省エネにつながる。ただし立ち上がりに時間がかかるので、床暖房のタイマーは不可欠である。

湿気と結露

気密性能を上げると結露が問題になる。温度が下がると相対湿度が上がり、飽和水蒸気量を超える。その余った水分が結露である。つまり結露の発生を防ぐには、室内の湿度を下げるか、窓際（壁際）の温度低下を防げばよい【図4】。前者は室内を調湿性のある素材〜例えば漆喰や珪藻土、火山灰、シェルペイントなど〜で仕上げる。後者は壁と窓の断熱性能を上げればよい。もちろんそこに換気などの対策が不可欠である。

図1 日射の遮蔽方法

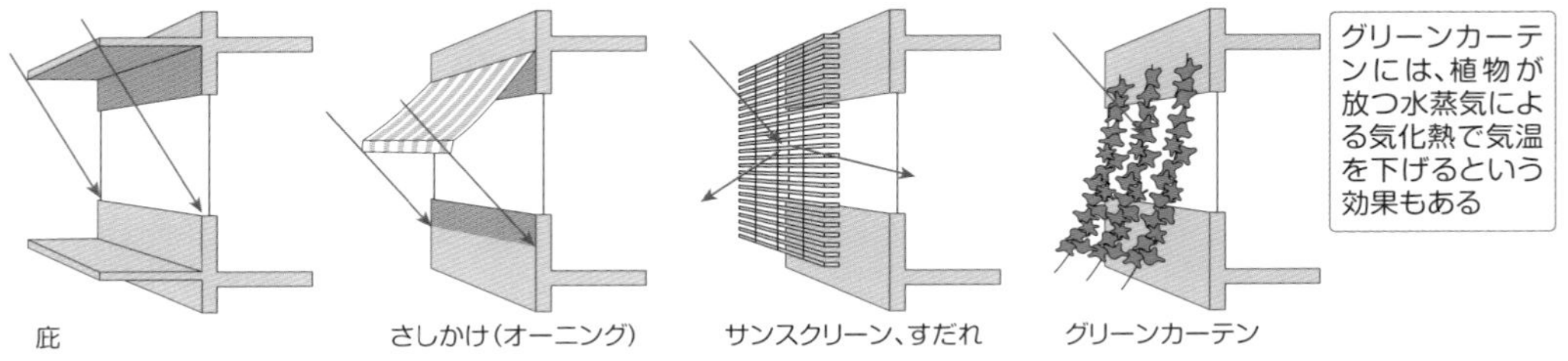

図2 庇《ひさし》による日射の遮蔽

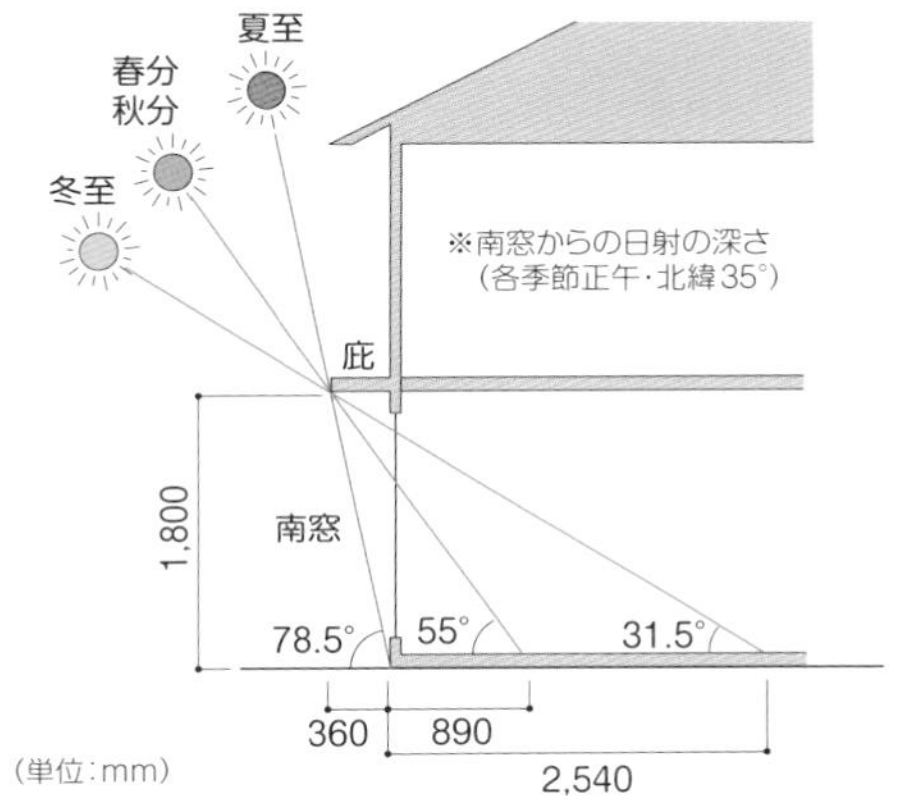

図3 熱移動の3形態

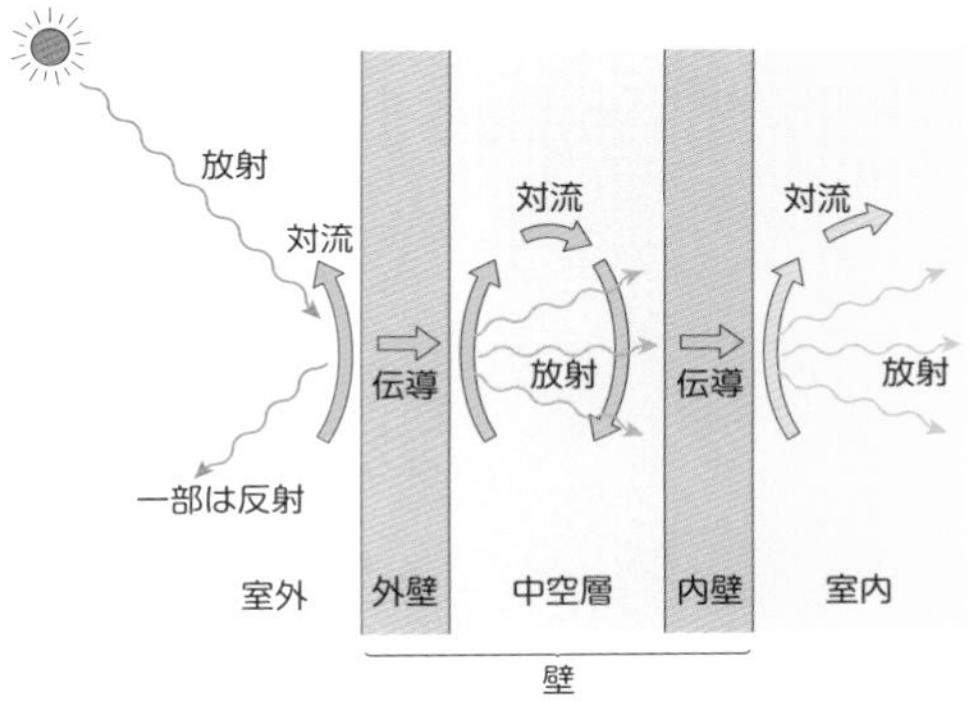

図4 結露のメカニズム

① プロセス

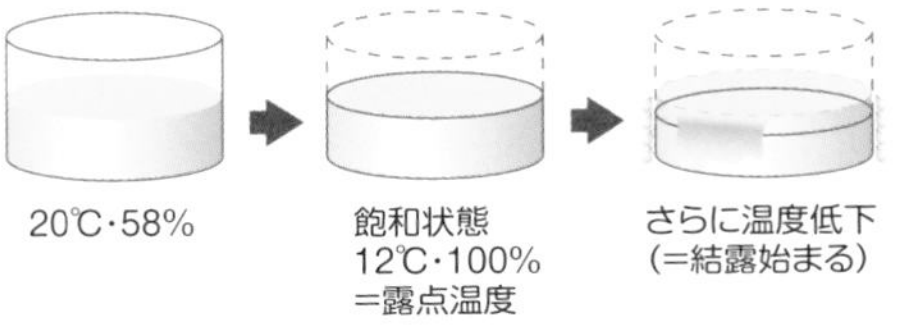

空気中の水蒸気量をそのままにしておき、温度が下がっていくと乾燥空気の容器が小さくなり、容器がいっぱいになるとあふれ出し、結露が始まる。このときの温度を露点という

② 略式空気線図

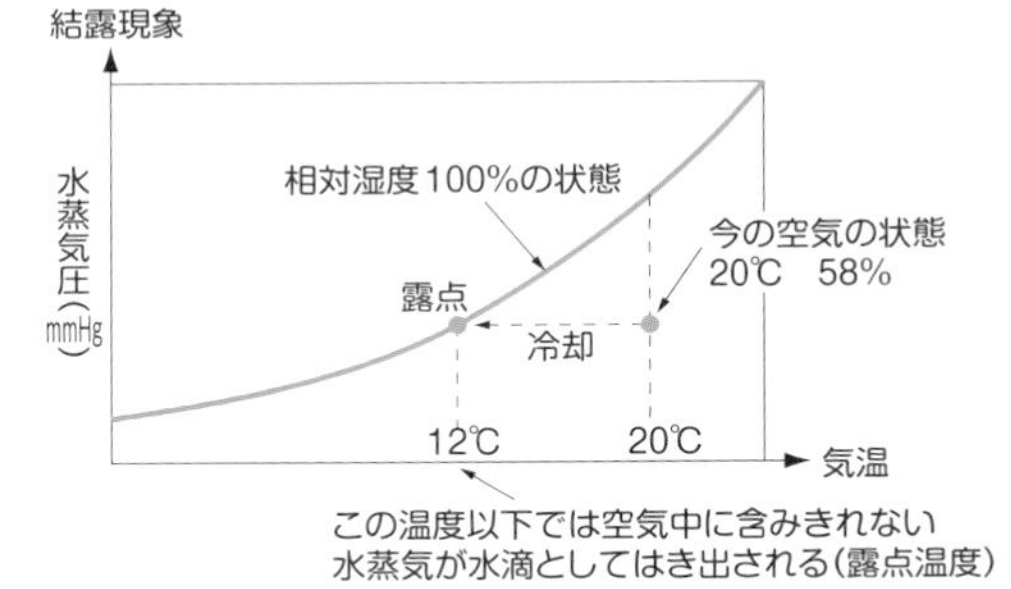

③ 表面結露と内部結露

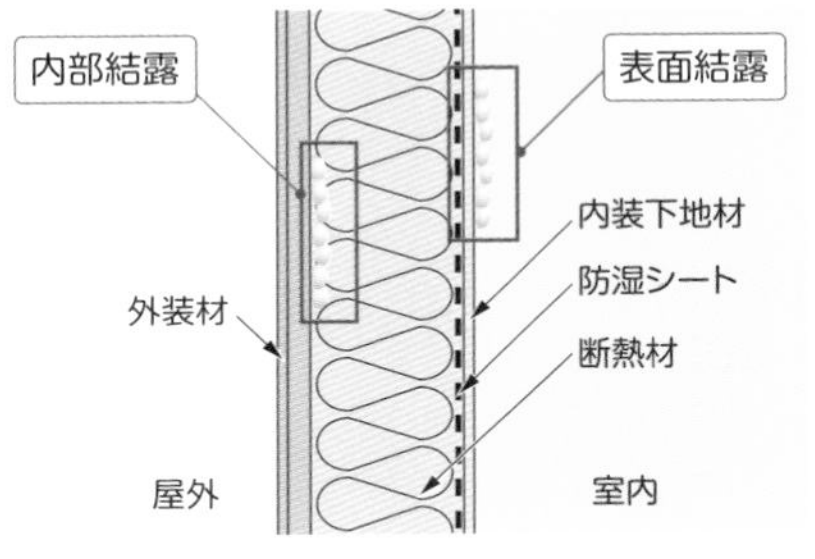

表面結露は、室内の暖かく湿った空気が冷たい壁などに触れたときに起こる現象。内部結露は、壁などのなかを通過する水蒸気が低温部分で水滴となる現象

写真:STUDIO KAZ

017

重さ・匂いのデザイン

Point
インテリアにも重さがある
匂いから空調をイメージする

手は優秀なはかり

日本人はお茶碗を手に取って食事をする。そのような習慣は日本人独特であり、だからこそ私たちは食器の重さに敏感なのである。その証拠に使いやすく、よく売れる茶碗の重さはほぼ100gに収束し、汁碗や猪口《ちょこ》などもほぼ100gに近い物が多い【図1①】。食器だけに限らず、箸や筆記用具などのわずかな重さの差を私たちの手は判別できる。

重さに加えて重量のバランスも重要だ。ステンレスプレスの包丁よりも鍛造でつくられた包丁のほうが、重量があるにもかかわらず使いやすいのは、重心が柄に近い所にあるため、重量のわりに軽く使えるためだ【図1②】。

重さと心理との関係も忘れてはならない。たとえば蔵の扉は分厚く重い。そのため、なかにある物を大切に守っているという安心感がある。音の項【36頁】で書いた高級ドアの開発では、その重さにも着目した。技術的には軽く開けることも可能だったが、「守られている安心感」を持たせるためにわざと開閉を重くしたのである。このように私たちがインテリアデザインを考えるうえで、物理的にも心理的にも、重さは重要なキーワードになるのである。

香りは心理に作用する

アロマや香など【図2】匂いと心理に密接な関係があることは、よく知られている。「緑の匂い」「雨の匂い」という抽象的な匂いでさえ人々の記憶を呼び起こしてくれるし、食べ物の匂いは過去の経験により、味と画像を容易にイメージできるものであり、インテリアデザインに利用しない手はない。茶会の席では香を焚いて客を迎える。筆者が設計した店舗で南国をモチーフとした店があるが、そのときはココナッツの匂いをさせ、比較的シンプルなデザインを南国に変換させた例もある。

図1 重さのデザイン

① 器の重さ

日本人が使いやすい器の重さはほぼ100g

② 重さのバランス

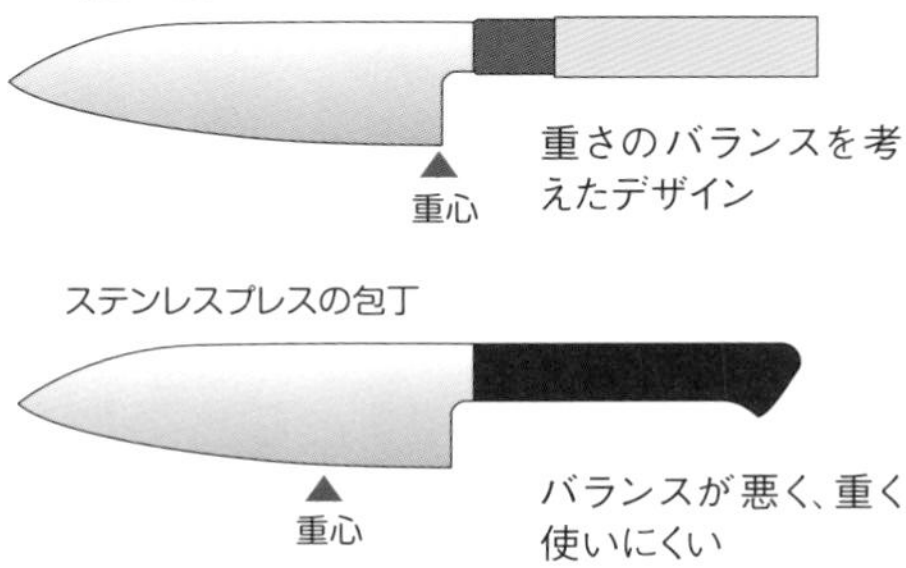

図2 匂いもインテリアデザインの一部である

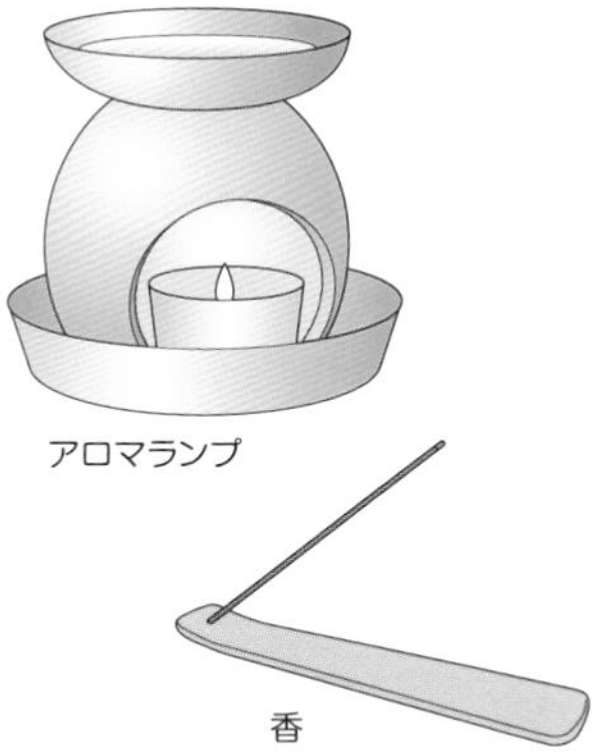

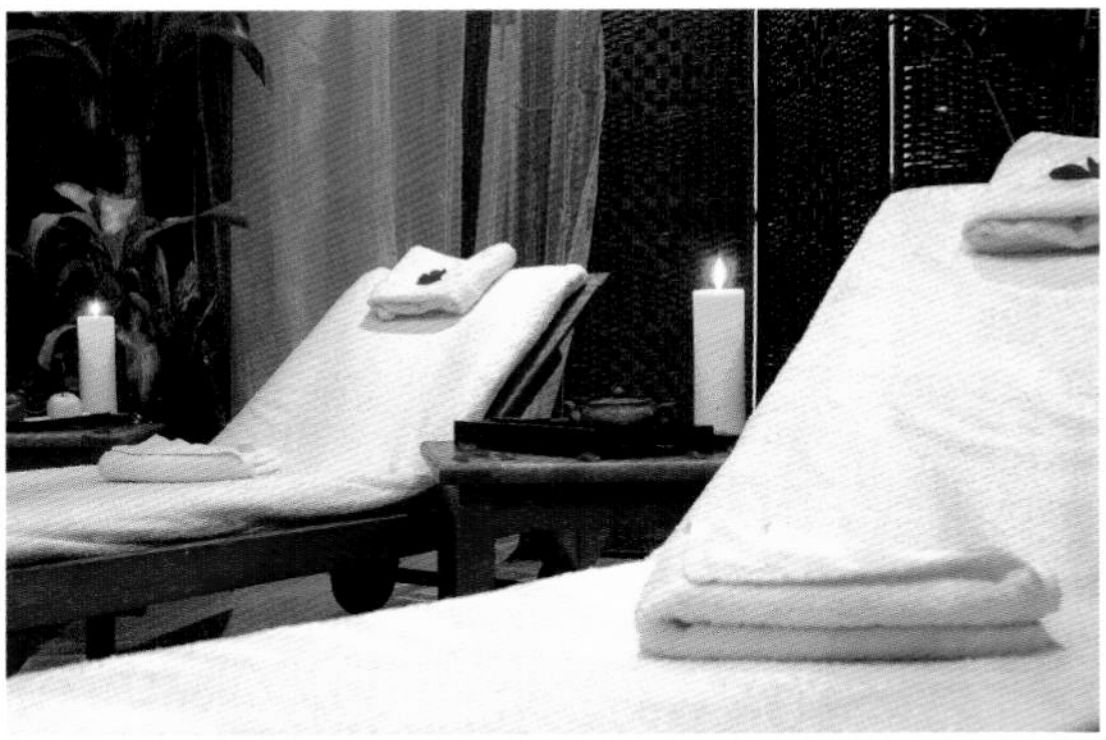

匂いと人間の心理には密接な関係がある。南国をモチーフにした店舗では、ココナッツの匂いをインテリアとして用いた

Pick UP! 現場の話、あれこれ

桐箪笥が重用されたわけ

桐《きり》は木のなかで最も比重が軽いため（含水率15%程度のときに比重が0.19〜0.40程度）、持ち運びに都合が良く、江戸時代の都市部で多く普及した。桐は火事に巻き込まれても、黒く炭化してしまうことはあっても燃え落ちることはない。そのため、なかに入れた着物まで燃えることがない。ほかにも調湿性が高く、虫がつきにくく、腐りにくい、狂いにくい（収縮が少ない）など箪笥としての機能に優れていることも桐箪笥が普及した要因だろう［**写真**］。

カフェウォールの錯視の例

018

かたち
～だましのデザイン

Point
「かたち」を点・線・面に分解してみる
人は目に入ってくる視覚情報を変換しながら、知覚する

「かたち」を分解する

人は何もない面に1つの点が置かれると、その点を注目する。その点は求心的な存在となっている。点が2つだと、2点の関係性を見つけようとし、たとえば大きい点から小さい点へと視線が移動する。このように空間のなかに置かれる物や空間の形状により、視線の動きをコントロールできる。

　それを理解するためには「かたち」を分解して再認識する必要がある。すべての始まりは点である。点が複数並ぶとそれは線になる。さらに線は面になる。そのときにそれぞれの線が接している必要はなく、領域として認識される。面は立体に組み上がり、そこに入ることができるぐらいの大きさになると空間として認識される【図1】。

　一般的に直線や平面は静的で実直なイメージを持ち、曲線や曲面は動的で自由なイメージを持つ。空間においても、ただの四角い空間と比べて、凹凸や曲面を取り入れることで、自由でのびやかな空間にすることができる。

視覚→知覚

　目の前に正方形のテーブルがあるとする。そのとき目に入ってくる形状は台形のはずである。しかし、人は目に入ってくる視覚情報を脳に伝達し、分析・解析・処理を行ってそれが正方形であると認識する。同様に正円のテーブルは楕円に見え、直方体のビルは高い所ほど細く見えていても正しいかたちに変換している【図2】。では、本当に高い所ほど細くなっているビルを見上げたらどうだろう。実際より高いビルに見えるはずである。つまり視覚情報をコントロールしているのである。ほかにも錯視（実際とは違って見える図形）は、自由な空間を考えるうえで参考になる【図3】。実はみんなだまされているのである。

図1 視線の運動

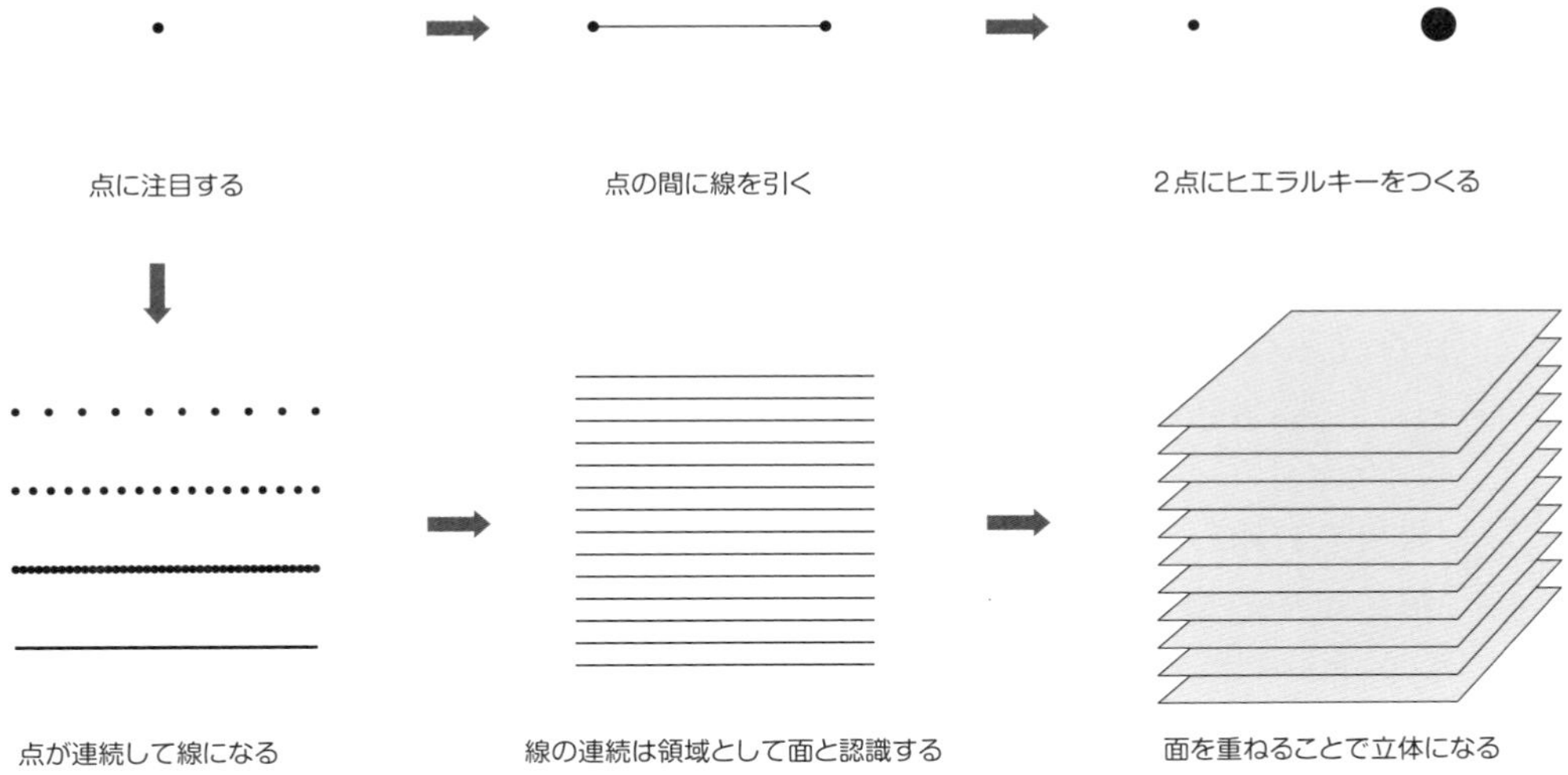

図2 視覚情報の変換

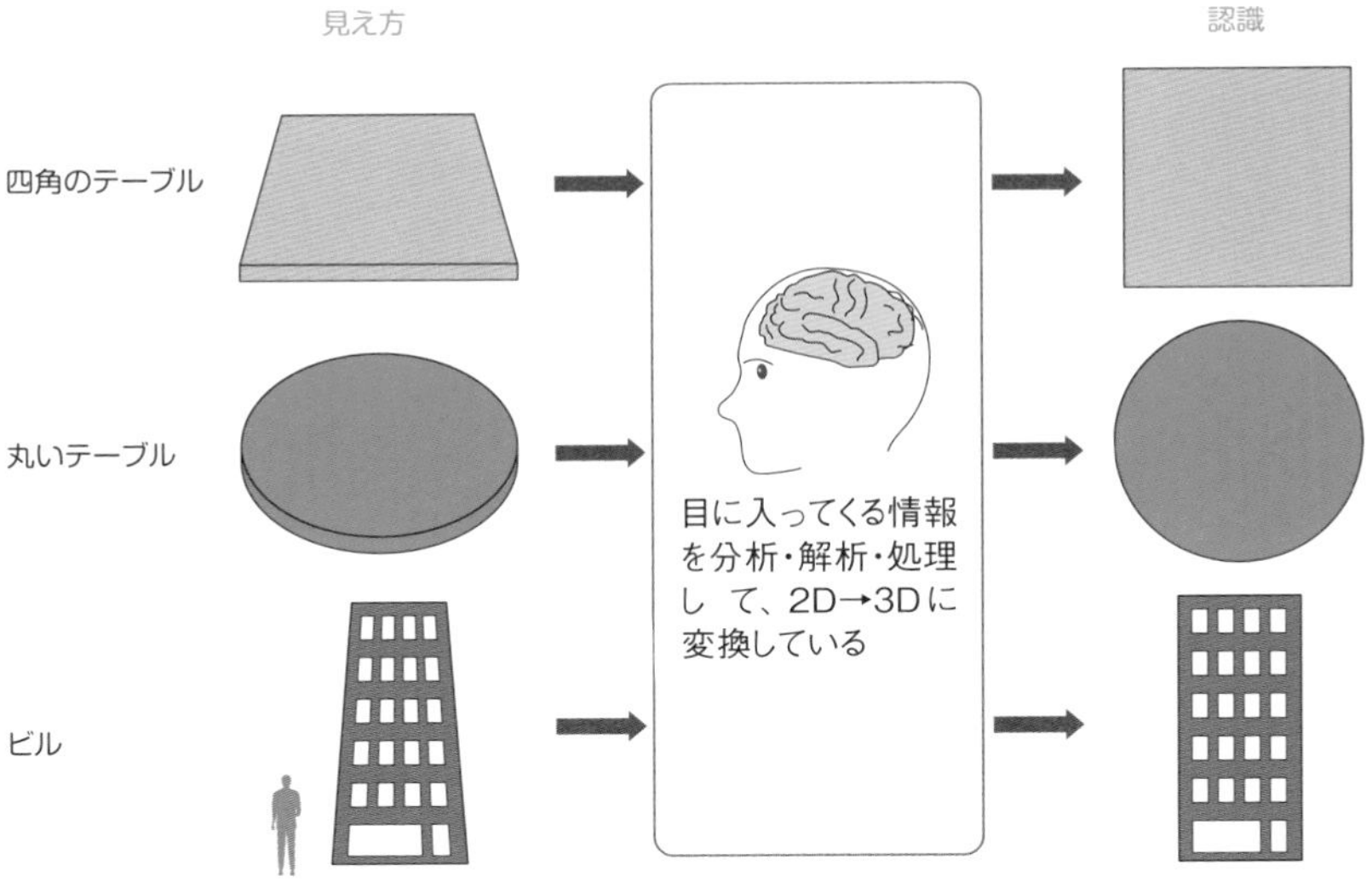

図3 錯視

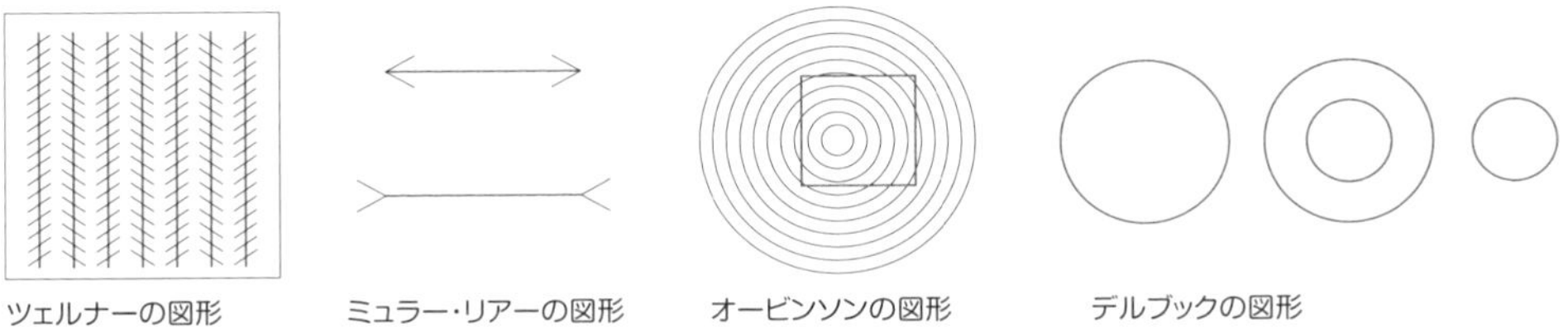

019

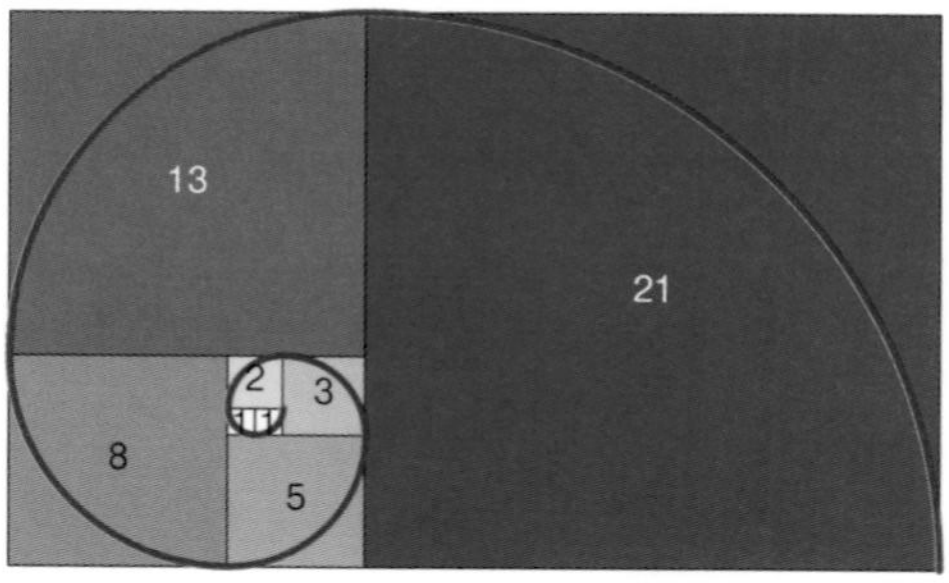

黄金長方形と黄金螺旋

見え方の操作
～だましのデザイン

Point
錯視を利用して見え方をコントロールする
黄金比や白銀比などの安定したプロポーションを知る

パース（パースペクティブ）

風景画を描くとき、遠くにあるものは小さく、近くにあるものは大きく描く技術は小学生でも知っている。これをパースペクティブ（遠近法）といい、多くの場面でその手法が巧みに使われている。東京の青山に絵画館へと続く銀杏並木がある。青山通りから絵画館前広場へと緩やかに下り、道の両側にある銀杏の木の高さは、絵画館に近づく程に低く剪定されている。つまり絵画館までの距離を長く感じさせ、かつ視線を絵画館に向かうように計画されている【図1】。このほかにも京都の桂離宮やイタリアのバチカン宮殿などでもこのパースペクティブの手法は使われている【図2】。

美しく安定した黄金比

黄金比は人間が潜在的に「美しい」と感じる安定した比率（1：1.618）のことで【図3】古くはピラミッドやパルテノン神殿に使われていたり、レオナルド・ダ・ヴィンチをはじめ、様々な芸術的表現に使われている。現代においても、AppleやTwitter、トヨタなど多くのロゴマークにも使われている。

日本にも同じように安定した比率がある。「√2長方形」（1：1.414）である。これは黄金比に対して「白銀比」もしくは「大和比」と呼ばれている。私たちが普段使っている紙のプロポーションがそれだ【図4】。このプロポーションは長辺方向を半分に折っても変わらない。歩留まりがよいカタチである。白銀比は法隆寺の金堂や五重塔などに使われ、国内の寺社建築や仏像の顔、日本絵画など「日本人が美しいと感じる比率」として古くから用いられている。ドラえもんやキティちゃん、アンパンマン、そして東京スカイツリーにも使われているのには驚く【図5】。

図1 遠近法の例1

絵画館前の銀杏並木
写真提供:ピクスタ

東京・青山通りから絵画館前広場まで続く銀杏並木の道路高低差は約1m、木の高さは青山通り側で24m、絵画館側で17m。パースペクティブのUPが、絵画館に集中するようになっている

図2 遠近法の例2

写真:STUDIO KAZ

桂離宮の敷石

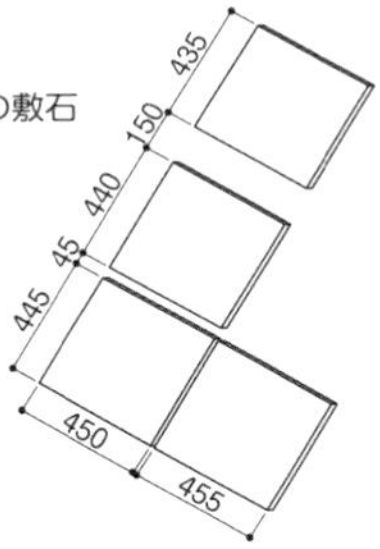

図3 黄金比

① 黄金比長方形

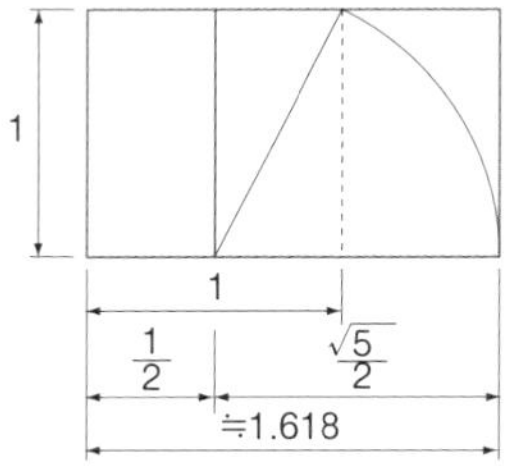

② 桂離宮の黄金比

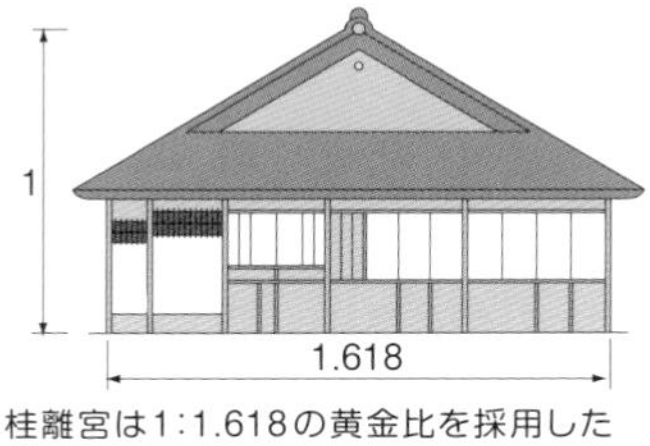

桂離宮は1:1.618の黄金比を採用した例の1つ

図4 $\sqrt{2}$長方形

① $\sqrt{2}$長方形

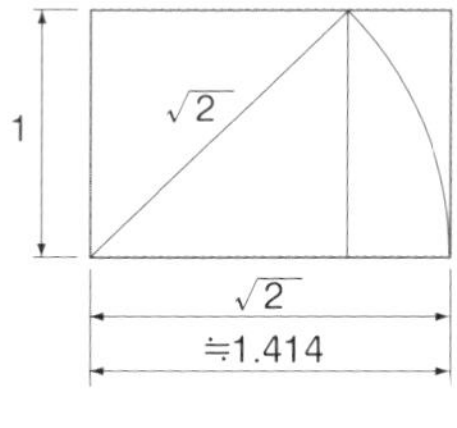

② 紙のプロポーション

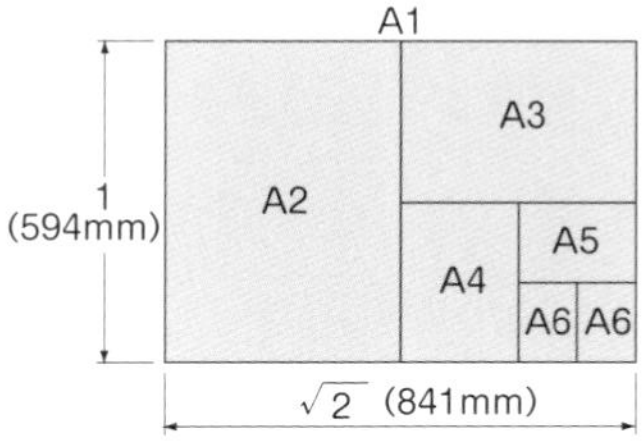

用紙のプロポーションは、縦横比が1:$\sqrt{2}$になっている

図5 スカイツリーと白銀比

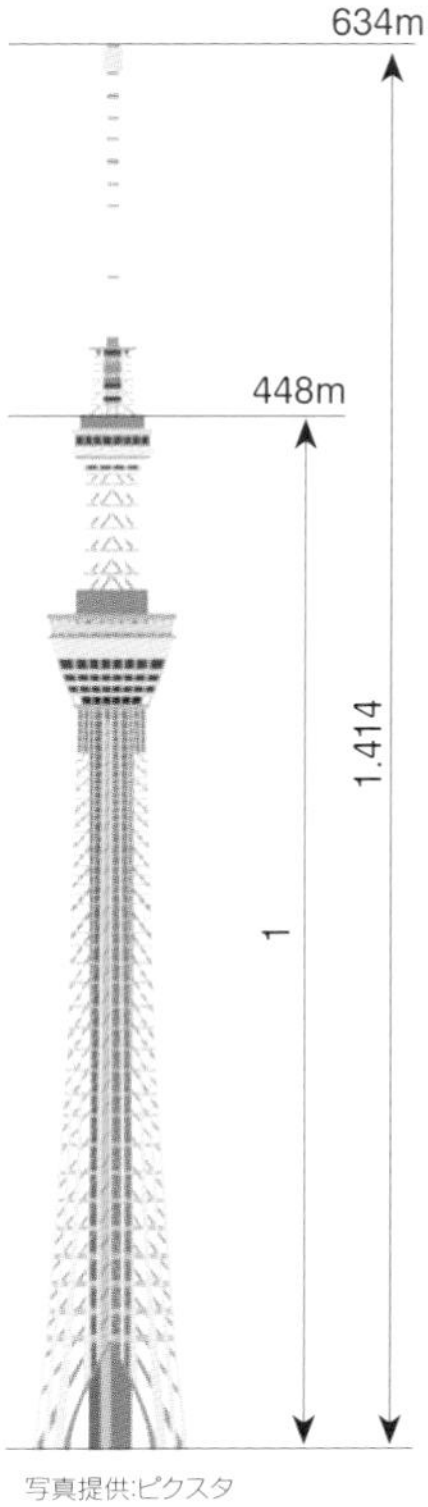

写真提供:ピクスタ

青海波文様

020

美しさの法則
～だましのデザイン

Point
視線の位置や動きを意識して、美しい見え方を演出する
文様などの装飾は、それぞれ記号としての意味を持つ

美しく見える

空間や物が美しく見えるための5つの法則がある。

①統一（ユニティ）と変化（バラエティ）【図1】＝統一とは揃えること、変化とはそれを崩すこと

②調和（ハーモニー）＝部分と部分、部分と全体の調和を図ること

③均衡（バランス）＝シンメトリー（対称）やアシンメトリー（非対称）

④比例（プロポーション）＝黄金比や√2長方形などを意識すること

⑤律動（リズム）＝反復やグラデーションなどを駆使すること【図2】

色だけでなく、かたちや大きさ、素材なども同様である

これらを意識しつつ、アイレベルを調整し、視線の動きをシミュレーションしてみる。立位と椅座位、座位ではアイレベルが変わり、見える風景が変わってくる。窓の切り方や建具のプロポーションなどに工夫が必要だ。和室と洋室のつくりを考えると理解しやすいだろう。そこに日光や照明の影、色やかたちを調整して、空間の焦点（＝注視点）をつくり、アイレベルと合わせて部屋の重心を決める。

装飾の意味

元来、装飾には宗教的、もしくは王族・貴族生活的な意味合いが強い。そのため、基本的には違うテーマの装飾が1つの空間に存在することはない。20世紀に入り、オーストリアの建築家アドルフ・ロースが「装飾は罪悪である」と発言したころとは、インテリアにおける装飾の意味合いが大きく変わってはいるが、現在でも装飾への関心は根強い。

装飾技法のなかで、文様は宗教をはじめとした記号としての意味を持つ柄も多く、名称や使われ方も含めて覚えておくとよいだろう【図3】。

図1 統一と変化

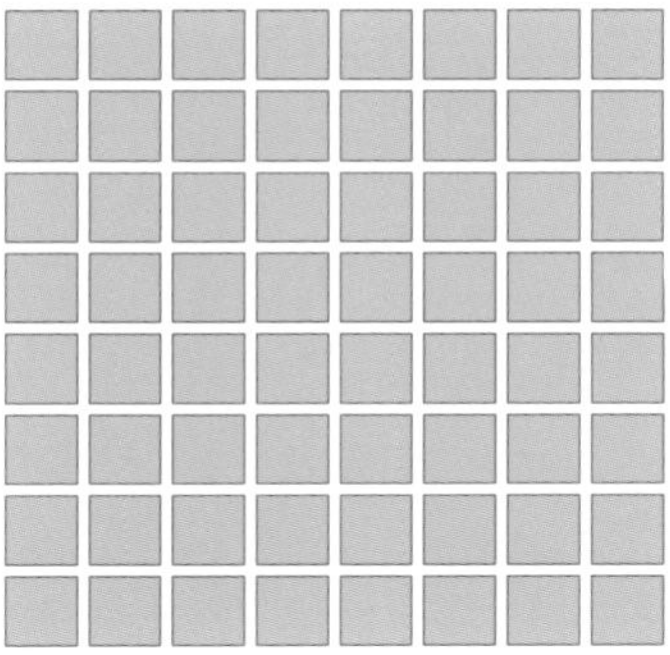
統一

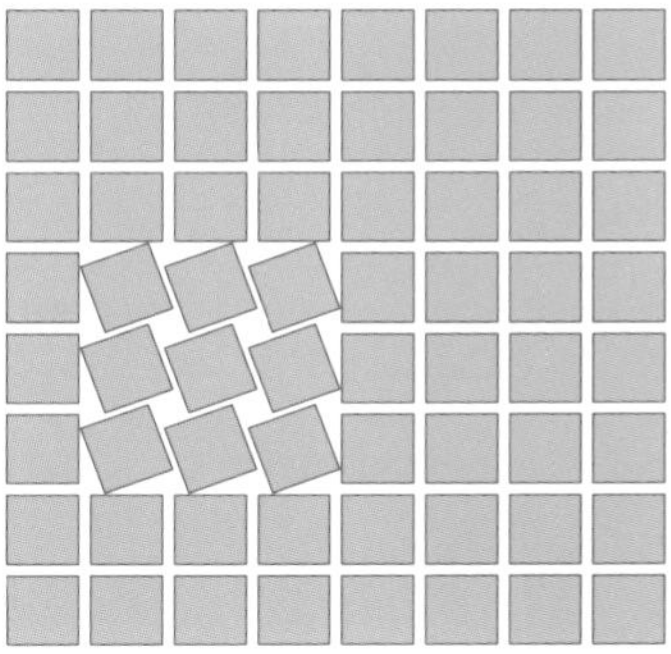
変化

図2 律動

グラデーション（色の階調）

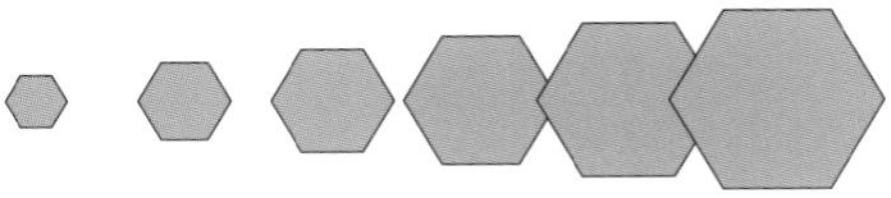
グラデーション（かたちの階調）

図3 文様（江戸小紋の一例）

小紋とは型を用いて連続した模様を染める技法で、日本の小紋技法として「江戸小紋」、「京小紋」、「加賀小紋」が知られている。

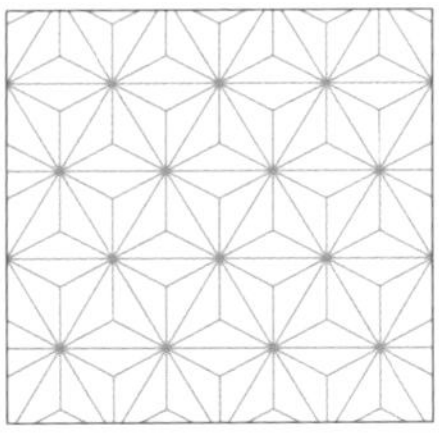
麻の葉

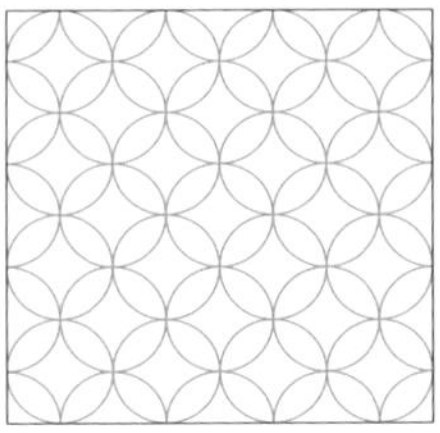
七宝

まんじつなぎ

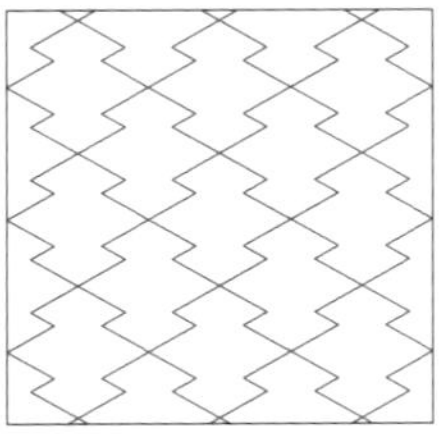
松皮びし

青海波

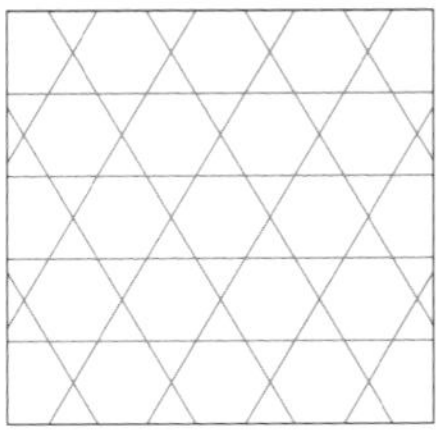
かご目

雷文

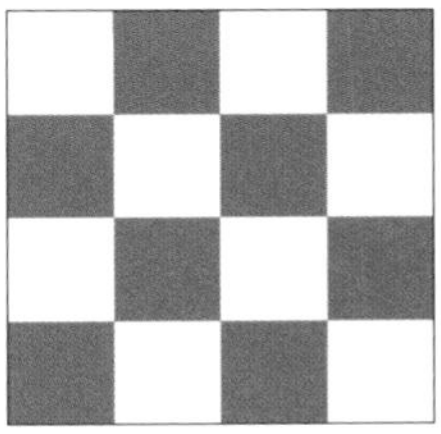
市松

シックスセンスのインテリア

よく「五感で感じる○○」と目にする。この第1章で書いてきたことは、まさに「五感で感じるインテリアデザイン」を考えることである。

そのなかで最も重要なのは、多くの場合、視覚である。見えるもの、見えないもの、視線の動きなどを積極的に意識することにより、空間のかたちや空間内に置かれるものの配置、色使いなどが自然に生まれてくる。

逆にリフォームや店舗などをはじめ、空間のボリュームがあらかじめ決まっている場合には、視線を操作することによって、気持ちよい空間をつくることができる。

視覚、聴覚、触覚、嗅覚、味覚、これら5つの感覚は単独で存在するものではなく、それぞれが補完し合うことにより、強烈なイメージとして頭のなかにインプットされる。その五感を総動員した先にあるものが第六感であり、インテリアデザインではさまざまな手段を講じて、「第六感」を生じさせ、「何か分からないが気持ちがよい」空間に仕上げる。

誰しも、純粋に「気持ちがよい」と感じた空間があるだろう。その空間に感動したこともあるだろう。それらには必ず理由があり、その理由を見付けることが「インテリアデザイン」ではないだろうか。

設計:STUDIO KAZ　写真:垂見孔士

たとえば**写真**は木造住宅のリフォームだが、既存の柱を利用して、わざわざ柱を追加して列柱を作り、腰壁まで設けている。こうすることで、室内で歩く距離が長くなり、心理的な広さを出している。また、壁の白に対して、列柱の側面をチャコールグレーに塗ることにより、奥行き感を強調し、さらに奥にあるキッチンのワークトップの色と合わせ、視線を導く操作をし、実際よりも広く感じるようにしている。

ただし、「五感で感じるインテリア」を前面に押し出して表現してしまうのは、とてもダサいので気を付けて表現したい。

第2章

建築構造と部位のつくり

設計・写真:STUDIO KAZ

021

床の構法

Point
床組は根太を架ける構法と、直張りする構法がある
表面の仕上げだけでなく、見えない下地にも配慮する

架構式床と非架構式床

床の構法は、架構式と非架構式の2種類がある【図1】。

木造の床は架構式で、床組の種類には束立て床や転ばし床、単床《たんしょう》、複床《ふくしょう》、組床《くみゆか》など複数ある。土台や大引《おおびき》（1階）、あるいは床梁（2階以上）に根太《ねだ》を架け、合板などを張った上に仕上げをする。特徴としては、断熱性に優れていること、床下の配管や配線が比較的容易に行えることなどが挙げられる。

一方、非架構式の床は平滑なスラブ（コンクリート製の床版のこと）や均《なら》しモルタルなどを下地にして、直に仕上材を張ったり、塗ったりする。大きな荷重に耐えることができ、軋みや変形が生じにくい。床組が必要ないため、階高を抑えたい場合に有利である。

RC造でもスラブの上に大引や根太を置いて下地を組んだ架構式床にする場合がある。マンションなどの共同住宅では、大引・根太の代わりにスラブの上に高さ調整できる支持脚を設け、床下部分を配管・配線スペースとして活用する「フリーフロア」と呼ばれる置き床にすることが多くなった。

床の仕上げ

床の仕上げは、フローリングやカーペット、畳、タイルなど多くの種類がある【図2】。水廻りは耐水性、子どもや高齢者の部屋には耐衝撃性といった場所ごとの用途に合った仕上材を選ぶことが望ましい。仕上材の固定には、釘【図2②】や接着剤を使う。各々の部屋で異なる仕上材を張るときは、下地の厚さを変えることで全体の高さを調整する場合もある。

高品質な仕上材であっても、下地・躯体の特性や状態によってはその仕上材が本来持っている性能を十分に発揮できないことがあるため、下地部分のつくり方や施工監理に注意する。

図1 床の構法

① 架構式床

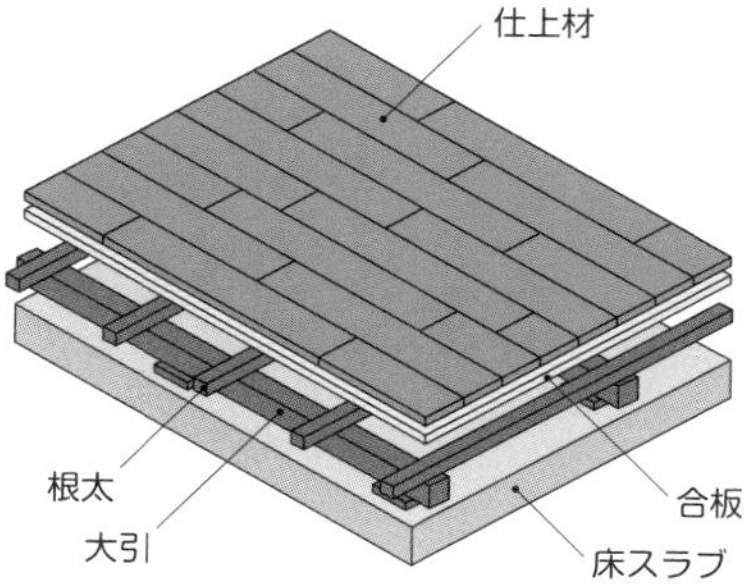

② 非架構式床

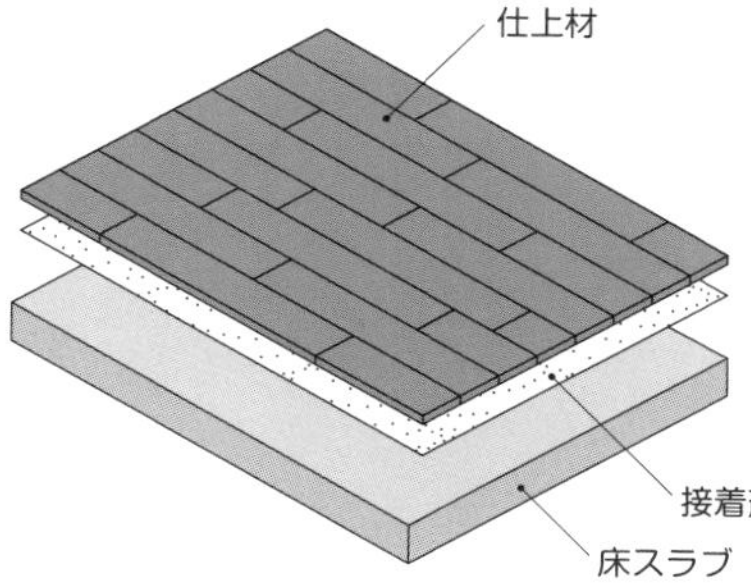

図2 仕上げの種類

① フローリング仕上げ

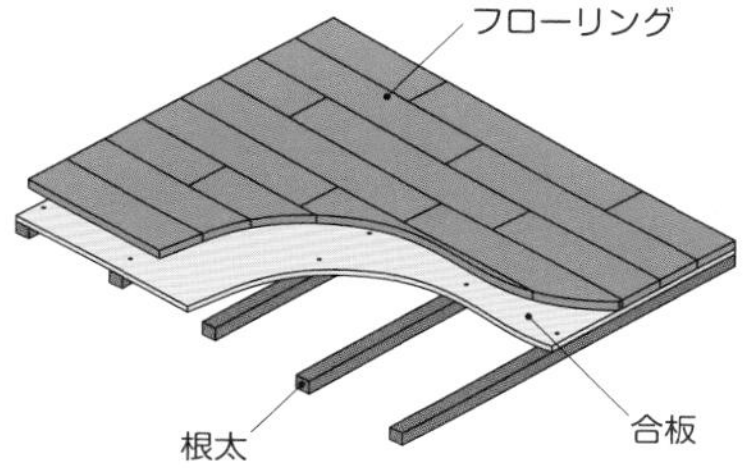

② フローリングの固定

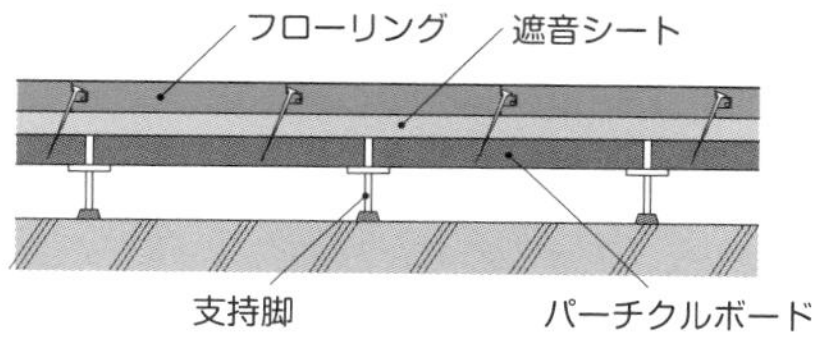

③ カーペット仕上げ

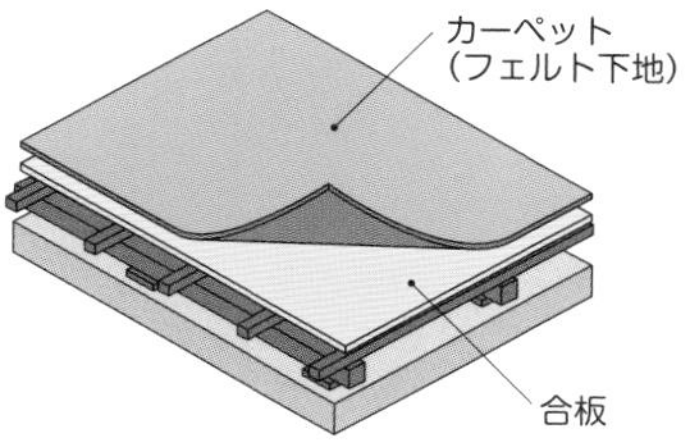

④ タイル仕上げ（乾式）

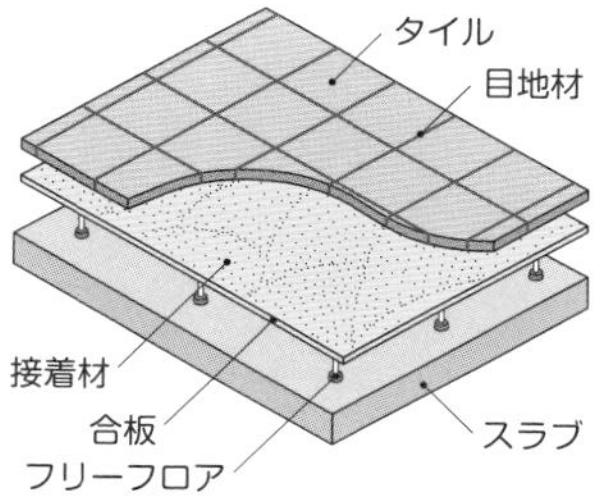

⑤ タイル仕上げ（湿式）

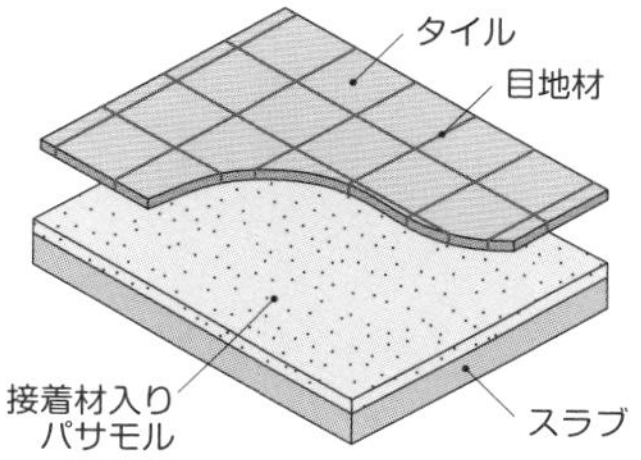

Pick! UP. 現場の話、あれこれ

床暖房

最近、床暖房を採用するケースが多くなった。生活する人にとっては快適に暮らすことができるが、一部の床材にとっては厳しい環境である。フローリングは乾燥の度合いによって収縮が起き、反りなどの問題が発生する。必ず床暖房に対応しているか確認してから決める。特にムクフローリングでは、床暖房にしなくても夏と冬で伸び縮みするくらいなので、注意が必要である。

設計:STUDIO KAZ　写真:山本まりこ

022

壁の構法

Point
木造は各種線材や面材で壁下地を組む
RC造は直仕上げにする場合がある

木造の壁

壁は空間を仕切る鉛直方向の面であり、機能別に外壁・内壁・戸境壁などに分けられる。また、躯体として建築物を支える、支えないによって耐力壁・非耐力壁に分類する方法もある。

壁の構法は、構造種別によって異なる。日本で最もポピュラーな木造の在来軸組工法においては、柱や梁などで構成された骨組み（軸組）に下地を組んで面を形成し、そこにクロス張りや塗り壁、板張り、塗装、タイル張りなどの仕上げを施す。その際、軸組の柱や梁を露《あらわ》しで直に見せるのが真壁、隠れる仕上げのものが大壁である。

真壁は、貫《ぬき》を通して小舞《こまい》下地を組んだり、貫にボードを張ったりする。大壁では、軸組の間に間柱《まばしら》（鉛直材）を立て、そこに胴縁《どうぶち》（水平材）を渡して下地をつくり、板材やボードを張る【図1】。なお、胴縁を取り付けないで、間柱に直接ボードを張る場合もある。仕上げは、湿式工法と乾式工法に分かれる【表】。

軸組ではなく壁により建築物を支える枠組壁工法では、主に断面が2×4（ツーバイフォー）インチや2×6インチ部材の枠と面材を組み合わせる。

RC造とS造の壁

RC造では、コンクリート打放しのように躯体そのままの状態を利用する方式、躯体に直接塗装したり、タイル・石・パネルなどを張ったりする方式、あるいは独立した下地を組んで仕上げを施す方式が取られる【図2】。下地を設ける場合は、躯体に木材や鋼材の胴縁を固定し、ボードを張って面をつくる。S造は、枠組みの鉄骨が木材と同じく線材であるため、軸組構造となる。木材や鋼材で下地を組み、ボードを取り付け、その上に仕上げを行う乾式工法が多く採用される。

図1 | 木造の壁の構成

躯体＋下地＋ボード張り仕上げ

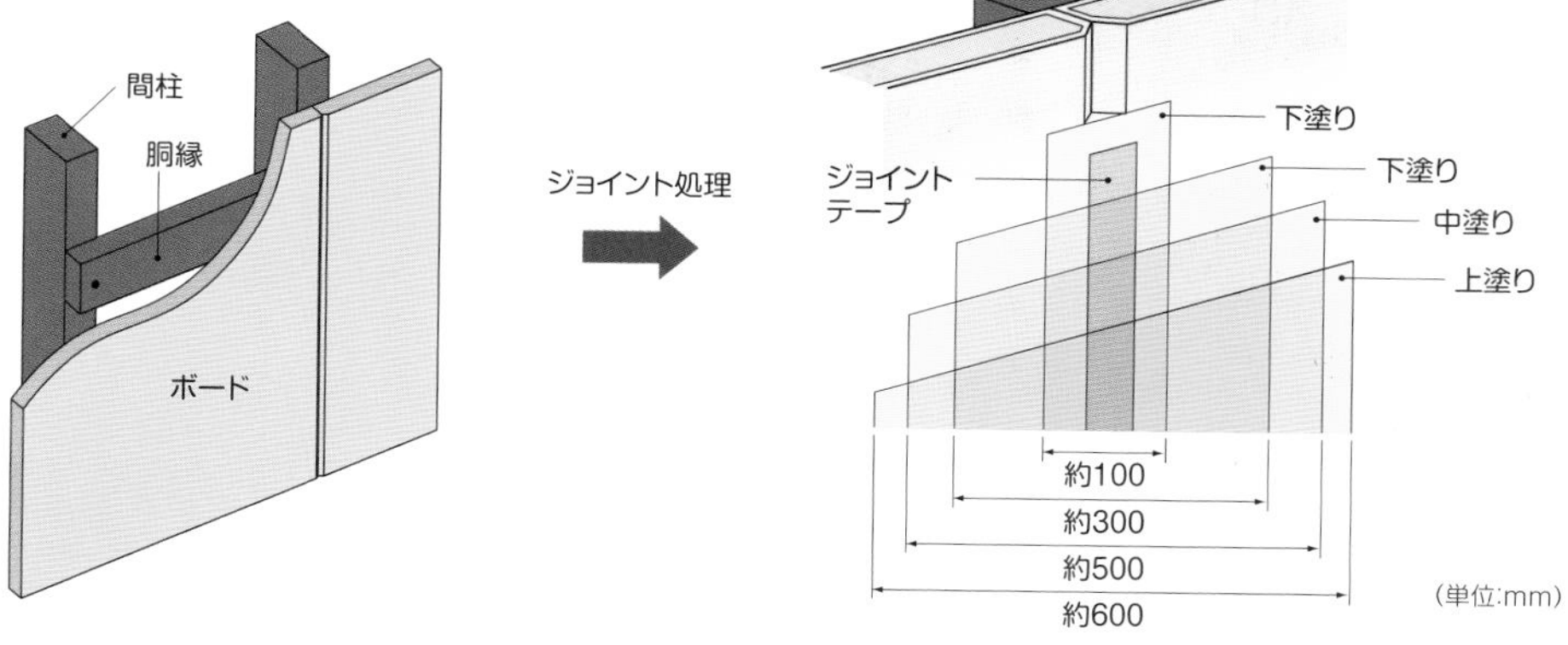

図2 | RC造の壁の構成

① 躯体＋下地＋ボード張り仕上げ

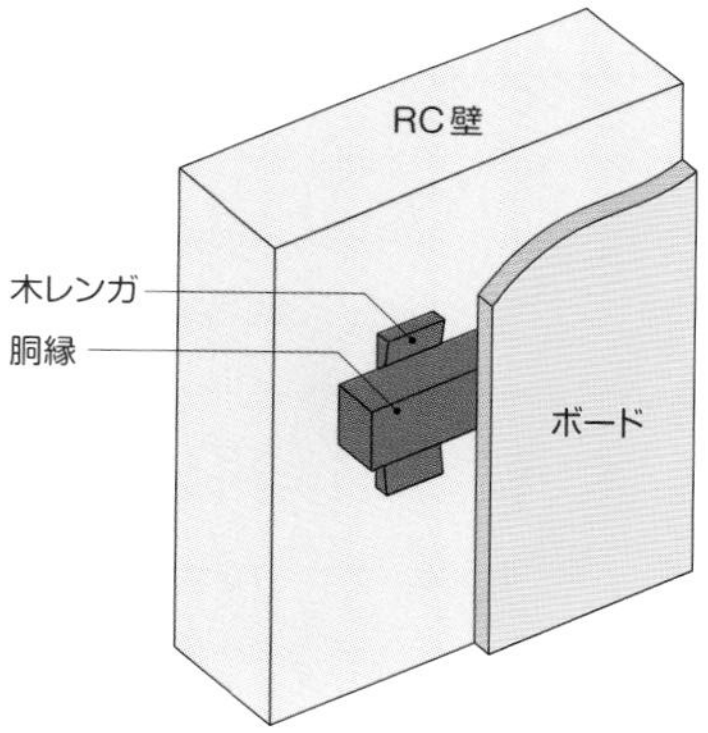

② 躯体＋ボード張り仕上げ(GL工法)

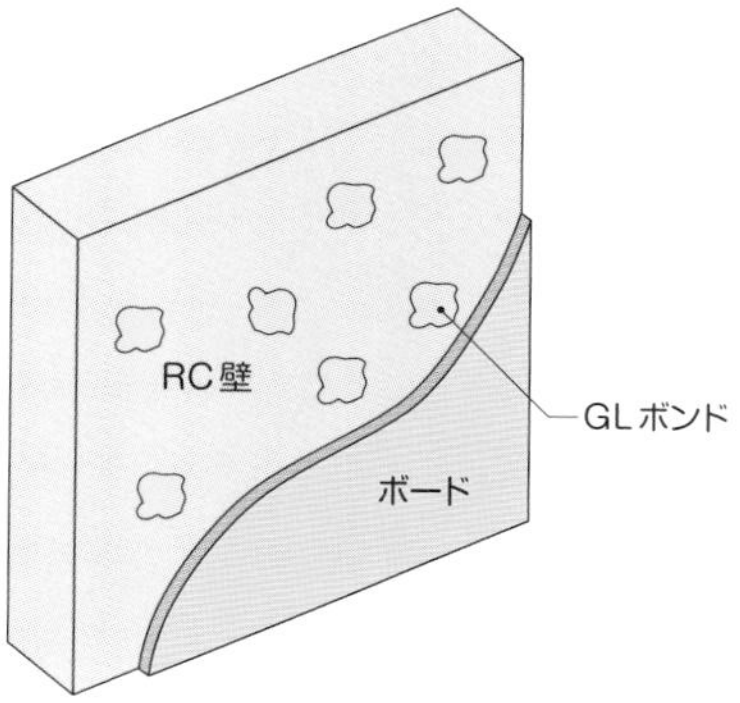

③ 躯体＝コンクリート打放し

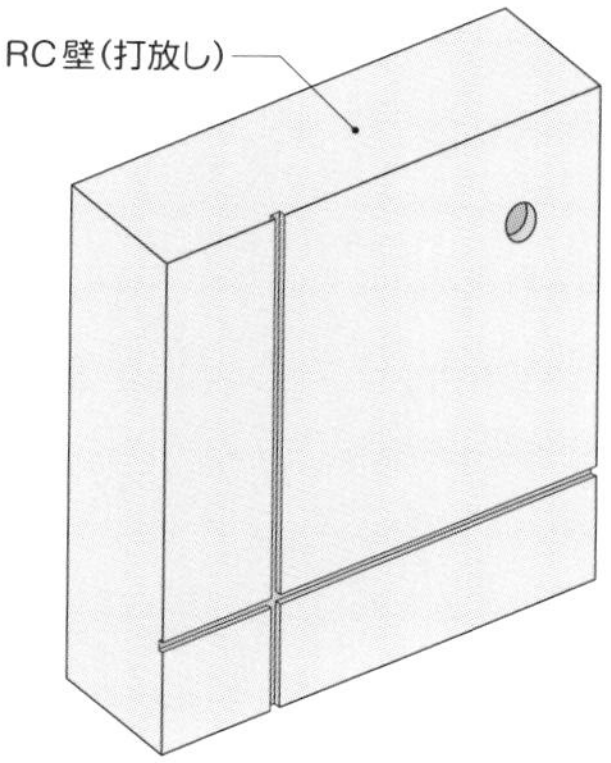

表 | 主な壁仕上げの種類

工法	工事種目	仕上げの種類
乾式工法	内装工事	ビニルクロス
		和紙クロス
		布クロス
		無機質系壁紙
	塗装工事	AEP
		特殊ペイント
		シェルペイント(ローラー仕上げ)
	木工事	ウッドパネル
		ウッドタイル
	石・タイル工事	タイル
		天然石
	金属工事	金属パネル
湿式工法	左官工事	シェルペイント(左官仕上げ)
		漆喰
		珪藻土
		火山灰
		プラスター (西洋漆喰)
		じゅらく壁

建築設計:今永環境計画　キッチン設計:STUDIO KAZ　写真:Nacása & Partners

023

天井の構法

Point
形状によって空間のイメージが変わり、機能や目的によって使い分ける
吊り天井は吊木などで天井面を保持し、仕上げを施す

形状と構法の種類

天井は空間の上方にあって、垂直方向の領域を決める。高い強度や耐久性が求められる床や壁に比べると、構造上の制約が少ないため選択の幅が広く、その形状はさまざまなバリエーションに富んでいる。天井の面を水平に張り上げた平天井を基本とするが、それぞれの居室空間の機能や用途などに応じて、傾斜や段、曲面を用いた天井もある【図1】。

天井の構法には、床裏・屋根裏の面をそのまま見せる化粧天井、床裏・屋根裏に直接仕上材を塗ったり、ボードを張ったりする直天井、吊木やボルトで支持する吊り天井などがある。RC造などでは、居室空間を効率良く使えるように直天井とすることもあるが、最近のインテリアは、ダウンライトや間接照明、排気ダクト、天井型カセットエアコンなど天井に埋め込むものが多く、吊り天井が最も多い。

下地と仕上げ

木造のみならずRC造やS造でも小規模な建築物には、吊り天井の下地材として加工が容易な木製の部材を使うことが多い。吊木《つりき》受け・吊木・野縁《のぶち》受け・野縁などで構成された下地にボードを張り、クロスや塗装、左官などで仕上げる（ボード張り天井）【図2①】。また、野縁に化粧合板などの天井板を下から張る（打上げ天井）【図2②】といった構法がある。伝統的な和室の天井に使われてきた竿縁《さおぶち》天井は、野縁受けがなく下地を簡略化、軽量化することができる【図2③】。

一般にRC造やS造の建物には、軽量鉄骨の天井下地が使われる。木材の場合と同様、野縁や野縁受けを配し、ボルトで吊る。吊りボルトには天井面の不陸《ふりく》を調整するための機構が付いている。

図1 天井の形状

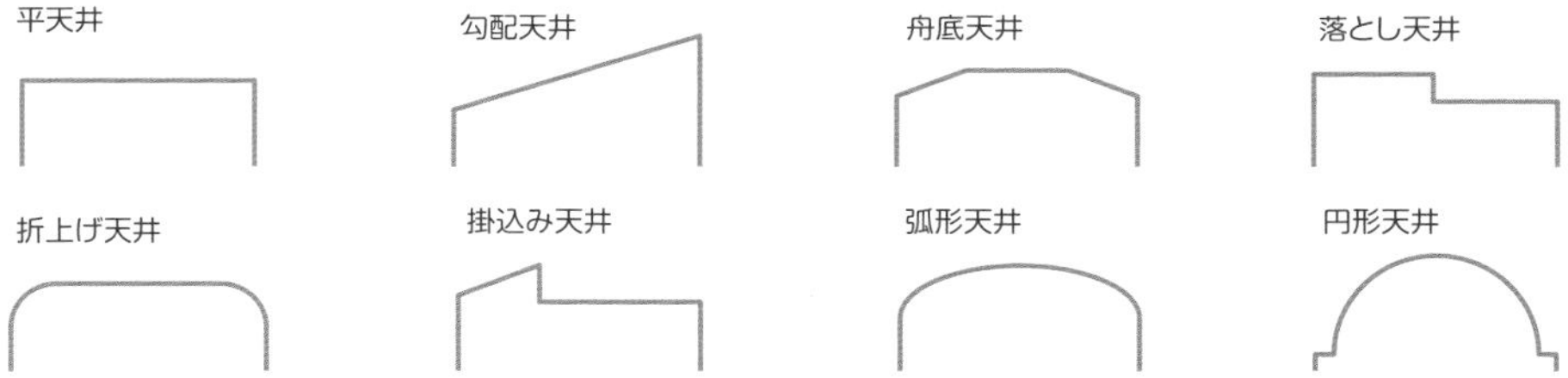

図2 天井の構成

① ボード張り天井

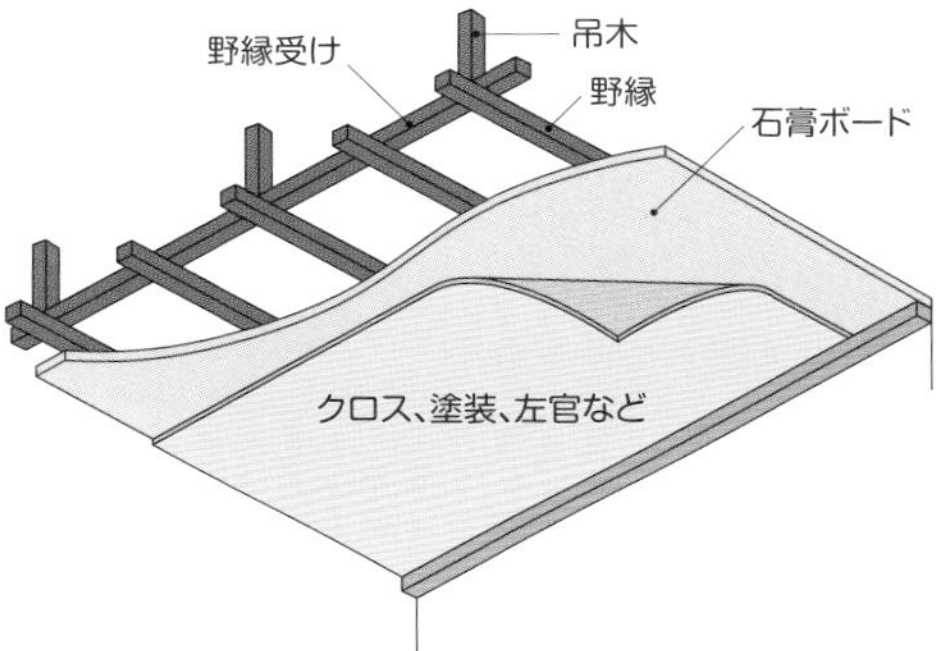

② 打上げ天井

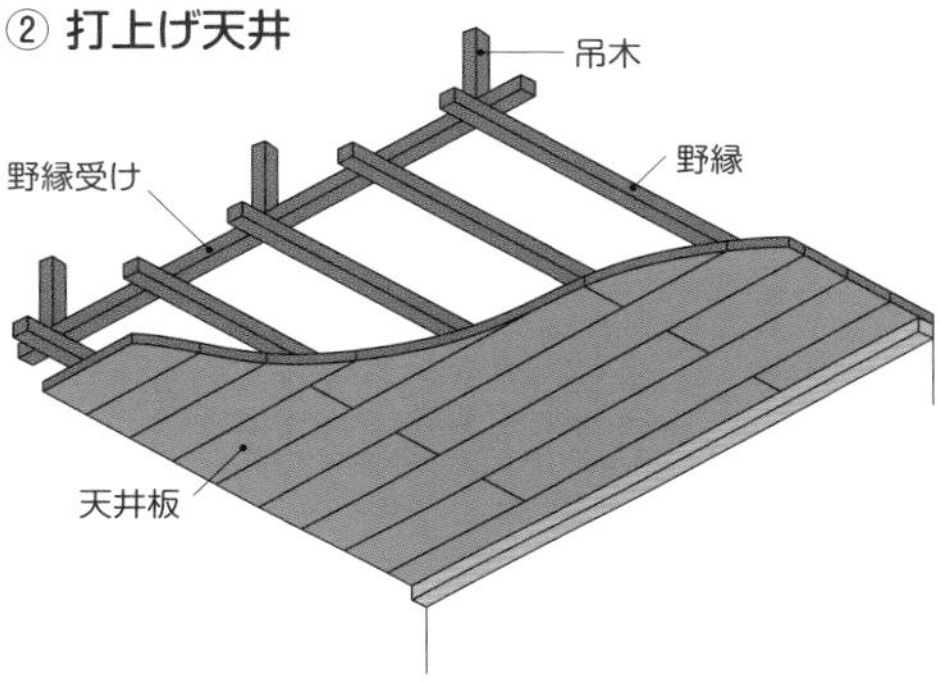

③ 竿縁天井

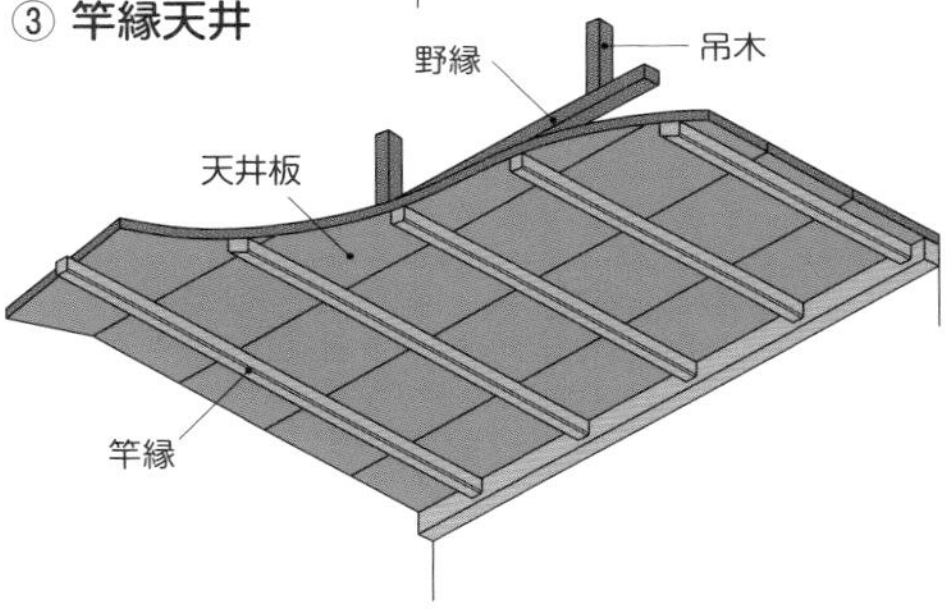

写真 美しい天井を意識する

美しい天井を持つ空間は、視界の中心に意識を集中することができる
設計:STUDIO KAZ　企画:アリストコンサルティング　写真:山本まりこ

Pick UP! 現場の話、あれこれ

天井こそデザインすべき

空間をプランするときに、「平面→展開」と考えていくと、どうしても天井は最後になり、デザインをおざなりにしがちだが、天井のデザインも気を抜いてはいけない。今、自分がいる空間の天井を見上げてほしい。実に多くのものがあることに気付くだろう。照明器具、空調・エアコン、火災報知器、スプリンクラー、点検口、非常灯、誘導灯……など、かたちも、大きさも、工事区分もバラバラなものばかりだ。天井は空間のなかで最も交通整理が必要な部位なのかもしれない。

設計:STUDIO KAZ　写真:山本まりこ

024

造作とその部材

Point
造作は、躯体工事後に行われる仕上工事の総称である
敷居上端から鴨居下端までの寸法を「内法高」という

真壁づくりの造作

躯体以外の仕上げの木工事を総称して造作という。また、内法《うちのり》・床の間・書院・畳寄せ・戸袋・造付け家具・階段・押入れ・床板・天井・左官工事以外の壁などの造作に用いる部材を、躯体の構造材に対して造作材と呼ぶ。造作材はよく乾燥したものを使用して、反りやねじれなど木の狂いによる隙間が生じないように配慮する。

床や天井、壁、建具などが取合う部分には造作材が施されるが、柱などの軸組を露した納まりの真壁**【図1】**と隠した納まりの大壁**【図3】**では、使用する造作材の点数や形状が異なる。

伝統的な和室に見られる真壁づくりの造作では、敷居・鴨居・長押《なげし》・欄間といった内法材で開口部廻りを構成する**【図2】**。内法とは、相対する部材の内側から内側までの寸法を指す。本来、木造建築において敷居上端から鴨居下端までの距離を内法高と呼ぶことから、和室の開口部廻りやその工事にも内法という名称が使われる。

内法のなかでも建具の開閉に使う敷居・鴨居には機能的な役割、長押・欄間には装飾的な役割が大きい。各々の部位に適した内法材や納め方を選択することが求められる。

大壁づくりの造作

大壁は主として洋室のものとされてきたが、最近は和室に採用することも多い。大壁づくりの造作として床と壁の取合い部分には、幅木を取り付ける。幅木は端部の保護や汚れ防止、さらに床と壁が交差するラインを調整する役割をもつ。壁面より出っ張っている出幅木、入り込んだ入幅木、同一面の平幅木など納まりが多数ある。壁と天井の取合いには、廻り縁を用いることもあるが、すっきり見せたいときなどは、付けないか、凹目地で納める。

図1 真壁納まり(和室)の造作

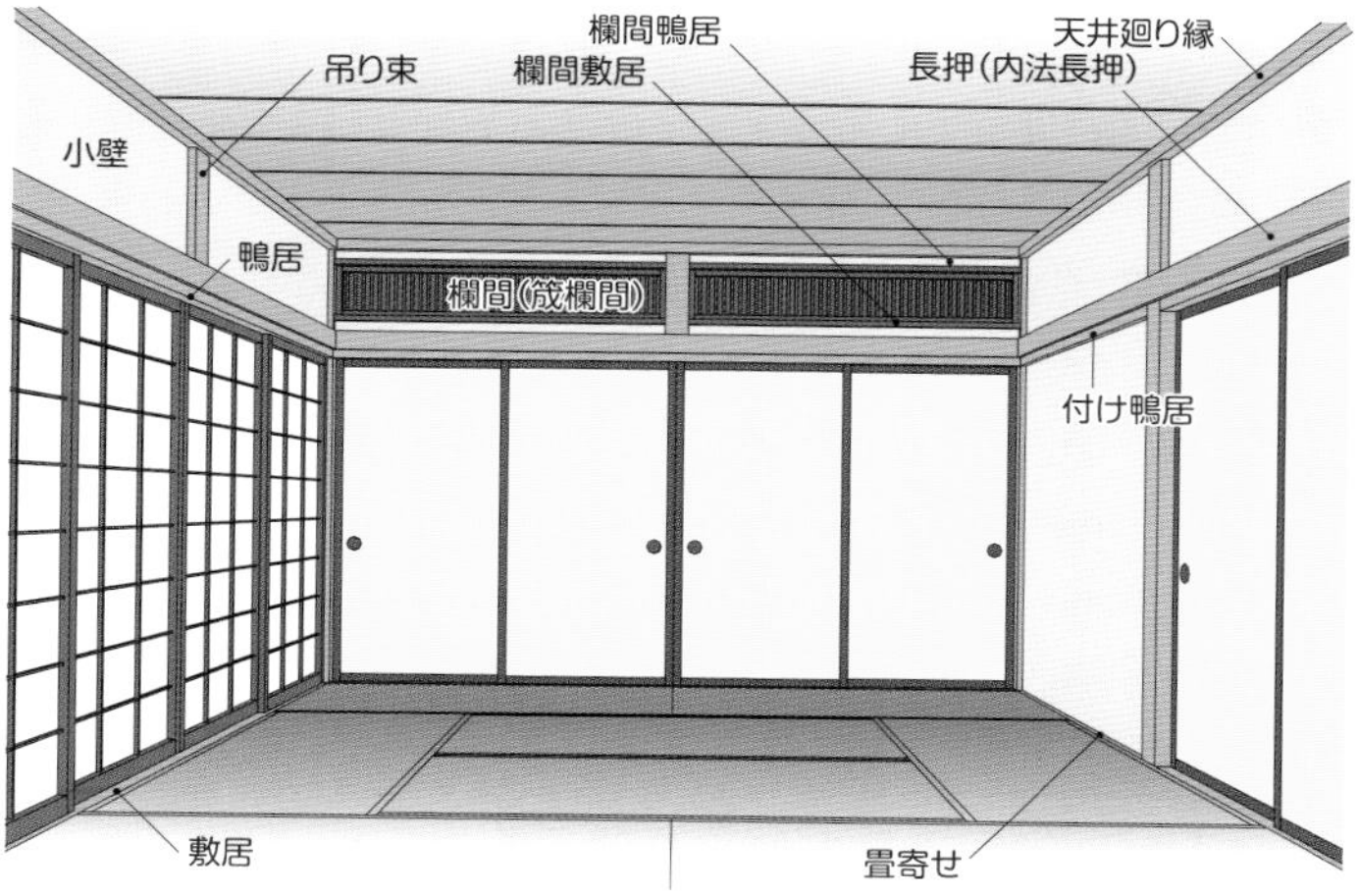

図2 内法廻り

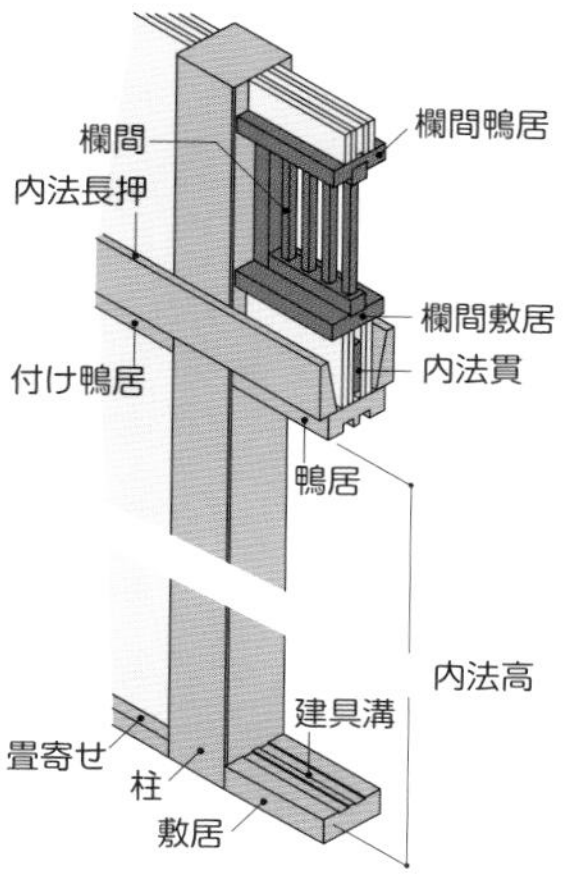

図3 大壁納まり(洋室)の造作材

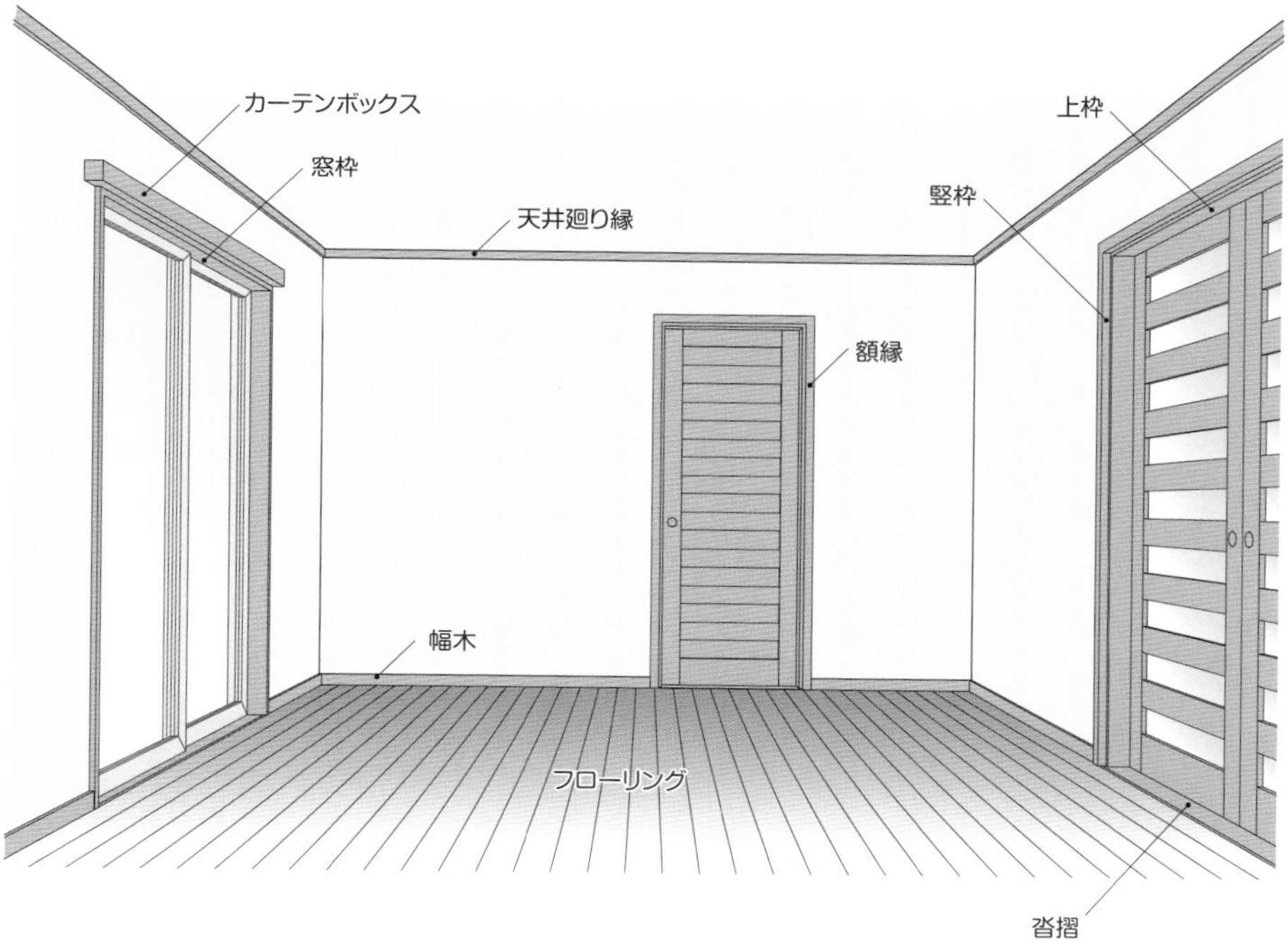

図4 天井の納まり

025

開口部
～戸と窓

設計:STUDIO KAZ　写真:山本まりこ

Point

開閉方式の違いにより、引戸と開き戸に大別できる
引戸は床面積を有効に活用、開き戸は遮断性能に優れる

開口部の機能

戸や窓をはじめとする開口部は、仕切られた2つの空間を結んで出入りや透過のために機能したり、遮断の役割を受けもったりする。面材や框《かまち》による可動部、そして、壁に固定されて可動部を支える枠によって構成される。

開放時には採光・通風・換気・眺望、閉鎖時には耐候・防水・耐風・遮光・遮音・断熱・防犯・プライバシーなど目的に合った機能が要求される。開口部だけで期待する効果が得られない場合は、雨戸やカーテン、ブラインドなどを付加する。

開口部は、建築物の外に接した外部開口部と内側にある室内開口部に分けられる。壁や屋根と共に、より高い遮断性能が求められる外部開口部に対して、風雨や寒暖、直射日光の影響が少ない室内開口部では、木材など材料の選択の幅が広い。

戸と窓の種類

戸や窓は、開閉の仕方や形状によって引き・開き・回転・折畳み・巻取り・滑出しなどに分類される【図1】。また、取付け位置の違いでもそれぞれに名称がある【図2】。

引戸では、開閉に必要な軌道スペースが開口部内に納まっており、床面積を有効に活用できる。さらに開放した状態のままでも邪魔にならない。

一方、開き戸は、引戸に比べて遮断性能を確保しやすく、遮音や防犯などに有利とされる。開き戸については、どちらの方向に扉が開くか配慮することが大切である。外部開口部の場合は雨仕舞を考えて外開きにすることがほとんどだが、廊下から個室への扉は安全の面から内開き、緊急時の対応も想定されるトイレは外開きにするなど部屋の用途や間取りに応じて開き勝手を決定する。

図1 開閉方式による戸・窓の種類

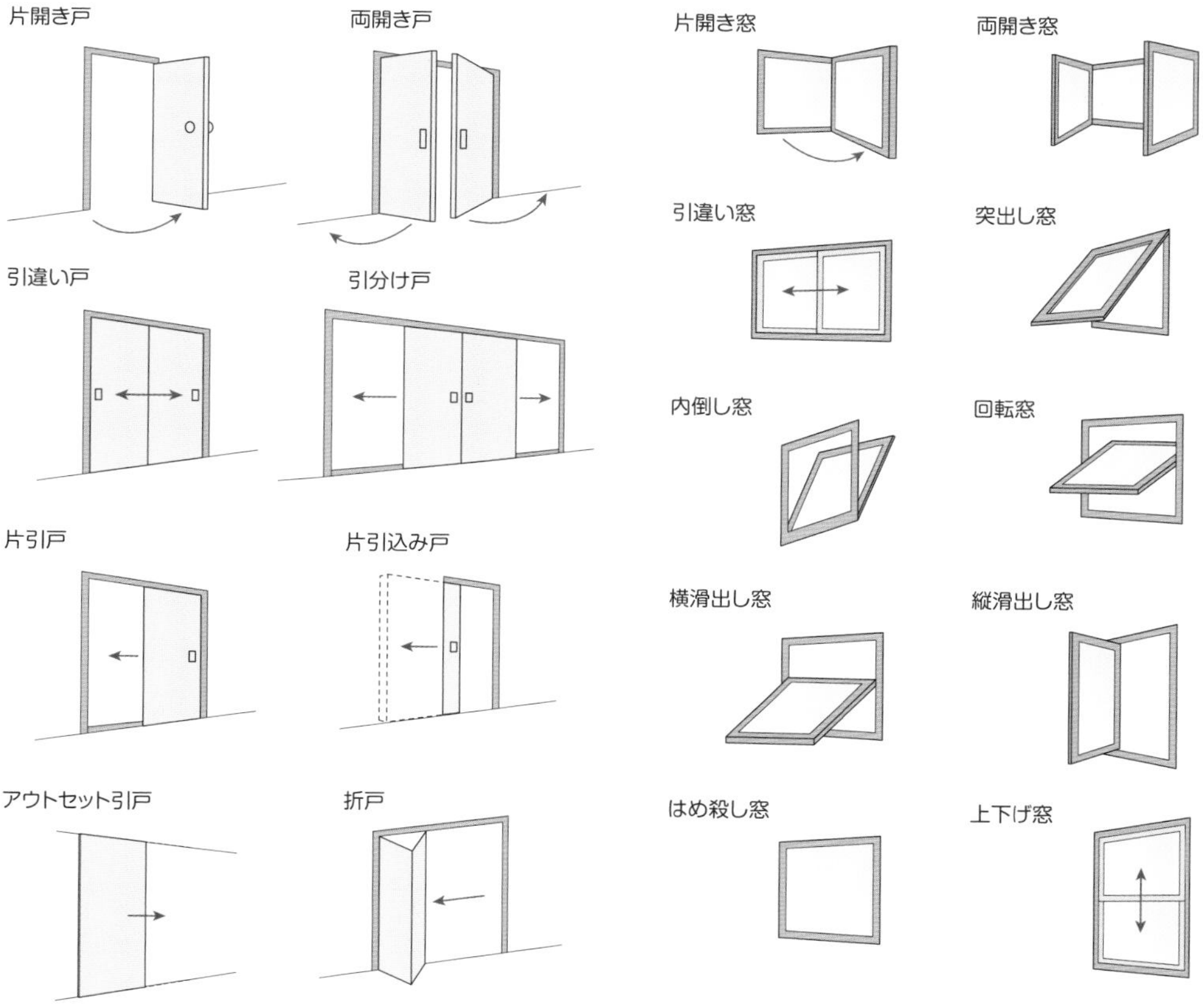

図2 取付け位置による窓の名称

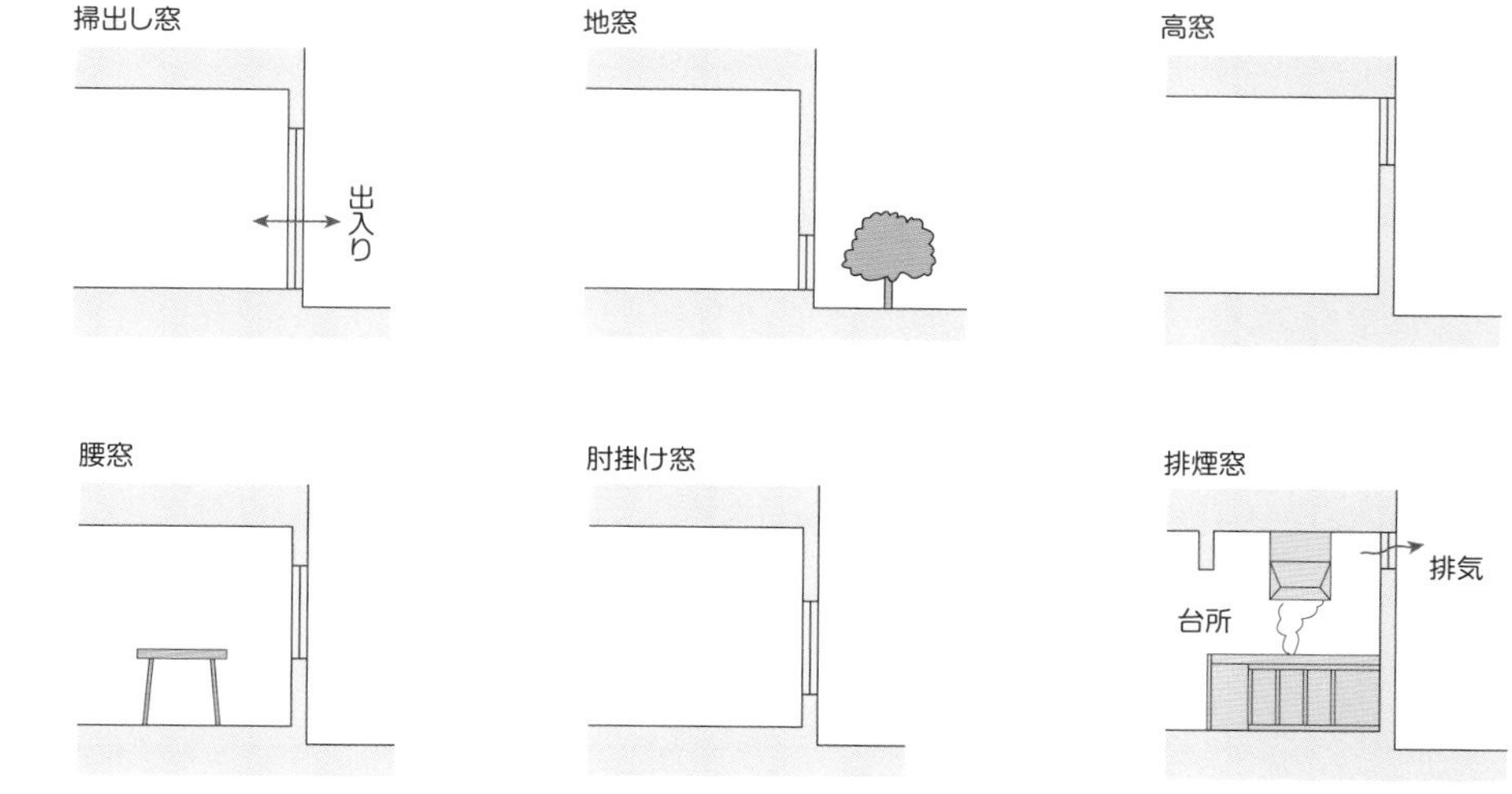

設計:STUDIO KAZ　写真:山本まりこ

026

階段の形状

Point
階段の勾配は、踏面寸法と蹴上げ寸法によって決まる
強度や安全性を確保した上で、意匠性に配慮する

階段の勾配

階段の部位には、【図1】のような名称が付けられている。そのなかでも勾配の角度にかかわるのが、踏面《ふみづら》と蹴《け》上《あ》げである。踏面を小さく蹴上げを大きくすると急勾配になり、逆に踏面を大きく蹴上げを小さくすると緩やかになる【図2・3】。急過ぎると昇り降りしにくく、安全面に支障が生じる。また、あまりに緩やかでも歩幅が合わず、使いづらくなってしまう。

踏面や蹴上げの寸法は、階段の用途に応じて規定がある（建築基準法施行令23条1項）。また、快適な階段の目安として、次の公式を参考にできる。

【2×R＋T＝630（単位：㎜）
※R＝蹴上げ、T＝踏面】

安全のため、蹴込みは奥行0〜30㎜までとし、蹴込み板を傾斜させた転び寸法として、段鼻《だんばな》のかかり寸法をなくすとすっきりしたデザインになる。

階段形状のバリエーション

階段は、上下の階をつなぎ動線を確保する段状の通路である。昇降時、通常の床に比べて余分な荷重がかかるため、それに耐える強度が必要となる。また、高低差があり、避難経路にも使われるため、安全に配慮した構造が求められる。さらに立体的なゆとりを空間にもたらし、視覚的な動きを演出するデザイン要素としても機能する。

階段の形状には、段板と踊場の組み合わせによってさまざまな種類がある【図4】。直階段は、上下階を一直線に結ぶが、移動距離が長くなるため階高の小さい場合に採用される。折返し階段は、階高の中間に踊場を設けて昇降を容易にする。曲がり階段や回り階段、螺旋階段のように段板が放射状に取り付けられているものは、中心部分から300㎜の位置で定められた踏面《ふみづら》の有効幅を確保しなければならない。

図1 階段各部の名称

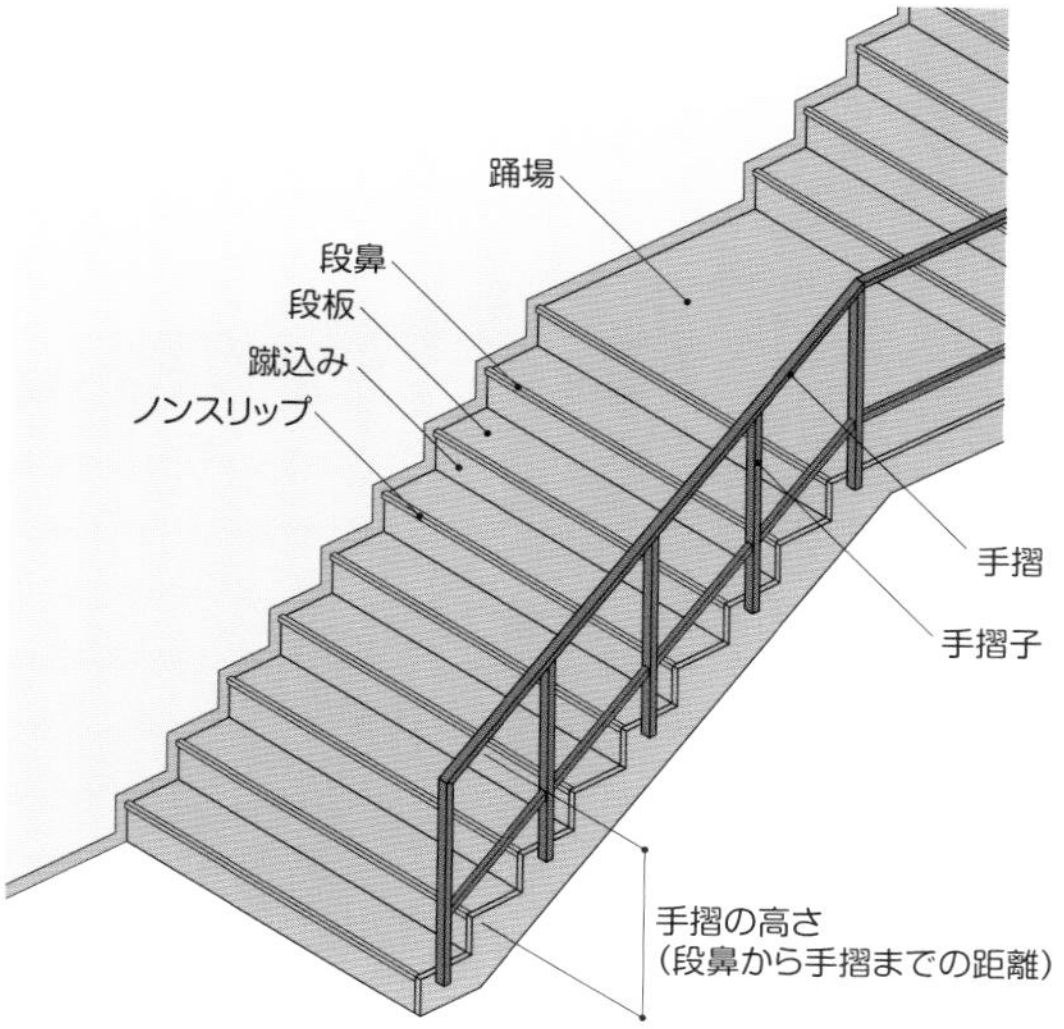

図2 踏面と蹴上げ

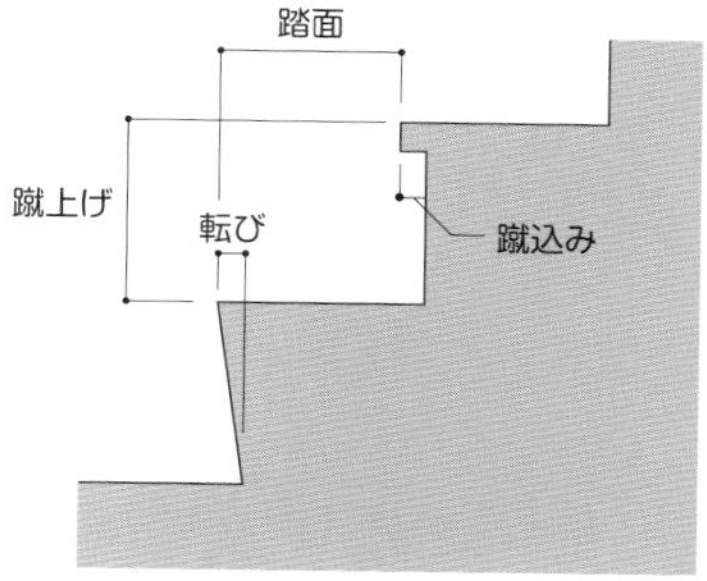

図3 階段の勾配

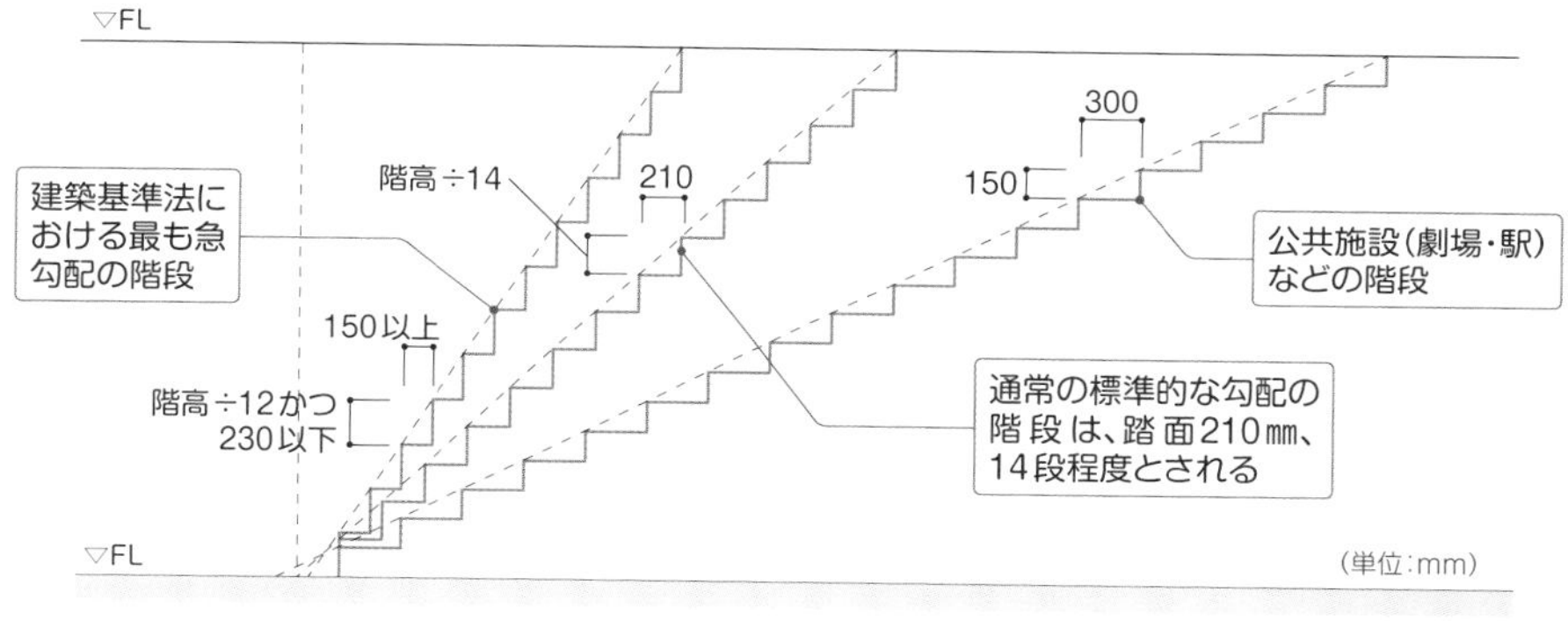

図4 階段の平面形状

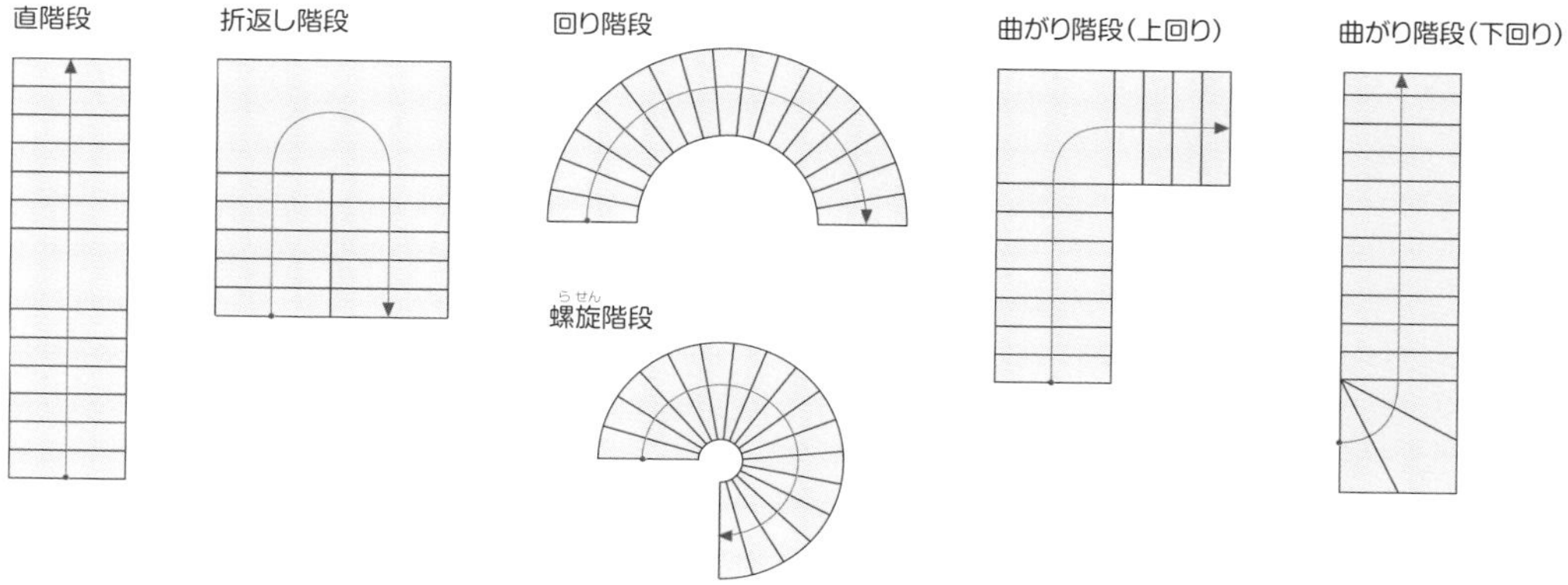

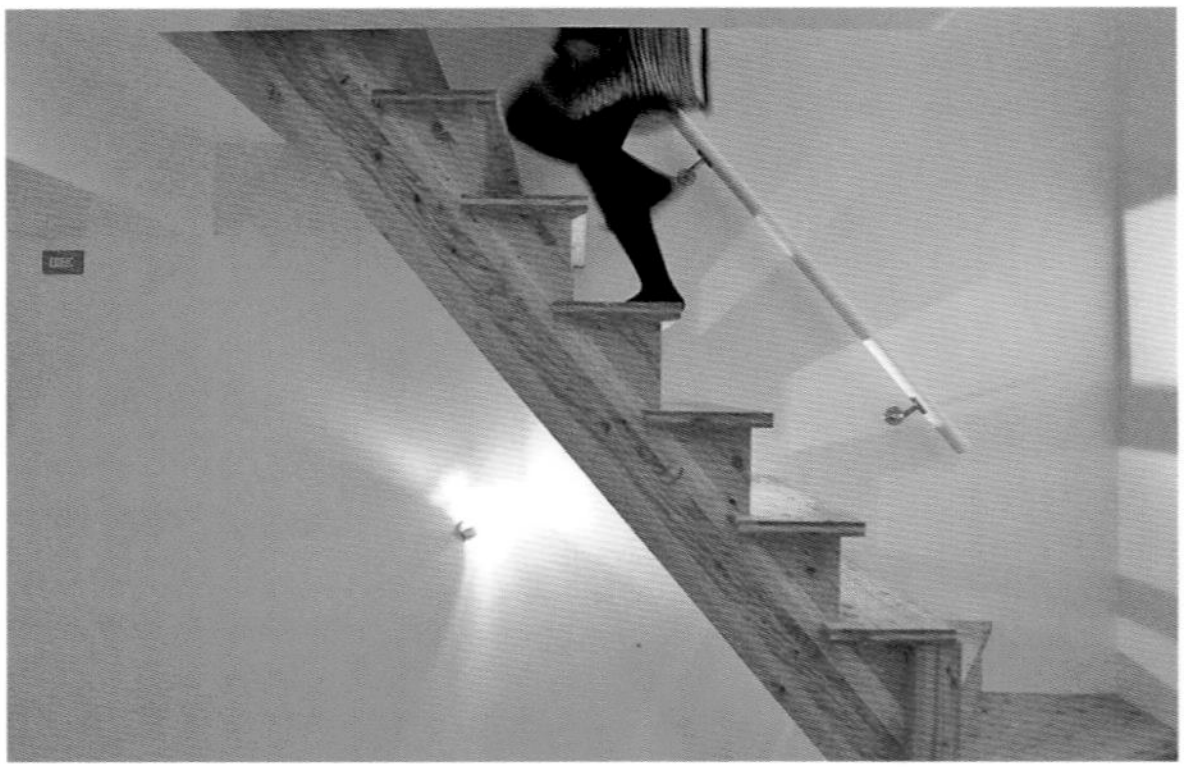
設計·写真:STUDIO KAZ

027

階段の構成

Point
踏面・蹴上げ・階段幅・踊場などは、建築基準法に規定がある
木の部材は狂いの少ない集成材などを用いる

手摺と踊場

昇降補助や転倒防止を目的とした場合、通常、手摺の高さは800～900㎜にする。踊場などの手摺は落下防止のため高さ1100㎜を確保し（建築基準法施行令126条）、歩行補助の手摺を内側に設けることもある。取付けは、壁に固定、あるいは手摺子を介して床に固定する【図1】。前者は、固定用下地が必要な場合が多い。後者では、手摺子の間隔を内法110㎜以下にして幼児がすり抜けないようにする。階段幅は手摺の突出部が100㎜を超えると、その超える部分は差し引いて算定される（建築基準法施行令23条3項）【図2】。

階段途中の踊場は、方向転換だけでなく、スムーズな昇降や転落防止といった役割も担う。階高が高くなると、住宅では4m以下ごとに踊場の設置が求められるなど規模や用途により規定がある（建築基準法施行令24条1項）。

木製・RC造・鉄骨階段の特徴

木製の階段は、空間に柔らかな雰囲気を演出したい場合に適する。段板を両側から桁で支える側桁《がわけた》階段、段々になった鋸状の桁で段板の端部を支持するささら桁階段、段板を1本の桁に固定する中桁《なかげた》階段などがある【図3】。狂いの少ない集成材などを使うことが多いが、デザインにより決めたい。

コンクリート壁やスラブを活用したRC造の階段は、段板・蹴込み・桁を一体化できるのが特徴で、階段そのものを躯体の一部として施工するため安定感が出る【図4】。

鉄骨階段は、その構造から振動や歩行音の対策に留意し、溶接を工場で行う場合は、搬入方法などの検討も重要となる。最近は、トップライトからの明かりを階下にもたらすために、踏面に強化ガラスやエキスパンドメタルを使った階段もよく見られる。

図1 手摺の取付け方

① 手摺子で床に固定

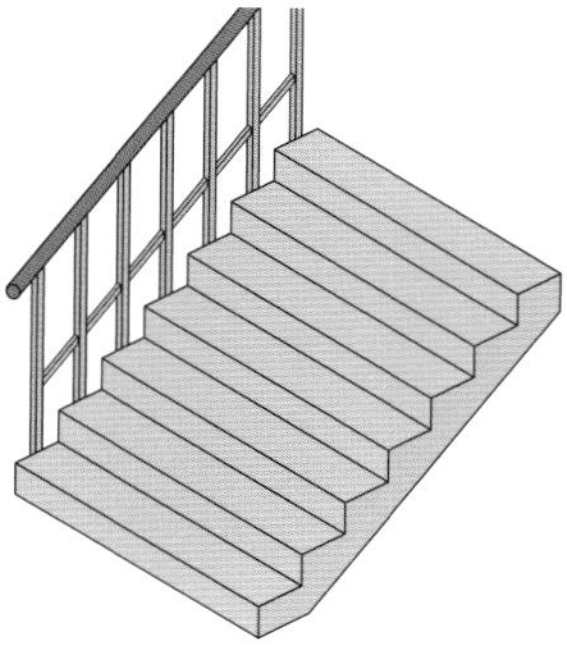

② 壁に固定

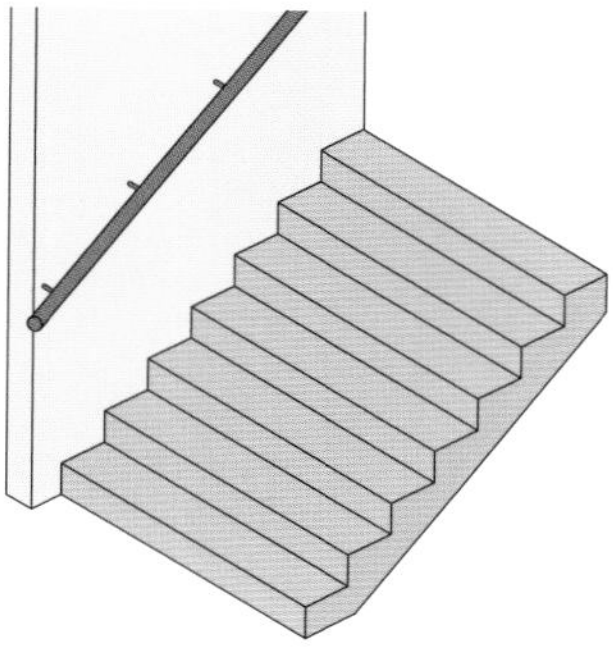

図2 階段幅の算定

突出部が100㎜を超える場合

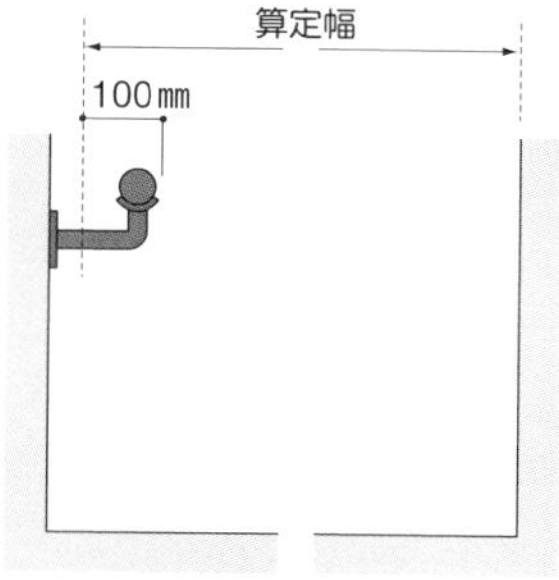

図3 木製階段の支持方式

① 側桁

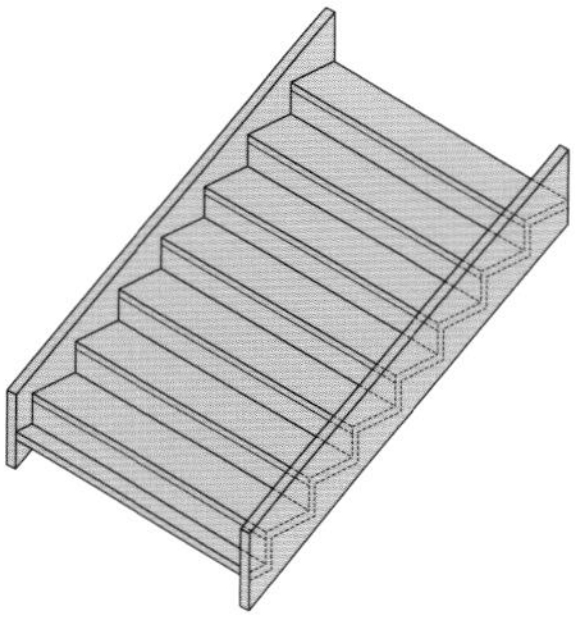

② ささら桁

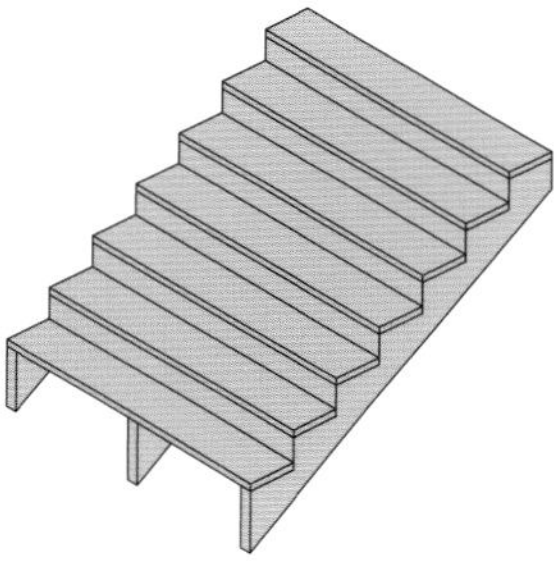

③ 中桁

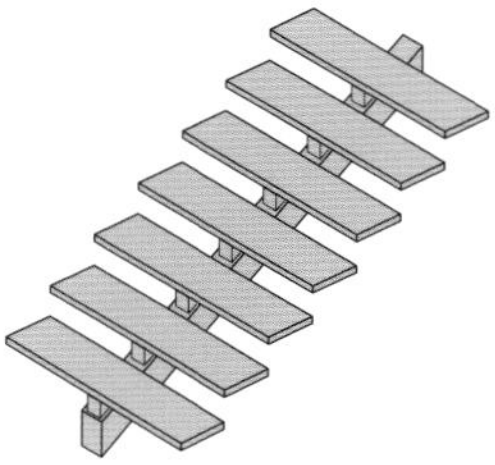

図4 RC造階段の支持方式

① 床スラブと一体

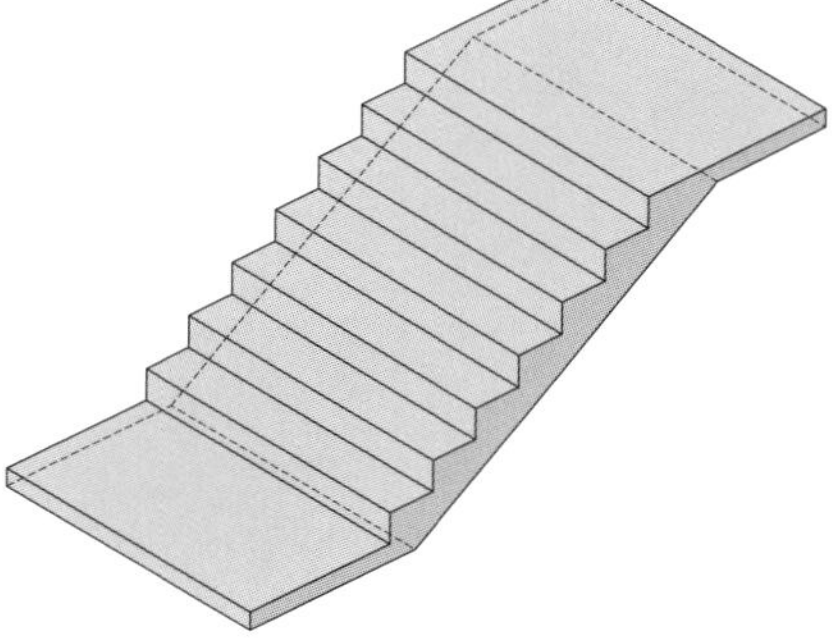

② 壁から支持

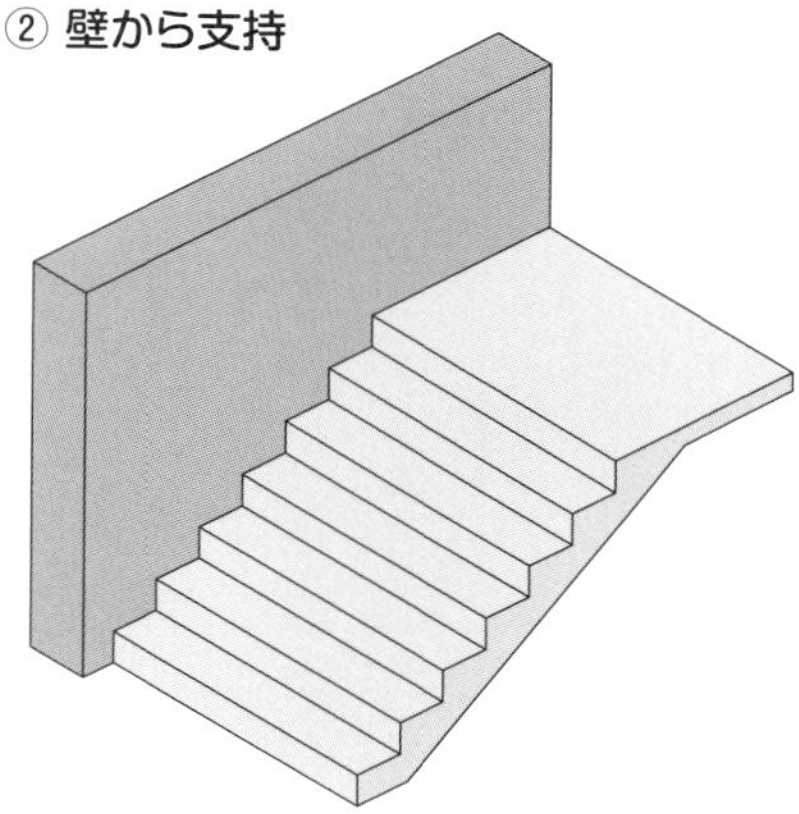

床・壁・天井に求められる性能

		肌触り	視覚	耐久性	耐衝撃性	耐摩耗性	耐火・耐熱性	防水・耐湿性	断熱性	耐汚染性	防音・遮音性	滑りにくさ
リビング・ダイニング	床	◎	◎	◎	◎	◎	○	△	○	△	◎	○
	壁	◎	◎	○	△	△	○	△	○	○	◎	△
	天井	△	◎	○	△	△	○	△	○	○	○	△
寝室	床	◎	◎	○	△	△	○	△	○	○	◎	○
	壁	○	◎	○	△	△	○	△	○	○	○	△
	天井	△	◎	○	△	△	○	△	○	○	○	△
子ども部屋	床	◎	◎	○	○	○	○	△	○	◎	◎	○
	壁	○	◎	○	△	△	○	△	○	◎	○	△
	天井	△	◎	○	△	△	○	△	○	○	○	△
キッチン	床	○	◎	◎	◎	◎	◎	◎	○	◎	◎	◎
	壁	△	◎	◎	○	◎	◎	◎	○	◎	○	△
	天井	△	○	◎	△	△	◎	○	○	◎	○	△
洗面室	床	○	◎	◎	◎	○	△	◎	○	◎	△	◎
	壁	△	○	○	○	○	△	◎	○	◎	△	△
	天井	△	○	△	△	△	△	○	○	○	△	△
浴室	床	◎	○	◎	◎	○	◎	◎	◎	◎	○	◎
	壁	△	○	○	○	○	◎	◎	○	◎	○	△
	天井	△	△	△	△	△	◎	○	○	○	○	△
廊下	床	○	◎	◎	◎	○	△	△	○	△	△	○
	壁	△	◎	○	△	○	△	△	○	○	△	△
	天井	△	○	△	△	△	△	△	△	○	△	△
トイレ	床	○	○	◎	◎	○	◎	△	○	◎	○	○
	壁	△	○	○	△	○	◎	△	○	◎	◎	△
	天井	△	△	△	△	△	△	○	○	○	△	△

◎特に重視する ○重視する △普通程度

※表は一般的な住宅での目安。設計者やクライアントの考え方によって、捉え方が違う場合がある

家のなかで私たちは、ほとんどの時間、身体のどこかが床に触れた状態で過ごしている。とりわけ室内で靴を脱ぐのが一般的な日本人の暮らしは、床とのかかわりが深く、その感触にも敏感である。床から感じる触り心地の違いは、そのまま快適さの差につながる。

一方、通常は手の届かない位置にある天井では、感触や弾力性について気に掛ける人はあまりいない。気になるのは、目に入る視覚的な心地よさである。また、部屋のなかで広い面積を占める壁も視覚的な心地よさに注意が払われるが、壁に寄り掛かったり、手で触れたりすることもあり、天井よりは触り心地が重視される。

建築物を構成する基本要素としての役割を担う床・壁・天井ではあるが、このように感覚的な満足が得られるポイントはそれぞれ違う。さらに床・壁・天井には、十分な強度や耐久性などを満たしたうえで、空間ごとにさまざまな異なった機能面での性能が要求される。すべてを網羅するのは不可能なので、空間の目的や用途などから必要とされる性能の重要度を的確に判断し、プランに盛り込まなければならない。

第3章
インテリアの素材と仕上げ

設計:STUDIO KAZ　写真:松浦ブンセイ

028

木質系材料 1

Point
- 木材の特性を知る
- 木の種類と木目の特徴を知る

自然材料としての木材の特徴

木の特徴は、熱を伝えにくい、保温性がある、調湿性がある、結露しにくい、軽くて強いなどが挙げられる。反面、燃えやすい、腐りやすい、虫害の心配があり、節《ふし》・ねじれにより強度が一定でない、乾燥で反りや割れなどの変形が起こる【図1】、同品質のものを大量に生産できないという欠点があるが、それらを補って余りあるほどに、自然材料として木目が美しく、肌触りが暖かく柔らかいことが魅力だ。木材は樹木の幹を製材して使われる。「心材」と「辺材」から構成され【図2】、心材は樹心に近い部分で、赤みを帯びており「赤身《あかみ》」とも呼ばれる。一方の辺材は樹皮に近い部分を指し、色合いが淡く「白太《しらた》」とも呼ばれる。一般的に心材は辺材に比べて硬質で強度があり、狂いが少なく、虫害も受けにくい。

また、実際のインテリアとして木材を使うには乾燥が必要である。乾燥方法には「人工乾燥」と「自然乾燥」の2通りがあり、用途に応じた含水率まで乾燥させて出荷する。

針葉樹と広葉樹

木は針葉樹と広葉樹に大別される【表】。針葉樹は軟木とも呼ばれ、幹はまっすぐで木質は柔らかい。高木が多く、通直な大材を得やすい。広葉樹は硬木と呼ばれるほどに木質の硬い樹種が多いが、キリやバルサのように針葉樹より柔らかい樹種もある。

1本の丸太から板材や柱材に製材する計画を「木取り」と言い、木取りの善し悪しが切断面の杢《もく》の美しさや木理《もくり》の良さを左右する。木取りの方向によって「板目」と「柾目《まさめ》」が現れ、それぞれ違った魅力を持つ【図3】。また、原木の瘤《こぶ》の部分などを切り出した際、稀に現れる特殊な模様の木目は「杢」と呼ばれ、希少価値があり珍重される。

表｜木材の種類

	産地	樹種	用途
針葉樹	国産材	スギ ……… 秋田スギ（秋田）、魚梁瀬スギ（高知）、屋久スギ（鹿児島） ヒノキ …… 長野県木曽、岐阜県裏木曽、飛騨、和歌山県高野山 ヒバ ……… 青森 ツガ、アカマツ、エゾマツ	建築材料、家具、彫刻、曲げわっぱ、樽、桶、箸、下駄、風呂桶、枕木、木箱、漆器素地など
	北米産材	ベイヒ、ベイヒバ、ベイスギ、ベイツガ（ヘムロック）、ベイマツ、シトカスプルース、ウエスタンホワイトパイン	
	北洋産・その他産材	ホクヨウカラマツ、ホクヨウエゾマツ、ホクヨウトドマツ、ベニマツ、オウシュウアカマツ、アガチス、マークスパイン、タイワンヒノキ	
広葉樹	国産材	ケヤキ、ミズナラ、ヤチダモ、セン、キリ、クリ、マカンバ、ブナ、シナノキ	フローリング、高級家具、高級建材、彫刻など
	南洋産材	ホワイトメランチ、レッドメランチ、ローズウッド、カリン、コクタン、ニャトー、チーク、ラミン	
	北米・中南米産材	ウォルナット、ホワイトオーク、ホワイトアッシュ、ハードメープル、ブラジリアンローズウッド、マホガニー	
	アフリカ産・その他産材	サペリ、ブビンガ、マコレ、ヨーロピアンオーク、ホワイトシカモア	

図1｜木表と木裏

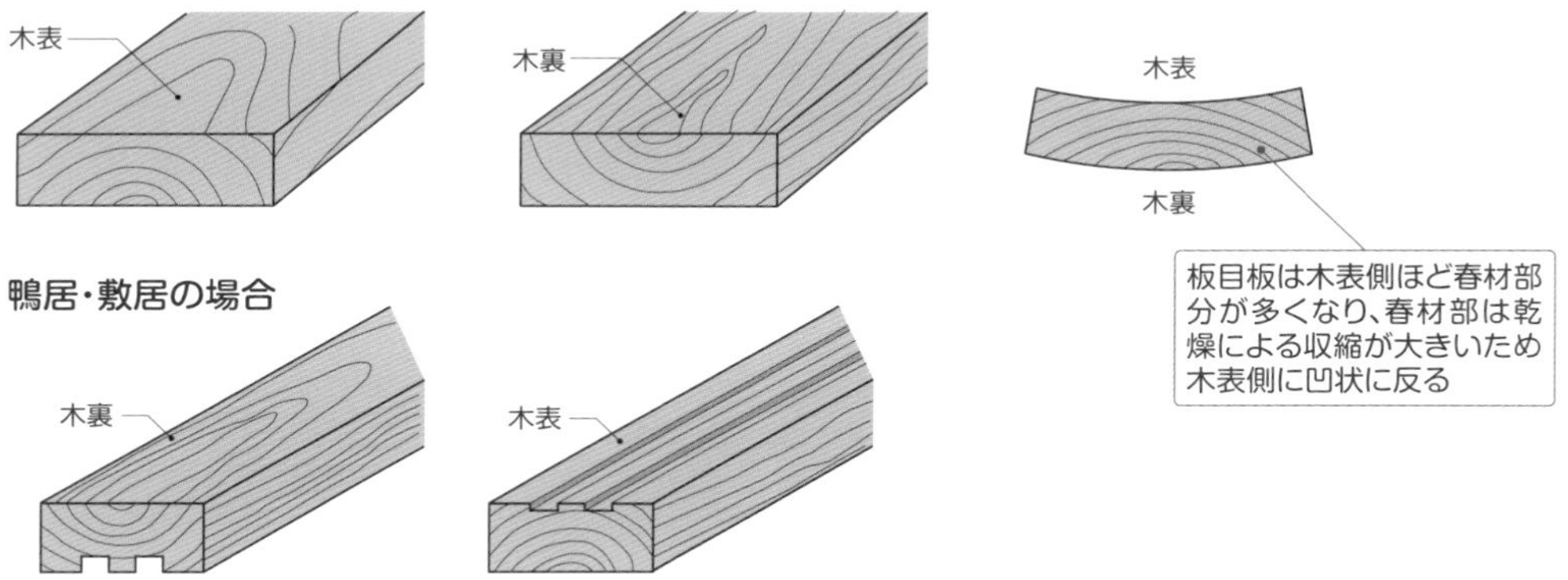

図2｜樹木の構造

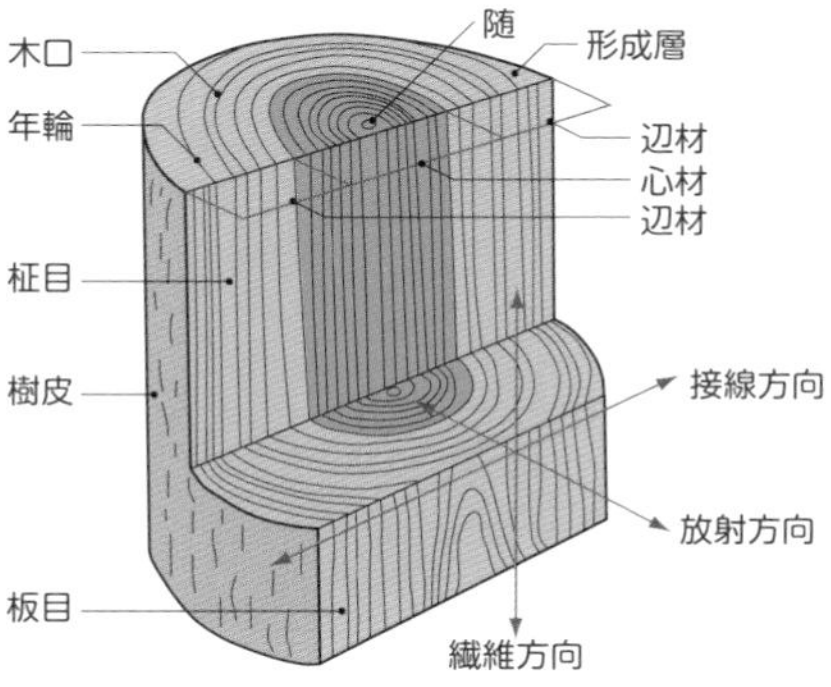

図3｜木取り

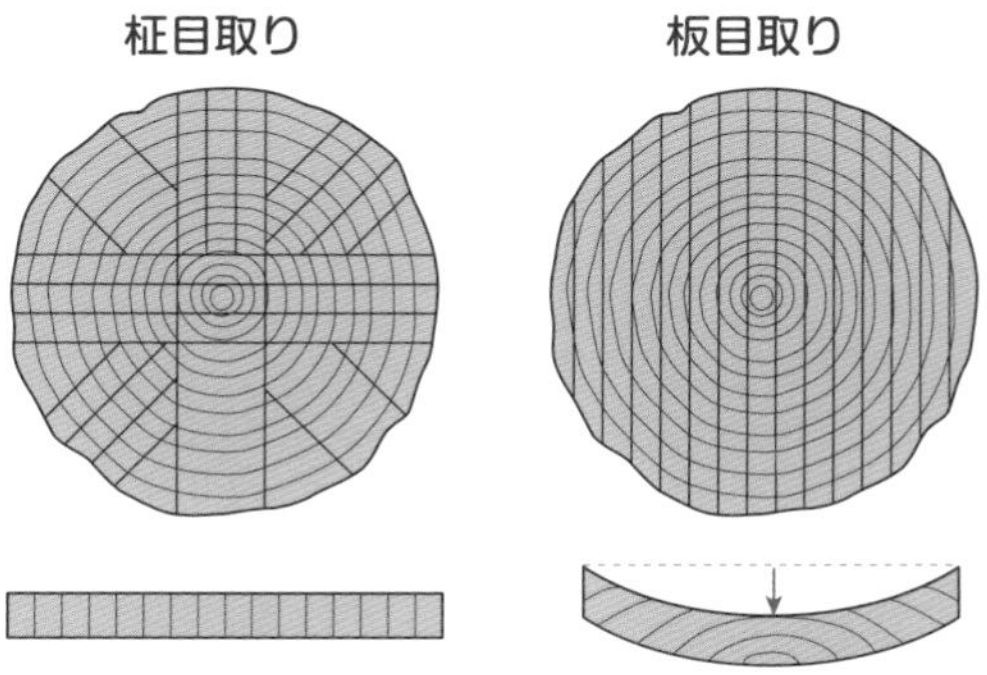

良材が得られるが、板幅が制約されるうえ、挽き残り材が出るため歩留まりが悪い

幅広材が取れ、歩留まりもよいが、幅反りが起こりやすい

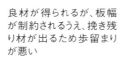

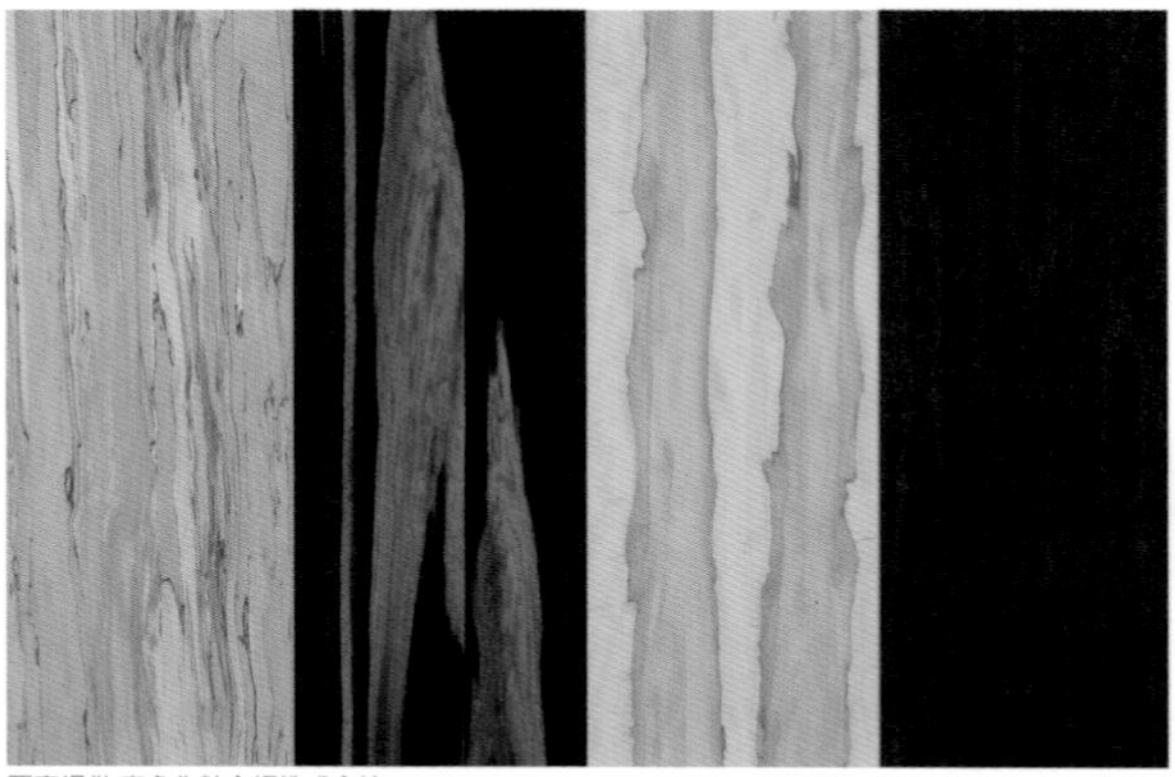

写真提供:安多化粧合板株式会社

029

木質系材料2

Point
木は伐採した後も、長く生き続ける
ムク板、エンジニアリングウッド、突き板を上手に使う

ムク板とエンジニアリングウッド

原木から切り出した角材や板を「ムク材」と呼ぶ。木は伐採した後もそれまでの樹齢と同じ時間生き続けると言われ、樹種や乾燥の状態によっては反りや割れなどの変形を伴う欠点がある。ムク材は椅子やテーブル、カウンターなどに使われ、その肌触りや重厚感には圧倒される。一方、小さな木の破片や薄い板を接着剤で大きな寸法の部材としたものをエンジニアリングウッドと呼ぶ。主な種類には合板、LVL、集成材、パーティクルボード、MDF、OSBなどがある【図1・表】。

突き板と化粧合板

木を表面的なテクスチャーととらえ、希少性の高い美しい木目を持つ木材を薄くスライスしたものが「突き板」である【図2】。スライスした厚さにより薄突き（0.18～0.4㎜）、厚突き（0.5～1.0㎜）、特厚突き（1.0～3.0㎜）に分けられる。突き板は下地合板に張った化粧合板の状態で出荷されることが多い。3×6版（910×1820㎜）や4×8版（1215×2430㎜）が一般的だが、その大きさの木はほとんど存在しないので、突き板を張り合わせる。単純な「追張り」だけでなく、その張り合わせ方でさまざまな表情を出すことができるのでぜひ覚えておきたい【図3】。化粧合板の価格は、樹種や木目によって大きく変わり、特殊なものを除いて3×6版で5千円～2万円を超えるものまで開きがある。

ほかにも最新の染色、積層、スライスの技術による独特な模様の突き板があり、これまでにはない品質や色柄のものが安定供給されている。また、内装制限を受ける壁を木目にしたいが、印刷シートなど安っぽい印象になるのを避けたい場合には、不燃認定を取得している天然銘木シートもある。

図1 エンジニアリングウッドの分類 (エレメントの種類・比重・製造法・用途による分類)

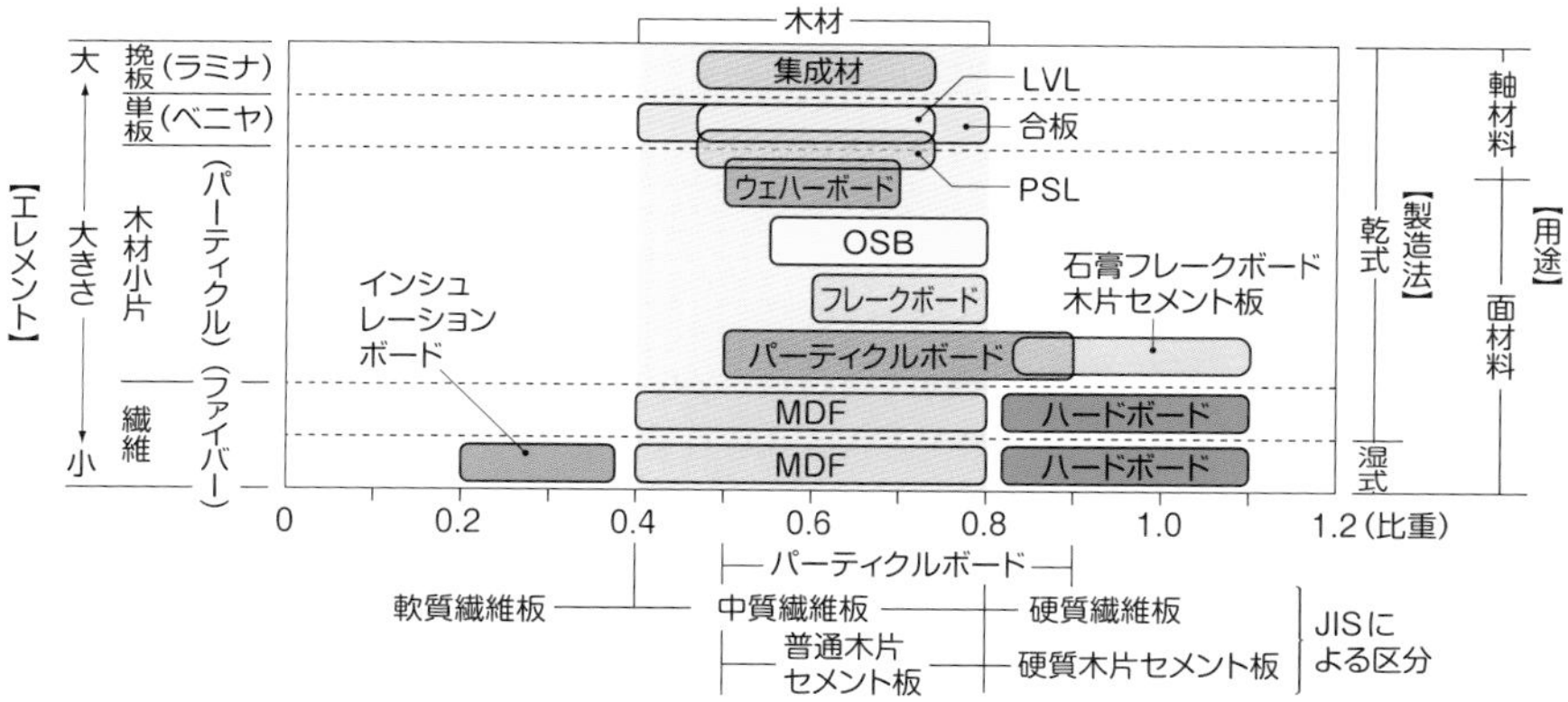

図2 突き板の切削方法

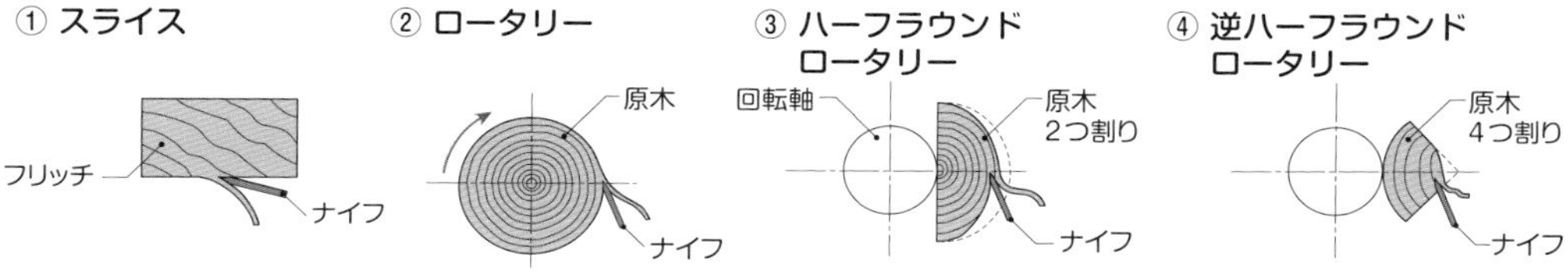

図3 突き板の張り方

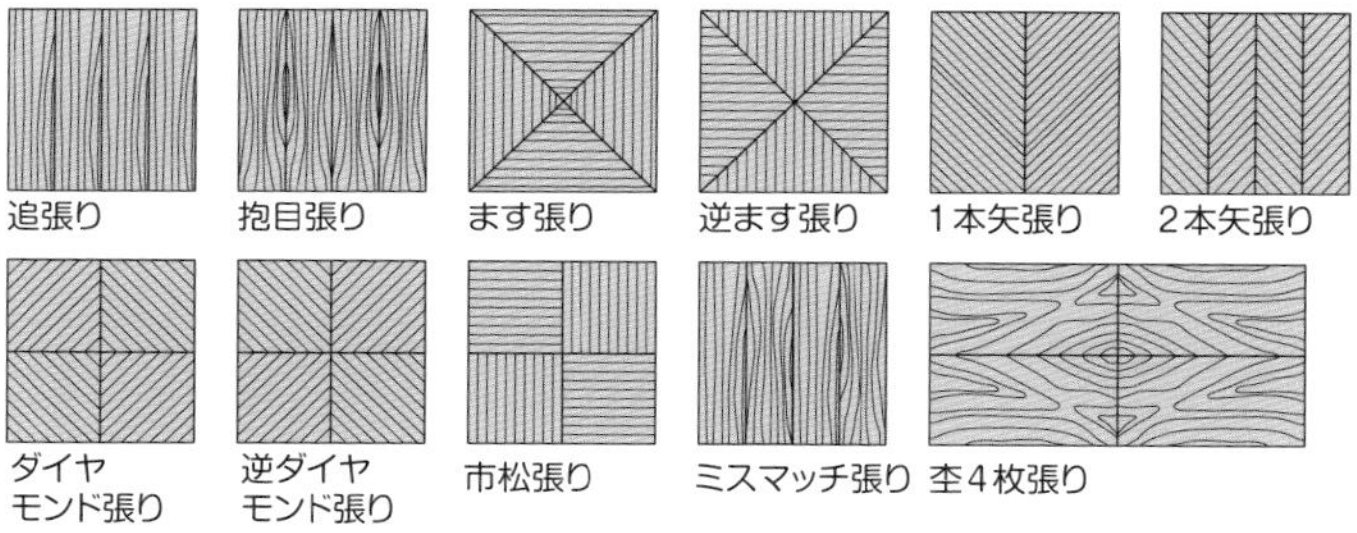

追張りと抱目張りの違い

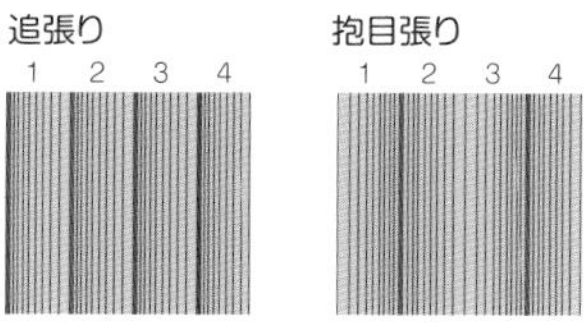

同じ突き板の柾目4枚矧《は》ぎでも、追張りと抱目《だきめ》張りではまったく表情が異なる(材の歩留りは変わらない)

表 合板の種類

- 合板
  - 普通合板
    - 特類合板(完全耐水性合板「構造外装用」)
    - 1類合板(完全耐水性合板)
    - 2類合板(普通耐水性合板)
    - 3類合板(非耐水性合板)
  - 特殊合板
    - 芯材特殊合板
      - ランバーコア合板
      - 軽量合板 ― ハニカムコア合板
      - パーティクルボードコア合板
      - ファイバーボードコア合板
    - 表面特殊合板
      - 表面機械加工合板
        - 溝付き合板
        - 型押し合板
        - 有孔合板
      - 塗装合板 ― プリント合板
      - オーバーレイ合板
        - 化粧単板オーバーレイ合板
        - 合成樹脂オーバーレイ合板
    - 成型合板(曲面合板)

写真 練付合板を使った例

設計・写真:STUDIO KAZ

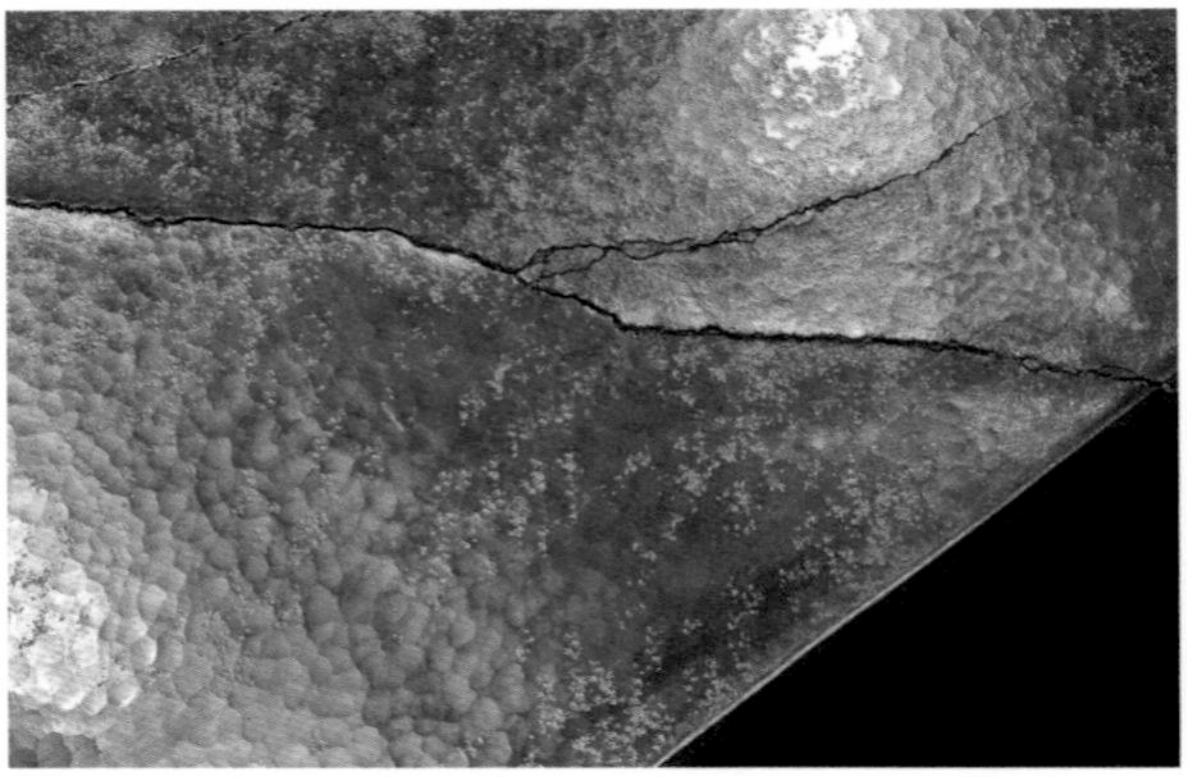

写真:STUDIO KAZ

030

金属系材料

Point
材料の性質がデザインを左右する
表面処理や材料の変化を理解し、豊かな表情を手に入れる

鉄とステンレス

　金属に限らず材料と加工手段には密接な関係がある。材料特有の性質を理解してこそ、適切な加工やデザインが考えられる【図】。建築、家具の材料として最も使われる金属材料が鉄である。強度に優れ、加工が容易、製品の精度が高く、品質のばらつきが少ないなどの特徴を持つ。純鉄のままでは柔らかすぎるため少量の炭素、マンガン、ケイ素、燐《りん》、硫黄《いおう》などを含有させて用途に応じた性質を与える。そのなかでも炭素がよく使われ、含有率により硬度が異なる。工場で塗装する場合はメラミン焼付け塗装や粉体塗装、メッキの場合はクロムメッキが一般的だ。

　鉄の欠点であるさびを発生しにくくした材料がステンレスで、鋼にニッケルやクローム、モリブデンを含有させ、強固な酸化皮膜を形成する【表①】。なかでもクローム18％、ニッケル8％を含有させたものをSUS304（18－8ステンレス）と言い、さまざまな表面処理が施され、キッチンの天板などに多く使用される【写真】。

非鉄金属

　アルミニウムはスチールに比べて非常に軽く（1／3）、柔らかい。耐食性に優れ、加工性が良く、再生も容易なため、年々使用量が増えている。ただし、小さなRの折り曲げに弱く、溶接も難しいため、接合方法には工夫が必要である。しかし、その柔らかい表情は魅力的である。銅は熱や電気を伝えやすい素材である。耐食性や加工性に優れ、色や光沢も美しい。強度が劣るため構造的な部分には不向きである。自然に光沢を失い、黒く濁り、「緑青《ろくしょう》」と呼ばれる独特のさびが発生する。昔から日本ではそれを楽しむ文化がある。ほかによく使われる素材として、真鍮《しんちゅう》、錫（スズ）、鉛などがある【表②】。

表｜インテリアに使用する主な金属材料の分類

① 鉄

- 鉄鋼
  - 鉄 ― 純鉄(C 0.02%)
  - 鋼
    - 軟鋼(C 0.03〜0.2%)
    - 硬鋼(C 0.5%)
    - 合金鋼：Cr鋼(SCr)、Ni鋼(SN)、Mn鋼(SMn)、Cr-Mo鋼(SCM)、Ni-Cr鋼(SNC)、Ni-Cr-Mo鋼(SNCM)など
    - 特殊用途鋼：ステンレス鋼(SUS)（※太字が建築用として代表的なもの）
      - SUS410(13Cr)
        良好な耐食性、機械加工性を持つ。一般用途用、刃物類など
      - SUS410S(13Cr-0.08C)
        410の耐食性、成形性を向上させた鋼種
      - SUS410L(13Cr-低C)
        410SよりCを低くし、溶接部曲げ性、加工性、耐高温酸化性に優れる。排ガス処理装置、バーナーなど
      - **SUS430**(18Cr)
        耐食性に優れた汎用鋼種。建築内装用、家庭用器具、家電部品
      - SUS429(16Cr)
        430の溶接性改良鋼種
      - SUS436L(18Cr-1Mo-Ti、Nb、Zr-極低〈C、N〉)
        430より塩分に対して強く、CとNを低くし、Ti、Nb、Zrを添加し、加工性、溶接性を良くした。建築内外装、給湯・給水器具など
      - SUS444(19Cr-2Mo-Ti、Nb、Zr-極低〈C、N〉)
        436LよりMoを多くし耐食性を高めた。貯湯槽、貯水槽、熱交換器、食品設備など
      - **SUS304**(18Cr-8Ni)
        ステンレス高耐熱鋼として最も広く使用。食品設備、一般化学設備など
      - SUS304L(18Cr-9Ni-低C)
        耐食性に優れる。溶接後熱処理できない部品類など

      仕上げ：HL、BA、2B、バイブレーション、エンボス加工
    - 鍛鋼(SF)、鋳鋼(SC)
  - 鋳鉄

② 非鉄系

- 非鉄金属
  - 銅および銅合金
    - 銅(Cu)
    - 黄銅(真鍮、Bs)：Cu-Zn系合金
    - 青銅(砲金、B)：Cu-Sn系合金
    - 特殊黄銅および青銅
  - ニッケル合金：NiとCu、Zn、Fe、Crなどの合金
  - アルミニウム：Alを主成分とする合金
  - 亜鉛・鉛・すず合金：ダイカスト用Zn合金、薄板のめっき
  - チタンとその合金：板、管、Ti-6Al-4V系合金など
  - 焼結合金：超硬合金など

写真｜キッチンのワークトップ

SUS304のステンレス製のワークトップ(4mm厚)　設計・写真：STUDIO KAZ

図｜金属板の加工の種類

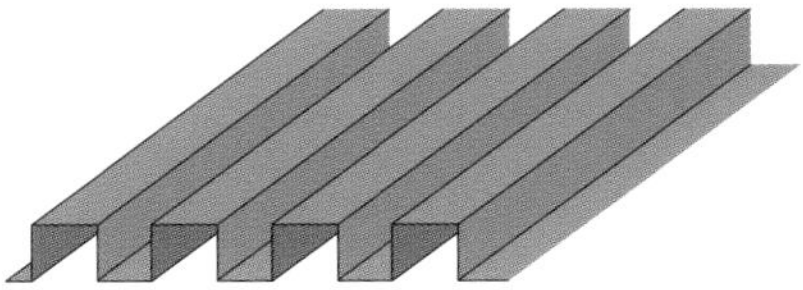

角波板

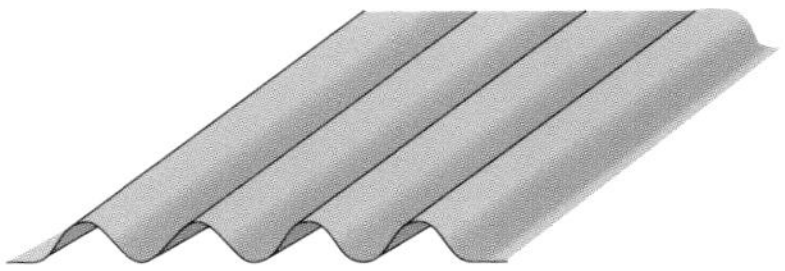

丸波板

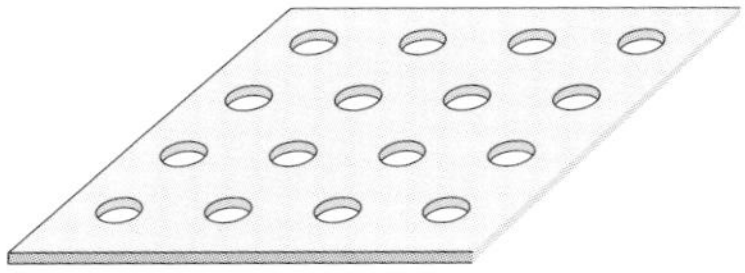

パンチング板

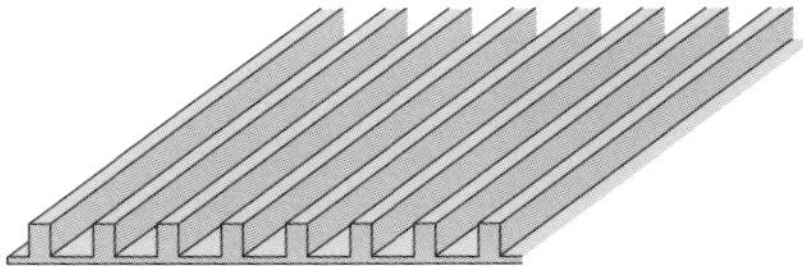

縞鋼板

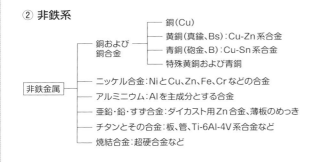

031

石材

設計·写真:STUDIO KAZ

Point
石の種類を覚え、その特徴を知る
同じ石でも仕上げ次第でまったく違った表情になる

石材の種類

石材の最大の特徴は、高級感漂う見栄えであり、その存在感は他を圧倒するものがある【写真】。不燃性、耐久性、耐水性、耐摩耗性、耐酸性にも優れ、ヨーロッパでは築100年以上の建物が数多く存在する。日本ではより強靭な構造が求められるため、化粧材としての使用が多い。短所として加工性が悪い、衝撃に弱い、高価である、重い、大きな材が取れないなどが挙げられる。

石材はその組成からいくつかの種類に分類され、それぞれに異なった特徴が見られる【表】。天然石のなかでは花崗岩《かこうがん》と変成岩を床に使うケースが最も多い。花崗岩は火に弱く直接火が当たる場所では割れる恐れがある、大理石は酸に弱いので男子トイレの小便器下には使用しないなど、それぞれの特徴を知って、使用個所や用途の選択を間違えないように心掛ける。

天然石のほかに「人造石」も用いられる。大理石の破片をモルタルに混入してコテで塗って、表面を研ぎ出したものはテラゾーと呼ばれる。

表面仕上げ

石材は表面の仕上方次第でまったく違った表情を見せる。主な仕上げとして、本磨き、水磨き、バーナー仕上げなどが挙げられる。粘板岩《ねんばんがん》は層状にはがれるため、割肌《わりはだ》で使用することが多い。大谷石《おおやいし》は穴やミソが多いのが特徴で、のこひき目や小たたきで仕上げる。

石材はタイルより大きく、厚く、寸法精度が良く、自重で床に落ち着くので、目地を大きく取らなくてもきちんと割り付けることができる。美観上、目地を嫌うこともあり、眠り目地とすることが多かったが、最近では石同士を強度的に一体化する必要と、裏側への水の浸入を防ぐ目的で、目地材を入れるようになってきた。

表｜主な石の種類と性質・用途・仕上げ

分類	種類	主な石の名称	性質	用途	適した仕上げ
火成岩	花崗岩	(通称みかげ石) 白——稲田／北木／真壁 茶——恵那錆 ピンク——万成／朝鮮万成(韓国)／ピンクボリーノ(スペイン) 赤——インペリアルレッド(スウェーデン)／マホガニーレッド(アメリカ) 黒——浮金／折壁／ブルーパール(スウェーデン)／カナディアンブラック(カナダ)／ベルファースト(南アフリカ)	硬い 耐久性あり 耐摩耗性大	[板石] 床・壁 内外装 階段 テーブル 甲板 ほか	水磨き 本磨き 割肌 バーナー 小たたき びしゃん のみ切り こぶ出し
	安山岩《あんざんがん》	小松石／鉄平石／白丁場	細かい結晶でガラス質 硬い、色調暗 耐摩耗性大 軽石は断熱性が大きい	[板石] 床・壁 外装 [角石] 石垣 基礎	水磨き 割肌
水成岩(堆積岩)	粘板岩	玄昌石／仙台石　ほかに中国産多種あり	層状にはがれる 色調暗、光沢あり 吸水性小、強い	屋根葺用 床・壁	割肌 水磨き
	砂岩	多胡石／サンドストンベージュ・サンドストーンレッド(インド)	光沢なし、吸水性大 摩耗しやすい 汚れやすい	床 壁 外装	粗磨き 割肌
	凝灰岩《ぎょうかいがん》	大谷石	軟質、軽量 吸水性大 耐久性小 耐火性強、もろい	壁(内装) 炉 倉庫	小たたき のこひき目
変成岩	大理石	白——霰《あられ》／ビアンコカララ(イタリア)／シベック(旧ユーゴスラビア) ベージュ——ボテチーノ・ベルリーノキャロ(イタリア) ピンク——ローズオーロル(ポルトガル)／ノルウェージャンローズ(ノルウェー) 赤——ロッソブロカテロ(イタリア)／紅波紋(中国) 黒——ポルトーロ(イタリア)／残雪(中国) 緑——深緑(中国) トラバーチン——トラベルチーノ・ロマーノ(イタリア)／田皆《たみな》 オニックス——アンバーオニックス(旧ユーゴスラビア)／富山オニックス	石灰岩が高熱高圧で結晶化した 光沢が美しい 堅硬緻密 耐久性中 酸に弱い、屋外では徐々に光沢失う	内装の床・壁 テーブル 甲板	本磨き 水磨き
	蛇紋岩《じゃもんがん》	蛇紋／貴蛇紋	大理石に似ている 磨くと黒・濃緑・白の模様が美しい	内装の床・壁	本磨き 水磨き
人造石	テラゾー	種石——大理石／蛇紋岩		内装の床・壁	本磨き 水磨き
	擬石(キャストストン)	種石——花崗岩／安山岩		壁・床	小たたき

注：石の名称は販売会社で異なる場合がある。

写真｜壁に石を使った廊下

マンションのリフォーム事例。左の壁面は、緑青シート、粘板岩と素材を変え、奥の照明器具「タリアセン」に視線を集中させている

設計・写真:STUDIO KAZ

032

タイル

設計·写真:STUDIO KAZ

Point
タイルの種類による違いを知る
目地をデザインの一部として考える

さまざまなタイルの種類

本来、タイルは「天然の粘土や岩石成分の石英《せきえい》、長石《ちょうせき》などを原料にして薄板状に焼いた陶磁器製品の総称」である。特徴として耐火性、耐久性、耐薬品性、耐候性に優れている反面、大材が取れない、衝撃に弱いなど欠点がある。タイルは用途別、素地別、形状・寸法、工法などで分類される。

タイルは焼成温度によって、磁器質、せっ器質、陶器質に分けられる【表】。半磁器質と呼ばれるものもあり、これは陶器質に含まれる。また、表面に釉《ゆう》薬《やく》を施して焼いた施釉《せゆう》と無釉《むゆう》がある。

1枚の大きさが50㎜以下のタイルはモザイクタイルと呼ばれ、意匠性に優れており人気が高い【写真】。最近はガラス質でできたガラスモザイクタイルも多く、透明感ある表情が魅力である。一方、技術の向上により品質の良い大判タイルができ、モザイクタイルと同様人気がある。テラコッタタイルという内外部の床に使われる素焼きタイルは、素朴な仕上がりで好まれるが、吸水率が高いため染みができやすく、白華現象が起きやすい。そのため撥水材やワックスなどで処理する。厚みがあり、納まりにも注意が必要だ。それらの欠点を解消し、その質感のみを再現したテラコッタ風タイルもある。

目地のデザイン

タイルの継ぎ目のことを目地と言い、タイル裏面への水の浸入を防ぎ、はがれや浮き上がりを防止する機能と寸法精度の悪いものをきちんと割り付ける施工上の役割がある【図1・2】。デザイン的にも重要で、最近は沈み目地で陰影を強調するデザインを多く見掛ける。以前は目地の色も無彩色だけだったが、カラー目地が製品化されている。同じタイルでも目地の色によってずいぶん違う印象を与えられる。

表 | タイルの種類

素地の質	吸水率	焼成温度	国内産地	輸入タイル産地
磁器質	1%	1,250℃以上	有田・瀬戸・多治見・京都	イタリア・スペイン・フランス・ドイツ・イギリス・オランダ・中国・韓国
せっ器質	5%	1,250℃程度	常滑・瀬戸・信楽	
陶器質	22%	1,000℃以上	有田・瀬戸・多治見・京都	

図1 | 目地の種類

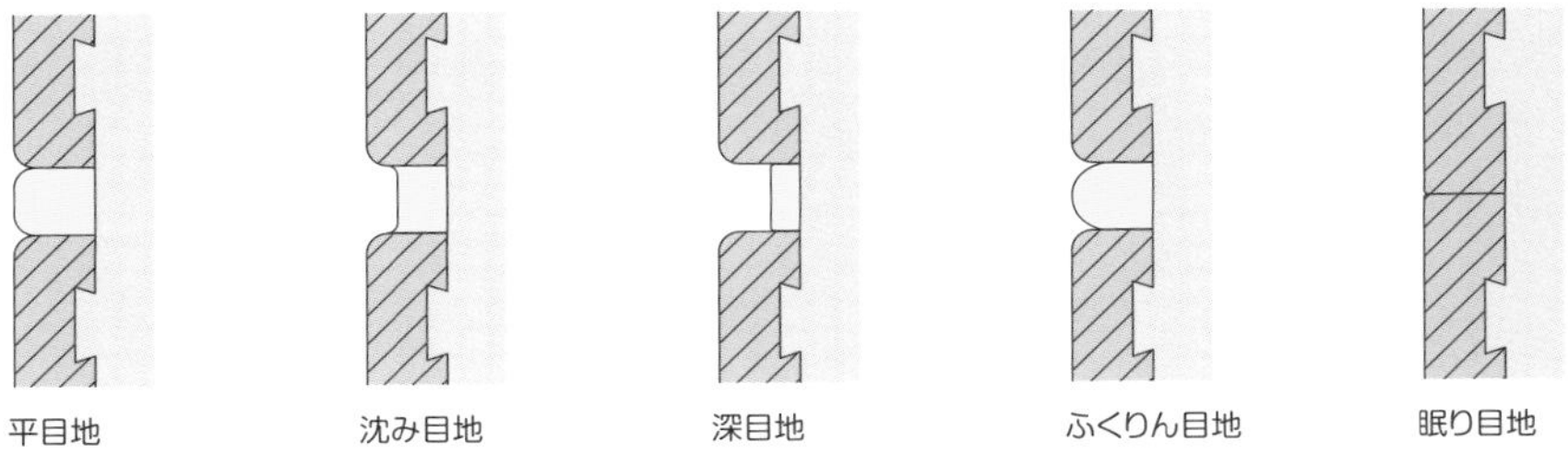

図2 | タイルの張り方

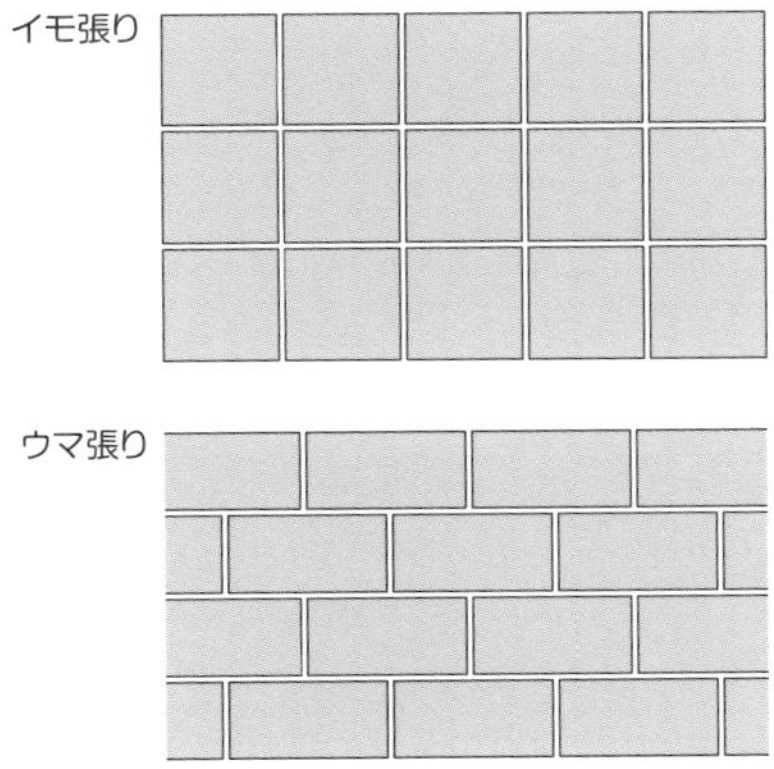

写真 | タイル張りの廊下の事例

設計:STUDIO KAZ　写真:Nacása & Partners

図3 | レンガの積み方

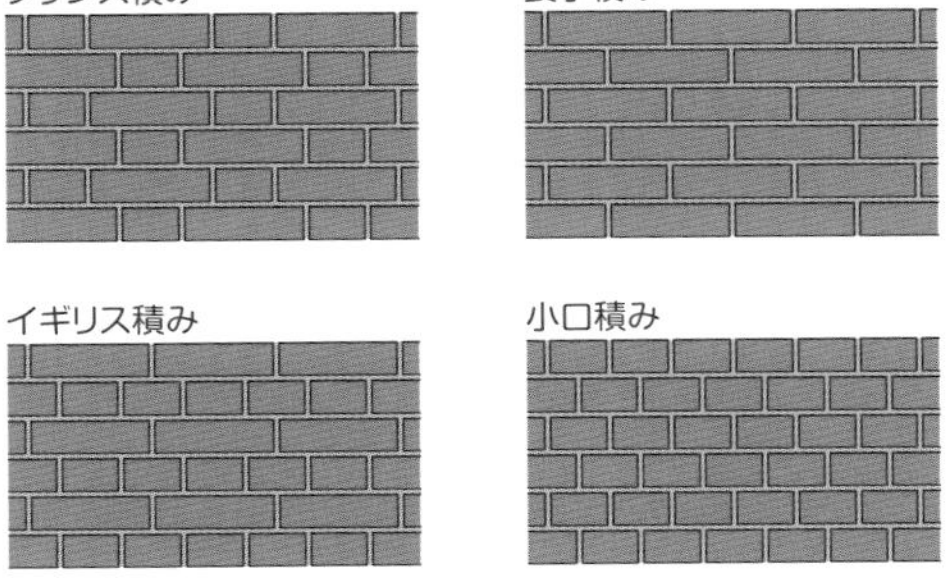

図4 | レンガの各部名称

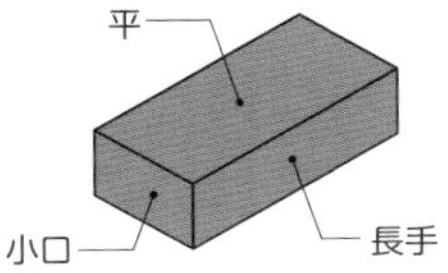

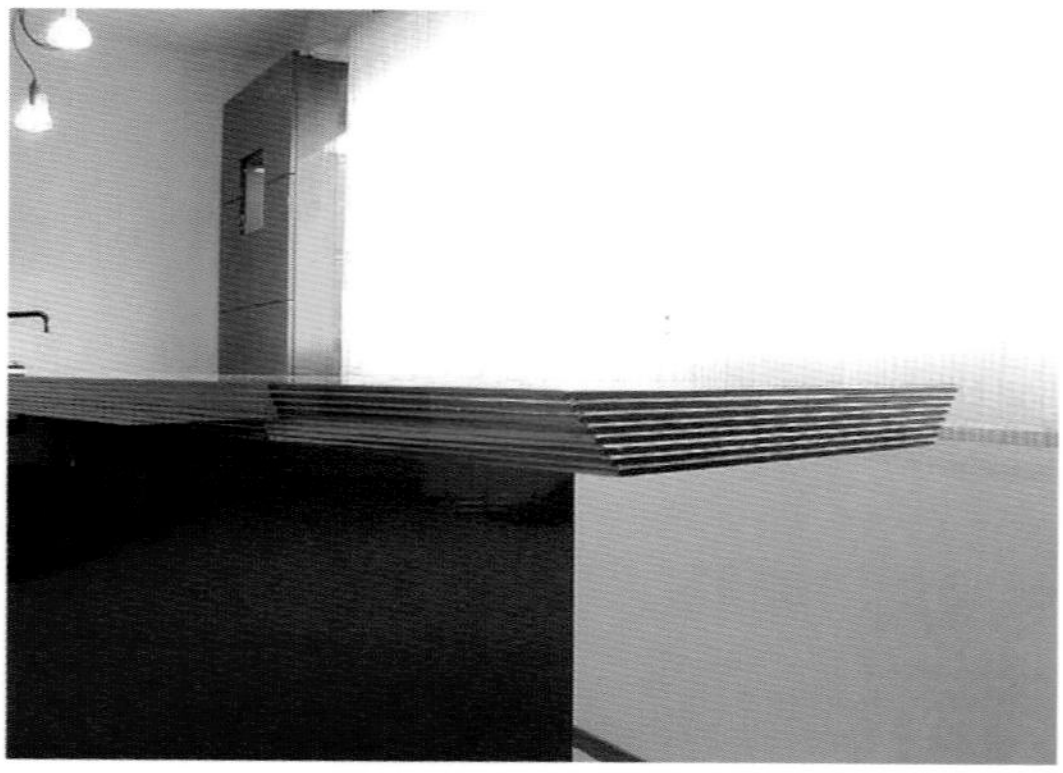

設計·写真:STUDIO KAZ

033

ガラス

Point
ガラスが持つ2面性を理解する
ガラスの特性をデザインに応用する

そんなにガラスはもろいのか

ガラスは2つの性質を持つ。1つは液体をそのまま固めたもので、ガラス質という流体的な性質、もう1つは鉱物で最も硬いダイヤモンドを使わなければカットできないほどの強度である。前者はアールヌーボーをはじめ美しい曲線を取り入れたランプや花瓶に見られる。後者はチェコのカットガラスや江戸切子、薩摩切子といったまばゆい輝きに見られる。「ガラスはもろい」と言われ、確かに割れやすいが、引っぱりや衝撃に弱いのであって、圧縮力に対しては非常に強い。

インテリアで使うガラスは板ガラスが大半で【表】、フロート法により製造された平滑でひずみのない「フロート板ガラス」を基本とし、その二次加工品も多い。ここ数年、ベッセルタイプのガラス製洗面ボウルも多く見られるようになり、幅が広がっている。

ガラスの使い方

ガラスの最大の特徴は、その透明性にある。5㎜厚の透明フロート板ガラスで約89%の可視光線透過率を誇る。しかし、ガラスそのものは緑色を帯び、厚くなるほど緑色が増す。店舗などではその緑色を利用して木口を強調したデザインとすることがある【写真1】。

さらにガラスは、光が直進する性質を持ち、木口から侵入した光は面に漏れることなく反対側まで届く。これも店舗でよく使われる手法だ。また、その性質を利用したのが光ファイバーであり、照明としての利用も最近多くなっている。たとえば室内プールなどで水中照明を付けるとき、光ファイバーのシステムにしておくと、電球交換のために水を抜く必要がない。ビルの屋上に置いた集光機で集められた太陽光を、光ファイバーを通して地下室にまで届け植物を栽培することもできる。

表 ガラスの種類

- 板ガラス
  - フロート板ガラス製法によるもの
    - 透明フロート板ガラス
    - 熱線吸収板ガラス
  - ロールアウト製法によるもの
    - 型板ガラス
    - 網入り・線入り板ガラス
  - → 二次加工品
    - 熱線反射ガラス
    - 複層ガラス
    - 合わせガラス
    - 強化ガラス
      板ガラスを軟化点(700℃)近くまで加熱した後、急冷処理。フロート板ガラスの3～5倍の曲げ強度、衝撃強度を持つ。破損すると破片が細粒状になり、一部で破損が生じると瞬時に全面的に破損してしまう。強化処理後の切断、孔あけ、切欠き加工は不可
    - 曲げガラス
    - 鏡
      - クリアミラー
      - 色付きミラー
      - ハーフミラー
      - 装飾ミラー(エッチング・シルクスクリーン)
    - カラーガラス
    - 高透過ガラス
      ほとんど無色透明で、色の再現性が高く、美術館の展示ケースなどに用いられる。フロート製法でつくられ、フロート板ガラスと同程度の強度、加工性を持つ
    - その他・装飾ガラス
- 結晶化ガラス
  - 体積結晶化ガラス
  - 表面結晶化ガラス
- 形成ガラス
  - ガラスブロック
  - プリズムガラス
  - ガラス瓦

写真1 ガラスの棚

設計・写真:STUDIO KAZ

写真2 板ガラスとガラスモザイクタイル

設計・写真:STUDIO KAZ

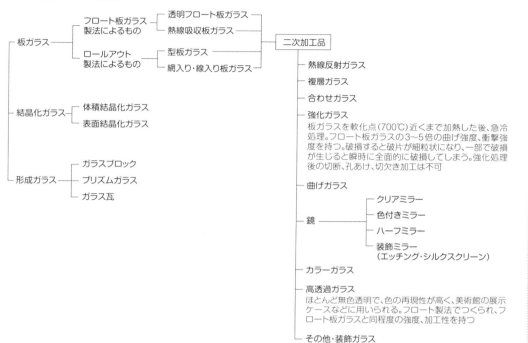

034

樹脂1

設計:STUDIO KAZ　写真:山本まりこ

Point
現代の私たちの生活はプラスチックに囲まれている
F☆☆☆☆表示の接着剤や塗料、建材を使う

プラスチック系内装材

もともと樹脂とは天然樹脂であった。古代から塗料に多く使われ、特に船の防水などには重宝されていた。しかし、現代において樹脂と言えば、合成樹脂を指すことが多く、そのほとんどは石油を原料とし、天然樹脂とよく似た性質を持つ。

現在の内装にもさまざまな樹脂製品が使われる。壁紙と呼ばれる物のほとんどは、ポリ塩化ビニルを主原料としたビニルクロスである。床材に関して、水廻りや大規模空間などではプラスチック系床材を使うことが多い。プラスチック系床材はシートとタイルに分かれる。さらにシートは発泡層のあるタイプとないタイプがある。タイル、シートとも厚みや性能、クッション性、色柄などさまざまな製品がつくられているので、使用する場所の用途や求められる条件に応じて選択したい。

広い意味でとらえれば、カーペットやカーテンなどに使われる合成繊維もプラスチック系材料であり、いかに身の回りにプラスチックが氾濫しているかが分かる【表1】。

塗料と接着剤

プラスチック系床材の施工はもちろん、フローリングの施工でも接着剤を使うことがある。その接着剤も樹脂系の材料だ。また、フローリングや家具の傷や汚れ防止のために塗装することがあるが、その多くも樹脂系塗料である。さらに言えば、工場や病院、実験室など継ぎ目を嫌う現場の床も樹脂系の塗料で仕上げることが多い。

しかし、ムクのフローリングが流行っており、樹脂系塗料を塗布することはせっかくの自然材料の質感を損なうことになり、意味がないとして、自然系塗料や蜜蝋《みつろう》ワックスなどで仕上げることが多くなった。

表1 | プラスチックの種類

樹脂の種類		用途など
熱可塑性樹脂	ポリエチレン樹脂	ブロー成型の椅子の背や座、家庭用ポリ袋、ビール瓶運搬容器など
	ポリプロプレン樹脂	椅子の背裏カバー、肘、背座芯材、梱包用バンドなど
	塩化ビニル樹脂	テーブルのエッジ材、メリヤス織と張り合わせたビニルレザー、農業用フィルム、硬質パイプなど
	ABS樹脂	椅子・テーブルの回転機構部であるリンクのカバー、電気機器の外装部材など
	ポリアミド(ナイロン)樹脂	椅子の脚先キャップ、キャスターの車輪、歯車、ローラーなどの駆動部分、電気機器のハウジングなど
	ポリカーボネイト樹脂	家具の扉の面材、照明器具など
	アクリル樹脂	家具、間仕切り、広告板、計器盤、冷蔵庫や扇風機の部品など
熱硬化性樹脂	フェノール樹脂	椅子の座(合板に含浸させて強化したもの)、耐水合板用接着剤など
	不飽和ポリエステル樹脂	椅子の座、浴槽、防水パンなど
	メラミン樹脂	テーブルの表面材(メラミン化粧板)など
	ポリウレタン樹脂	椅子のクッション材(スラブウレタン、モールドウレタン)、発砲体、弾性体、合成皮革、塗料など
生分解性樹脂	微生物生産樹脂、でんぷんを原料とする樹脂、化学合成の樹脂	

表2 | ホルムアルデヒド発散速度による等級区分と制限

JIS、JASなどの等級	ホルムアルデヒド発散速度※	建築材料の区分	内装仕上げの制限
F☆☆☆☆	0.005mg/㎡h以下	建築基準法の規制対象外	制限なしに使える
F☆☆☆	0.005mg/㎡h超0.02mg/㎡h以下	第3種ホルムアルデヒド発散建築材料	使用面積が制限される
F☆☆	0.02mg/㎡h超0.12mg/㎡h以下	第2種ホルムアルデヒド発散建築材料	使用面積が制限される
——	0.12mg/㎡h超	第1種ホルムアルデヒド発散建築材料	使用禁止

※測定条件:温度28℃、相対湿度50%、ホルムアルデヒド濃度0.1mg/㎥(=指針値)

Pick! UP. 現場の話、あれこれ

シックハウス症候群

1990年代より、接着剤や塗料などから発生する揮発性有機化合物(VOC)が原因とされる「シックハウス症候群」などが問題視された。そのため各メーカーはVOC放散量の少ない建材や壁紙、接着剤、塗料を開発するようになった。そして2003年、建築基準法の改正により、ホルムアルデヒドの発散速度によって区分し［表2］、その表示が義務付けられた。F+1〜4つの☆で表され、F☆☆☆☆のみ無制限に使用することができる。F☆☆やF☆☆☆では条件付きの使用となる。しかし、メーカーの努力によって、現在発売されている接着剤や塗料のほとんどはF☆☆☆☆になっており、安心して使用できるといってよい。

設計:STUDIO KAZ　写真提供:デュポン・MCC株式会社

035

樹脂2

Point
日々進化する樹脂加工技術を知る
リサイクルや生分解性樹脂が注目されている

家具仕上材としての樹脂

家具でも樹脂系材料を多く使う。表面仕上材として、ポリエステル化粧合板、メラミン化粧合板、塩ビシート、オレフィンシートなどが使われる。塗装仕上げに比べてローコストで均一な仕上がりが可能である。また、大量生産にも向いており、システムキッチンやシステム家具、オフィス家具などでも多く使われている。

以前は、樹脂合板張りの家具＝安物というイメージで扱われていたが、印刷技術が向上したことで、木目の凹凸まで含めたリアルな木目が再現されるようになり、使用範囲が広がった。とはいえ、住宅系のデザイナーはあまり好まない。しかし、コストと性能のバランスを重視して、洗面化粧台などに使用するケースは多い。

また、最近のキッチンのワークトップに多く採用される人工大理石の大半はメタクリル系樹脂である【写真】。

製品としての樹脂

仕上材だけでなく、身の回りの小物や家具などでも樹脂は多く見られる。それらはさまざまな加工方法により成形され、仕上げられる【表】。樹脂を成形する場合、その多くは金型を必要とするが、金型の製作費が高額であるため、少量生産には不向きである。

しかし、コンピュータ技術の発展により、デザインや機構の設計などは3次元CAD化され、そのデータを利用することにより、コンピュータ制御による製作技術が向上し、NCルーターを使った削り出しや光硬化樹脂を用いた光造形などの方法によって、少量生産することも可能となった。

一方で、樹脂は環境破壊の要因の1つと指摘されてきたため、近年は樹脂の再利用や焼却技術、生分解性樹脂などに注目が集まっている。

表｜樹脂の加工方法

成型方法	加工する樹脂	方法など
射出成型	熱可塑性樹脂 熱硬化性樹脂	溶融した樹脂を金型内に射出して成型するもので、量産性が高く、複雑な形状でも成型できる。比較的小さな部品に多い
押出し成型	熱可塑性樹脂	溶融した樹脂を金型から連続して押し出すもので、決まった断面形状しか得られない。金型費が安いので、製品単価も安くなるものが多い
中空（ブロー）成型	熱可塑性樹脂	樹脂を金型で挟み、なかに空気を吹き込んで風船状に成型するもの。椅子の座、ペットボトルなどに用いられる
真空成型	熱可塑性樹脂	シート状の樹脂を加熱軟化させ、型に設けられた穴から空気を吸い出し、シートを型に吸い付けて成型する。照明器具のカバー、カトラリートレイなどに用いられる
圧縮成型	熱可塑性樹脂 熱硬化性樹脂	樹脂を加熱した金型に入れ、必要に応じてガス抜きを行いつつ、圧力と熱をかけて成型し、冷却後取り出す

写真｜樹脂製品の例

フードカバーパネル：抗菌メラミン不燃化粧合板
レンジフードの存在感を消すために家具と同じ仕上げを施している
台：人工大理石
シームレス接着が可能な人工大理石ならではの納まり。現場でジョイントしてカウンターを継ぎ目なく一体にすることで、甲板を広く使うことができる
壁面：抗菌メラミン不燃化粧合板
加熱機器の周辺壁は耐摩耗性に加え、耐熱性にも優れ、大判が取れるため、目地が少なくてすむ「抗菌メラミン不燃化粧合板」を使用
扉：メラミン化粧合板
扉は耐摩耗性に優れているメラミン化粧合板を使用
内部：ポリエステル化粧合板
キャビネット内部は性能と機能のバランスを考えてメラミン化粧合板よりも安価なポリ合板を使用
甲板：人工大理石
キッチンの甲板は水を使うので防水性に優れている人工大理石を使用
キャビネット側面：メラミン化粧合板

設計：STUDIO KAZ　写真：垂見孔士

Pick UP! 現場の話、あれこれ
アクリル

アクリル樹脂は合成樹脂のなかでも、極めて透明度が高い素材の1つである。それゆえに以前はガラスの代用品として使われていた。しかし、1960年代後半にデザイナーの倉俣史郎がアクリルを積極的に使用した家具や什器のデザインを発表し、以降アクリルという素材そのものの可能性だけでなく、その加工技術などを追求し続けた。そして、彼以降たくさんのデザイナーが家具や内装に使ってきた。かくいう筆者もいくつか挑戦している。「fata」は鏡を透明アクリルではさみ、宙に浮かせたドレッサーで、宙に浮いた鏡に写し出された姿は、現実であるかどうかさえ判別しにくい不思議な感覚を持たせる、まるで鏡のなかの妖精のようにも見える［写真右］。「cubo」は金属ベースのくぼみに置いた写真が、上に乗せたアクリルキューブの上面にしか映らない。側面からはまったく見えず、周囲の風景を透過させるだけである［写真左］。

写真：STUDIO KAZ

写真提供:株式会社 和紙来歩

036 紙材

Point
- 世界的に和紙の人気が高まっている
- 紙はインテリア材料として、古くから親しまれている

注目される和紙

紙は原料によって和紙と洋紙に分類される。和紙はコウゾやガンピ、ミツマタを、洋紙はパルプを原料とする。

和紙は洋紙に比べて繊維が長いため、丈夫であるとされる。そのため世界中の文化財の修復の材料として使われたり、工芸品や家具にも使われ、長期間の保存に耐えている物もある【写真1】。

インテリアにおいては、古くから障子や襖、屏風などに和紙が使われているが、近年では世界中でその人気が高まっている。和紙の代表的な産地として「越前和紙」「美濃紙」「土佐和紙」などが挙げられる。

和紙は、生産性が低いため高価になり、安価な洋紙に押されて使用量が減ってきたが、各産地がそれぞれの特色を生かした試みを行っており、注目されるようになった。

一方アラミド紙は、和紙ではないが、耐火耐熱性が高く、光を通すと和紙のような風合いになるため、ランプシェードによく使われる。

紙系材料の広がり

現在ではほとんどビニルクロスに変わってしまったが、「壁紙」と呼ばれるように、元来は紙である。中国で始まったその習慣はヨーロッパに渡り、19世紀後期にウィリアム・モリスによって、植物をモチーフとしたパターン（唐草模様）が印刷された壁紙が考案され、大量生産技術と共に世界中に広まった【写真2】。洋紙の材料であるパルプは木材から製造される。

よって、ファイバーボードは紙のような表情を持っている【69頁】。そのなかでもハードボードは、流通経路から木質系材料に分類されてはいるが、成形方法などを考えると、紙系材料と言ってもよいかもしれない。

写真1 和紙をアクリルに封入したパネル

写真提供:株式会社 和紙来歩[DACRYL W-025]

写真2 ウィリアム・モリスの壁紙

設計:STUDIO KAZ 写真:山本まりこ

写真3 和紙のプリーツスクリーン

写真提供:MOLZA株式会社

Pick! UP! 現場の話、あれこれ

紙管と段ボール

建築家の坂茂が、紙管を使った建築物を1980年代後半より試みている。特に印象深いのは阪神淡路大震災での被災者用仮設住宅や教会などだが、それ以外にも数々の紙管を使った建築をデザインしている。また、梱包などに使われている段ボールも目が離せない。フランク・O・ゲーリーは1972年に段ボールを使った家具を初めてデザインした[写真]。

「軽量である」という紙の特性と、紙管や段ボールの一定方向に極めて高い強度を併せ持つ魅力ある素材の使い方である。最近では、紙に特殊な処理を施すことにより、紙の弱点である耐水性や耐火性を高めた物もあり、内装建材としての可能性は高い。

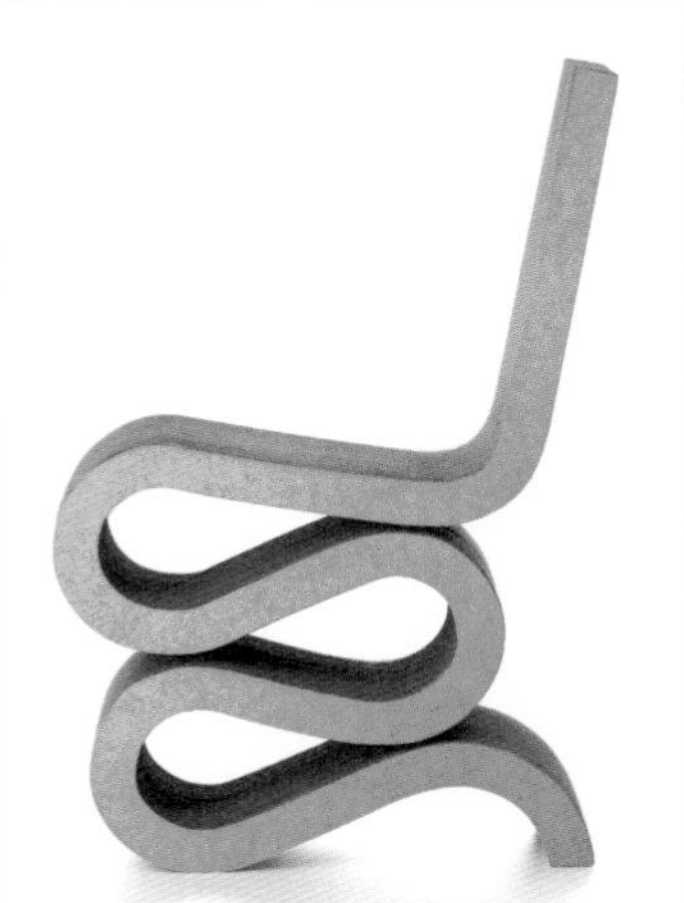
ウィグルサイドチェア/フランク.O.ゲーリー
写真提供:hhstyle.com 青山本店

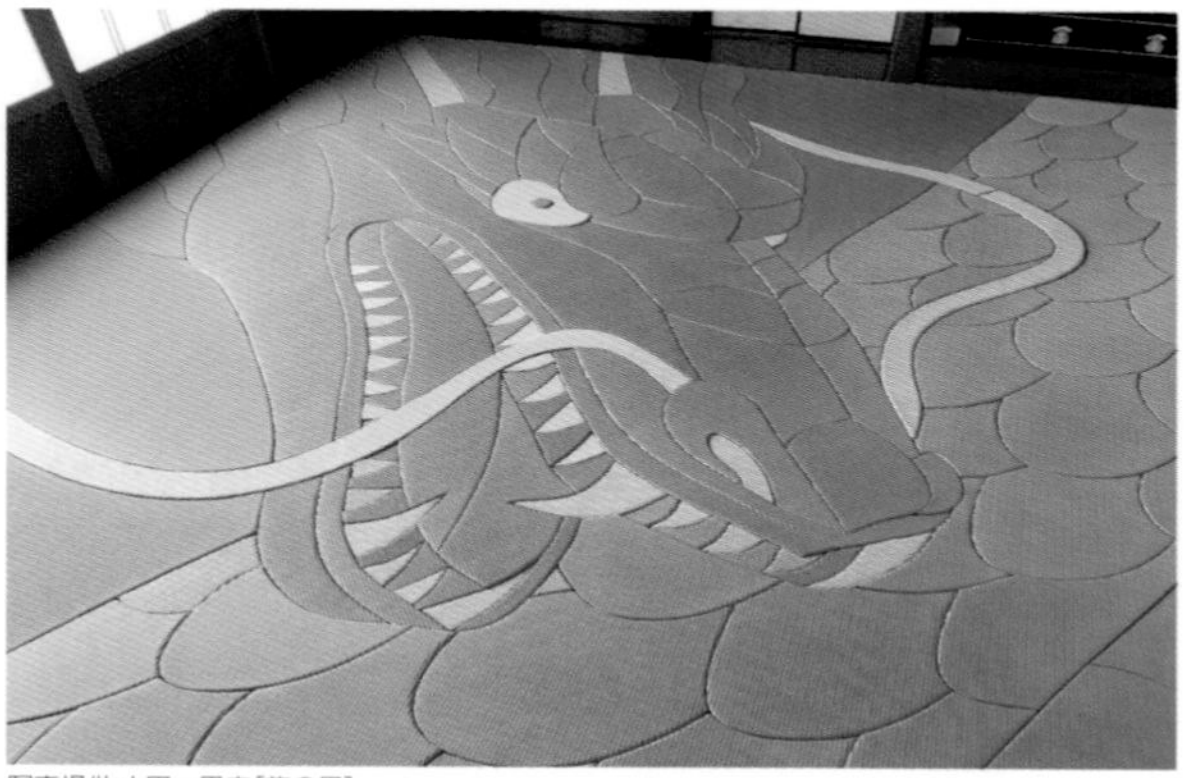
写真提供:山田一畳店[龍の畳]

037

畳・植物繊維質床材

Point
畳は、日本の風土に適した素材である
畳には、抗菌性がある

畳

畳は、稲藁とツタでできた「畳床《たたみどこ》」の表面をい草の茎で織った「畳表《たたみおもて》」でカバーしたものである【図】。畳は弾力性、保温性、遮音性に優れている。和室が静かで快適な空間なのは、和室を構成する素材が畳をはじめ、土・紙・木といずれも吸音性が高いものばかりだからである。また、木材のように吸湿・放湿性に優れており、多湿の日本の風土に適していると言える。その色合いや香りが好まれ、抗菌性も持つ。

畳は1：2の長方形（1畳）、もしくは正方形（半畳）のプロポーションにする。短辺側は畳表を織り込み、長辺側を畳縁《たたみべり》で縫い付ける。最近は畳縁を付けない縁なし畳も見られる【写真1】。畳表は備後表と琉球表があり、琉球表のほうが耐久性が高いため、縁無畳にする際は琉球表がよいだろう。

畳表は年月と共に色褪せたり擦り切れたりするため、定期的にひっくり返したり（畳返し）、張り替える（表替え）ことが必要だ。最近は合成繊維を織った物や畳の目を型押ししただけの物も見られる。畳床も同様にインシュレーションボードや発泡ポリスチレンを積層した建材畳（化学畳）がある。軽量で扱いは楽だが、通気性や踏み心地に劣る。建材畳に対して、本来の藁とツタで構成された畳床を本畳と言う。

植物繊維質床材

床材に使う素材で畳以外の植物繊維質床材には、籐や竹、サイザル麻、ココヤシなどがある。300～500㎜のタイル状になった物や、あらかじめ何畳用というように形状が決まっていて置くだけの物、カーペットのようにロールになっていて敷き詰められるタイプまである【写真2】。重歩行用（不特定多数の人が土足で歩いても大丈夫な物）もあり、大規模施設でも採用されている。

図｜畳

畳の名称

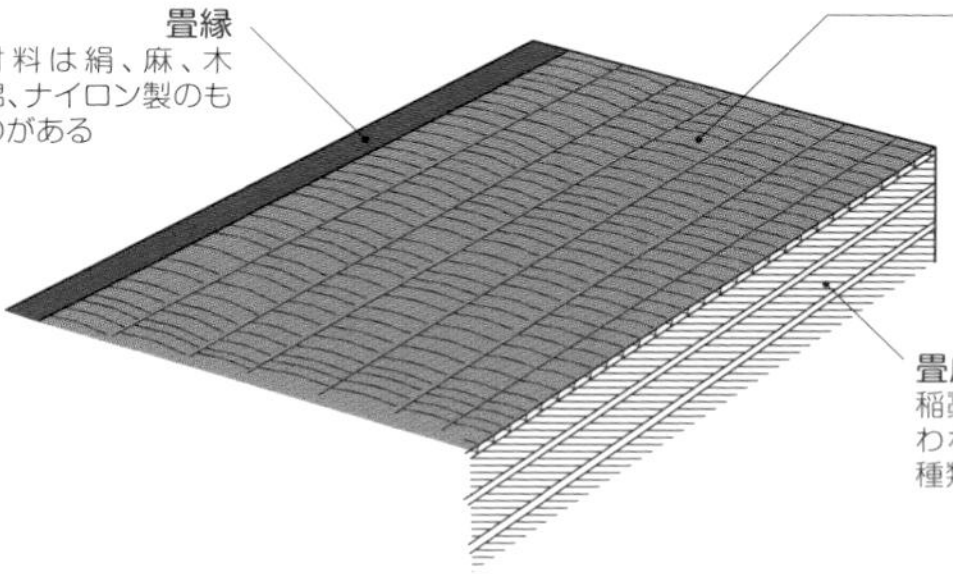

畳床の種類（本畳）

稲藁畳床
（6層形畳床）

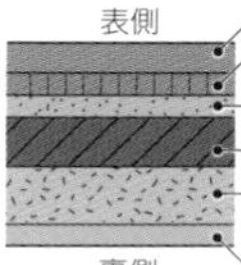

稲藁畳床
（4層形畳床）

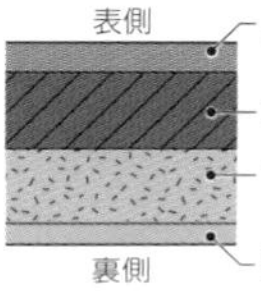

畳床の種類（建材畳）

ポリスチレンフォーム
サンドイッチ
稲藁畳床

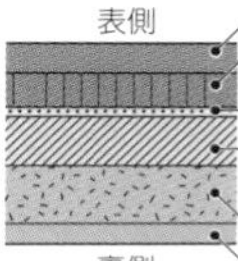

タタミボード
サンドイッチ
稲藁畳床

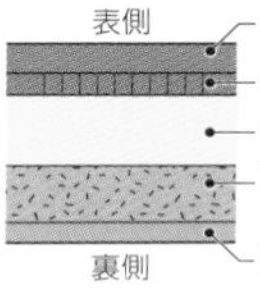

写真1｜縁なし畳の部屋

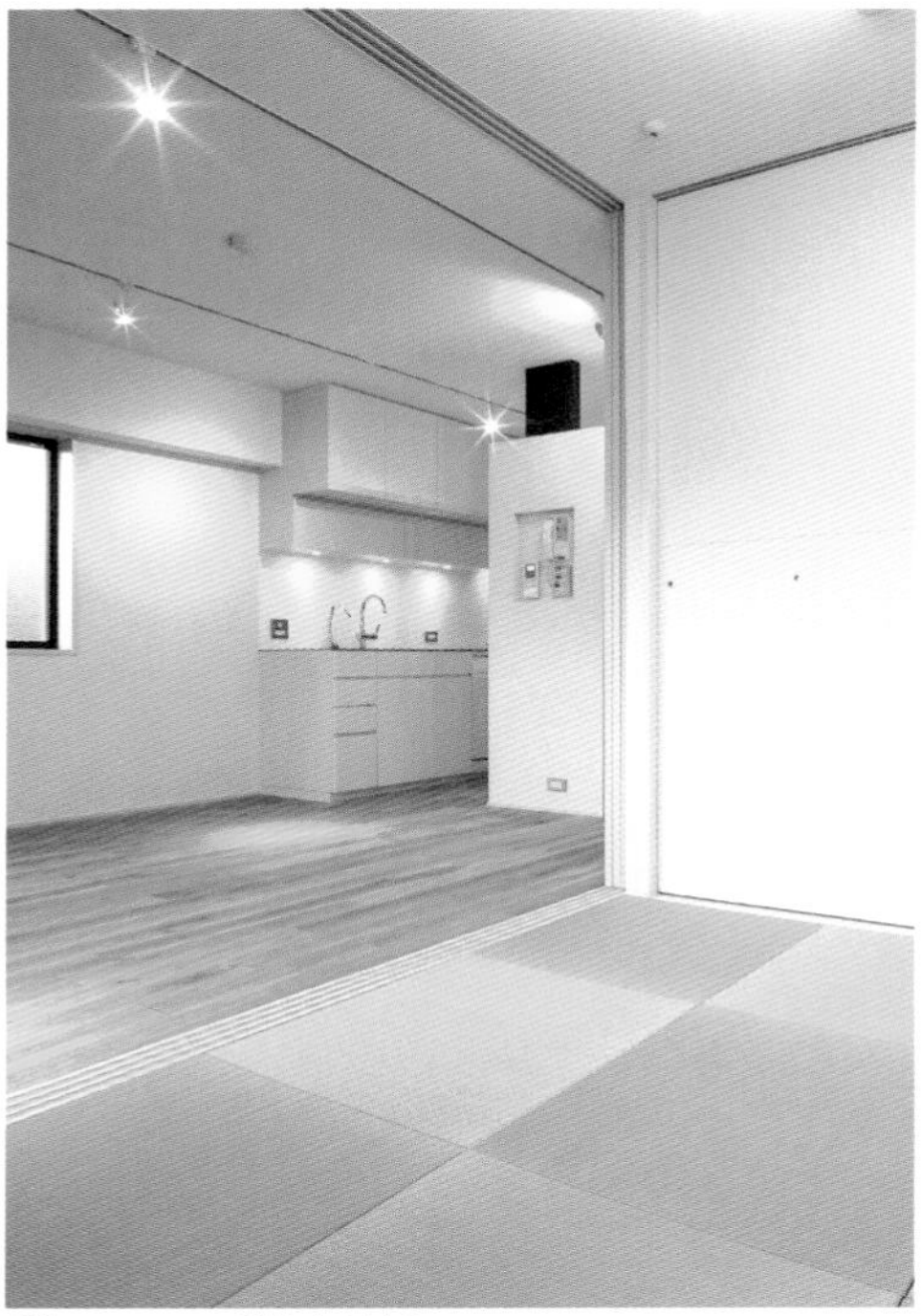

設計：STUDIO KAZ　写真：山本まりこ

写真2｜サイザル麻カーペット

写真提供：株式会社上田敷物工場

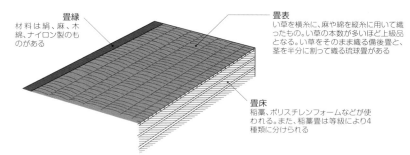

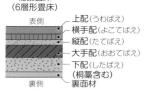

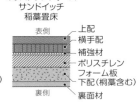

設計:STUDIO KAZ　写真:山本まりこ

038

布・じゅうたん

Point
天然繊維と化学繊維がある
カーペットの種類だけでなく、敷き方でも雰囲気が変わる

繊維と布の分類

布の材料となる繊維は、天然繊維と化学繊維に分類することができる。天然繊維には綿や麻などの植物系繊維、絹や羊毛、カシミア、モヘヤといった動物系繊維、さらに鉱物系繊維などがある。

天然繊維の特徴は、感触が良く、比較的燃えにくく、吸水性があり、染色性に優れていることだ。反面、虫害を受けやすく高価である。一方の化学繊維は、大量生産ができ、安価であり、耐摩耗性に優れているが、燃えやすく、吸水性がない。また、静電気が起きるのも化学繊維の特徴である。レーヨン、アクリル、ナイロン、ポリエステルなどが代表的な化学繊維だ。

その繊維を加工した物を布と言い、つくり方によって織物、編み物、レース、フェルト、不織布《ふしょくふ》などに分けられる。

インテリアでの使用

布の特徴は、吸音性、断熱性、保温性、肌触りの良さが挙げられ、インテリアでは、カーテン、じゅうたん、椅子やソファーの張地、寝具、テーブルリネンなどに使われる。

カーペットは歩行性、保温性、安全性、吸音性、省エネルギー性に優れている。その一方で、織りのなかに埃が入り込む、水濡れするなどの欠点があり、キッチンや洗面室、トイレなど水廻りではほとんど使用しない。

カーペットは製法やテクスチュア（パイルの形状）により、多くに分類される**【表1・2】**。

敷き方には「敷き詰め」「中敷き」「ピース敷き」「重ね敷き」があり、最も一般的な敷き詰めでは「グリッパー工法」と呼ばれる部屋の周囲に釘が植え付けられた木片を打ち付け、カーペットを引っ掛けて固定する。

表1 製法によるカーペットの種類

- カーペット
  - パイルのあるカーペット
    - 織りカーペット
      - 手織りカーペット
        - 緞通
      - 機械織りカーペット
        - ウィルトン（シングル）
        - ダブルフェイスカーペット
        - アキスミンスター
          - スプール
          - グリッパー
    - 刺繍カーペット
      - タフテッドカーペット
      - フックドラグ
    - 接着カーペット
      - ボンデッドカーペット
      - 電着カーペット
      - コードカーペット
    - 編みカーペット
      - ニットカーペット
      - ラッセルカーペット
    - 圧縮カーペット
      - ニードルパンチカーペット（ヘアー調、ベロア調）
  - パイルのないカーペット
    - 織りカーペット
      - 三笠織
      - 菊水織
      - 平織
      - 花莚
    - 縫い付けカーペット
      - チューブマット
      - ブレデッドマット
    - 圧縮カーペット
      - ニードルパンチ・カーペット（フェルト調）
      - 毛氈

参照：日本カーペット工業組合HP

表2 テクスチュアによる分類

- カーペットテクスチュア
  - カットタイプ 
    - プラッシュ
    - ベロア
    - サキソニー
    - ハードツイスト
    - シャギー
    - ヘアー
  - ループタイプ 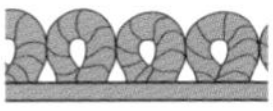
    - レベルループ
    - マルチレベルループ／リップル
    - ハイローループ
  - カット&ループタイプ 
    - ハイカットローループ
    - レベルカット&ループ
  - フラットタイプ
    - フェルトタイプ
    - 織りタイプ

参照：日本カーペット工業組合HP

Pick UP! 現場の話、あれこれ

in-tra foglio di FELTRO

建築家の友人たちとkagu-カウンシルという活動をしていたことがある。家具会という催しをやっていたが、その一つにフェルトでつくった家具（のようなもの）を製作したことがある。これは1.8m角（畳2枚分）のフェルトを1人分の領域としてとらえ、さまざまなかたちに変化して、自らの身体と社会との関係を見つめ直して再構築を試みたものだ。FELTはFILTERと同義であり、都市のなかに置かれた“FELTRO”を境界にして、濾過された場ができ上がる［写真］。

写真:STUDIO KAZ

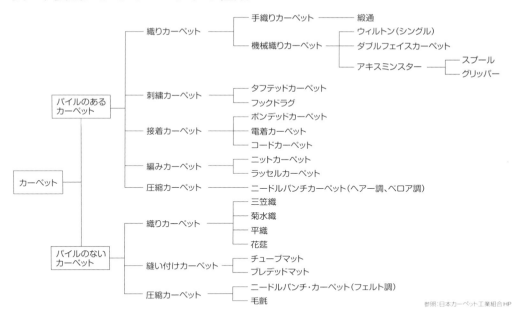

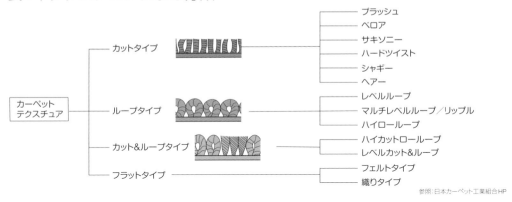

設計:STUDIO KAZ　写真:山本まりこ

039

カーテン
～ウィンドウトリートメント

Point
カーテンのインテリア性に関心が高まっている
さまざまなカーテンの種類から、納め方（吊り方）を工夫する

カーテンのかたち

窓の機能を補い、何らかの機能を付加させる物を総じて「ウィンドウトリートメント」と言い、さまざまな種類がある【表】。カーテンは窓からの外光や視線をコントロールする布のことである。カーテンレールに取り付けられ、透過性が低い物をドレープ、高い物をレースと呼ぶ。ドレープのなかでも、より遮光性能を高めた物を遮光カーテンとして別に扱うこともある。外側にレースを取り付ける組み合わせが一般的だが、窓の機能や生活スタイルから臨機応変に提案したい。

カーテンの印象を決定する要素は、「ひだ」と呼ばれる上部のプリーツだ。「2倍ひだ」「3倍ひだ」「はこひだ」などがあるが、ひだの数が多くなるほど装飾的になり、必要な生地の量も多くなる【図1】。最近はシンプルな生活スタイルに合わせて、ひだがない「フラットカーテン」も流行っている。

カーテンの納め方

カーテンレールもインテリアデザインの重要な要素である。ランナーが動くタイプのアルミやステンレスのレールだけでなく、リングを取り付けた金属製・木製のポールタイプ、ワイヤータイプなど幅が広がっている。それに伴いカーテンの吊り方も多様化している【図2】。また、ランナーやフック、ワイヤーも種類が増え、カーテンアクセサリーと呼ばれるタッセルや房掛金物とデザインを合わせることも多い。

一方、カーテンボックスを設け、カーテンレールを隠すことでカーテン生地をきれいに見せる手法もある。カーテンボックスは窓枠などの建材と同素材で統一すると、オーソドックスな印象になる。さらに天井に埋め込んだり、カーテンボックスを壁と同じ仕上げにすることでシンプルに納まる【図3】。

表 | ウィンドウトリートメントの分類

上下開閉機能
ベネシャンブラインド 木製ブラインド 簾(すだれ)ブラインド ロールスクリーン プリーツスクリーン ローマンシェード ハニカムスクリーン
左右開閉機能
バーチカルブラインド パネルスクリーン (パネルカーテン、パネルシェード) ドレープカーテン プリントカーテン 遮光カーテン レースカーテン 障子

図1 | プリーツの種類

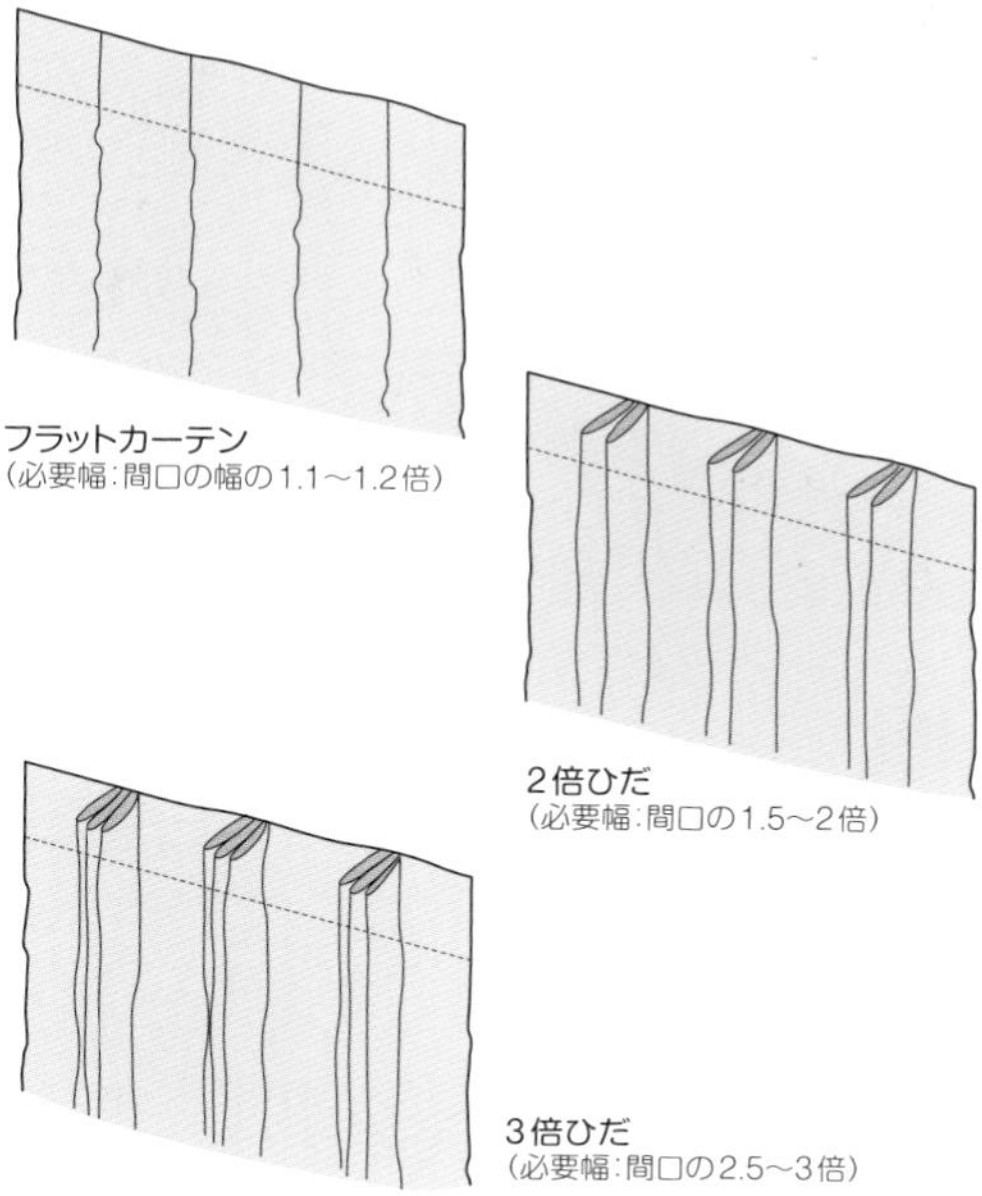

フラットカーテン
(必要幅:間口の幅の1.1~1.2倍)

2倍ひだ
(必要幅:間口の1.5~2倍)

3倍ひだ
(必要幅:間口の2.5~3倍)

図2 | 吊り方の種類

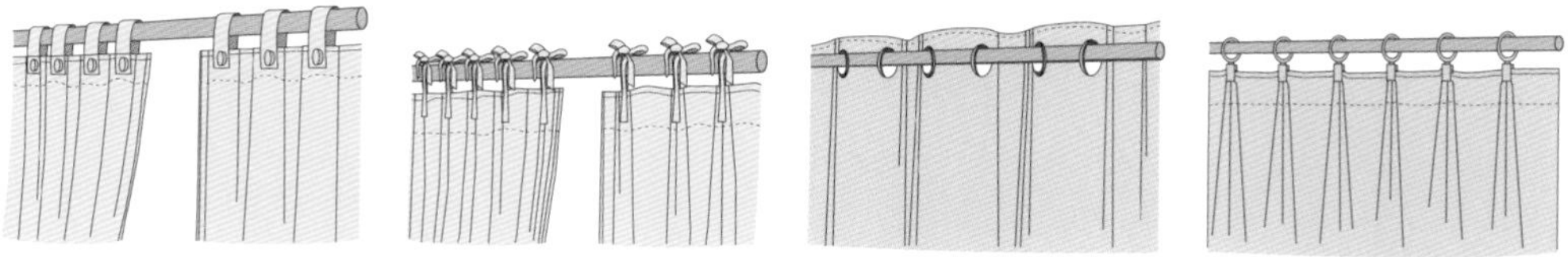

タブスタイル　リボンスタイル　はとめスタイル　ハンギングスタイル

図3 | カーテンの納め方の種類

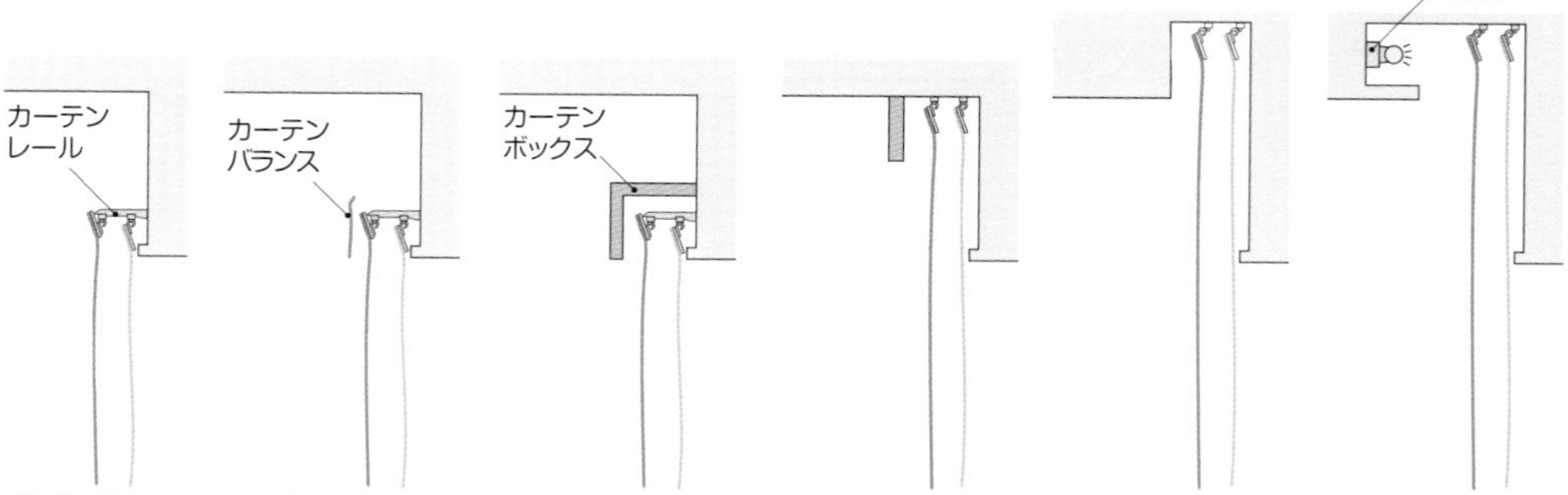

ボックスなし

壁or天井付
一般的なカーテンバランス。天井につけることもある。デコラティブな装飾を施すことが多い

壁付
一般的なカーテンボックス。窓枠の素材と合わせることが多い

天井付
カーテンを大きく取る。建材の木目と合わせるか天井と同じ仕上げにする

天井埋込み
シンプルな納まりだが天井裏の懐寸法と記事を多く必要とする。また天井下地の手間が増える

天井埋込み+照明付
カーテンを幻想的に見せることができる

写真提供:ナニックジャパン株式会社

040

ブラインド・スクリーン
~ウィンドウトリートメント

Point
最近は、アルミ製ブラインドが減り、木製ブラインドが注目されている
ウィンドウトリートメントは、窓に美観と機能を持たせる

ブラインド

窓の内側に取り付け、スラットと呼ばれる羽根を回転させて、日射量や視線をコントロールする装置をブラインドと言う。ブラインドは大きく2種類に分かれ、横型を「ベネシャンブラインド」【図1】、縦型を「バーチカルブラインド」【図2】と呼ぶ。

ベネシャンブラインドのスラットは主にアルミ製で各メーカーともカラーバリエーションが多く、カラーコーディネートしやすい。スラット幅は最近は細いタイプが主流になっている。埃がたまる、折れるといった欠点もあるが、これも日々改善されている。また、最近は木製ブラインドも見直されている【写真】。ヘッド機構の改良により、軽く昇降できるようになった。木製ブラインドのスラット幅は25㎜か50㎜。国内メーカーでは売れ筋の数色しかないが、海外ではたくさんのカラーバリエーションもあり、アルミ製ブラインドと同様に安心してカラーコーディネートできる。ほかに革製のブラインドも登場している。

そのほかのアイテム

スプリング機構によりスクリーンを巻き上げる「ロールスクリーン」、ドレープカーテンの印象とロールスクリーンの操作性を持ち合わせた「ローマンシェード」【表】、プリーツ加工された不織布を上下させる「プリーツスクリーン」、フラットカーテンが引戸のようにスライドする「パネルスクリーン」、プリーツスクリーンの断面形状が蜂の巣状のハニカム構造になり、断熱・遮音性能を上げた「ハニカムシェード」などがある。

日本に古くから存在する「簾《すだれ》」や「よしず」、もっと広義にとらえれば「障子」などもウィンドウトリートメントと言えるだろう。

図1 ベネシャンブラインドの操作の種類

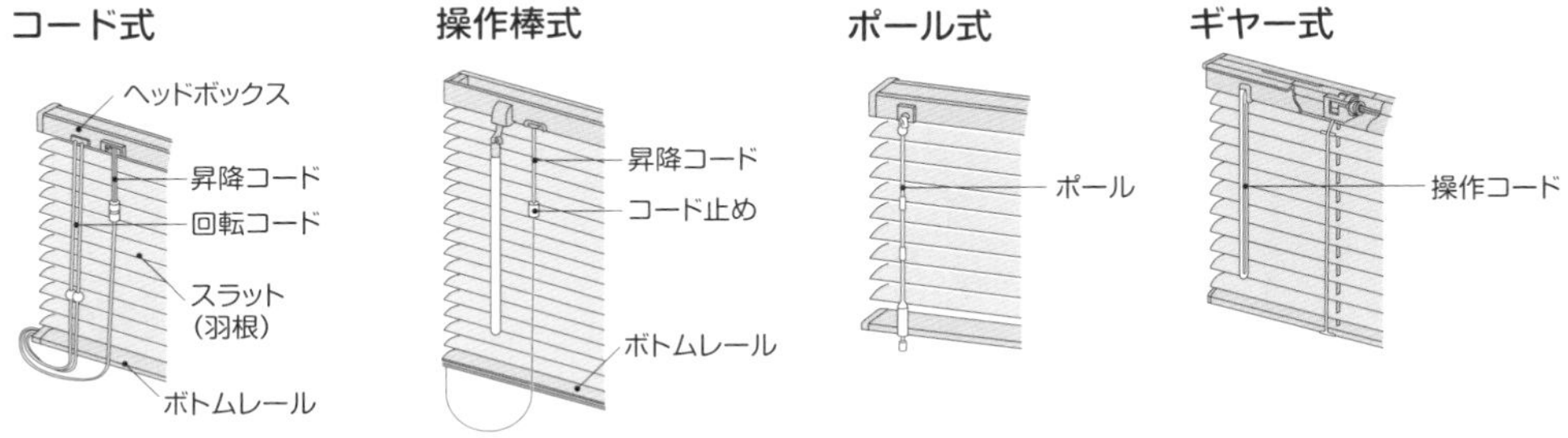

図2 バーチカルブラインドの構造

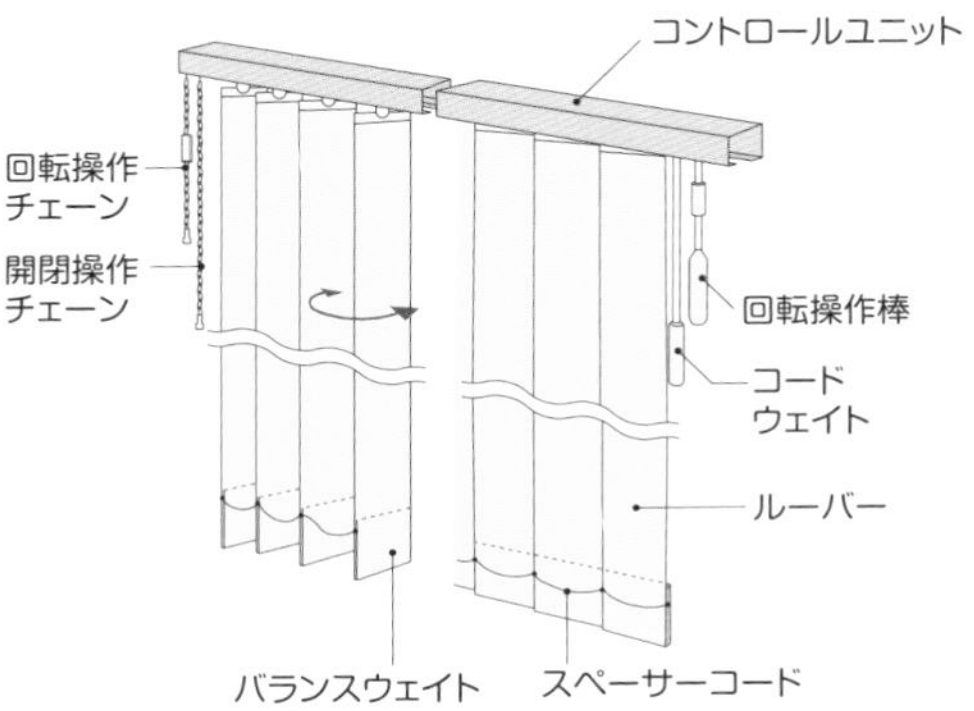

写真 ウッドブラインド

アルミのブラインドに比べて木の柔らかい表情が、空間を優しくしてくれる

写真提供：ナニックジャパン株式会社

表 ローマンシェードの種類

	プレーンシェード	シャープシェード	バルーンシェード	オーストリアンシェード
スタイル	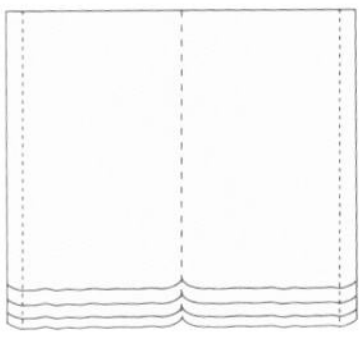	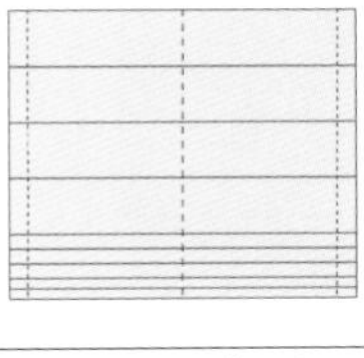	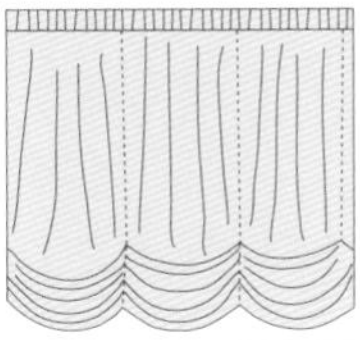	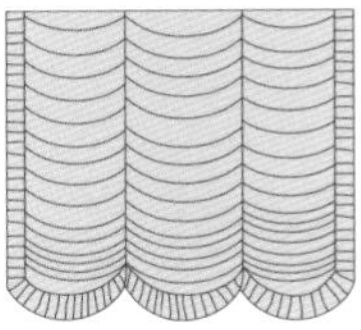
特徴	一定の間隔でフラットなひだを畳み上げていく、ローマンシェードの最もシンプルでベーシックなスタイル。幅広いファブリックスを選べる	生地とバーを組み合わせたシャープで規則正しいラインを見せるのが特徴である	たくし上げると両端から中央に向かってボトム部分がカーブを描く。スタイルカーテンのような雰囲気である	ウェーブをたっぷりとったゴージャスな雰囲気で、ホテルのロビーや劇場などにも多く用いられる

Pick UP! 現場の話、あれこれ

ベネシャンブラインド

なぜ「ベネチア風ブラインド」なのか? 横型のブラインドは水の都ベネチアが発祥とされている。直接降り注ぐ太陽の光と、運河の水面に反射して跳ね返ってくる下からの光の両方を同時に遮り、さらに運河を行き来する船からの視線を遮る必要があった。そのため水平のスラットがとても効果的だったというわけだ。

写真提供:株式会社カッシーナ·イクスシー

041

皮革

Point
天然皮革とビニルレザーがある
ビニルレザーの質が向上し使用する場面が増えている

天然皮革

動物の皮膚を剥いだ後、柔らかくして耐久性を加える作業を「なめし」と言い、その工程を経たものを「なめし革」もしくは単純に「革」と呼ぶようになり、さまざまな製品へ加工される。

インテリアでは、ソファーや椅子の張地など耐摩耗性が求められる場所に使われる【写真1】。デスクトップにも使われるが、それは耐摩耗性に加え、筆記用具の当たりを柔らかくする役割も持つ。また、壁面装飾や家具の扉などに使われることもあるが、多くは雑貨などの小物に限られる。使われる革のほとんどは牛の革で、一般に、成長した牛が使われるが、ほかに毛皮を使った家具もある【写真2】。成長段階に応じてハラコ、ベビーカーフ、カーフなどと呼び方が変わり、一般の革に比べて希少価値が上がる。天然皮革は極端な乾燥を苦手とするため、日常の手入れが必要である。手入れには専用のオイルやクリーナーを使用する。

ビニルレザー

天然皮革は高額であるということと、安定した品質の物が大量に得にくいという観点から、最近では人工的に皮革を真似たものが多く使用されている。ひとくちにビニルレザーと称しているが、正確には布に合成樹脂を塗布した「合成皮革」と、不織布などに合成樹脂を含浸させ、合成樹脂を塗布した「人工皮革」に分けられる。塗布する合成樹脂は、ポリ塩化ビニル（PVC）が使われる。さらに表面を加工することにより、さまざまな表情を持たせることができる。また、天然皮革と違って水をはじくため、汚れが付着しにくく、カビなどの心配も少ない。以前は通気性が悪く、ぺたぺたした印象だったが、加工技術の向上により、肌触りなども格段に向上した【写真3】。

写真1 天然皮革を使用した椅子

LC2（ル・コルビュジェ）

写真2 毛皮を使用した椅子

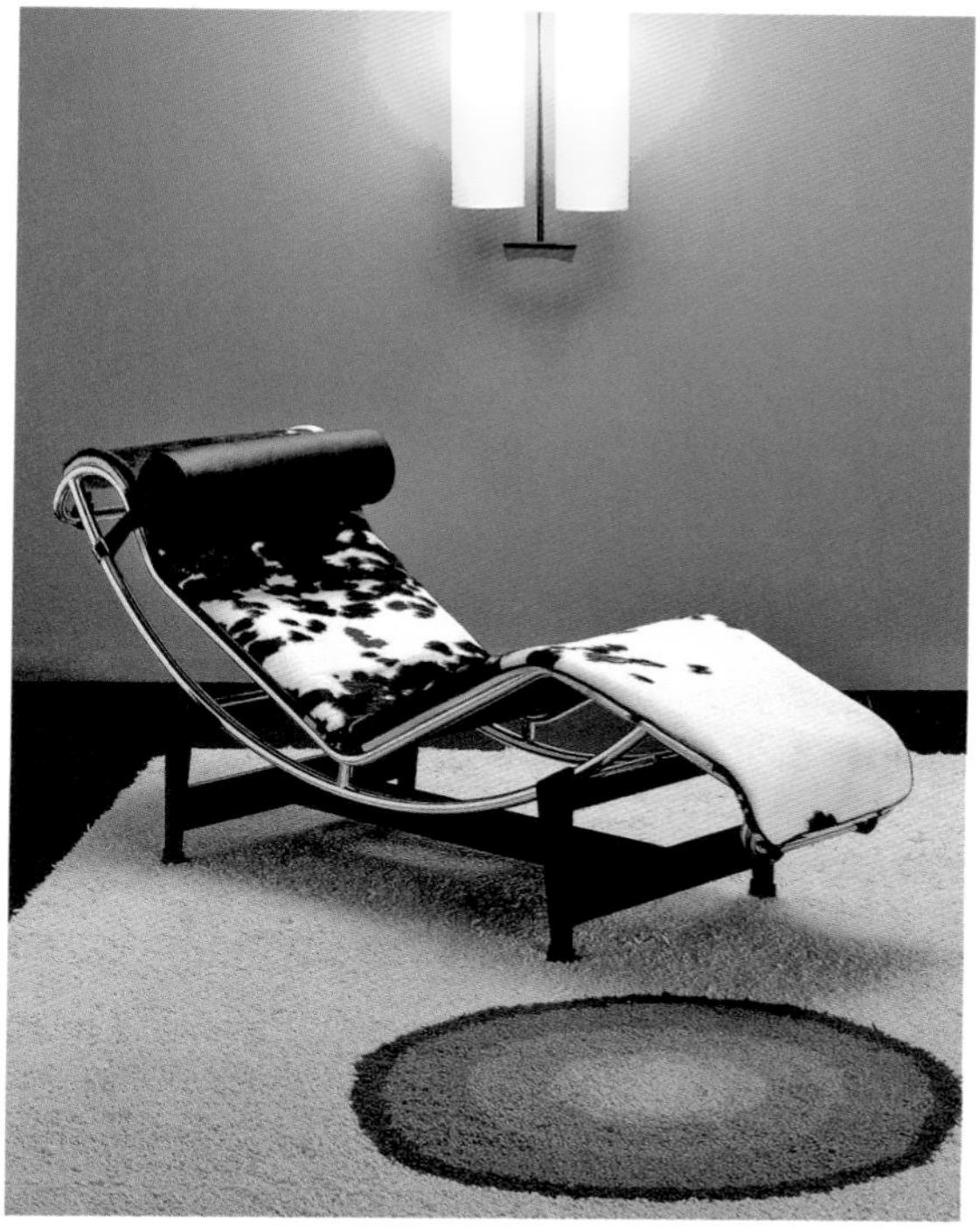

LC4 CHAISE LONGUE
（ル・コルビュジェ）

写真1·2提供:株式会社カッシーナ·イクスシー

写真3 ビニルレザーの例

クロコ・リッチ

テルネーロ

シルキーラスタルⅡ

3点すべて
写真提供:株式会社サンゲツ

写真提供:Haymes Paint Artisan Collection

042

塗料・塗装

Point
被塗物と目的に合わせて塗料を選ぶ
下地処理が仕上がりの良さを左右する

塗料の種類

塗装は見た目の向上と共に、被塗物の保護、特別な機能の追加も目的としている。よって、塗装の目的（外部使用など）と基材との相性を考慮して塗料を選択しなければならない。さまざまな合成樹脂が開発され、それに伴って塗料の種類も増えた。

塗装で重要なのは色だけでなく、何に塗るか、用途、艶、直射日光の有無などを含めて指示しなければならないことだ。内装壁の下地には、石膏ボードを使うことが多い。石膏ボードは塗料の密着性が良く、塗料を選ばない。よく使われる塗料には、アクリル樹脂エマルションペイント（AEP）、酢酸ビニル樹脂エマルションペイント（EP）、塗化ビニル樹脂エナメルペイント（VE）がある【表】。

木材に塗装する場合、木目を出すか出さないかで分かれる。木目を出す場合は、ワニス(V)、クリアラッカー（CL）、ウレタンクリア（UC）などの透明塗料、オイルフィニッシュ(OF)、オイルステイン（OS）などの着色塗料がある。オイルフィニッシュで着色した後にクリアラッカーなどで塗膜を付け保護することもある（OSCL）。

木目を出さない塗料には、合成樹脂調合塗料（SOP）、ラッカーエナメル塗料（LE）、ウレタン樹脂エナメル塗料（UE）などがある。そのほか金属や樹脂などに塗る場合にも適した塗料を選ぶ。

大事なのは下地処理

塗装作業で最も重要なのは下地処理である。剥離を防いだり、吸込みを防いだり、被塗物の表面を平滑にすることで仕上がりをきれいにする。金属の場合も汚れを落とし、脱脂し、さび止めを塗布した後に、溶接痕などの凹凸をなくし、上塗りをする。

表 インテリアで使う代表的な塗料

被塗物・仕上げの種類		名称	略号
壁・天井面の塗装		アクリル樹脂エマルションペイント	AEP
		酢酸ビニル樹脂エマルションペイント	EP
		塩化ビニル樹脂エナメルペイント	VE
木材への塗装	木目を出す塗装	ワニス	V
		クリアラッカー	CL
		ウレタンクリア	UC
		オイルフィニッシュ	OF
		オイルステイン	OS
		オイルステイン+クリアラッカー	OSCL
	木目を出さない塗装	合成樹脂調合塗料	SOP
		ラッカーエナメル塗料	LE
		ウレタン樹脂エナメル塗料	UE

写真 特殊塗装の例

最近は塗装でも様々なテクスチャーをつけることができ、表現力が上がった。

写真提供:Haymes Paint Artisan Collection

写真提供:Haymes Paint Artisan Collection

Pick! UP! 現場の話、あれこれ

自然塗料

シックハウス症候群や化学物質アレルギーなどの問題から、自然塗料への関心が高まっている。自然塗料というと、オスモ、リボス、アウロなどのドイツのメーカーが有名だが、日本にも昔から存在している。蜜蝋、桐油《きりゆ》、荏油《じんゆ》、漆、カシュー、柿渋などがそうである。ほかにも米ぬかを木綿に包んだもので家具や柱を磨いていた。ヨーロッパやアメリカでも、ソープフィニッシュやミルクペイントで家具を磨いている。けっして新しい塗料というわけではない。一般塗料と同様に被塗物の素材、使用する場所、使用目的などを考慮して選びたい。

また、自然塗料にも注意しなければならないことがある。溶剤として化学物質を含む物も多く、塗料が乾燥する段階で、化学物質が空気中に放出される。食物アレルギーと一緒で、塗料の成分にアレルギー反応を起こすものもある。自然塗料といっても、必ずしも完璧な選択とは言えないのである。

043

左官

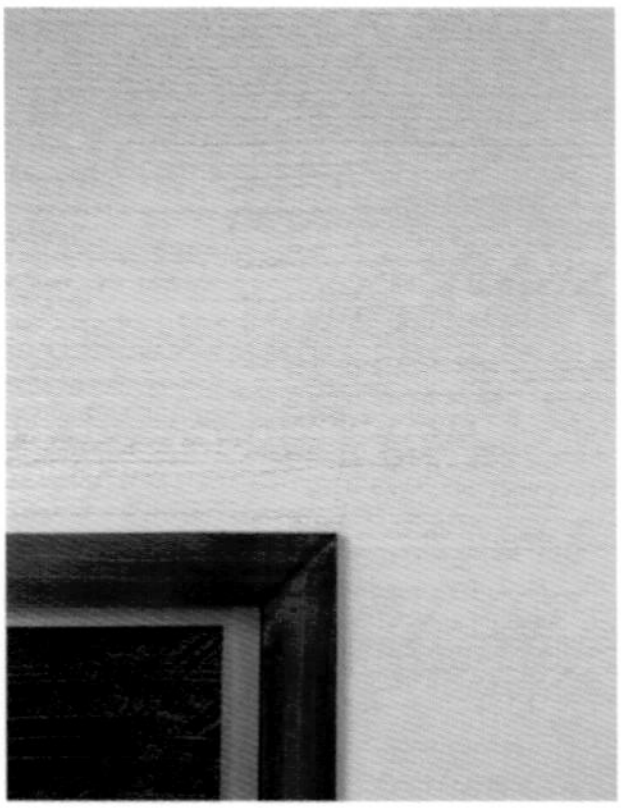

設計·写真:STUDIO KAZ

Point
左官材料の機能を知る
日本古来の仕上げから現代風まで左官仕上げは様々な表情を持つ

左官の材料

土壁、砂壁、漆喰壁などは、日本に古くからある左官仕上げである。最近ではこれらの他に、珪藻土、帆立貝の貝殻を利用したシェルペイントや火山灰などの左官材料があり、どれも機能素材として扱われる。それらの素材は調湿性や吸音性に優れている。加えて数㎜の厚みを持つため、断熱性能も上がる。そういった機能以上に素材が持つ質感やテクスチャーは魅力的だ。

また、最近では樹脂モルタルと呼ばれる素材も人気が高い。これは防水性能を持っており、キッチンや洗面のカウンタートップにも使用することもあり、これまでのキッチンとは一味違ったビジュアルが実現できる。しかし施工には正しい知識や技術を持った職人に依頼した方がよい。水回りという特殊な場所だけにトラブルは避けたい。

大理石などの砕石やガラスとセメントを混ぜて練ったものを塗り、硬化したら表面を研磨仕上げしたものをテラゾーという。混入させる固形物（石やガラス）によって、表情が全然違うので非常に面白い。しかし、テラゾーを施工できる職人が少なくなった。

かつては左官仕上げの下地は、竹などを縄で組んでつくる木舞下地やラスボードとしていたが、最近は石膏ボードに施工できるように、材料が開発されている。左官仕上げは下地の影響を受けやすいので、特にジョイント部は丁寧に処理するようにする。

左官のテクスチャーを工夫する

左官仕上げは厚みがあるため、鏝（コテ）や櫛、刷毛などを使って、立体的なテクスチャーをつけることが可能である。模様だけではなく、ベンガラや群青などの天然顔料を混ぜて色をつけたり、藁スサなどを入れて表情を変えることもできる。

第4章

家具と建具

写真提供:株式会社カッシーナ・イクスシー

044 脚物家具

Point
家具はスタイルとサイズで決める
大きな家具の搬入経路と配置に気を付けたい

「脚物」と「箱物」

家具は「脚物」と「箱物」に分類される。「脚物」とは椅子やテーブルなどのことで、「箱物」とはパネル材を組み合わせた箱でできた、いわゆる収納家具のことを言う。これらの家具は、生活スタイルやインテリアの雰囲気、予算、家族数など諸条件に応じて選択、またはデザインされる。

脚物の代表である椅子やソファー【写真】、テーブルについて最も注意すべき点は、大きさである。椅子は座面高が使い心地を左右する。できるだけ実際に座ってみて決めたい。特に輸入品は、座面高が高いものが多く、座りにくい場合が多い。クッションや肘掛けの有無などは、好みや使い方によって判断する。椅子の上であぐらをかきたい日本人は意外に多いものだ。

テーブルは、座る人数と部屋の広さから大きさを決め、椅子との関係で高さを決める【図1】。

大きさの感覚を身に付ける

ソファーについては、搬入経路に注意したい。特にマンションでは、玄関から廊下がクランクしている場合があり、搬入が困難である。部屋のなかでもソファーの存在感は予想以上に大きい。ソファーを選ぶ際に何人掛けかと幅を意識することが多いが、背もたれの高さや座面の奥行きも検討したい。

ベッドの大きさは、シングル、セミダブル、ダブル、クイーン、キングと分けられる【図2】。マットレスはコイルや低反発ウレタン、ウォーターベッドなどがあり、柔らかさや振動などの好みで選ぶ。また、ベッドのデザインでは、マットレス以外の部分に重点が置かれる。ヘッドボードやサイドボード、フットボードがベッドに付属したものにするか、造作にするかを部屋のデザインなどから決めたい。

写真｜ソファー・椅子

マレンコ
写真提供：アルフレックス ジャパン

アントチェアー
写真提供：フリッツハンセン日本支社

図1｜ダイニングテーブルの標準的なサイズ (S=1：60)

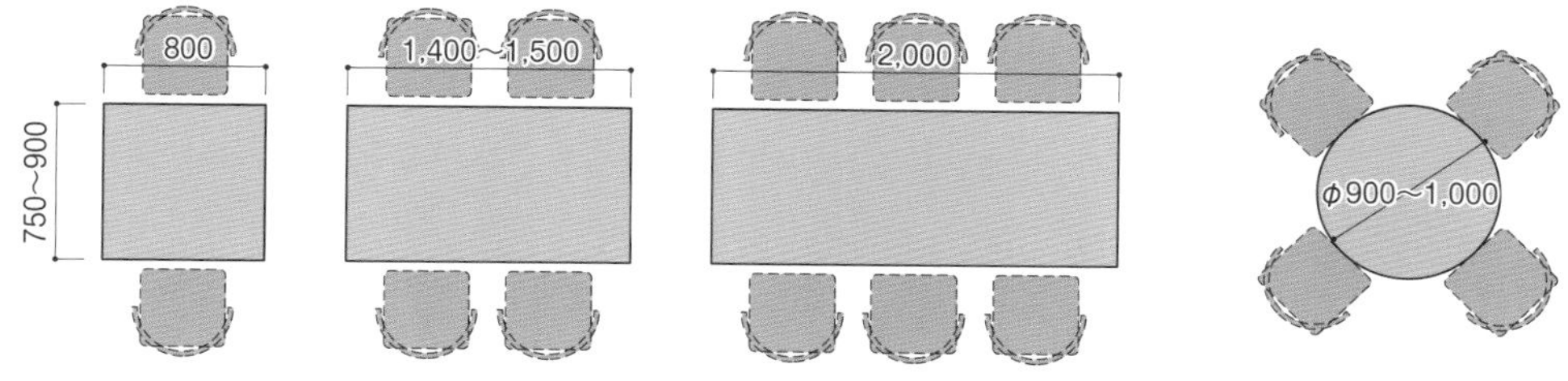

テーブルの大きさはデザインや素材、脚の位置によって大きく違うが、おおよそ図のような寸法を目安にしてほしい。1人分の幅を約600㎜として、最低限確保し、それに左右100㎜程度の余裕を持つ。ちなみにカフェなどのテーブルは600×700㎜が標準的

図2｜ベッドの標準的なサイズ (S=1：60)

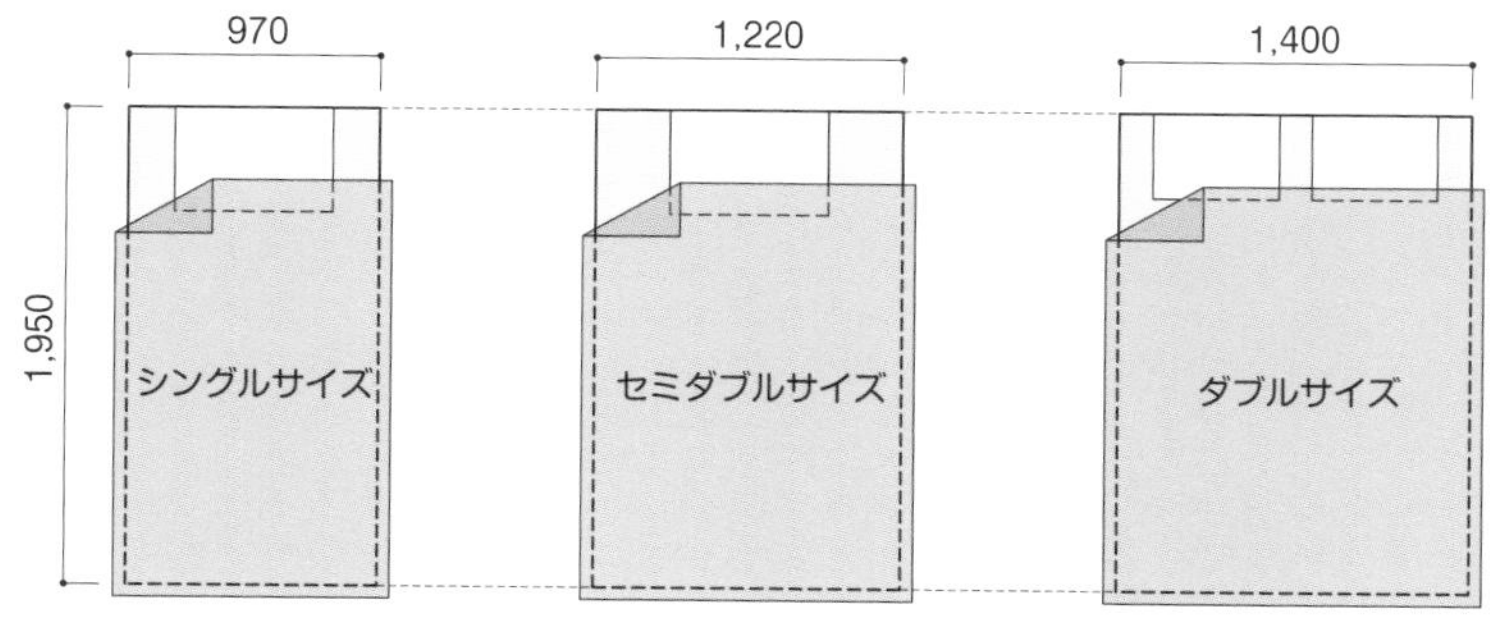

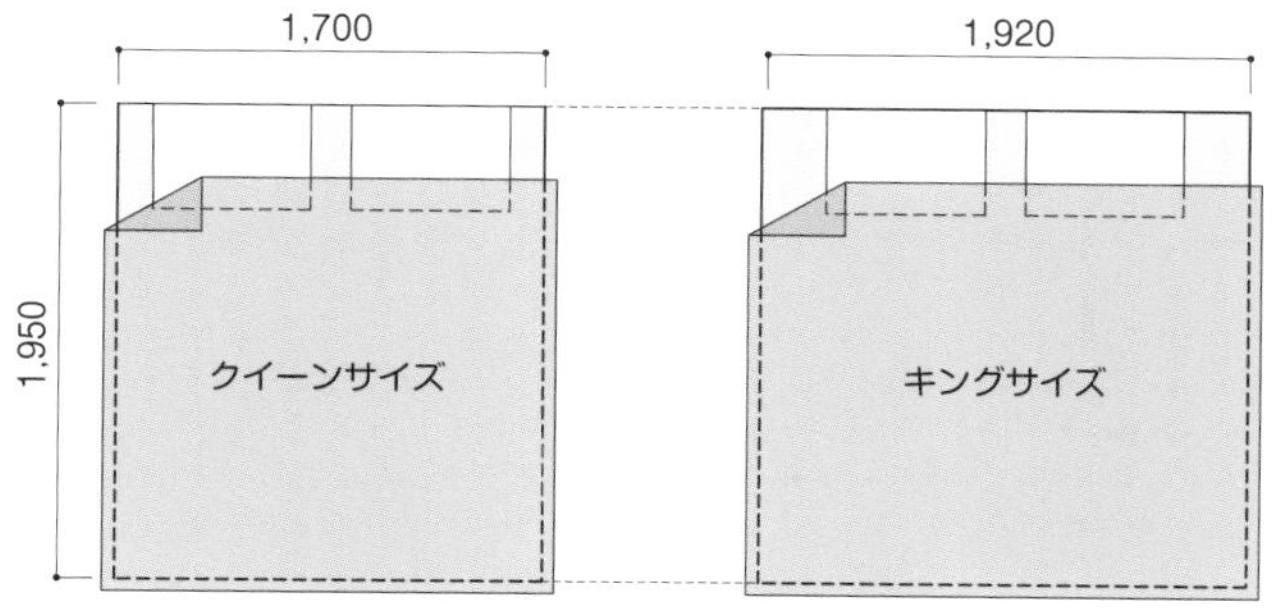

ベッドメーカーやマットレスメーカーによって、若干寸法が異なる。このほかにも長さが100mmほど長いロングサイズなどのバリエーションもある。実際には掛け布団のサイズがベッドよりも少し大きくなり、ベッドメイキングなども考慮して、余裕を持って配置を決める

045

箱物家具

写真:STUDIO KAZ

Point
形状や用途によっていろいろな収納家具がある
地場産業としての家具文化を理解する

何を入れる「箱」か

「箱物家具」とはいわゆる収納家具である【写真1】。日本では葛籠《つづら》や行《こう》李《り》、長持《ながもち》、櫃《ひつ》といった蓋付きの箱に衣類や道具を収め、必要に応じて持ち運んでいたが、江戸時代になると人々の持ち物が増え、出し入れが頻繁になったため、その解決策として、引出しや扉がシステマチックに構成された箪笥が出現した。

箪笥は主に木製で、キリ、ケヤキ、タモ、サクラ、ナラ、スギ、クリ、ヒノキなど木材がよく使われ、中に入れる物や用途に合わせてさまざまな大きさやかたちがつくられた。階段下を収納に利用した「階段箪笥」【写真2】、火事など避難時にも容易に運べるように車輪を付けた「車箪笥」、船が難破しても壊れないように頑丈につくられた「船箪笥」、ほかに「水屋箪笥」「茶箪笥」「薬箪笥」「刀箪笥」などがある。

産地による特色

また、産地によっても特徴があり、たとえば龍や唐獅子・牡丹などの模様が彫られた金具により装飾され、紅色の透明な木地呂《きじろ》塗りで仕上げた豪華さが特徴の「仙台箪笥」【写真3】、仙台箪笥よりも素朴で民芸箪笥の代表的存在の「岩谷堂箪笥」、東北系とは一線を画す趣の「松本家具」、桐箪笥では「春日部箪笥」「加茂箪笥」が有名だ。これらは装飾も兼ねる金物を釘で留めて製作しているが、それに対して、釘をまったく使わない指物《さしもの》という技法もある。平安時代より存在して公家文化のなかで成熟した、優雅で精緻な細工の「京指物」、江戸の武家・町人文化で発展し、過剰な装備を排した実用的なものが中心の「江戸指物」が有名である。近年は木製だけでなく、金属や樹脂、ガラスなどの素材を単独、もしくは複数組み合わせて製造している。

写真1 | 江戸小箪笥

匣屋深川(はこやふかがわ)

写真提供:ニシザキ工芸株式会社

写真2 | 階段箪笥

写真3 | 仙台箪笥

江戸時代末期によくつくられたかたちを参考にしてつくられたもの

写真2·3提供:仙台箪笥の工芸家具 欅

設計·写真:STUDIO KAZ

046 造作家具

Point
空間に合わせて家具を造り付ける
家具工事と大工工事における精度の違いを理解する

家具工事か大工工事か

前項までの「脚物」や「箱物」はいわば既製品であり、空間のなかに置くだけで容易に移動できるため「置き家具」と呼ぶ。それに対して、壁や床に固定、もしくは建築化して動かないものを「造付け家具(造作家具)」と呼び、それぞれの空間に合わせてつくられる【図1】。阪神大震災時に家具の下敷きになった例が多く見られたため、置き家具を壁や天井に固定すると同時に、造作家具への関心が高まった。

造作家具は、家具工事と大工工事に分かれる【図2】。寸法や角度の精度が要求される場合や、特殊な素材を使用したり仕上げを施す場合などは家具工事とし、それ以外は大工工事で製作する。たとえば引出しレールを使用したり、機械や衛生設備機器を納める場合などは前者となる。一般的に大工工事のほうがコストは抑えられる。

仕上がりとコストのバランス

家具工事では文字通り、家具工場で専用の機械を使って製作する。そのため仕上材やパネルの構造も自由に選ぶことができ、仕上がり精度も高い。それを床・壁・天井に隙間なく合わせるために、台輪《だいわ》や幕板、フィラーなどで調整して納める。一方、大工工事の場合は現場で採寸しながら材料をカットし、製作するため、調整の必要がない。しかし、建具など可動部分があるときは、その軌跡を考慮した寸法にする。

仕上げの塗装については、家具工事では塗装工場で吹き付けるため平滑に仕上がるが、大工工事では塗装職人による現場塗装となり、仕上がりに限界がある。取付けに関しても、大工工事は製作から取付けまでを造作工事の一部とするのに対して、家具工事では専門の取付け職人が入るため、コストアップと同時に、工程監理も重要になる。

図1 | 箱の基本概念

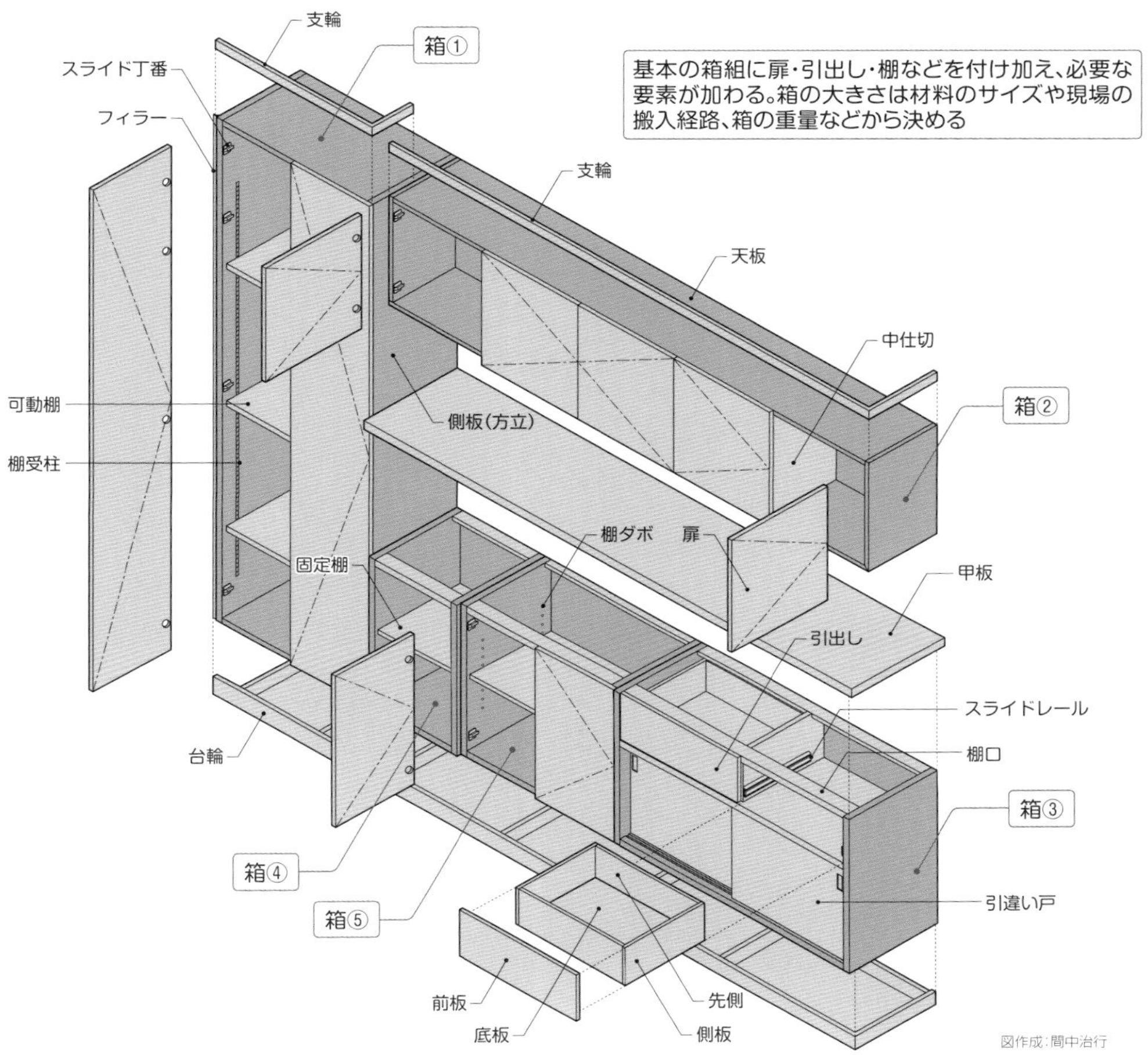
基本の箱組に扉・引出し・棚などを付け加え、必要な要素が加わる。箱の大きさは材料のサイズや現場の搬入経路、箱の重量などから決める
支輪
箱①
スライド丁番
フィラー
支輪
天板
中仕切
箱②
可動棚
棚受柱
側板(方立)
棚ダボ
扉
固定棚
甲板
引出し
スライドレール
棚口
台輪
箱③
箱④
箱⑤
引違い戸
前板
先側
底板
側板
図作成:間中治行

図2 | 家具工事と大工工事の流れ

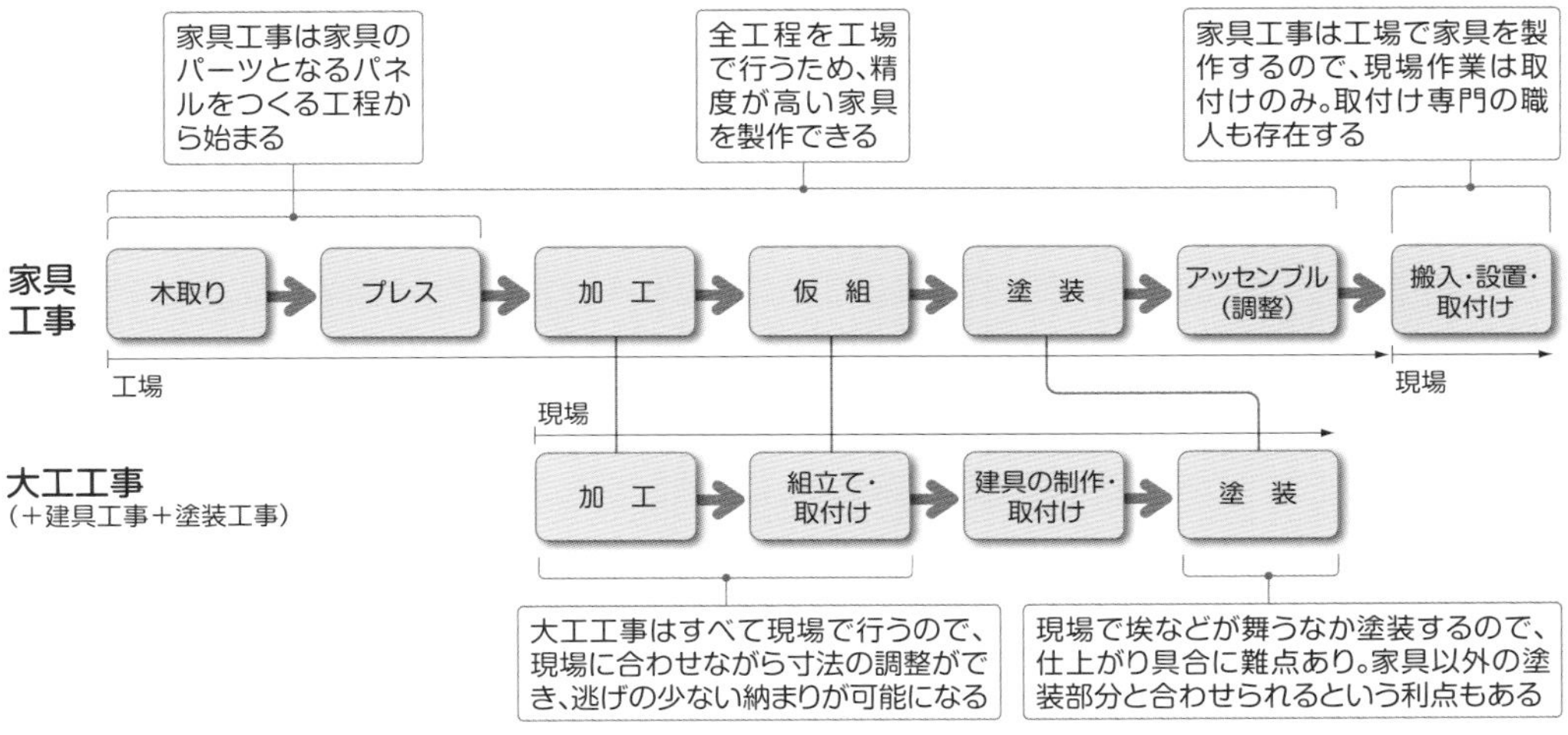
家具工事は家具のパーツとなるパネルをつくる工程から始まる
全工程を工場で行うため、精度が高い家具を製作できる
家具工事は工場で家具を製作するので、現場作業は取付けのみ。取付け専門の職人も存在する
家具工事
木取り
プレス
加 工
仮 組
塗 装
アッセンブル(調整)
搬入・設置・取付け
工場
現場
現場
大工工事
(+建具工事+塗装工事)
加 工
組立て・取付け
建具の制作・取付け
塗 装
大工工事はすべて現場で行うので、現場に合わせながら寸法の調整ができ、逃げの少ない納まりが可能になる
現場で埃などが舞うなか塗装するので、仕上がり具合に難点あり。家具以外の塗装部分と合わせられるという利点もある

設計:今永環境計画＋STUDIO KAZ　写真:Nacása & Partners

047

開き扉家具の金物

Point
丁番の種類と特徴を把握する
スライドヒンジを上手に使い分ける

丁番の種類

家具に使われ、扉や引出しの動きをサポートしたり、棚板を固定したり、ハンドルやつまみなどを含めた金物（一部樹脂製）を「家具金物」と呼ぶ。

収納家具の開き扉には丁番を使う。丁番は「平丁番《ひらちょうばん》」「長丁番《ながちょうばん》（ピアノ丁番）」「Pヒンジ」「隠し丁番」「ドロップ丁番（ミシン丁番）」「スライド丁番」「軸吊り丁番」などがあり、見た目や使い方、扉の大きさ、開き方によって使い分ける【写真】。

開き扉は開閉を繰り返すことで、狂いを生じることが多い。そのため開き扉の傾きなどを調整する必要がある。多くの丁番は、金物自体に調整機能が付いている。

スライドヒンジ

現在の収納家具で最も多く使われるのがスライドヒンジだ。回転軸が固定されている平丁番に対して、回転軸がスライドしながら開閉する。そのため扉がキャビネットを隠すような納まりが可能となり、シンプルなデザインの家具になる。反面、回転軸が移動するために平丁番に比べて強度に難がある。大きな扉には数量で対応するがそれでも限度もあり、およそ600㎜を目安に考えたい。スライドヒンジにはキャビネットとの関係により「アウトセット（全かぶせ）」「アウトセット（半かぶせ）」「インセット」に分かれる【図】。

ガラス戸の場合にも専用のスライドヒンジを使う。一般的にはガラスに穴をあけてヒンジを固定するが、最近、裏面に接着して固定するタイプもあり、洗面所などで少しでも奥行きを確保したい収納の鏡扉には重宝する。また、大きなガラス扉の場合は軸吊り丁番を使う。この場合はインセット納まりになり、キャビネットの木口がデザインの大きな要素になる。

写真｜主な開き扉家具金物

写真提供:スガツネ工業

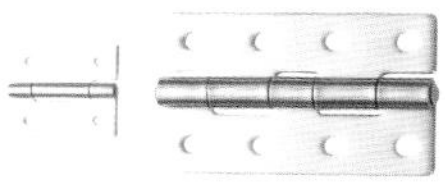

ステンレス鋼製平丁番
LSB型

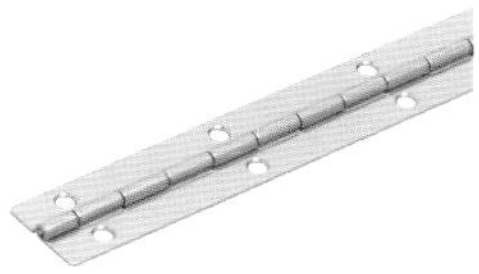

ステンレス鋼製長丁番
LSN-C型

Pヒンジ平型PH型

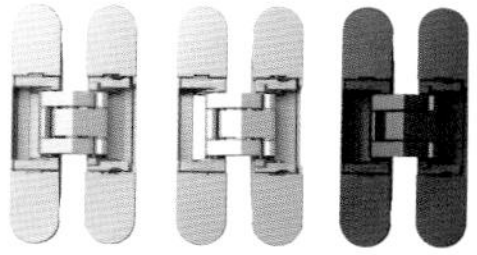

三次元調整機能付隠し丁番
HES3D-90型

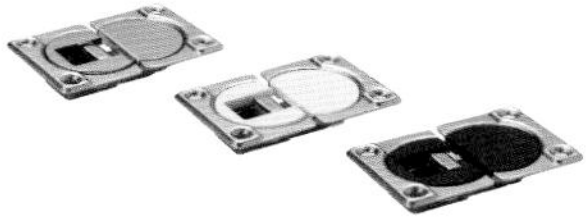

ドロップ丁番SDH-P型

ラプコン搭載 オリンピアスライド丁番360
ダンパー内蔵タイプ

ガラス丁番GS-GH5型

図｜開き戸の納まり

アウトセット(全かぶせ)

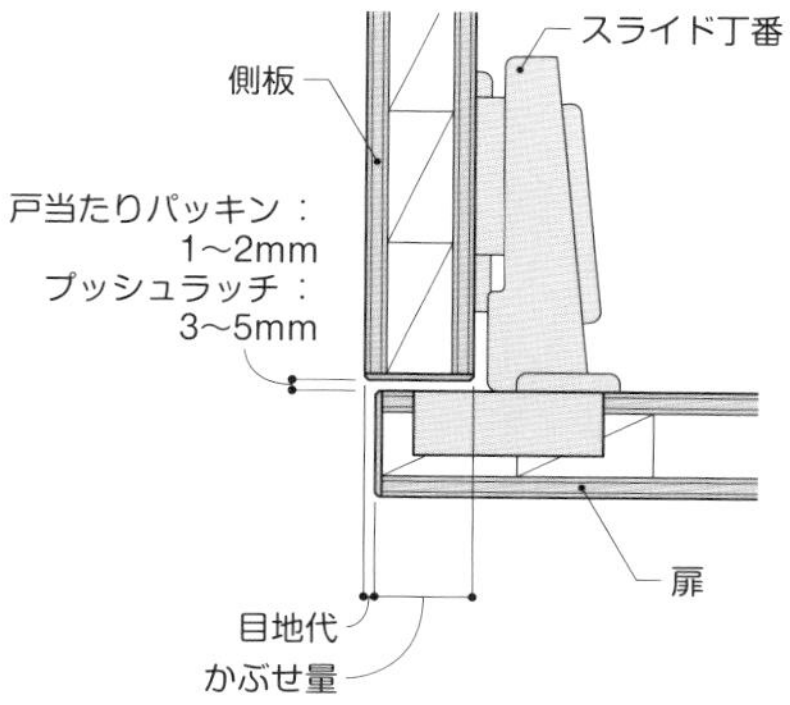

アウトセット(半かぶせ)

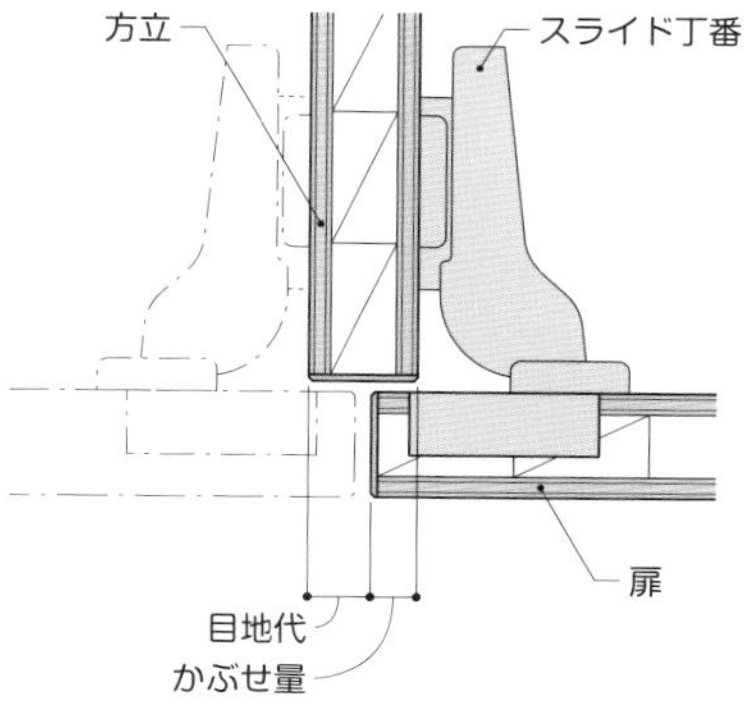

インセット

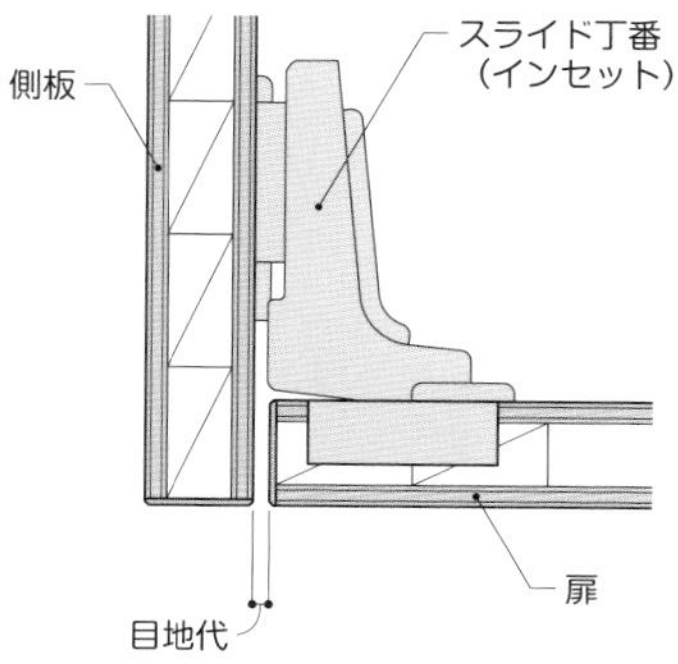

インセットかアウトセット(全かぶせ・半かぶせ)かは主にデザインで決める

設計・写真:STUDIO KAZ

048 引戸家具の金物

Point
上吊りと下荷重の2つのタイプがある
折戸は動きのスムーズさが命だ

引戸

開き扉は、開閉軌跡上に物があると開閉できない。その場合、引戸にすることがある。ほかにも、大きな開口を必要とする場合、引戸にすることが多い。障子や襖のように扉の上下に付けた溝をスライドする方式が伝統的だが、最近では動きがスムーズであり、また、デザイン上の理由から、金物を使うことが多くなった。

引戸金物には下荷重タイプと上吊りタイプがある。下荷重タイプは、扉の下部にタイヤが付いた金物を埋め込み、キャビネット側に付けたVレールなどの溝の上を動く。上部は振れ止めの仕掛けを施す。上吊りタイプは、扉の荷重を上レールにはめ込まれたランナーが受けるため、扉の下にレールを付ける必要がなく、納まりがシンプルになる。振れ止めは召し合わせ部分に付けることが多い。金物を選ぶ基準として、耐荷重を考えなければならない。逆に言えば、金物に合わせて扉の重量(大きさと構造)を決めなければならない。引戸の納まりはインセットが基本だが、最近はアウトセットできる金物もあり、デザインの自由度が増した。

引戸家具の最大の難点は、扉に段差が生じることだろう。すべてがフラットに納まる開き扉に引戸を合わせるのは至難の技だ。加えて収納内部の奥行きが、扉の厚み2～3枚分狭くなる。それらを解消する金物が各社から発売されている。動きのスムーズさや耐荷重に差があるので、ショールームなどで実際の動きを確認したい［図］。

折戸

折戸も基本的な考え方や納め方は引戸と変わらない。上吊り、下荷重、インセット、アウトセットに加えて、吊り元が固定されるタイプと自由に動くフリーのタイプがある。

図｜引戸・折戸の種類 (S=1：30)

平面図

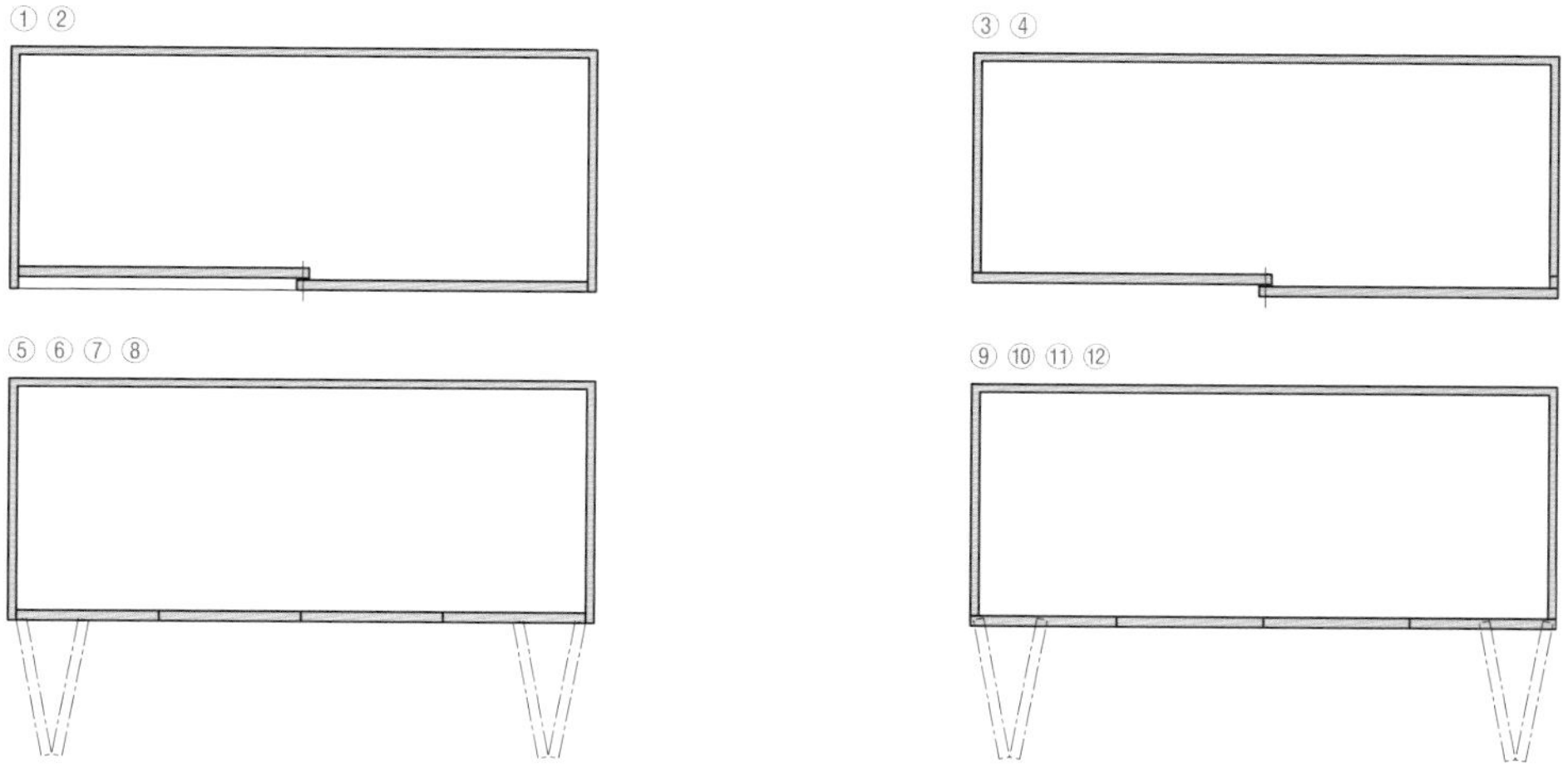
①②
③④
⑤⑥⑦⑧
⑨⑩⑪⑫

側面図

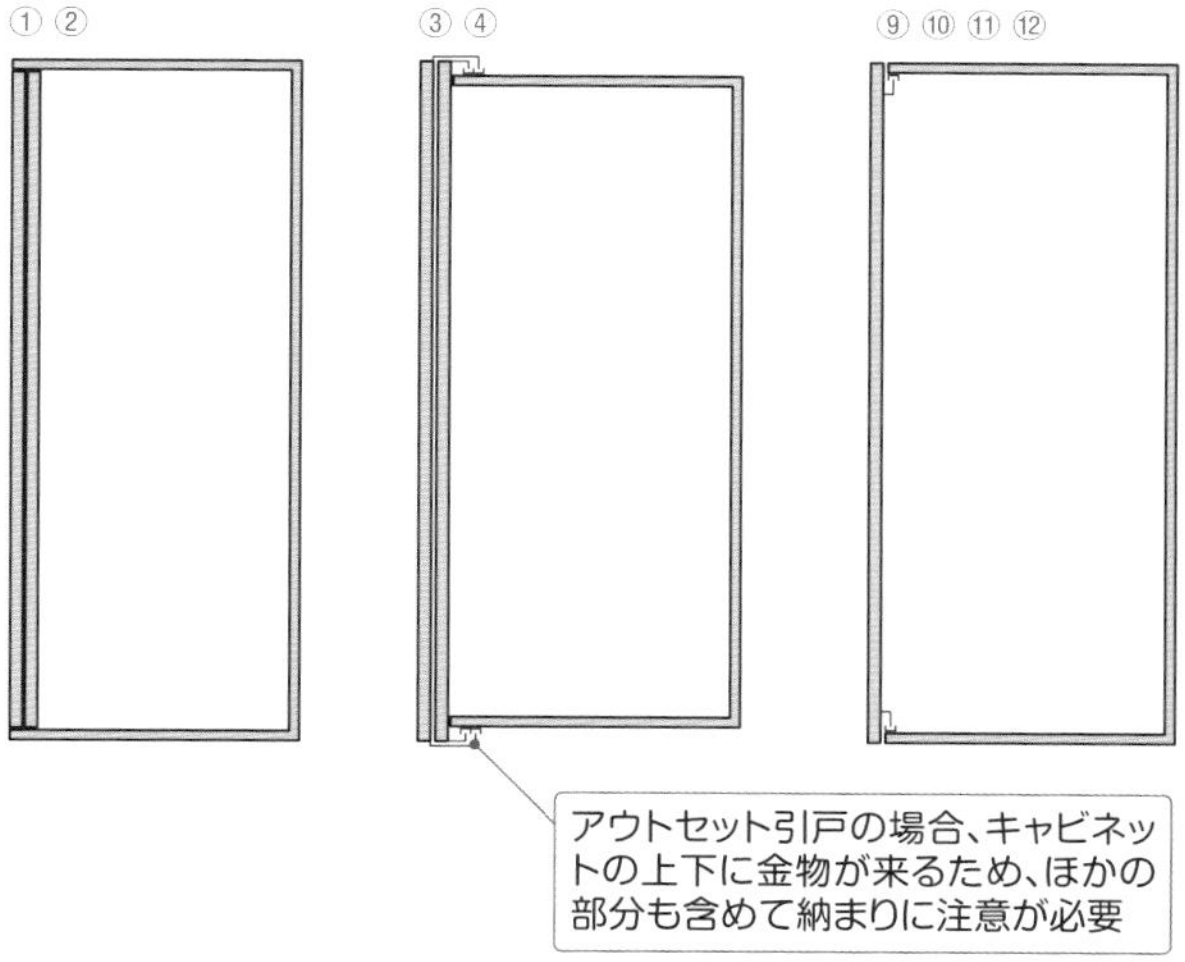
①②
③④
⑨⑩⑪⑫
アウトセット引戸の場合、キャビネットの上下に金物が来るため、ほかの部分も含めて納まりに注意が必要

表｜引戸と折戸

引戸	インセット	上吊り式		①
		下荷重式		②
	アウトセット	上吊り式		③
		下荷重式		④
折戸	インセット	上吊り式	固定式	⑤
			フリー	⑥
		下荷重式	固定式	⑦
			フリー	⑧
	アウトセット	上吊り式	固定式	⑨
			フリー	⑩
		下荷重式	固定式	⑪
			フリー	⑫

フラットに納まる引戸①

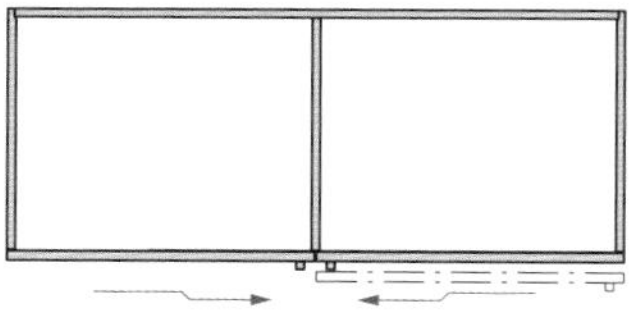

最近は各メーカーから「平面引違い戸」のシステムが出ているので参考にしたい。ただし、上下の金物が占有するスペースが大きいため、収納量や納まりの関係で悩むこともある

フラットに納まる引戸②

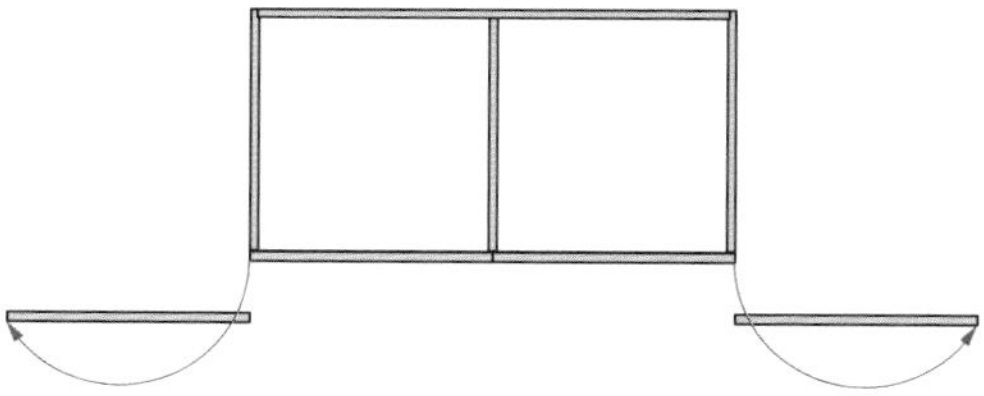

最近カタログでよく見かけるアーム式フラット扉。使い勝手はよさそうだが、内部に出る金物が大きいことと、サイズのバリエーションが少ないことが難点

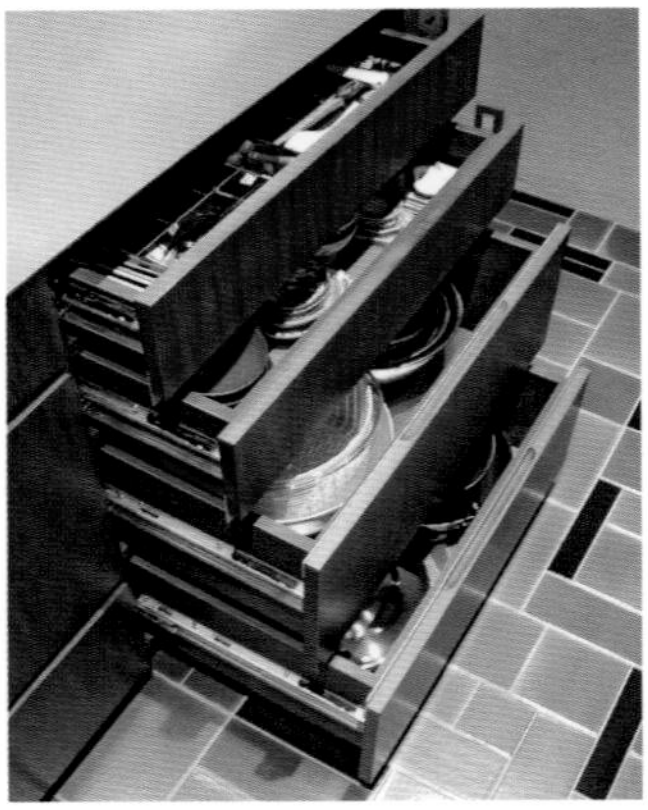
設計·写真:STUDIO KAZ

049

引出し家具の金物

Point
収納は今、引出し収納がブームである
引出しレールの違いを覚える

引出しレールを使い分ける

最近の収納家具のデザインは、引出しを採用するタイプが多い**【図】**。特にキッチンの収納では、カウンターから下はほとんどが引出しになった。伝統的な家具やローコスト家具には昔ながらの「摺《す》り桟《ざん》」を使う方法もあるが、一般的に引出しレールを使う**【写真1】**。引出しレールは「脇付けベアリングタイプ」「スライドレール」「底付けベアリングタイプ」がある。

摺り桟は最も内部有効を大きく取ることができるが、動きの滑らかさは劣り、引出し全部を引き出すことはできない。脇付けベアリングタイプは3／4スライドと完全スライドがある。構造上、地震の際に出てくる可能性がある。最近はレールに機能パーツを追加して、耐震性を増したり、ゆっくり閉まるようにできる。スライドレールは、動きが非常に滑らかだ。しかし、ローラーの音が気になってしまうこともある。最奥部でレールが下に傾斜し、確実に閉まる。

底付けベアリングタイプは、キッチンやシステム家具では主流になっている。動きは滑らかで音も静か、ゆっくり閉まるタイプや押して開けるタイプなど種類も多い。引き出すときにレール本体が見えず、高級感があり、すっきり見える。キッチンでは引出しの側板が金属製のシステムを採用することが多い。

手掛けかハンドルか

使い勝手を考えると、引出しにはハンドルを付けたほうがよい。特に、底付けベアリングタイプの場合は、引き始めが重いため、付けたほうが楽になる。しかし、シンプルなデザインにする場合は、スリット状の手掛けを設けたり、押して開けるプッシュオープン機能をつけたりする。

図｜引出しの名称 (S=1：10)

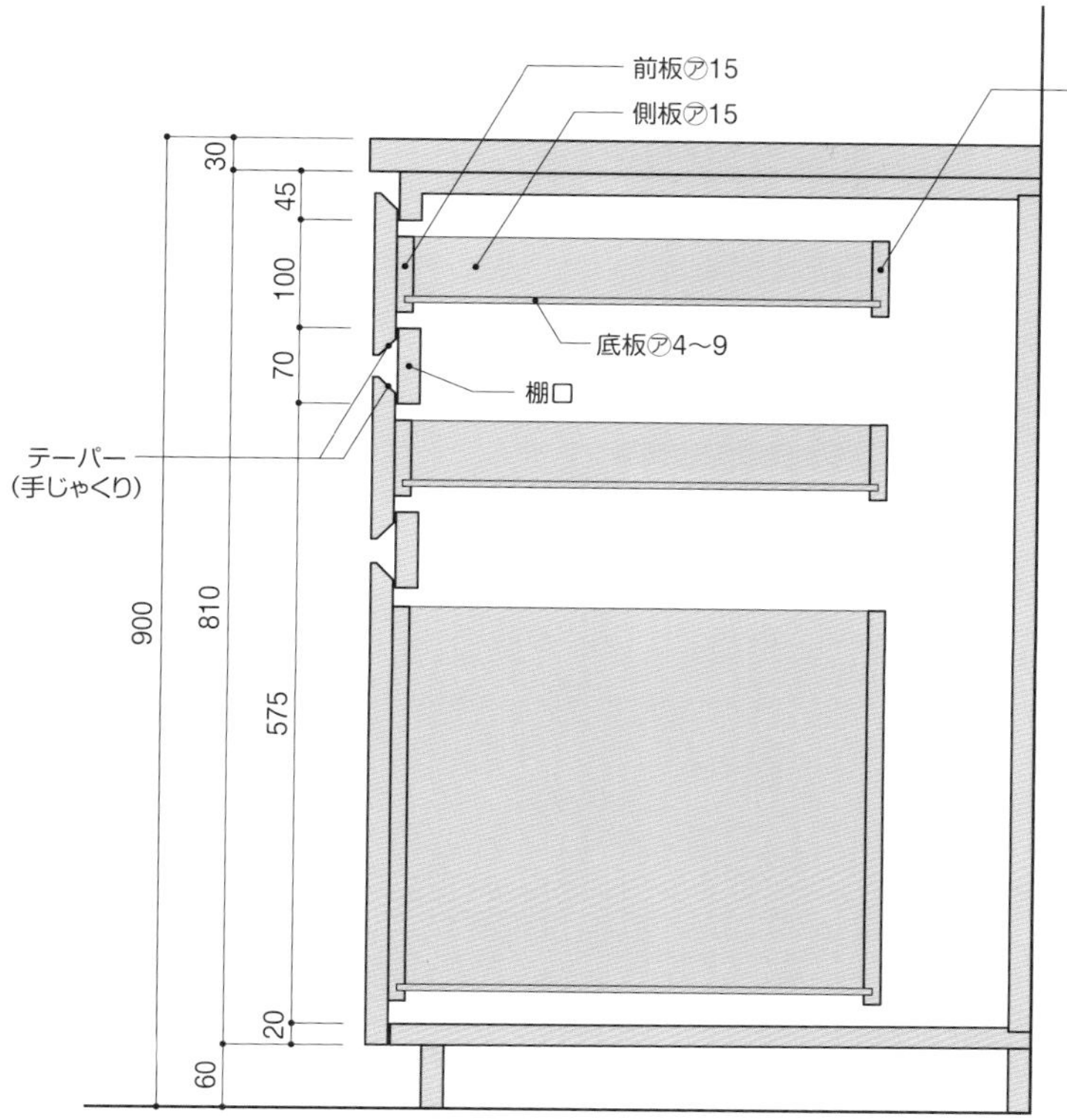

引出しの側板にはスプルス、キリなどのムク材かポリ合板などを使う。底板はシナ合板やポリ合板などで、重量物を入れる場合は9mmくらいの厚みとする

注：寸法は目安。実際には収納物の大きさから判断したい

写真1｜引出しレール

引出しレールと側板がセットになった引出しシステム。ソフトクローズ、プッシュオープンなどの機能を選ぶことができる

写真提供：ハーフェレ・ジャパン

写真2｜カトラリートレー

引出しに入れる木製カトラリートレーは質感がよく、高級感が増す。寸法や仕切りの位置なども1mm単位でオーダーすることができる

設計・写真：STUDIO KAZ

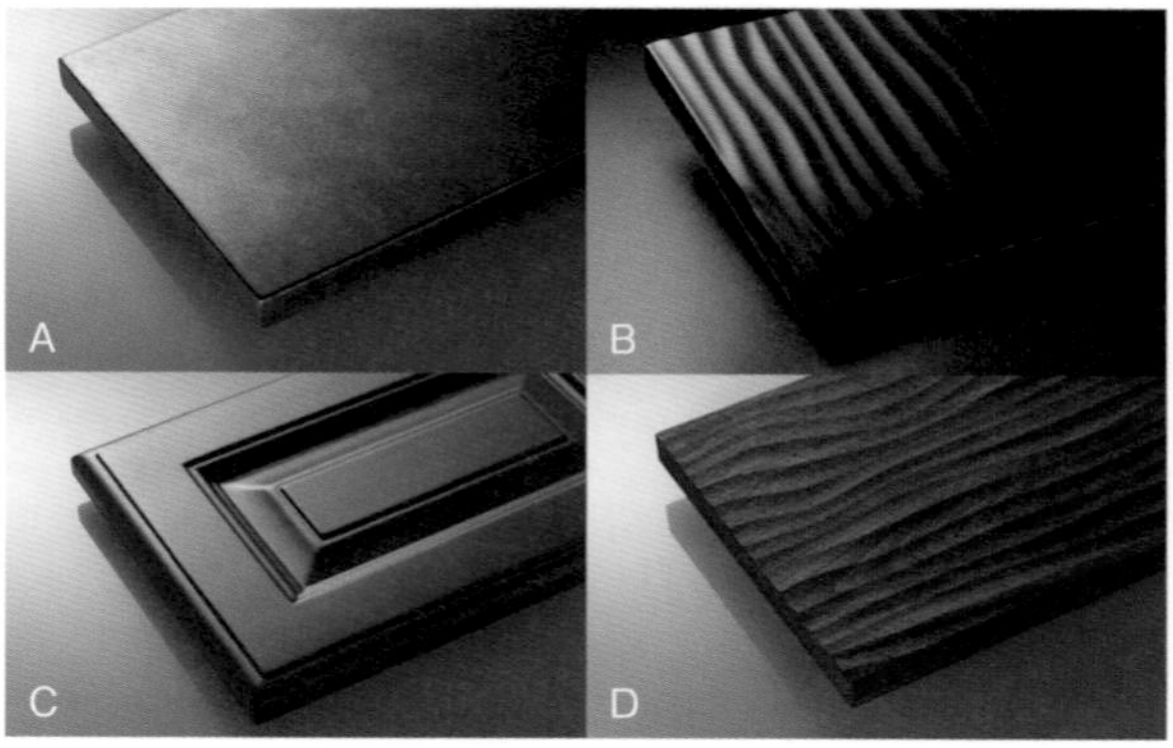

写真提供:福山キッチン装飾株式会社
A:098メタルポリッシュMA ／ B:095風紋MA ／ C:055框MA ／ D: 064風紋MA

050

家具塗装1

Point
家具塗装の目的を知る
艶の指示の仕方を覚える

家具塗装は化粧と同じ

家具塗装の目的は、下地を保護し、家具の表面を美しくすることである。それゆえ、家具塗装はしばしば女性の化粧にたとえられる。

木製家具の塗装【写真】には「塗りつぶし仕上げ」「透明着色仕上げ」の2種類がある【図】。塗りつぶし仕上げは、エナメル塗装とも呼ばれ、木目が出ないようにしてしまう塗装で、メタリックやパール塗装などの特殊な塗装も可能だ。この場合の下地には、シナ合板のような導管の凹凸が少ない樹種が選ばれたが、最近はMDFが使われることが多い。下地調整が楽になり、端部のRを大きめに取ることができ、塗装はがれのトラブルが少なくなる。

一方の透明着色仕上げは、木目を生かした塗装で、木目の善し悪しが表面に現れやすい。そのため塗装の「下地調整」や「着色」の工程で悪い所を補修することで、仕上がりを良くする。

艶を使い分ける

塗りつぶし仕上げも、透明着色仕上げも、最近は2液性のポリウレタン樹脂塗料を使うのが主流だ。しかし、ムク材を使った場合など、もっと木地《きぢ》の風合いを生かしたいときは、オイルフィニッシュのみの場合もある。

表面の艶《つや》もきちんと指定したい。建築塗装は艶ありで表示するが、家具塗装は艶消しで表示するのが一般的だ。「3分艶」というと建築では「3分艶あり」だが、家具では「3分艶消し」となる。間違いの原因になるので、必ず「あり・なし」を略さずに指定する。

艶の指定は、艶がない順に、全全消し、全消し、7分艶消し、半艶、3分艶消し、全艶あり、全艶あり／磨き仕上げと呼ぶ。艶もデザインの一部であり、指定の仕方でまったく違った表情になるので注意したい。

写真｜家具の塗装

工場での家具塗装の様子。埃などが付かず、ムラなく仕上げるために、室内や機械の日常の清掃やメンテナンスが必要不可欠

協力：ニシザキ工芸
写真：STUDIO KAZ

図｜塗装工程

① 透明着色塗装の工程

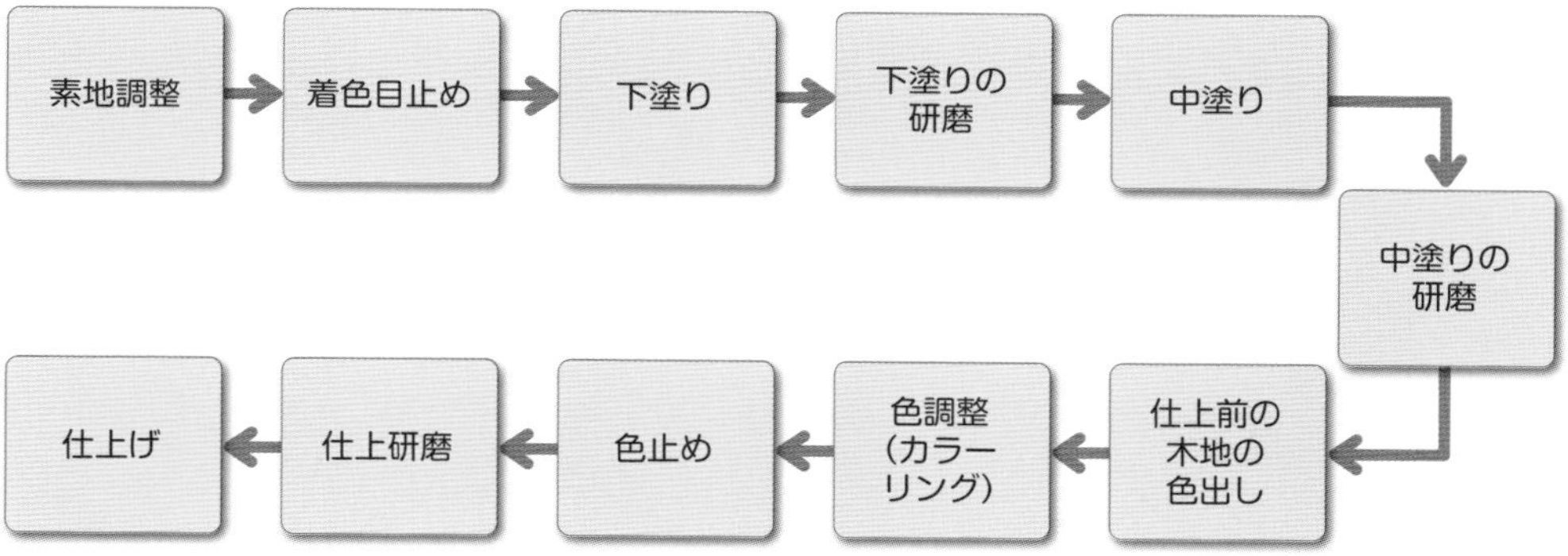

② 塗りつぶし塗装の工程

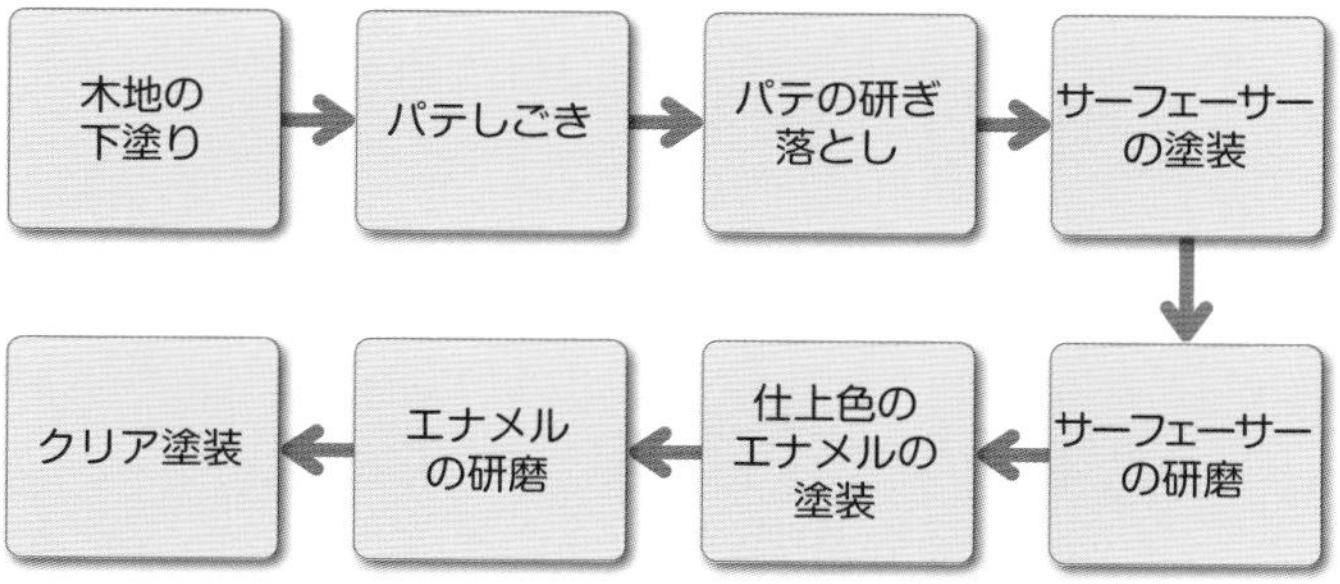

工場塗装の場合を示す（UV塗装は違う工程となる）。パール塗装やメタリック塗装、鏡面仕上げなど特殊な塗装・仕上げの場合はさらに工程が増える

協力：ニシザキ工芸

051

家具塗装2

写真:STUDIO KAZ

Point
- 塗装の種類を正しく理解する
- 家具は手入れ次第で長持ちする

間違えやすい塗装

よく耳にする「ピアノ塗装」は、厳密にいうとポリウレタンではなく、ポリエステル樹脂塗料を使って塗膜を厚くし、鏡のようになるまで磨く仕上げのことである。最近は平滑で光沢がある仕上げを鏡面仕上げと呼ぶこともあるが区別したい。「UV塗装」も勘違いしやすい塗装の1つだ。紫外線をカットして家具の日焼けや色落ちを防ぐと思われがちだが、そうではなく、専用の機械で塗料を塗布した後、UVを照射して短時間で乾燥・硬化させる塗装であり、作業効率が良いため量産家具に向いている。

ほかにも昔から使われているオイルフィニッシュやソープフィニッシュ、ラッカー塗装、アンティークな風合いを出すトラディショナル塗装（アンティーク塗装）などの手法もあり、正しい塗装の知識を身に付け、家具の種類や使い方によって、使い分けたい。

家具のメンテナンス

家具を長持ちさせるためには、日頃の手入れが重要だ。一般的には「直射日光や冷暖房の風の直撃は避ける」「水分や湿気を避ける」「埃を除去する」などが挙げられる。塗装された木部に関しては、普段は柔らかい布で乾拭きする。汚れが目立つときは、薄めた中性洗剤で布拭きした後、水拭きし、最後に乾拭きする。ただし艶消し塗装は、強くこすると艶が出てくるので注意したい。塗膜以上に傷が付き、木部まで達した場合は再塗装する方法もある【写真】。塗膜を一旦剥離し、傷の補修を施した後、色を合わせ再塗装する。

メラミン化粧合板やポリ合板の汚れは中性洗剤で布拭きしてから水拭きし、最後に乾拭きする。研磨剤が入った洗浄液は表面に傷が付き、そこから黒ずみなどが発生するため使用しない。

写真｜家具補修の様子

家具の再塗装の様子。古い塗膜を除去するときに、下地の木部を痛めないように、細心の注意を払いながら行う

協力:ニシザキ工芸　写真:STUDIO KAZ

052

家具の納まり

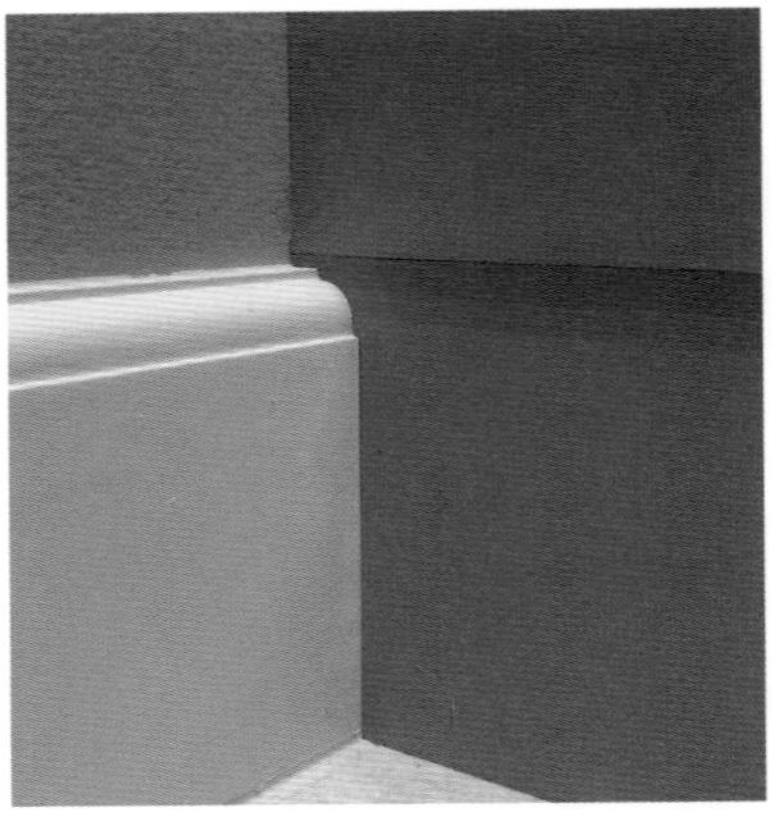
設計·写真:STUDIO KAZ

Point
- 「逃げ」は必ず必要、むしろ積極的にデザインする
- 台輪の納まりは、見た目だけでなく、使い勝手も考慮する

精度の差を調整する

工場精度でつくられる家具に対して、現場の精度は高くない。その精度の差を埋めるために壁との間には「フィラー」と呼ぶ調整部材を使う【図】。天井との間は「支輪《しりん》」「幕板」、床との間は「台輪」「幅木」で調整する。

精度の差以外に気を付けることがある。扉を開けたときに支輪が小さいと、天井の照明器具や火災報知器などに当たってしまう。また、壁側でもドア枠やスイッチが飛び出てしまう。特に壁際の引出しには注意が必要だ。コンセントも厚みは小さいが、そこに差し込まれたときに、引出しや扉が当たらないようにしたい。逆にコンセントをそこに配置しない計画を心掛けたい。

「逃げ」の寸法は、家具工事としては、20㎜程度ほしい。しかし、シンプルなデザインの場合は、できるだけ小さくしたい。重厚感を出したり、デコラティブにしたりする場合は「フィラー」の幅を大きめに取るとよい。一般的に、フィラーは箱の「面落ち」位置で納めるが、フィラーの幅を大きくする場合は扉と面を揃えて納める。そのときはフィラーの側面も仕上げる。「逃げ」という言葉はネガティブに聞こえるが、このように積極的にデザインすることを心掛け、違和感なく納めたい。

台輪のきれいな納め方

台輪の大きさもデザインを大きく左右する要素の1つだ。建築の幅木と揃えると、きれいに見える。しかし、最近のシンプルな住宅では幅木の高さを低くする傾向があり、たとえば20㎜程度で合わせたとき、キッチンや洗面所など狭い場所では扉を開閉する度に足の甲に当たる可能性が高い。キッチンや洗面所は使い勝手を考え、高さは80㎜以上確保し、つま先が入ることも考えて、扉から50㎜以上奥に納めたい。

図｜家具と建築の取合い

壁と家具①

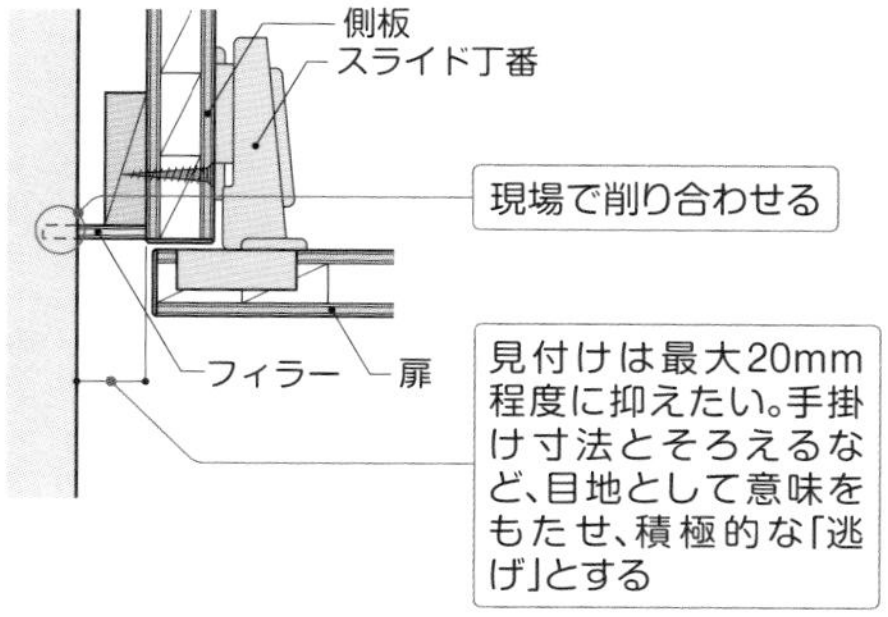
側板
スライド丁番
現場で削り合わせる
フィラー
扉
見付けは最大20mm程度に抑えたい。手掛け寸法とそろえるなど、目地として意味をもたせ、積極的な「逃げ」とする

壁と家具②

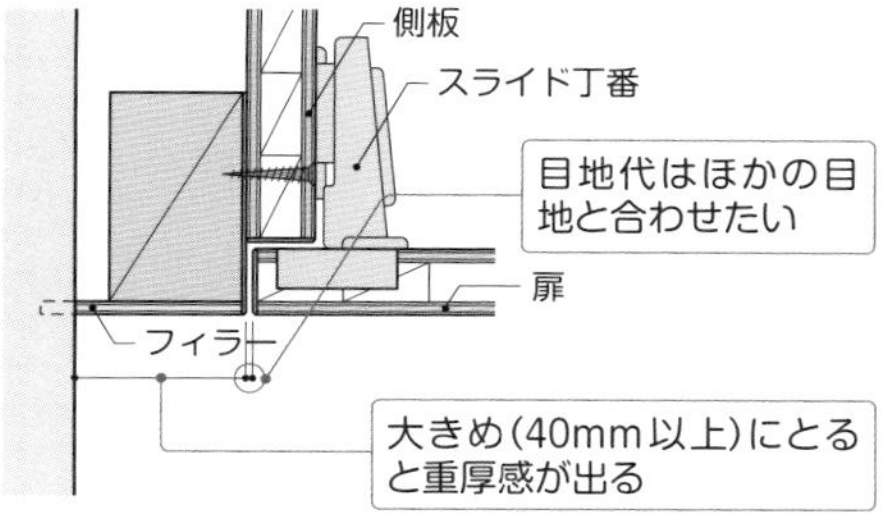
側板
スライド丁番
目地代はほかの目地と合わせたい
扉
フィラー
大きめ（40mm以上）にとると重厚感が出る

壁と家具③

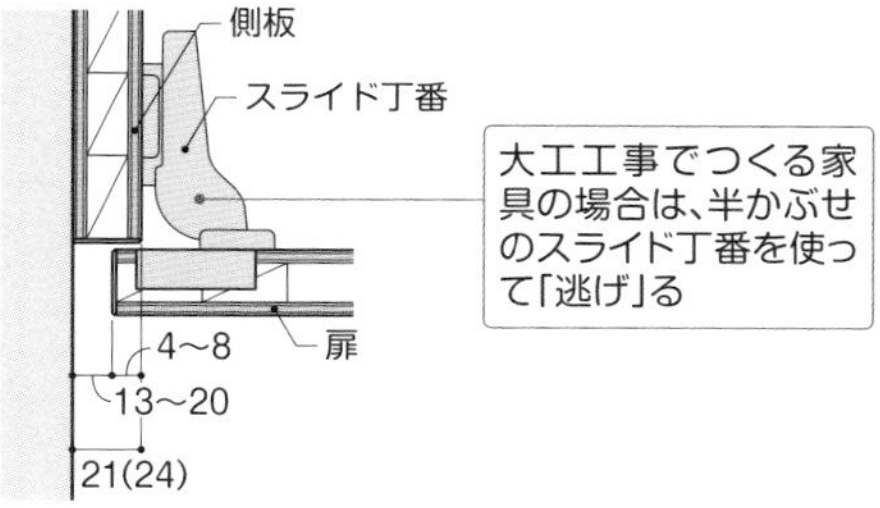
側板
スライド丁番
大工工事でつくる家具の場合は、半かぶせのスライド丁番を使って「逃げ」とする
扉
4〜8
13〜20
21(24)

幅木と家具

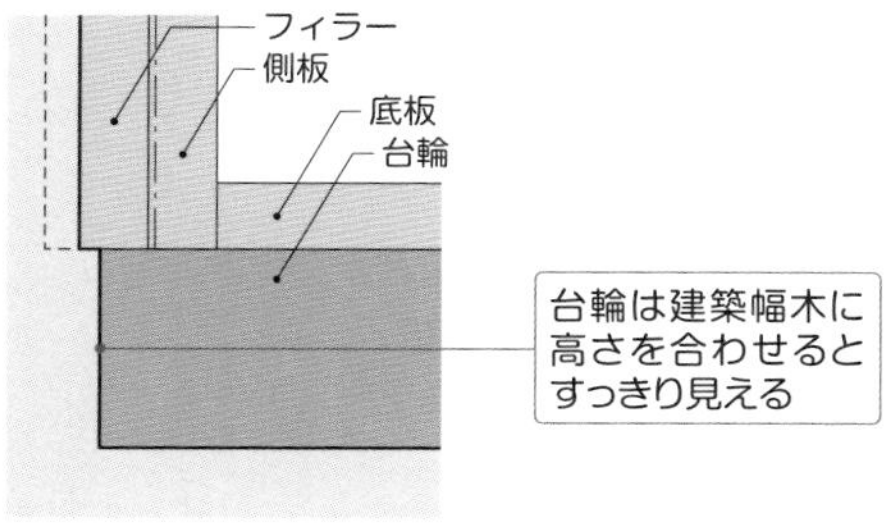
フィラー
側板
底板
台輪
台輪は建築幅木に高さを合わせるとすっきり見える

天井と家具①

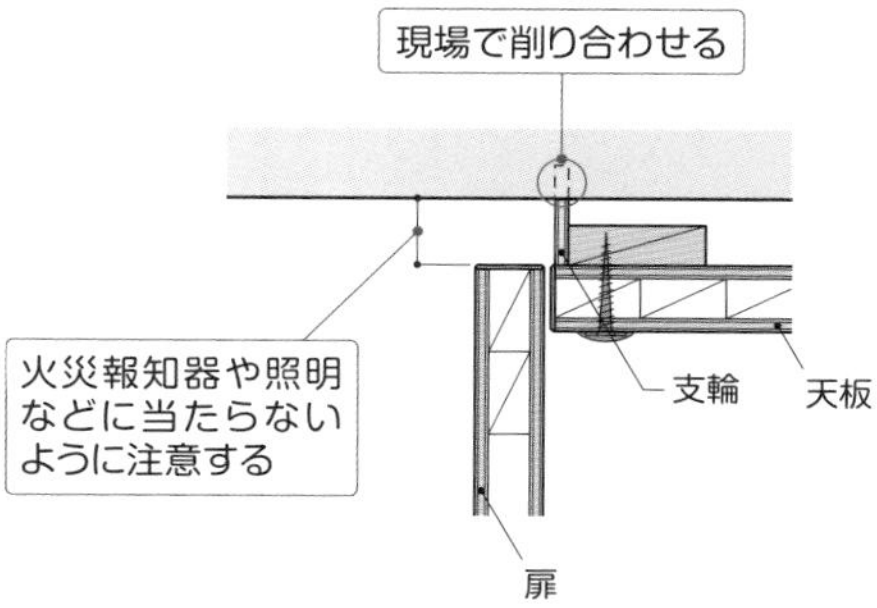
現場で削り合わせる
火災報知器や照明などに当たらないように注意する
支輪
天板
扉

天井と家具②

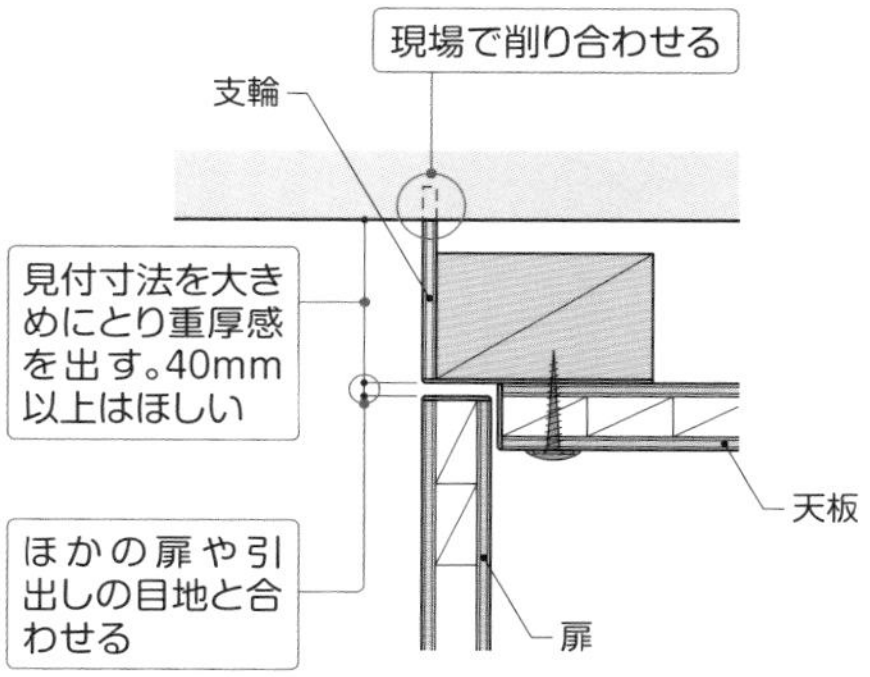
現場で削り合わせる
支輪
見付寸法を大きめにとり重厚感を出す。40mm以上はほしい
天板
ほかの扉や引出しの目地と合わせる
扉

床と家具

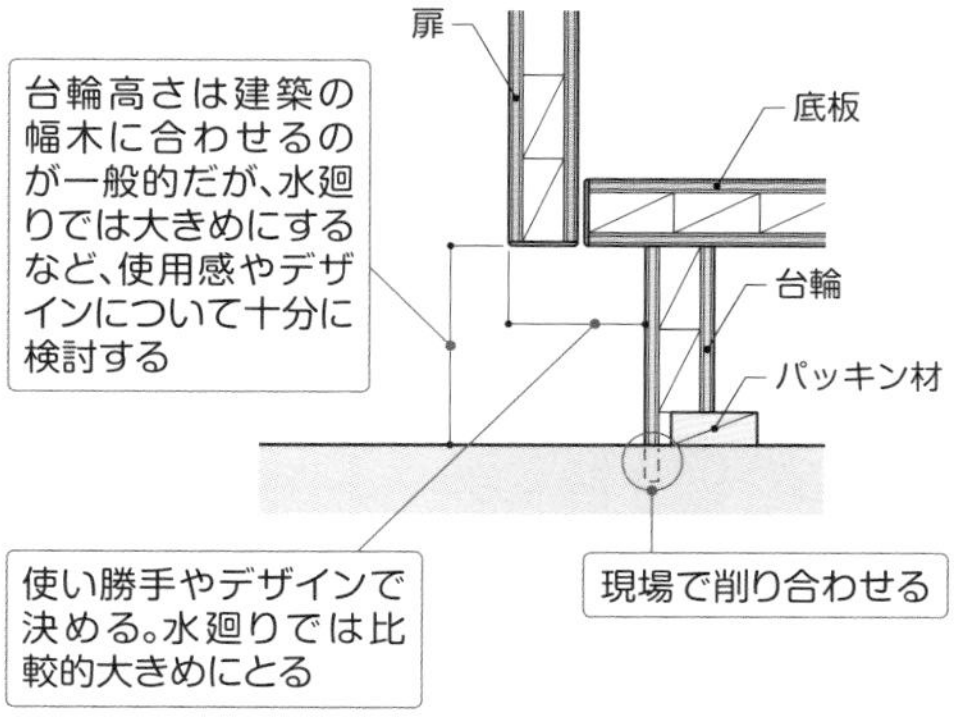
扉
底板
台輪高さは建築の幅木に合わせるのが一般的だが、水廻りでは大きめにするなど、使用感やデザインについて十分に検討する
台輪
パッキン材
使い勝手やデザインで決める。水廻りでは比較的大きめにとる
現場で削り合わせる

053

素材による建具の分類

設計:STUDIO KAZ
撮影:山本まりこ

Point
- 室内では、木製のドアが主流である
- 構造別にデザインの可能性を知っておく

ドアのトータルコーディネーション

最近の工務店は既製品の建具を使うことが多い。しかし建具の表情はインテリア全体の表情を一変させる力がある。インテリアの中でも印象が強い部材でもある。加えて部屋によって大きさや機能は一様ではない。トータルコーディネーションの意識を忘れてはならない【図】。

素材による分類

室内建具で最も多く使われる素材は木材だ。木製扉は構造から「フラッシュ」「框戸」に分けられる。フラッシュ扉は、枠状の芯材の両面に化粧合板などを貼って軽量化とともに木材特有の反りを軽減させたものである。表面仕上げを自由に選択できるのが特徴だ。市販品では塩ビシートやオレフィンシートを表面材にしたものが多い。また、芯材の間に紙やアルミ製のハニカム材を入れて、より強度を増す方法もある。框戸は、框材で四方を囲って（ときには中桟が入ることもある）構造体とし、その内側に木製パネルやガラス、鏡、ポリカーボネートなどをはめ込んで完成する。このはめ込んだ部分を鏡板と呼ぶ。鏡板の一部もしくは全部をルーバーにして換気を促したものもある。框の形状、鏡板の形状や素材、ガラスの種類などにより、様々なデザインに展開できる。框を太く、デコラティブにして重厚感を出したり、細くシンプルな断面形状の框ではモダンになったりする。

店舗ではガラス扉を使うことが多い。最近では浴室を中心に住宅でもよく使われるようになった。ガラス扉には厚さ8〜10㎜の強化ガラスを使い、框をつけないストリップ扉と、厚さ4〜6㎜のガラスを使い、アルミやステンレスのフレームを付けたものがある【写真】。

図｜建具の素材

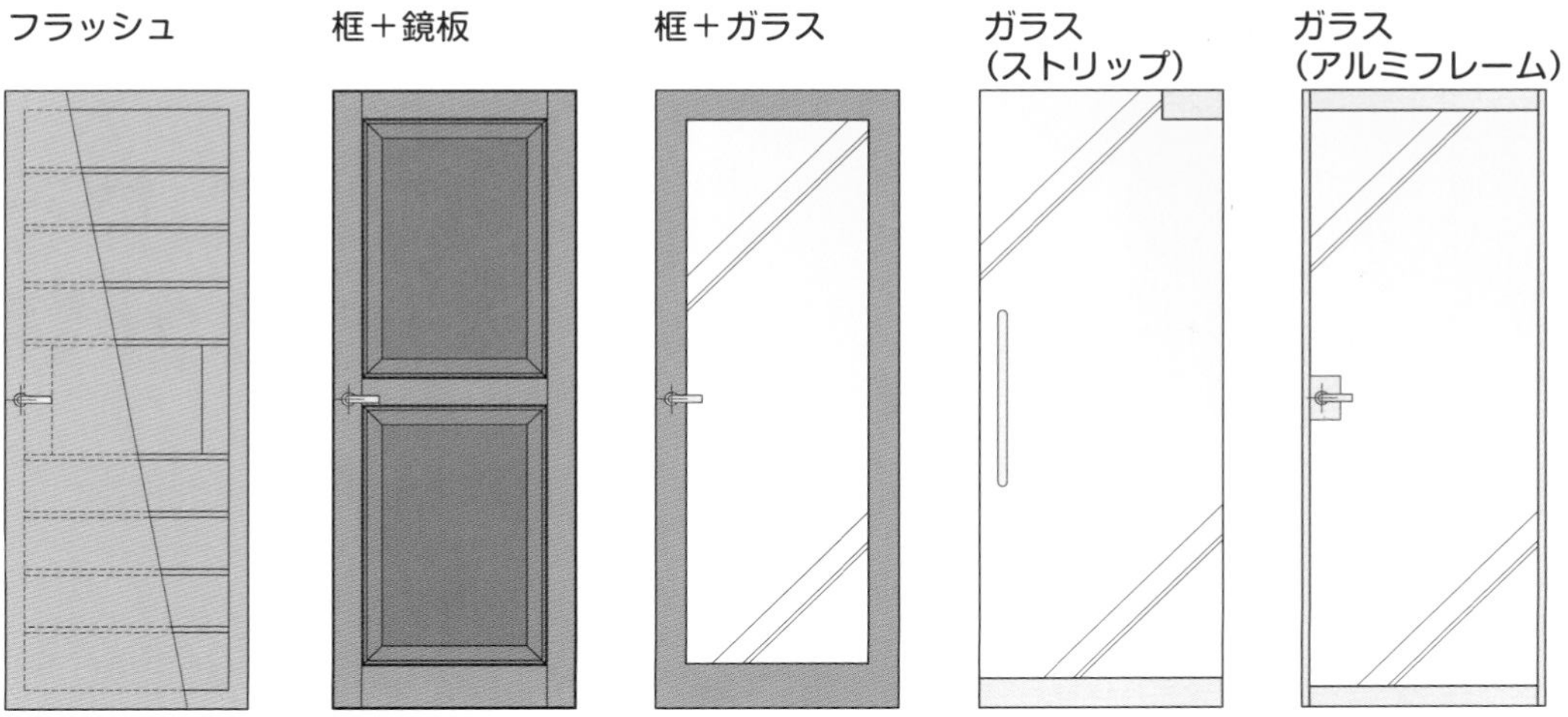

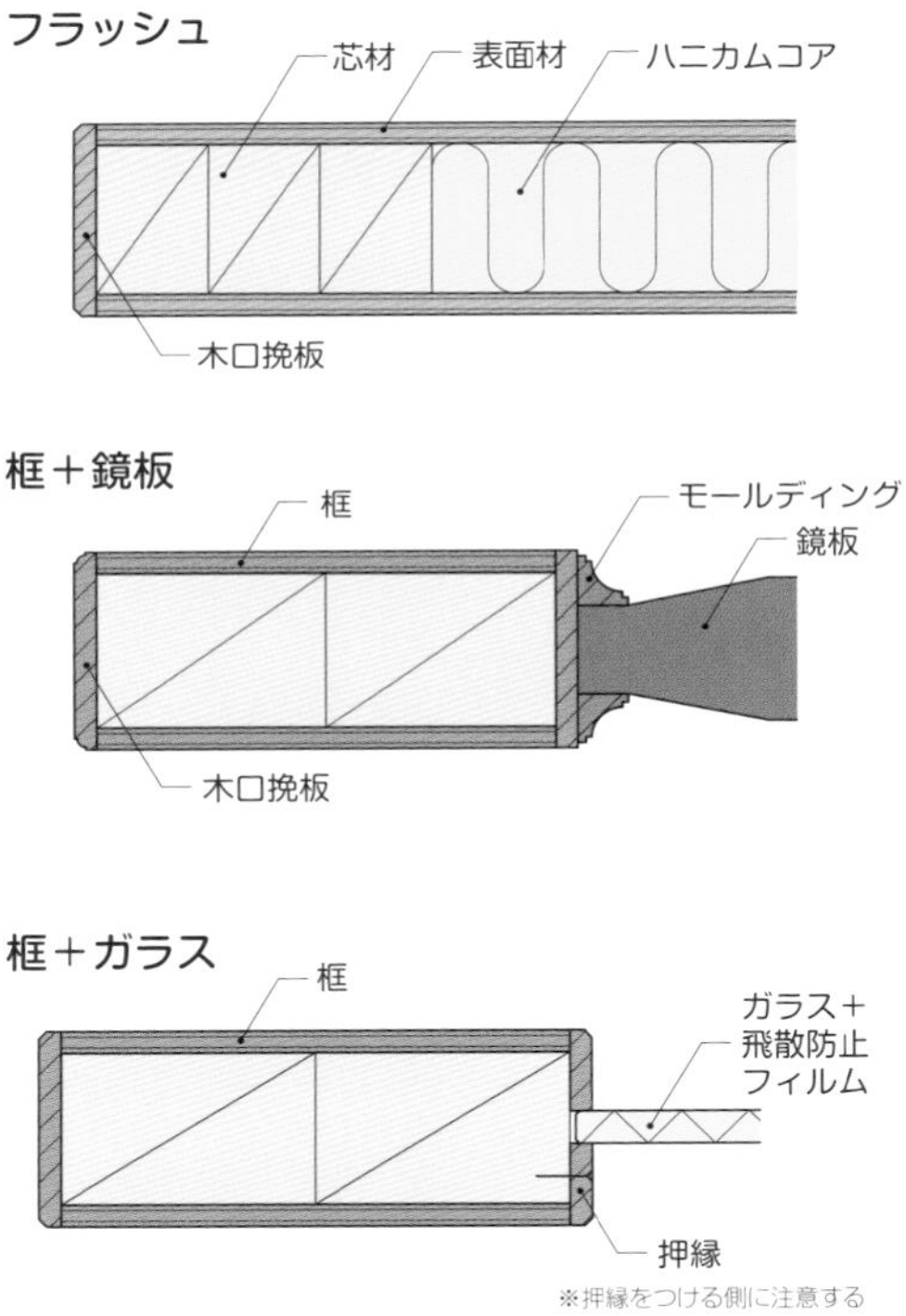

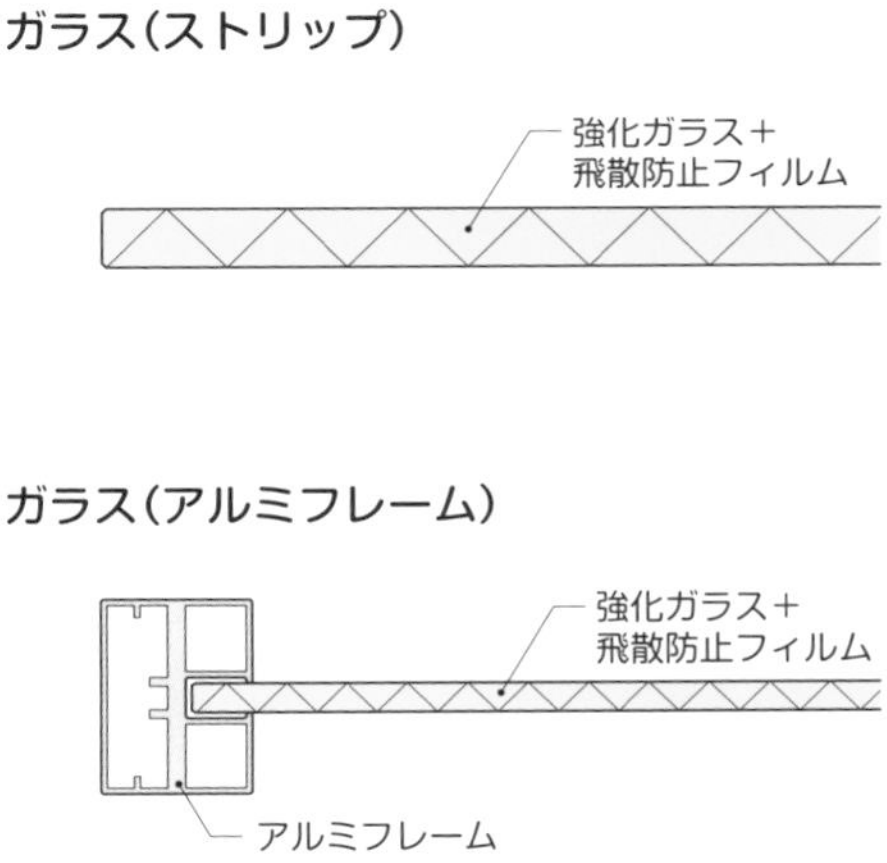

※ガラス扉にはフレームの有無に関わらず、飛散防止フィルムを貼った方がよい

写真｜ガラスドアの例

ソフトクロージング機構付スイングドア用
コーナー金具M10 シリーズ
写真提供:スガツネ工業

設計:STUDIO KAZ
写真:垂見孔士

054

開閉方式による建具の分類

Point
- 開閉方式の種類と特徴を覚える
- 建築的条件や動線、所作を考慮して開閉方法を決める

4つの開閉方式

扉の開閉方式には「開き戸」「引戸」「折戸」「中折戸」があり、使い勝手やデザインによって使い分けたい【図】。

開き戸は丁番などを軸として、扉が回転して開閉する扉である。「開き戸」には1枚扉の「片開き扉」、同じ大きさの2枚の扉で構成する「両開き（観音開き）扉」、大きさの違う2枚の扉の「親子扉」がある。両開き扉や親子扉では常に両方が開閉することはなく、どちらか一方（親子の場合は子扉）がフランス落としなどにより固定される。扉を開閉するときの軌跡を考慮しなければならず、また、開閉方向にも気を配らなければならない。

引戸は扉がレールに沿って、水平に動くため、開閉スペースの問題は少ない。1枚の扉がスライドする「片引き」、2枚の扉が外側にスライドする「引分け」、2枚の扉が交差するようにスライドする「引違い」、スライドして壁のなかに隠れる「引込み」がある。上吊り式と下荷重式があり、最近は下レールがなく掃除が楽な上吊り式の引戸が多い。開けっ放しでも邪魔にならないのは引戸だけなので、大きな部屋を仕切る間仕切りにも使われる。

折戸は便利か

折戸はクロゼットなどに使われることが多い。開き戸より幅が狭い2枚の扉が折れて開閉するため、扉が邪魔にならず、開口寸法を大きく取れるのが特徴だ。丁番側が固定されるタイプとフリーのタイプ、上吊り式と下荷重式がある。便利だが、一方では扉の幅が狭く、デザインに工夫が必要である。

「中折戸」は開き戸と折戸の中間のような扉で、1：2に分割された1枚の扉が織り込まれながら開く。開閉スペースが小さく、通行の邪魔にならない。特にトイレでは利用価値が高い。

図｜開き方の概念図

①開き戸

片開き　一般的な納まり

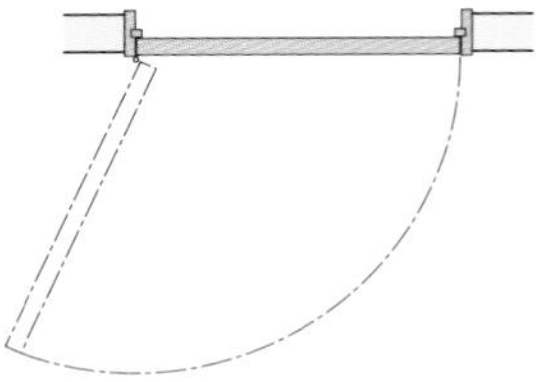

両開き（観音開き）

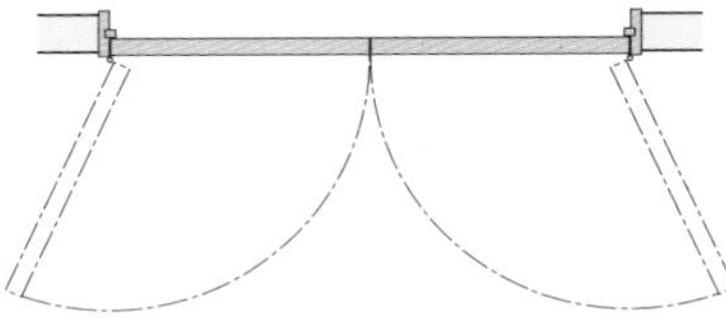

親子扉　子扉は通常はフランス落としなどで固定する

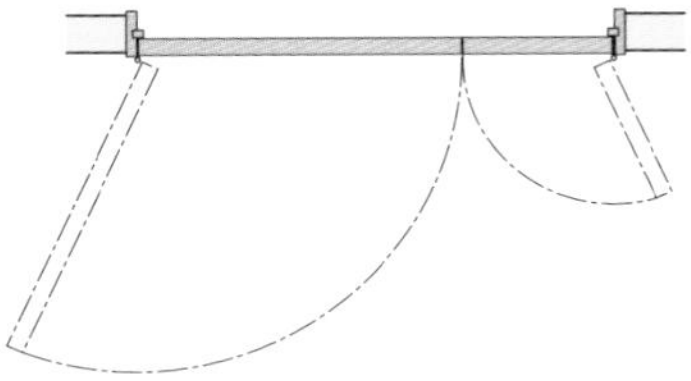

スライド回転扉　特殊な金物が必要だが、トイレなど開閉スペースが取りにくい場合に有効

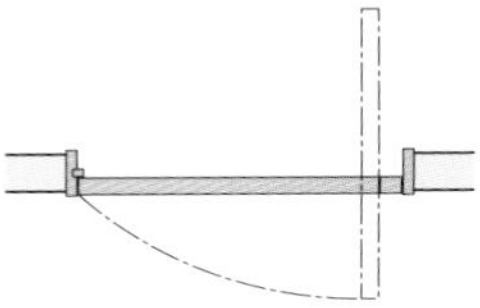

②引　戸

片引き　一般的な納まり

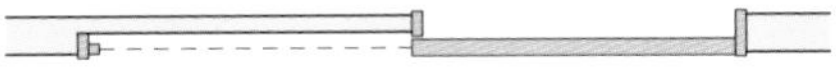

アウトセット引戸　錠に工夫が必要だが、内外ともにシンプルできれいに納めることができる

引違い　一般的な納まり

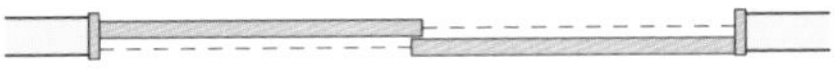

引込み　解放時にきれいに見えるが、納まりや吊込み方に工夫が必要

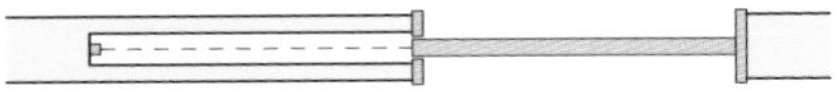

③折　戸

軸固定タイプ　一般的な納まり

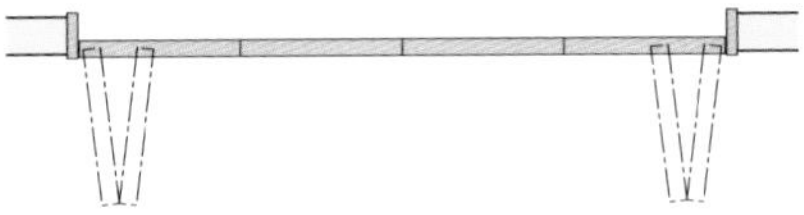

軸フリータイプ　一般的な納まり

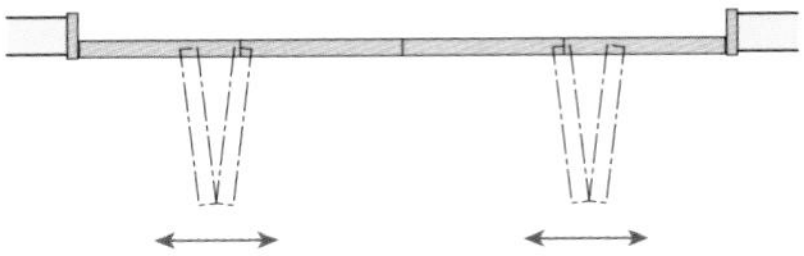

④中折戸

特殊な金物が必要だが、トイレなど開閉スペースが取りにくい場合に有効

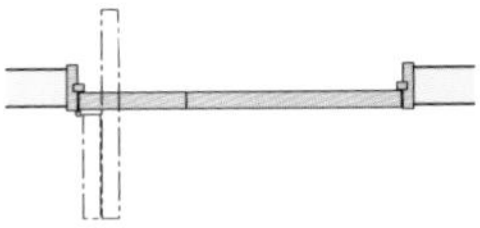

055

和風建具

写真:STUDIO KAZ

Point
日本古来の建具のデザインを知る
新しい格子のデザインで個性を出す

障子と襖

日本でも建具の歴史は古い。そのなかでも現代でよく使われるのが「障子」「襖」「桟戸《さんど》」などである。

障子は、細い格子組（組子）の片面に和紙を張って構成される【図2】。採光を目的としており、そのため古くは「明障子（あかりしょうじ）」と呼ばれた。日本人は和紙を通した柔らかい光を好んでおり、和紙の普及に伴って障子も一般にまで普及していった。

格子の材料には、日常空間はスギ、格式高い空間ではヒノキが使われてきた。最近では、コストが安いベイスギやスプルースなどの輸入材が使われている。障子は、組子の組み方一つで印象がガラリと変わる。伝統的な組み方もあるし、組子の柄をデザインするのも面白い。また、全面に紙を張ったり、腰を付けたりと形状や機能によってもたくさんの種類がある。格子の組み方には決まりがなく、新しい組み方で個性を出す方法もある【図1】。

襖は、和室の仕切りや押入れなどに使われる【図3】。細い組子の両面に何層も和紙を張り重ねて完成する。その和紙の種類などから、色彩や柄といった装飾的な要素を加えることができる。使い方によっては、モダンな空間をつくり出すこともできる。また、縁の取り方など形状により、いくつかの伝統的な種類がある。

桟戸

「桟戸」は軽量化のために枠組みを細くし、内側に多くの桟を入れて補強したもので、「舞良戸《まいらど》」「格子戸」「雨戸」「腰付きガラス戸」「簀戸《すど》」などの種類がある。舞良戸【図4】や格子戸も桟の入れ方、格子の組み方でいろいろな種類に分かれる。さらに障子と同様に、格子の組み方によって、新しい個性的な桟戸をつくることができる。

図1 ｜ 組子の組み方による障子の主な種類

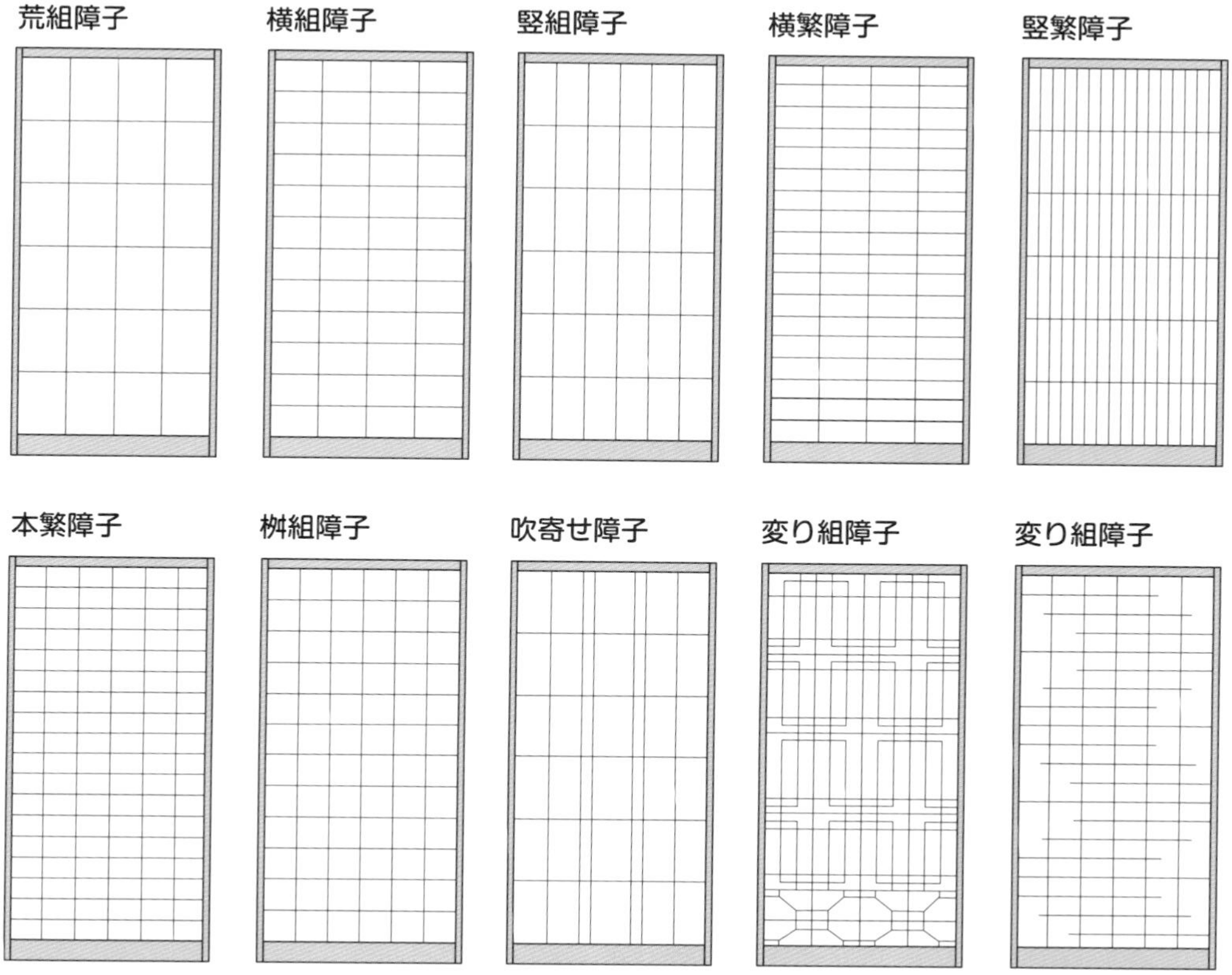

図2 ｜ 紙張障子の構成

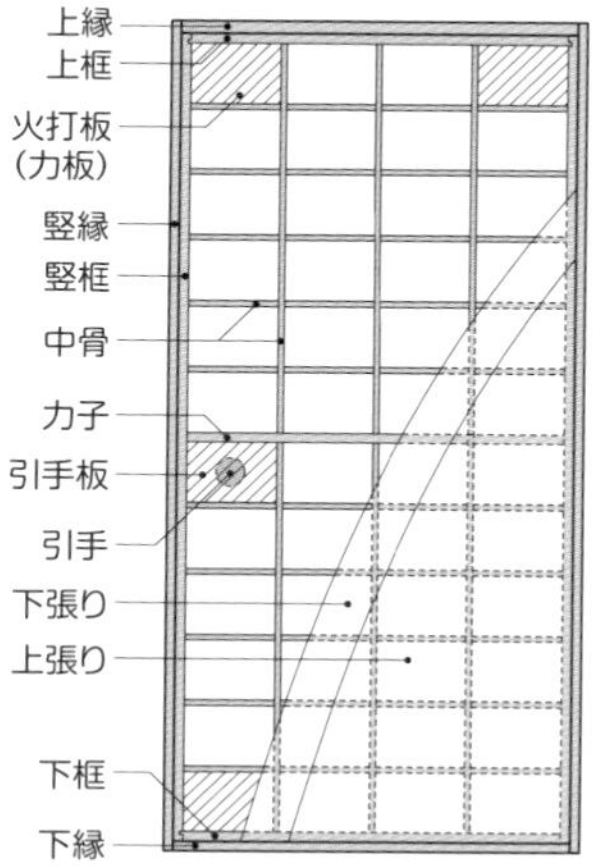

図3 ｜ 襖の構成

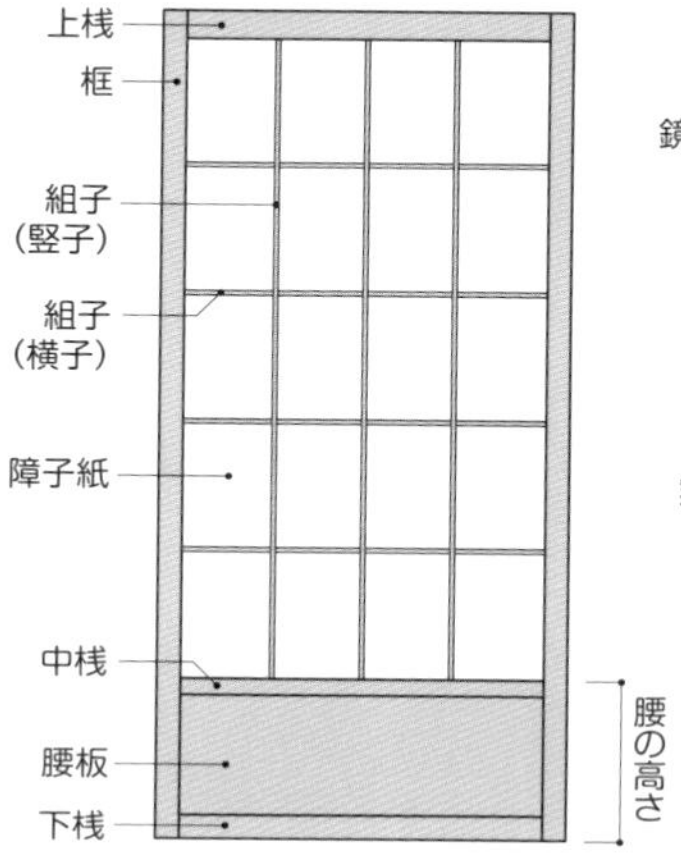

図4 ｜ 舞良戸の構成

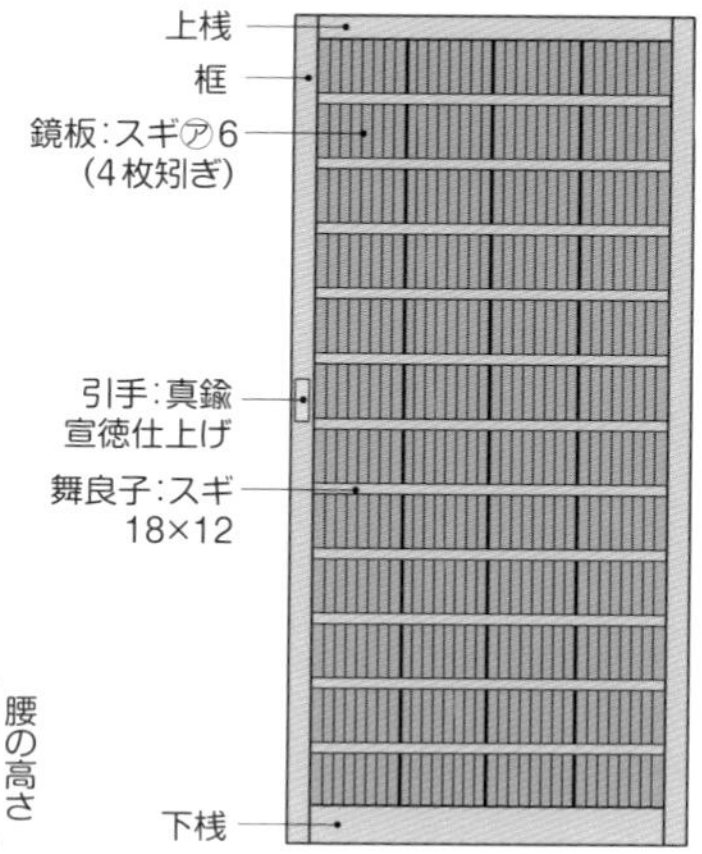

設計:STUDIO KAZ　写真:山本まりこ

056 開き戸の建具金物

Point
なにはともあれヒンジ、たくさんの種類とデザインから最適なものを選ぶ
金物は機能と納まりで選ぶ

ヒンジの種類

開き戸にとって、最も重要な金物は「ヒンジ」だ。丁番（蝶番）とも呼ばれ、開閉のための回転軸となる。「平丁番」「ピボットヒンジ」「隠し丁番」「ギアヒンジ」などたくさんの種類がある。一般的には平丁番やピボットヒンジを使うことが多い。

平丁番は上下に1つずつ付けるが、扉の高さがある場合は中間にも付ける。扉本体が反る可能性もあり、それを防止する役目も果たす。ピボットヒンジは基本的に上下だけだが、中間吊り金物が用意されている製品もあるので検討したい。隠し丁番は閉めた状態ではまったく見えないので、見た目もきれいに納まる。ギアヒンジは歯車状のアルミの押出材でできており、スムーズに動く。扉高さ全体に荷重が掛かるので、ねじれや反りに強く、耐荷重も大きいため、幅広の扉に重宝する。しかし、開閉の軌跡が特殊なため、枠と扉の納まり部分は慎重に設計する。

開閉を補助する金物

扉を開けるため手を掛ける部分には、レバーハンドル、ドアノブ、プッシュプルハンドル、サムラッチハンドルなどを付け、必要に応じて錠も付ける。錠は本締錠《ほんじまりじょう》、空錠《からじょう》、表示錠、サムターン錠など場所によって使い分ける。最近はセキュリティーの問題から錠の種類が多くなった。シリンダー錠も種類が増え、ほかに電気錠やカードキーなどがある。扉の開きを制限する金物としては、レバーストッパー、ドアクローザー、フランス落とし（丸落とし）、戸当たりなどがある。さらにドアスコープ、ドアチェーン、オートマチックタイト、ノッカーなどさまざまな機能の金物から鋲《びょう》、ヒンジカバーなどの装飾金物まで多種多様で、デザインや納まりで使い分けたい【図】。

図｜開き戸概念図

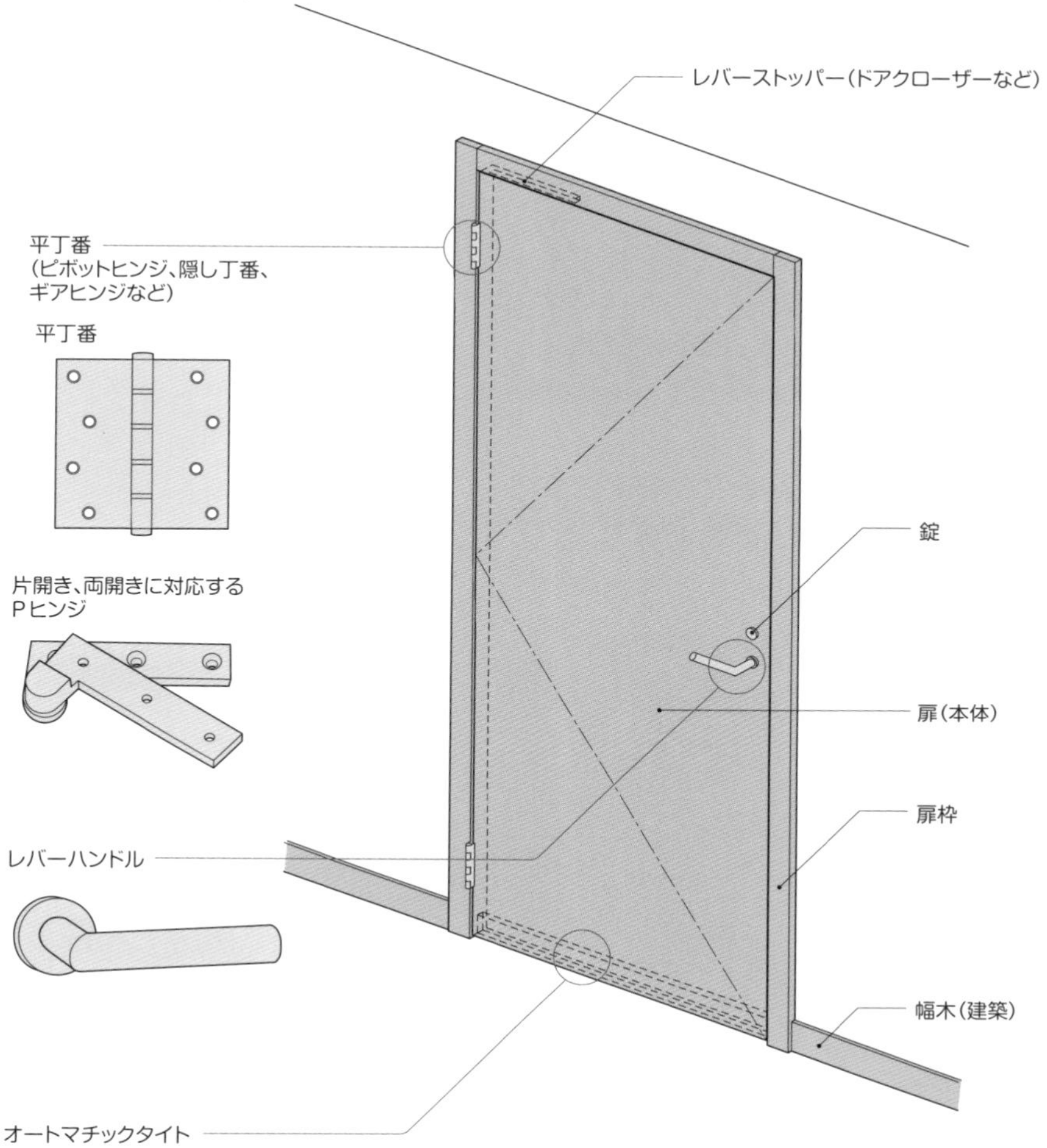

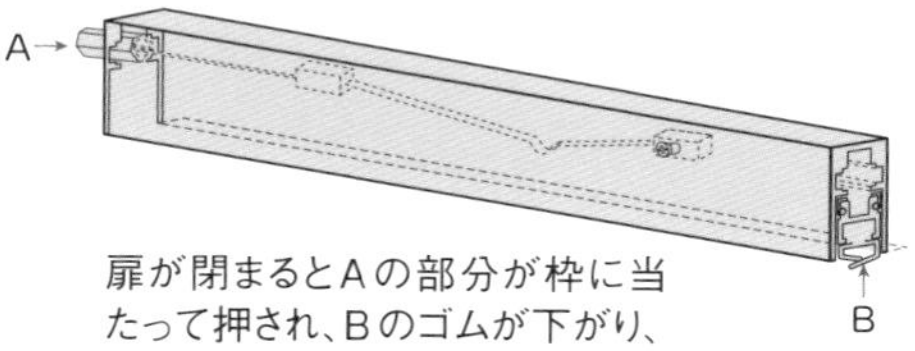

扉が閉まるとAの部分が枠に当たって押され、Bのゴムが下がり、気密性を高める

隠し丁番:ヒンジが見えない納まりが実現できる

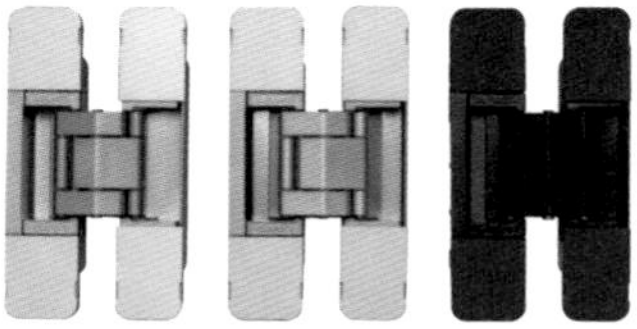

三次元調整機能付隠し丁番
HES3D-120 型

写真提供:スガツネ工業株式会社

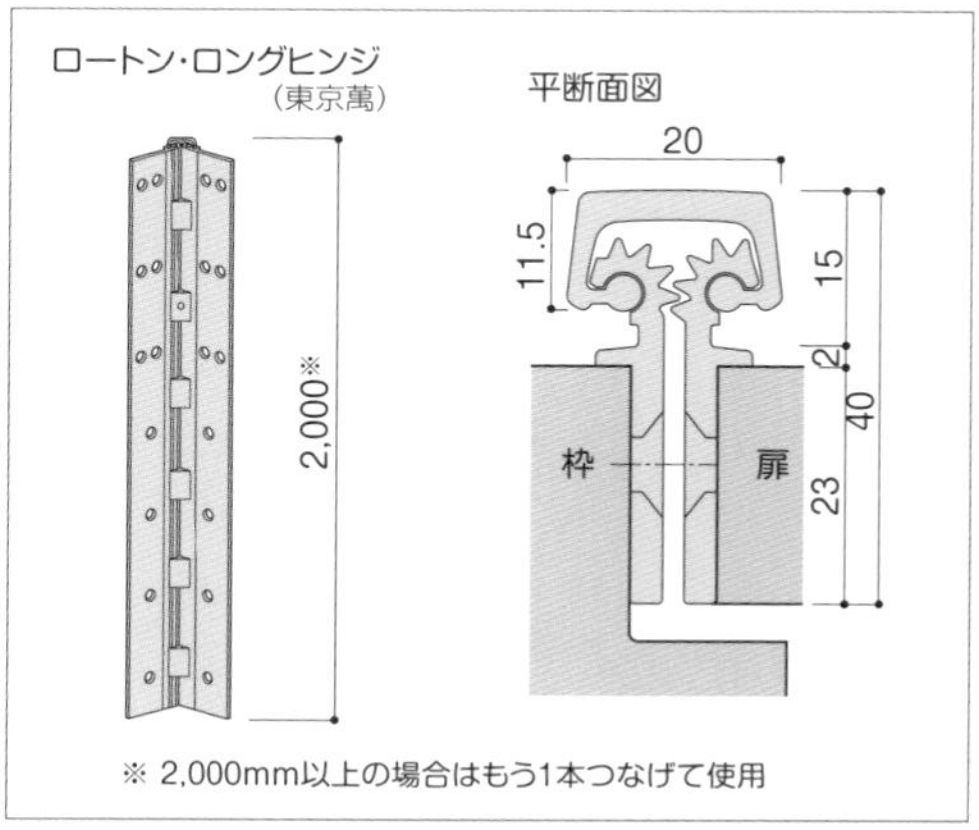

扉が大きく、重量がある場合はこのような金物を使用する

第4章 家具と建具

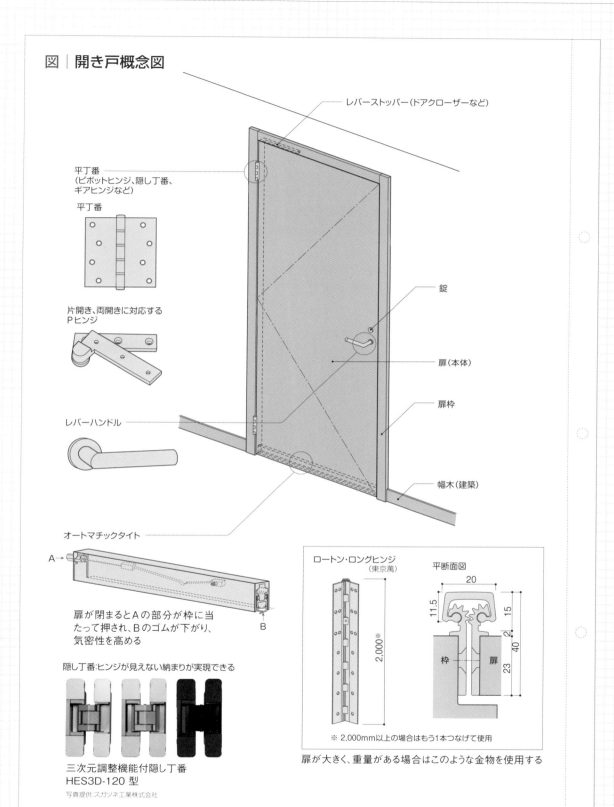

設計:STUDIO KAZ　写真:山本まりこ

057

引戸の建具金物

Point
まずは上吊り式か下荷重式かを選択する
折戸も引戸も耐荷重で金物を選ぶ

上吊り式か下荷重式か

本来、引戸には金物を使わず、敷居と鴨居をガイドにしてスライドさせていたが、さまざまな納まりに対応したり、動きをスムーズにしたりするため、金物を使うことが多くなった。

まず引戸レールの選択を間違えないようにしたい。耐荷重や大きさ、インセットかアウトセットか、間仕切りか収納か、上吊り式か下荷重式かなどを総合的に判断して選択する。「下荷重式引戸」は、戸車とVレールと振れ止めで構成される【図1】。

戸車とは扉下部に埋め込むタイヤのことで、扉の荷重を支える。Vレールは床の上に固定するタイプと埋め込むタイプがあり、V型の溝に沿って戸車が動く。一方、「上吊り式引戸」は、上レール、吊り車（ランナー）、ガイドを基本として構成され【図2】、レールに埋め込んで使うストッパーやブレーキ、スロークロージングなどの機能パーツを組み合わせる。下レールの必要がなく扉調整が容易なことから、最近は上吊り式引戸が多くなった。このほかに引手、回転フックがある。引戸の錠は開き戸と違って「鎌錠《かまじょう》」と呼ばれる専用の錠を使用することが多い。また、引戸の場合、開き戸より隙間が大きくなり、気密性を保ちにくい。それを防ぐためポリパイルテープなどを張ることがある。

折戸金物

折戸も上レール、吊り車（ランナー）、中間折戸丁番、ガイドが基本となる【図3】。ガイドは下部にレールを設けるタイプが多い。下部レールをなくしたい場合には、吊り元は固定式となる。折戸の場合、中間の折れる部分に指を挟む事故が起きやすく、それを防ぐためのパーツや工夫が施されたヒンジが用意されているので検討したい。

図1｜下荷重引戸概念図

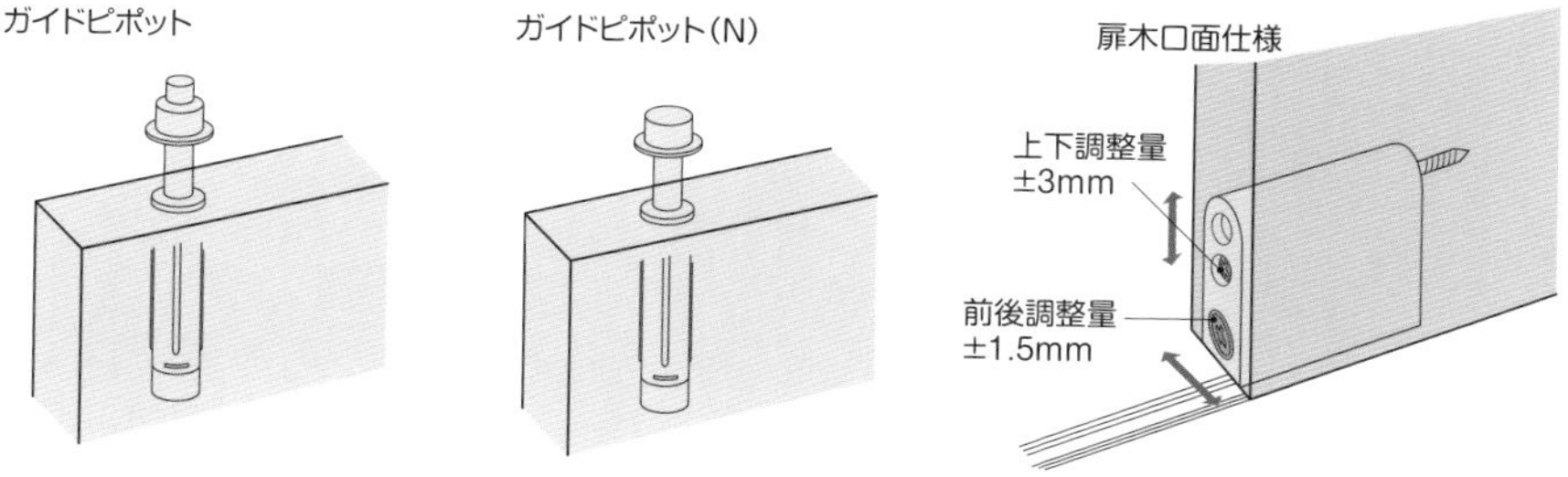

図2｜上吊り引戸概念図

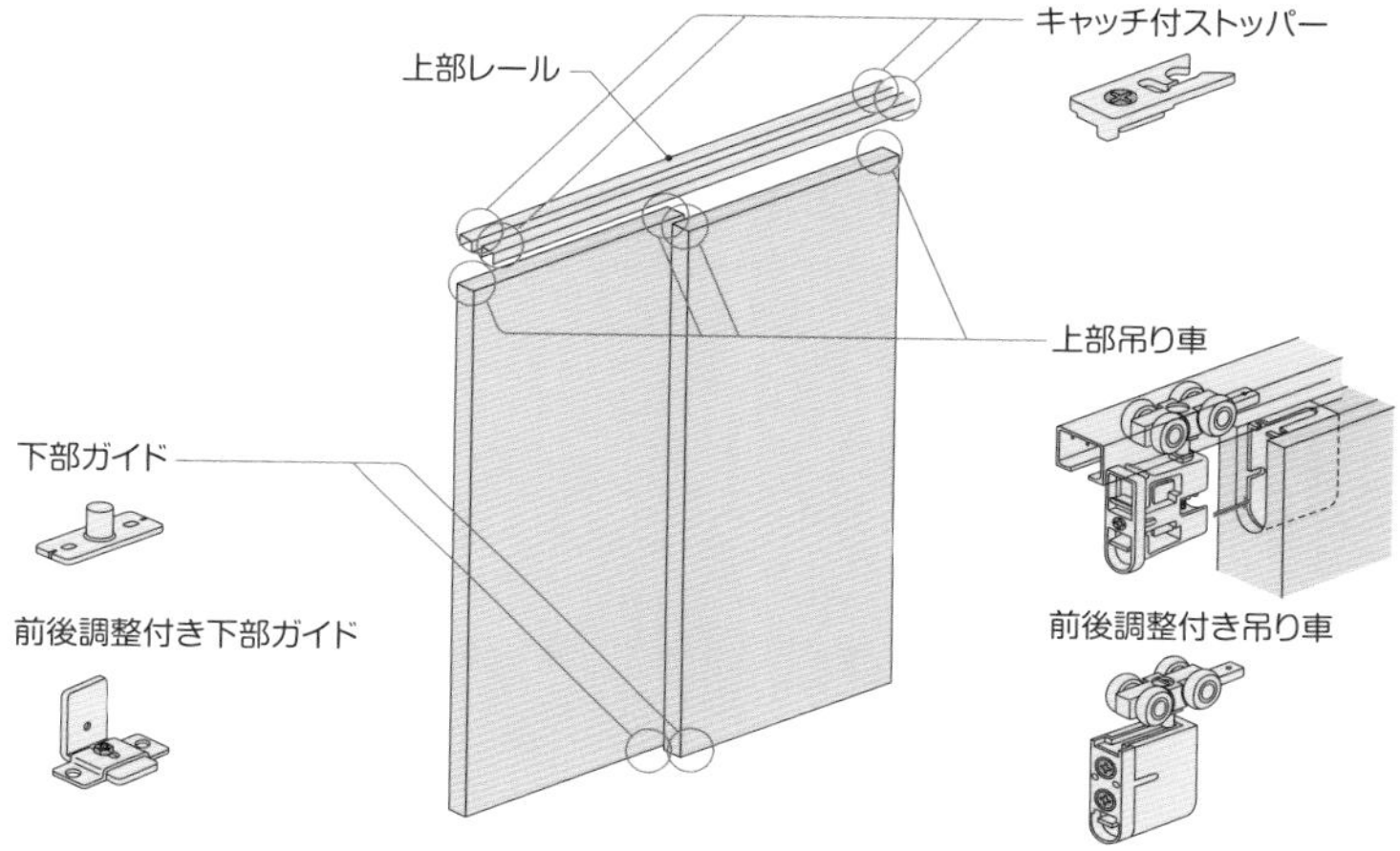

図3｜折戸概念図

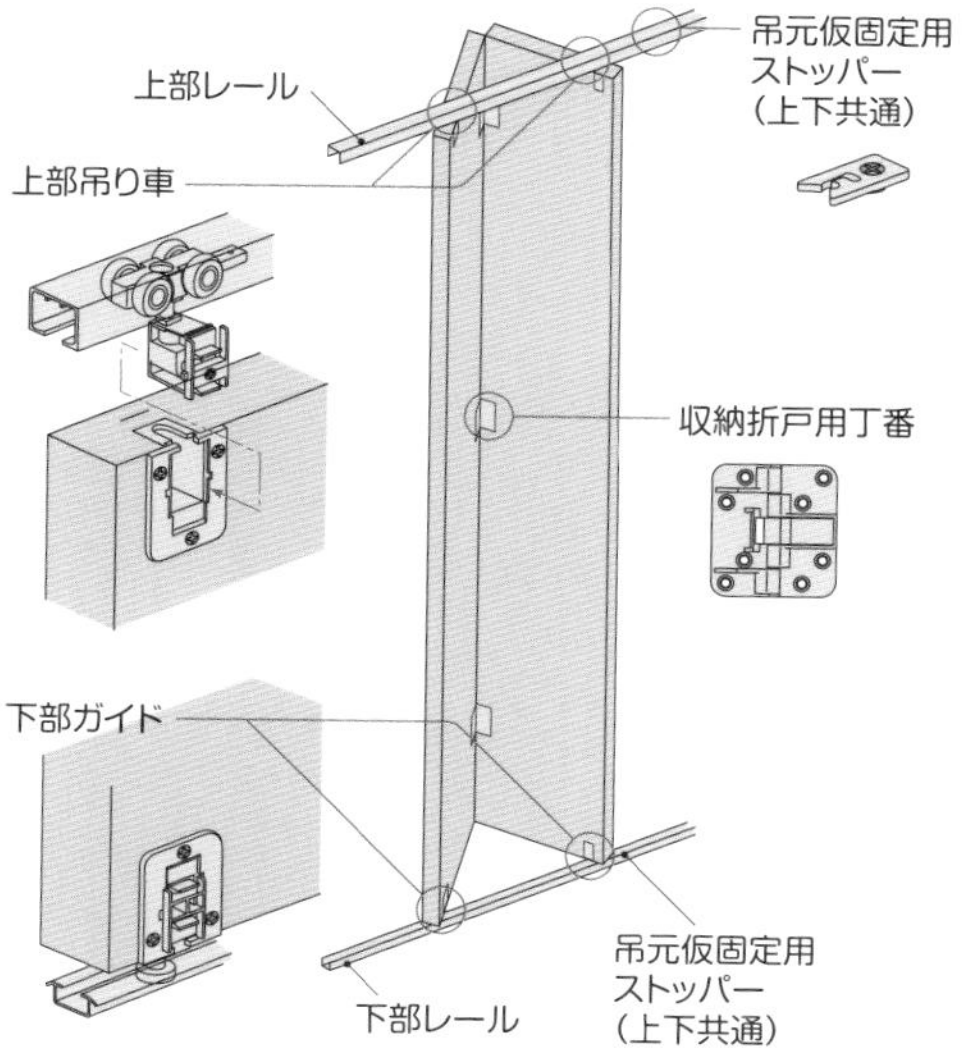

写真｜特殊な引戸の例

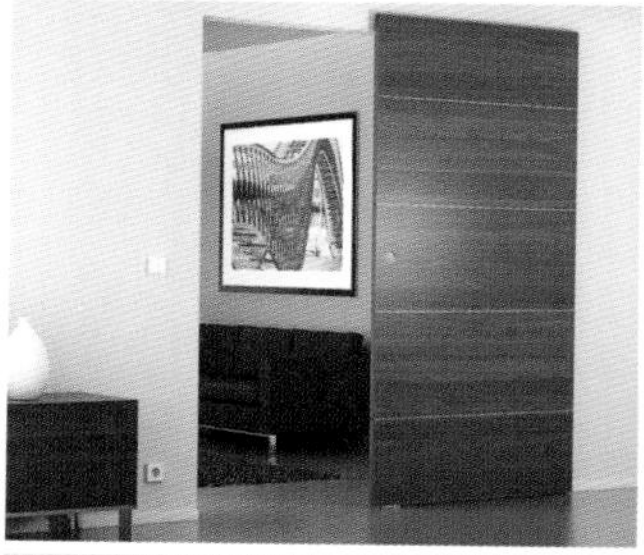

アウトセット引き戸金具(木製／ガラス引き戸用)：マジック2

引き戸用金具(木製引き戸用)：デザイン100-S

2点とも写真提供:ハーフェレ・ジャパン

設計:STUDIO KAZ
写真:垂見孔士

058

建具の納まり

Point
- 空間のイメージで建具の納まりや開き勝手を考える
- 枠の形状や大きさがインテリアの印象を決める重要な要素になる

関係のデザイン

建具の基本構成は扉本体、枠、金物である。それらの造作部分と建築を上手に組み合わせるには、それぞれの関係性と金物の納まりをデザインしなければならない。基本的には各メーカーの「標準納まり図」に従うが、現場は常に同じではなく、臨機応変にアレンジする必要がある【図1】。枠の形状はデザインに大きな影響を及ぼす。基本的な見付寸法は25㎜だ。丁番やクローザーの納まり寸法によっては、それ以上にすることもある。重厚感を出したインテリアでは見付寸法を大きめにするとよい。枠は壁仕上面から10㎜程度出すことが多い。出幅木が多く、端部の処理として枠にぶつける方法が簡単で納まりが良いためだ。

枠を付けない方法もある。正確には枠を壁と同面とし、継ぎ目をパテ処理して一緒に仕上げている。ただし、ジョイント部分のクラックに注意する。

戸当たりを工夫する

枠には戸当たりを付け、その幅は15㎜にすることが多い。シンプルな形状にする場合は、扉の表と裏で枠の見付寸法が変わることになり、ほかのドアと合わなくなるため、枠形状に工夫が必要だ【図2】。扉高さによってはレバーストッパーの切り欠きが見えるため、上部の戸当たりを大きめにする。気密性や防音性能の向上には、パッキンを付ける。

最近は下枠を付けずに床材を連続させるため、扉下部分の気密性、防音性が問題となり、オートマチックタイトを重宝する。扉下部に可動式のパッキンを埋め込み、扉が閉まると吊元側のボタンが枠に当たって押されパッキンが下がる【図3】。引戸も扉厚より広めの溝を枠に付け、扉がはまるようにすれば枠と扉の隙間がなくなる【図4】。

図1 | 開き戸(標準的な納まり) (S=1:3)

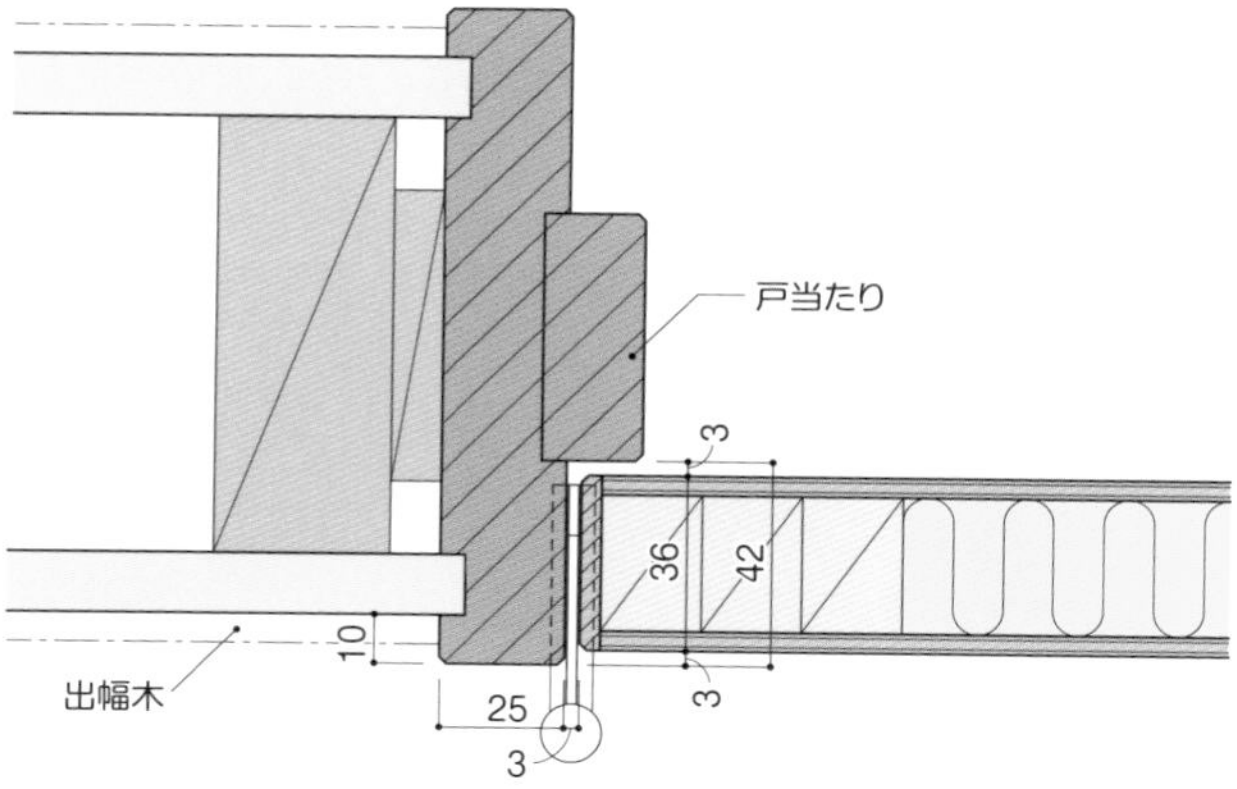

図2 | 開き戸(枠を工夫したシンプルな納まり) (S=1:3)

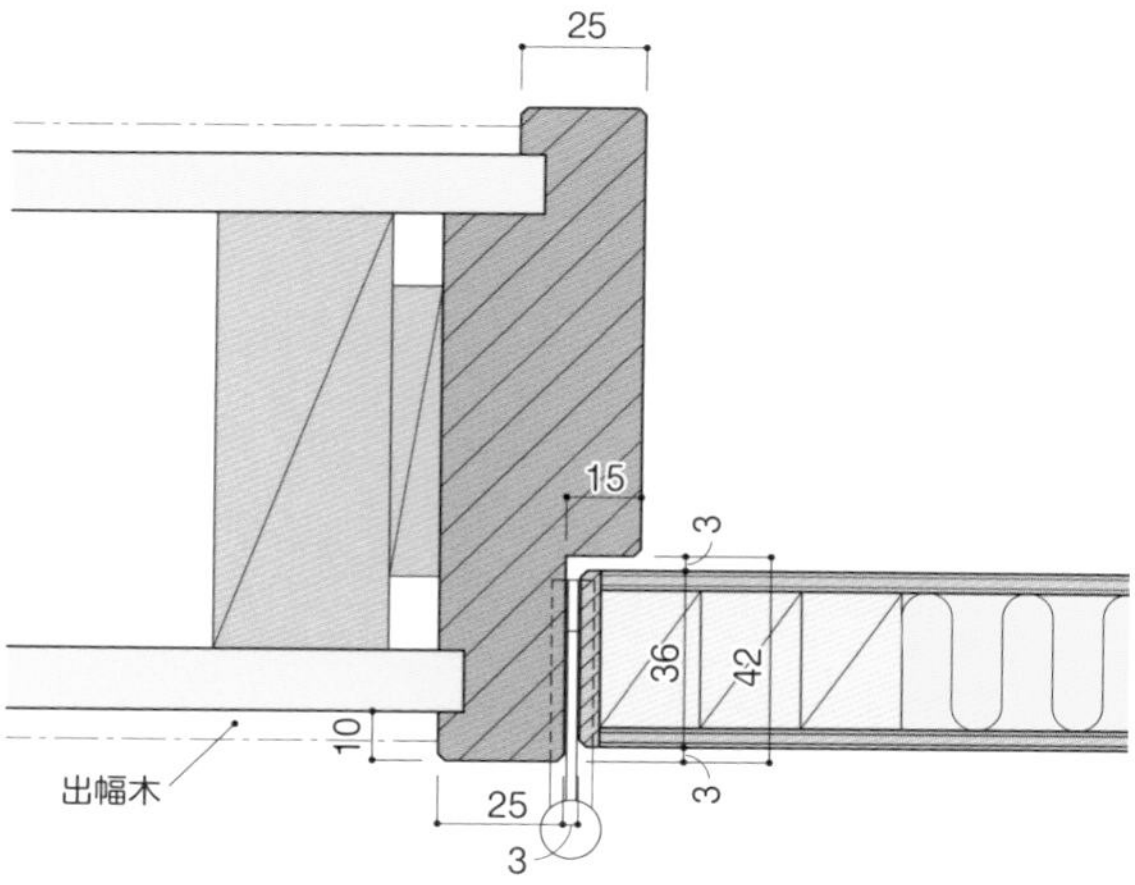

図3 | 開き戸(オートマチックタイトの納まり) (S=1:3)

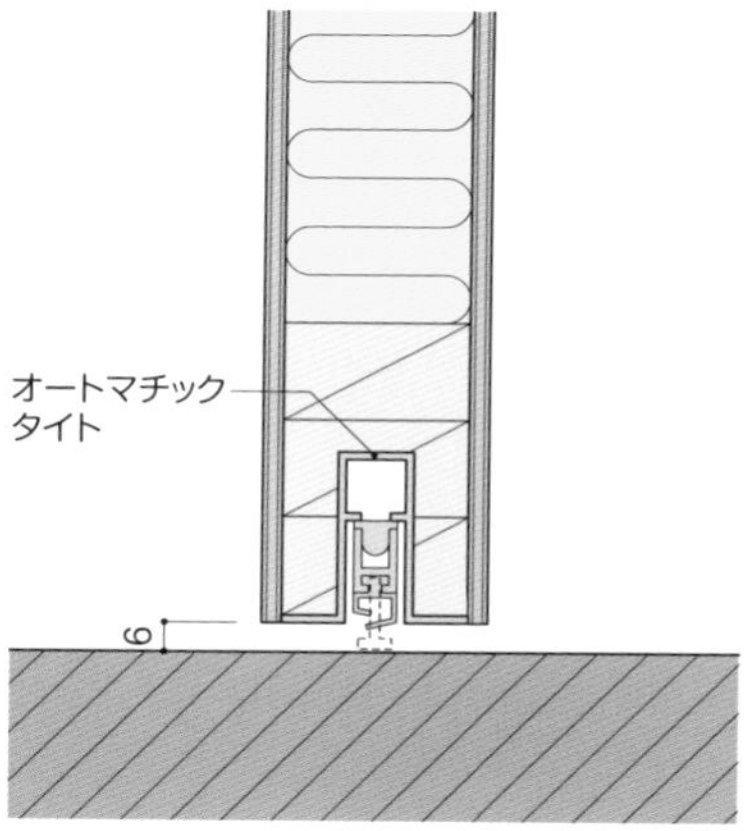

図4 | 引戸枠の納まり (S=1:3)

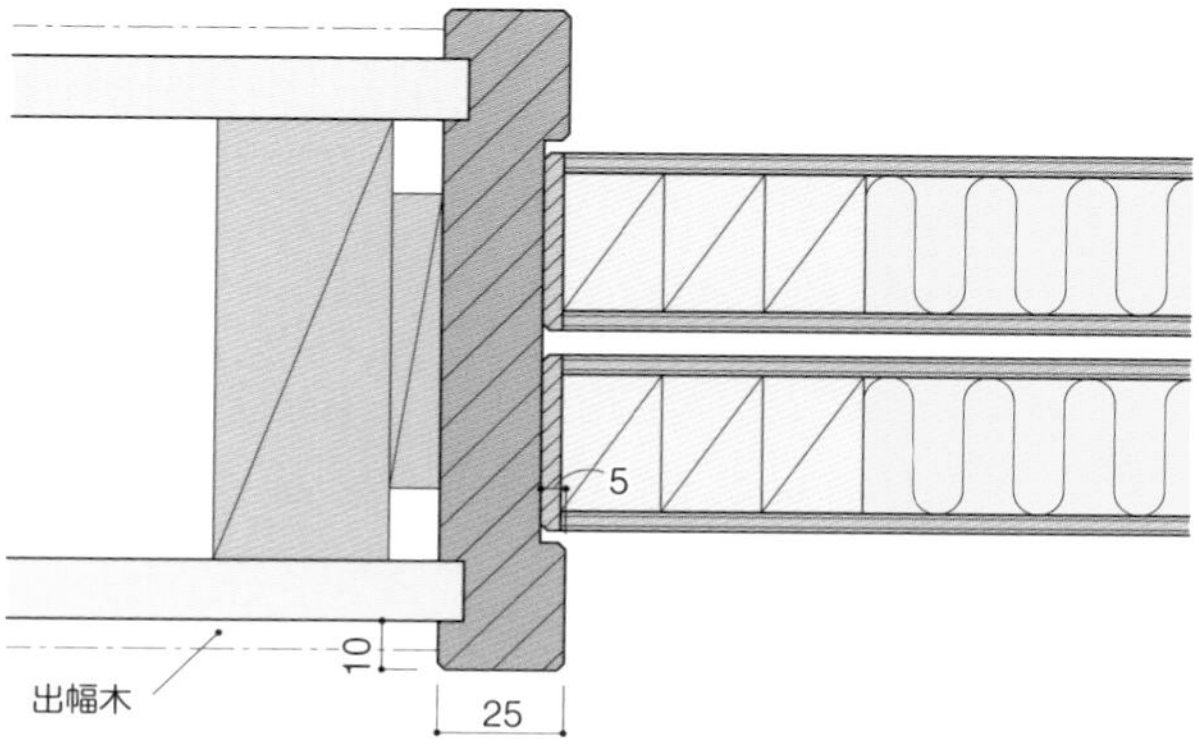

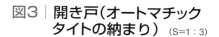

キッチンカウンターに合わせるスツール

断面図 (S=1：10)

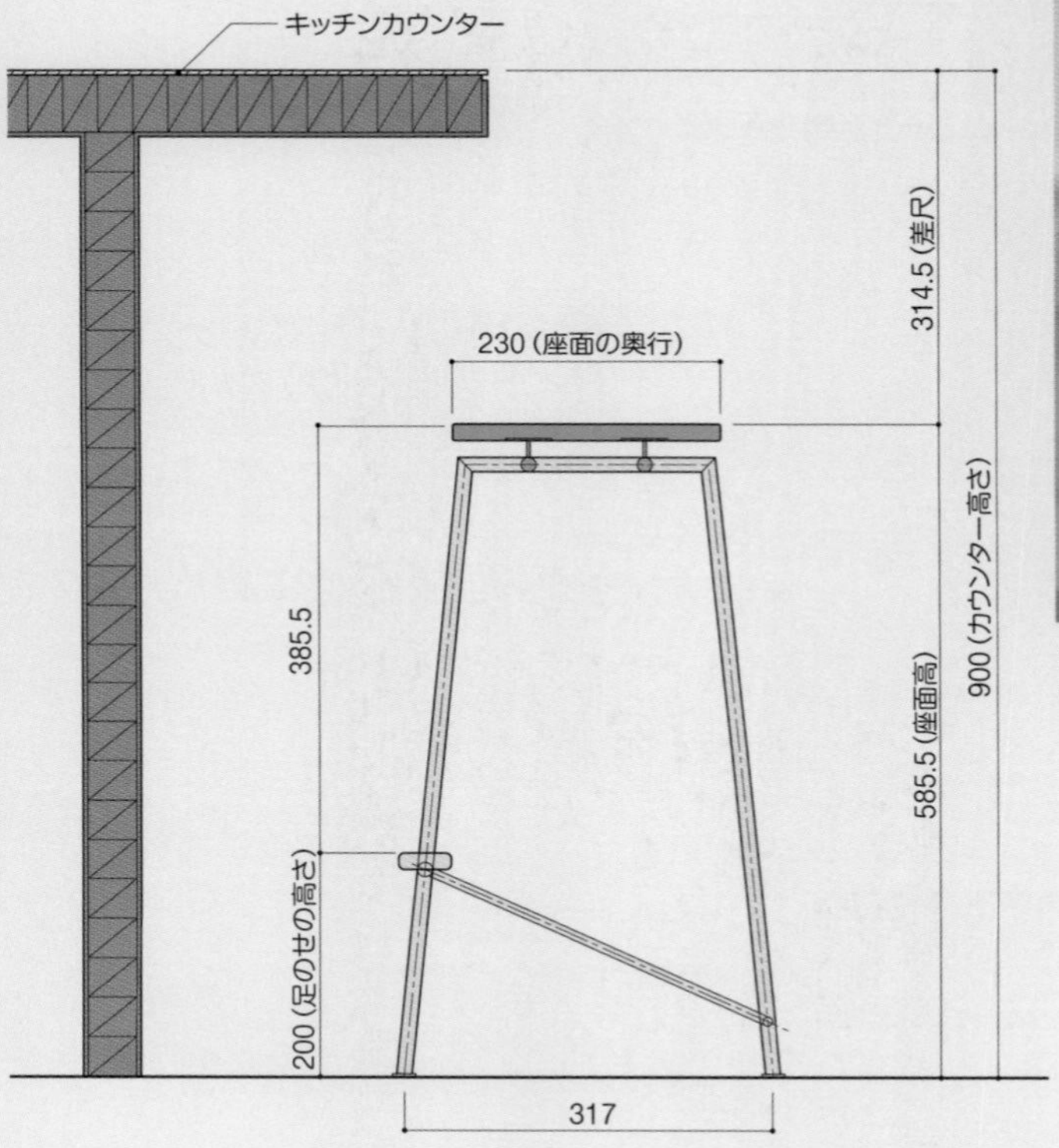

mrs.martini
設計・写真：STUDIO KAZ

２０００年ごろから、オープンキッチンのスタイルが変わってきた。それまではシンクの前に200～300㎜程度の壁を立てて手元を見えないようにしていたキッチンがほとんどだったが、そのころから手元を隠さず、キッチンのワークトップをそのまま延ばして対面カウンターとするスタイルに移行していった。

当初はメーカーのシステムキッチンの標準仕様では対応できず、特注するか、オーダーキッチンしか選択肢がなかった。今ではほぼすべてのメーカーが標準仕様として揃えているものの、依然としてその高さに対応できるスツールの種類が少なく、「かっこいい」ものとなると選択肢はまったくない。しかも、その希少なスツールも安定性は良いが、かなり重量がある。

そこで筆者は、キッチンの踏み台にもできるように、軽量で持ち運びが容易なスツールをデザインした【写真】。それがこの「mrs.martini」だ。ステンレスの脚部と木製の座面／足のせで構成され、木部はキッチンの面材に樹種と色を合わせて製作している。物販店の設計でも座面を革張りにして製作したことがある。

第5章
設備

059

採光

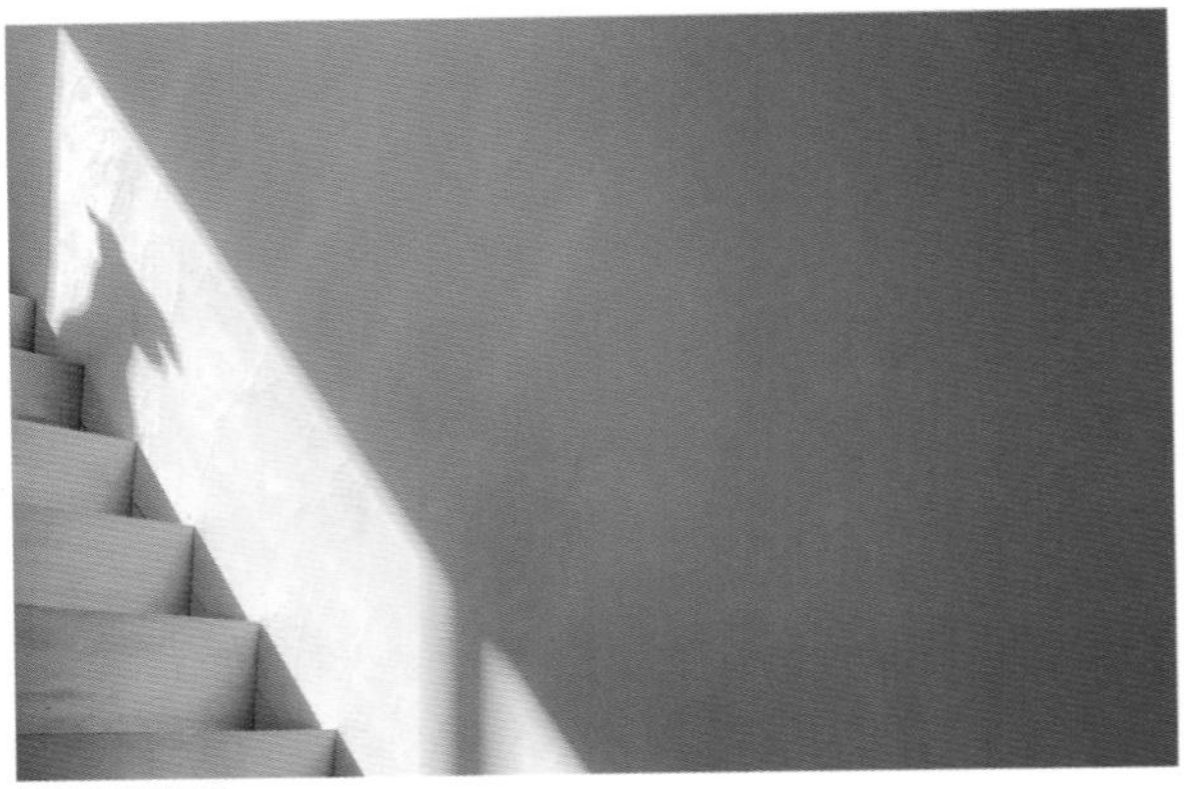

写真:STUDIO KAZ

Point
人間の営みには太陽光が不可欠
太陽光をコントロールして快適に過ごす

太陽光の恩恵

多くの動植物は太陽光がなければ正しく育成しない。建築基準法で「有効採光面積は居室の床面積の7分の1以上必要」と定められていることから、私たち人間にとっても、太陽光の存在が欠かせないことがわかる。昔の石や石炭の採掘現場では、過酷な労働条件下にあっても、必ず一日のうち数時間は太陽光を浴びる時間を設けるようにしていたという。

私たちがよく知る「体内時計」という言葉は、人間工学では「サーカディアンリズム（概日リズム）」と呼び、そこでは一日は25時間周期とされている。しかし私たちは24時間周期で生活しているので、どこかで1時間をリセットする必要がある。いくつかあるリセットを促すための「同調因子」の中で最も大きなものは「光」である［図1］。

太陽光をコントロールする工夫

日本には四季があり、日本家屋ではその季節による太陽の入射角を利用した家づくりがなされていた。夏は軒や庇によって太陽光を遮り、いったん地面にバウンドした間接光にしたり、障子に使った和紙の効果により、やわらかくした光を室内に取り込んでいた。太陽が高く昇らない冬は、軒や庇に遮られずに日光が直接室内の奥まで入り込み、室温を上げることに一役買っている。現在では窓ガラスによって外部と内部は隔てられ、太陽光が直接入ってくることが多くなり、カーテンやブラインドなどのウィンドウトリートメントを利用したり、最近では高機能ガラスを利用してコントロールしている［写真］。太陽光が届かない地下室や隣家が迫っている都心の住宅では、光ファイバーを使って自然の光を送る装置も販売されている［図2］。

図1｜太陽光と体内時計の仕組み

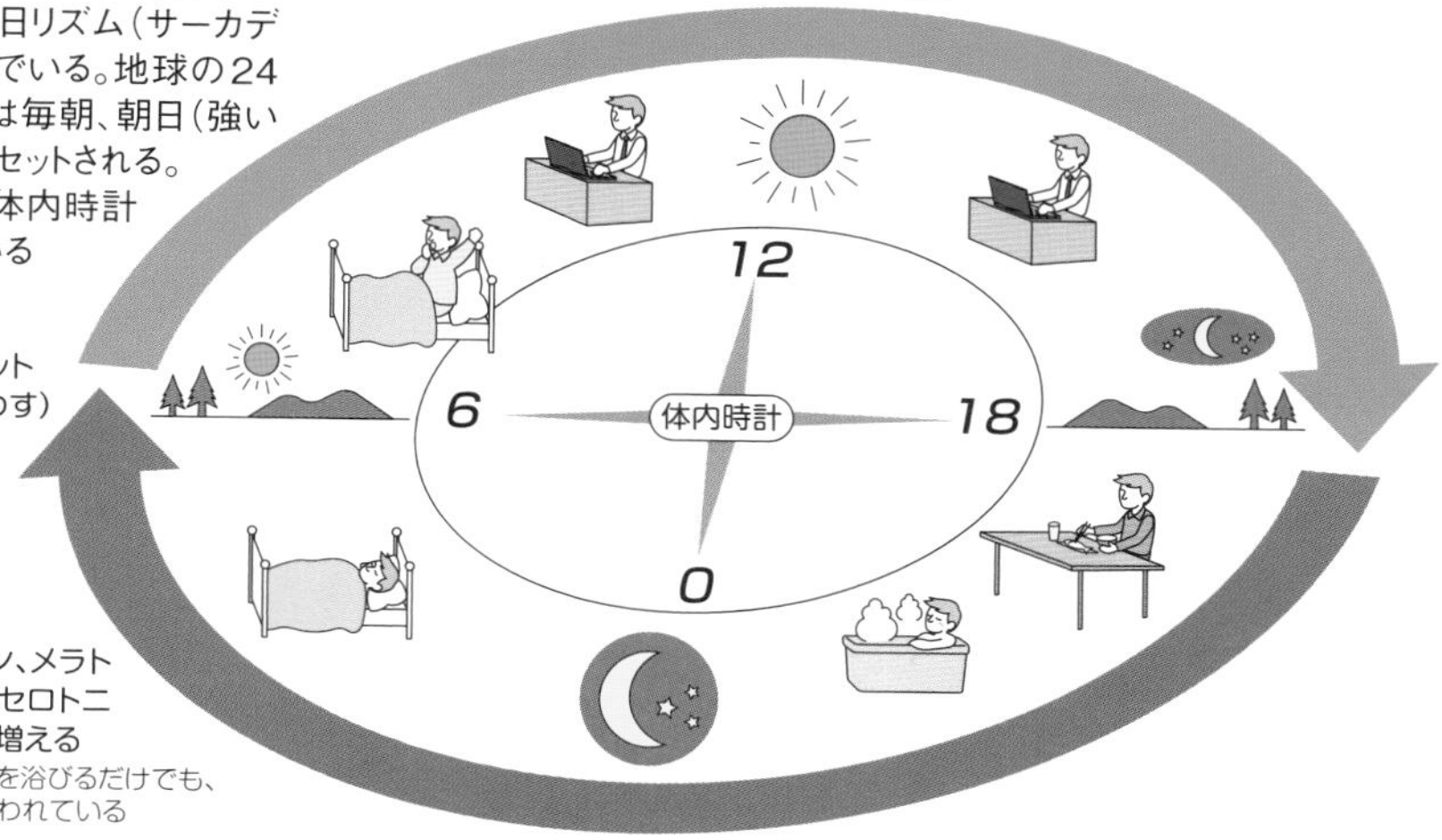
生物の体内に備わっていると考えられる時計を体内時計と言い、1日約24時間を周期とする概日リズム（サーカディアンリズム）を刻んでいる。地球の24時間リズムとのズレは毎朝、朝日（強い光）を浴びることでリセットされる。このように太陽光は体内時計に大きくかかわっている
日中、太陽光を浴びると分泌される神経伝達物質、セロトニン。これは、夜、眠りへと導入するホルモン、メラトニンの材料になるため、安眠のためには、昼間、セロトニンを増やしておくことが大切
朝日を浴びてリセット（地球の時間と合わす）
眠りを誘うホルモン、メラトニンは、材料となるセロトニンが多いとその分、増える
※日中、室内で太陽光を浴びるだけでも、眠りやすくなると言われている

図2｜太陽光を光ファイバーで室内に送るシステム

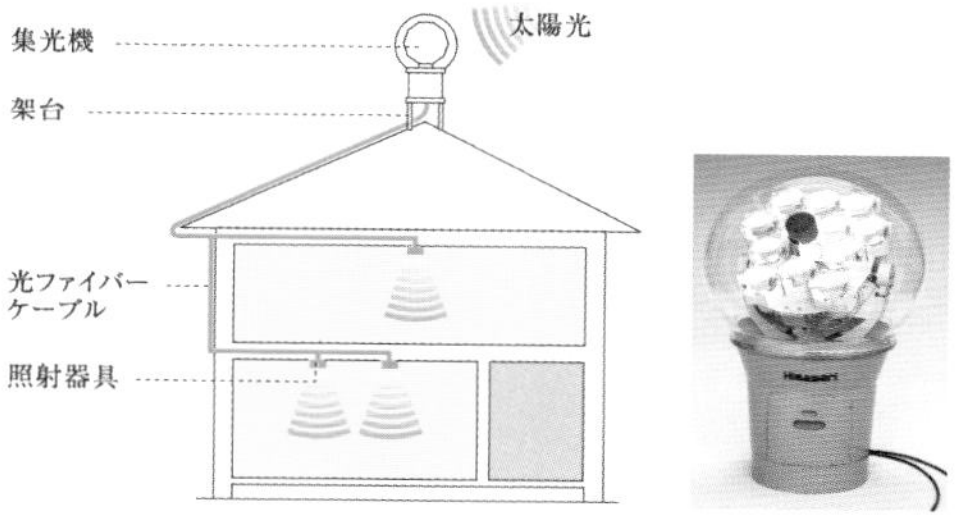

屋外に設置した集光機で太陽光を収集し光ファイバーで伝送し、専用照明器具で太陽光照明を行う。自然な色合いで、人工照明では再現が難しい高い品質の光が、室内の通常では太陽光が届かない場所にも届くようになる。

製品名：太陽光採光システムひまわり
資料提供：ラフォーレエンジニアリング株式会社

写真｜ウッドブラインドを用いた光のコントロール

ウッドブラインドは木の温かい雰囲気を持たせながらかっちりした形を保つことができる。和の空間にも合う。
企画:STUDIO KAZ　設計·施工:ambiance　写真:山口真一

Pick UP! 現場の話、あれこれ

目指すべき「エコ」とは

「エコ」と聞いて何を思い浮かべるだろうか？ 省エネ、節約、リサイクルなど物やお金を想像していないだろうか？ 採光が良いと昼間照明を付けなくてよいので、電気代やCO_2の削減につながるのはもちろんエコだが、さらに大切なことは、エコロジー（生態学）としても重要であること。室内に太陽光が入ることでセロトニンが分泌される。メラトニンが合成されやすく快眠になり、体内時計がきちんと動く。心と体も元気になる。人と地球とお財布に優しい！ これこそ目指すべき「エコ」であろう。

060

照明の基礎知識

設計・写真:STUDIO KAZ

Point
照明（人工光）は太陽（自然光）の代用である
LEDの登場であかり文化は劇的に変わった

あかりの歴史

古来、人間は太陽とともに起き、太陽とともに寝る生活だった。ある時、火を起こすことを覚え、調理や獣を避ける道具だけでなく、暗闇を照らす『照明』の役割を果たすことを知る。そこから19世紀末に電気が普及するまで、生活の中の照明は全て裸火だった。初めは油を使った火＝灯りだけだったが、和紙で覆うことで光が拡散され、インテリアが一気に明るくなった。

1879年にトーマス・エジソンが白熱灯の開発に成功、日本では1884年に初めて白熱灯が使われてから、電気による照明が普及していった。

1938年に発明された蛍光灯が、日本では第二次大戦後の高度成長期に普及し、日本の夜の風景が白く変化する。

1993年、日本人により青色発光ダイオードが発明され、光の三原色（P31参照）が揃ったため、LED照明の実用化が加速する。省電力・長寿命・高輝度・低温度といった環境に優しい特徴を持つLEDは、研究・改良により実用性が上がり、2010年頃からは照明器具のほとんどの光源はLEDに置き換えられた。

照明計画の再構築

火から白熱灯、蛍光灯、LEDと光源が変化し、OLED（有機EL）まで登場、さらに私たちを取り巻く環境が、地球温暖化や公害問題、自然災害などで劇的に変化し、これまで普通に使っていた白熱灯や蛍光灯が使われなくなった。白熱灯と蛍光灯、LEDは光の質が全く異なるため、照明計画の再構築が不可欠となった。エジソンが白熱灯を発明してからたった140年の間に私たちのあかり文化は、こんなにも劇的に変化したのである。

図1 | 空とあかりの色温度

（参照：コイズミ照明カタログ）

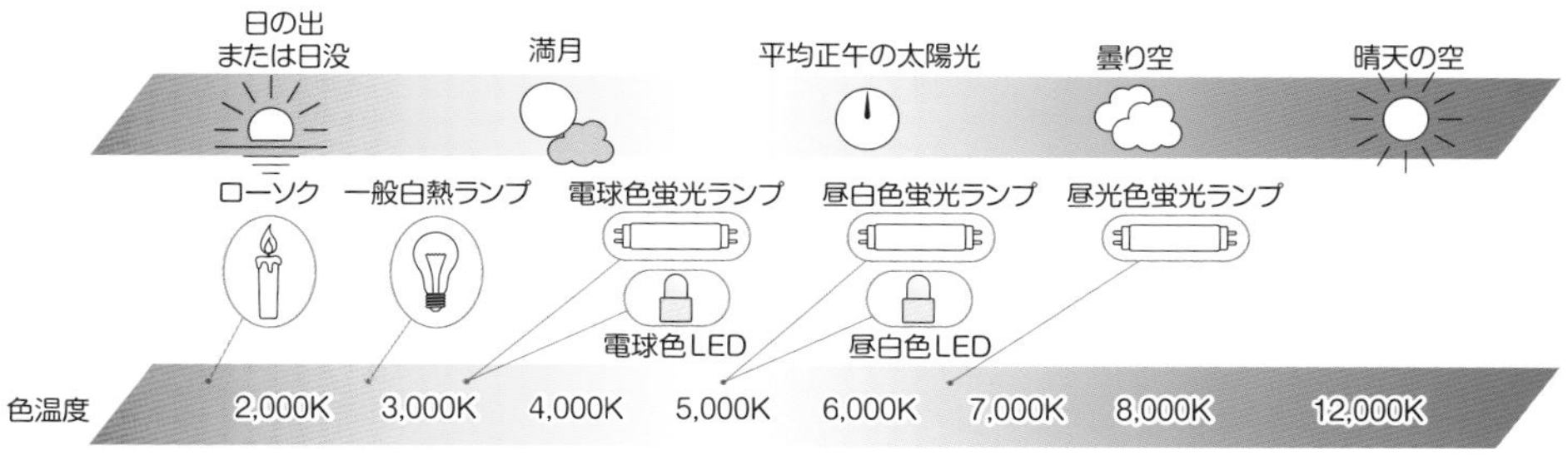

単位:ケルビン(K)

図2 | 照明用語

光束（lm）	光源（ランプ）から発せられる光の量
光度（cd）	光の強さ
照度（lx）	光を受ける面の単位面積当たりの光の量
輝度（cd/㎡）	ある角度から見たときの光の強さ、まぶしさ
色温度（K）	光の色を表す単位。赤いほど数字は低く青いほど数字は高い
演色性（Ra）	光を当てたときの照射物の色の再現性を表す単位。Ra100が最も色を再現していることを示す
グレア	不快感や物の見えづらさを生じさせるような「まぶしさ」
反射率	内装材の材質、色により変わる。照度計算する際に必要となる

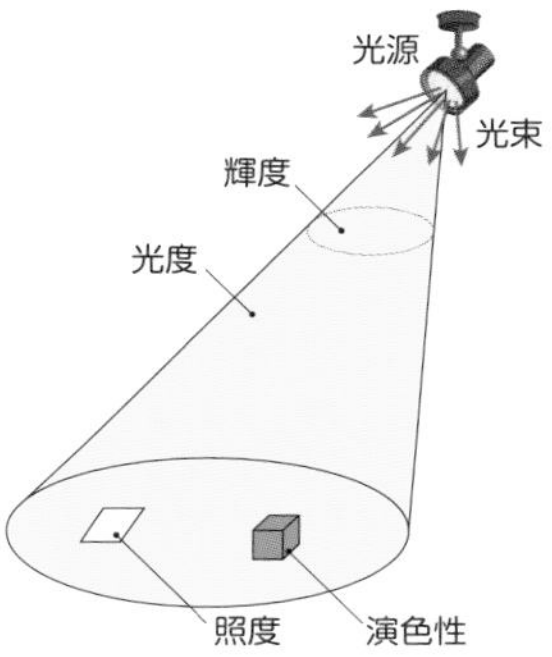

写真 | 色温度とインテリア

2700Kの住宅インテリア（昼）
設計:STUDIO KAZ　写真:山本まりこ

2700Kの住宅インテリア（夜）
設計:STUDIO KAZ　写真:山本まりこ

2700Kのオフィスインテリア
設計:STUDIO KAZ　写真:山本まりこ

6000Kのオフィスインテリア
設計:STUDIO KAZ　写真:垂見孔士

設計・写真:STUDIO KAZ

061

照明計画

Point
部屋の雰囲気は照明計画で決まる
明るさの濃淡を意識する

必要なところが必要なだけ明るい

日本の家ではずっと、部屋の天井の真ん中に照明器具をひとつだけ付けることがほとんどだった。時代によって、その照明器具が裸電球から傘付の白熱灯、蛍光灯へ、ペンダントライト（と言えないようなぶら下がり照明器具）、シーリングライトへと変化していた。それは、部屋をいかに均一に明るくすることに注力しているかのようだ。ここ十数年は、ダウンライトによる多灯型の照明計画も見られるようになったが、ダウンライトを均等に配置するパターンが多く、それでは照明計画とは呼べない。単に明るさを得ただけだ。

ヨーロッパの照明計画はとても暗い。まさに「必要なところが必要なだけ明るい」という照明計画だ。しかし、暗いが不便ではない。そのうえ明るさの濃淡（明るいところと暗いところ）がはっきりしているので、空間に奥行感が生まれ、非常に色っぽい空間になる。

タスク・アンド・アンビエント

例えば肉屋の照明は赤く、魚屋の照明は青い。それらは売っている食材がいかに美味しく見えるかを計算して設計されている。店内の明るさ（アンビエント）と商品を際立たせる照明（タスク）を考慮しているのである。レストランでも店内の雰囲気を作る照明とテーブルの上の料理を美味しく見せる照明を組み合わせて計画する。照明計画によって高級感やリゾート感を演出することもできる。蛍光灯の白い灯で煌々と明るい飲食店では美味しそうな食事が出てくる気配がない。

住宅においてもリビングとダイニング、キッチン、個室、洗面、とタスク・アンド・アンビエントを最大限考えて計画するべきなのは言うまでもない【写真】。

表｜行為における照度の目安

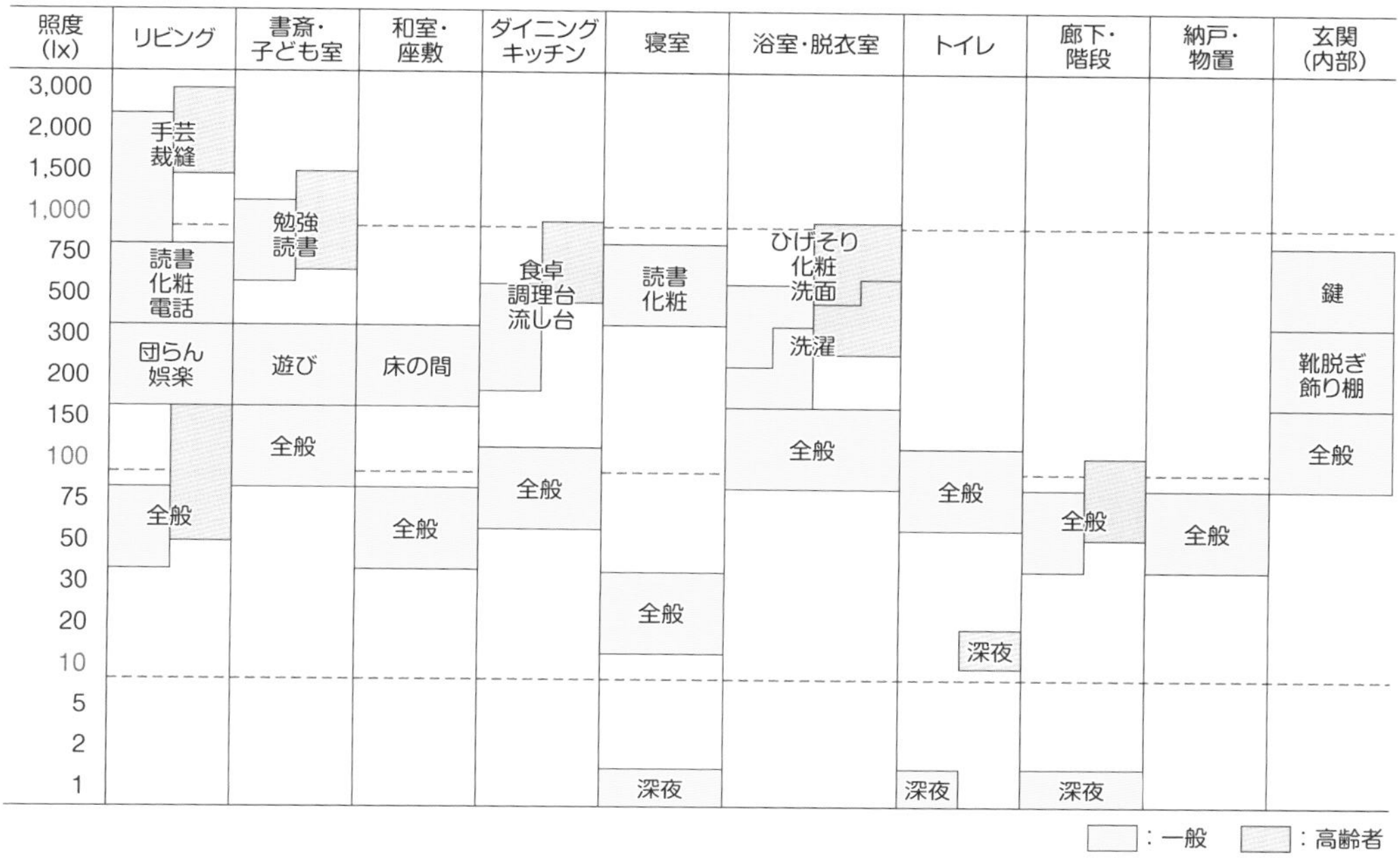

写真｜タスク・アンド・アンビエントの照明計画

設計:STUDIO KAZ　撮影:Nacása and Partners

設計:STUDIO KAZ　撮影:山本まりこ

Pick UP! 現場の話、あれこれ

照明計画は色温度に注意

照明計画では、タスクを考えると照度が最も重要であり、アンビエントを考えると色温度（あかりの色）が重要だと考える。一般的に色温度が低いほどリラックスした気持ちになるので、休息を取りたい住まいの照明は色温度を低く設定するが、頭を活発に働かさなければならない学校やオフィスでは色温度を高くした方がよい。理想を言えば、太陽の色温度に合わせて室内の色温度も変化させられればよいのだが、LEDになって、プログラムが組みやすくなったので、近い将来それが標準になるかもしれない。

062

照明器具

Bon jour versailles
Designer:Philippe Starck
写真提供:日本フロス

Point
照明器具はプロダクトデザイン
器具の大きさや質感、光の出方をショールームで確認する

照明器具の種類

照明計画は明るさのデザインだが、照明器具はプロダクトデザインである。灯がついていない時の佇まいを意識すべきである。

照明器具は取り付けられる部位によって名称が異なる【図】。天井に埋め込まれるダウンライト、天井からぶら下がるペンダントライト、天井に直付されるシーリングライト。壁にはブラケット。床に置くフロアランプ、テーブルの上に置くテーブルランプ、勉強や仕事のためのデスクライトなどがある。他にも何かを照らすことを主目的としたスポットライトや光源を多くした（多く見せる）装飾性の高いシャンデリアなどがあり、それらを行為とインテリアの雰囲気に合わせて選ぶ。

間接照明の極意

最近は間接照明が流行っている。間接照明とは器具本体が直接見えず、かつ建築のどこかの部位（床・壁・天井）に一度バウンドさせて、光を柔らかく拡散させた照明計画である。建築化照明とも呼ばれ、照明器具単体ではなく、空間の一部として扱われるため、早い段階での打ち合わせが必要となる。グレアのないやわらかな光の存在は、建築物との一体感があり、ホテルや商業施設だけでなく一般住宅でも多く取り入れられている。

間接照明を計画するとき、照明器具をバランスよく配置したいばかりに、器具同士の間隔をあけて配置してしまう現場を見かけるが、光が途切れてしまい残念な見た目になる。また、照明をバウンドさせる部位がツヤのある素材や仕上げだと、光源が映り込み、せっかくの雰囲気が台無しになる。素材では、鏡は光を反射するが拡散はしないので、間接照明の相手としては不向きだ。

図｜様々な照明器具の名称

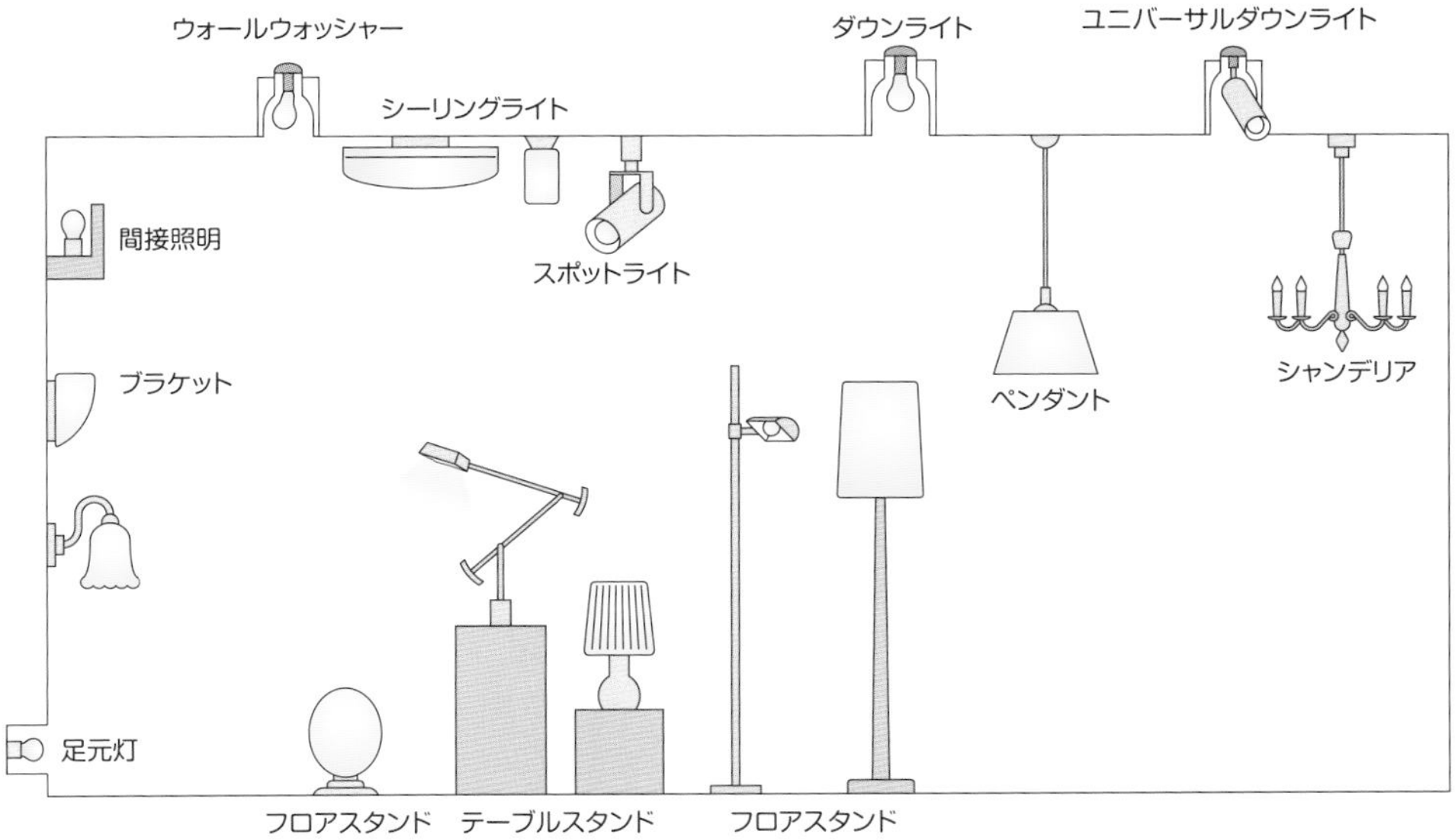

写真｜様々な照明方式を使った例

設計:STUDIO KAZ　撮影:山本まりこ

設計:STUDIO KAZ　撮影:山本まりこ

Pick UP! 現場の話、あれこれ

ペンダントライトは高さが重要

ダイニングテーブルの上にはペンダントライトを吊り下げる計画をすることが多いだろう。問題はその高さだ。日本では一室一灯時代の名残からか、かなり高い位置にすることが多い。理想の高さはテーブルトップから7〜800㎜程度が最もバランスがよい。テーブル上の料理を中心に照らし、テーブルからできるだけ光がこぼれない位置に設定するとよいだろう。キッチンのワークトップ上に付けることもあるが、その場合はもう少し高く、ワークトップから1〜1.2mにすると頭をぶつけなくてすむ。実際に設置する器具の形状や明るさなどによって最適な高さは違うので、実物を見て現場で決めるのがよいだろう。

063

照明プログラム

設計:STUDIO KAZ　照明計画:FORLIGHTS　写真:山本まりこ

Point
シーンに合わせて照明を使い分ける
シーン設定はこれからの照明計画の最重要ポイント

シーンに合わせた照明計画

ＬＥＤが普及するずっと前だが、メイクルームの家具の設計を手掛けたことがある。その時にミラーの両側に電球を並べて設置して、正面から顔を照らせるようにした。いわゆるハリウッドランプ（女優ライト）といわれる手法だが、電球は同じ形状の２７００Ｋと５０００Ｋの蛍光灯を交互につけた。施主からのリクエストだったのだが、２７００Ｋでは夜のパーティ用のメイク、５０００Ｋでは昼間の外用のメイクというわけだ。そこまで特殊なケースでなくとも、日常生活の中では様々なシーンが連続する。食事のシーン、映画を見るシーン、音楽を聴くシーン、語らう、ペットと遊ぶ、本を読む、寝る、全ての行為にはそれぞれに適した照明計画がある。照明の違いでその行為に没頭することができるようになる。加えて昨今の住空間のつくり方はビッグルーム＝ワンルーム化している。よって、ひとつひとつの生活シーンに合わせて照明計画を使い分ける必要がある。

シーンコントローラーを利用する

そのときに有効なのが「シーンコントローラー」と呼ばれるプログラムシステムだ。回路ごとのＯＮ／ＯＦＦや調光、タイマーなどをあらかじめ設定しておくことにより、ボタン一つで簡単に操作することができる。照明が変わることによって、そのシーンにふさわしい環境を演出することができる。最近ではＡＩスピーカーも登場し、照明のシーンコントロールは身近になってきた。シーンコントローラー以外にも、これまでもあった人感センサーや光感知センサー、タイマーなどを利用することでシーンに合わせた使い方ができる。照明プログラムの重要性は、今後さらに高まっていくだろう。

写真｜コントロールユニット

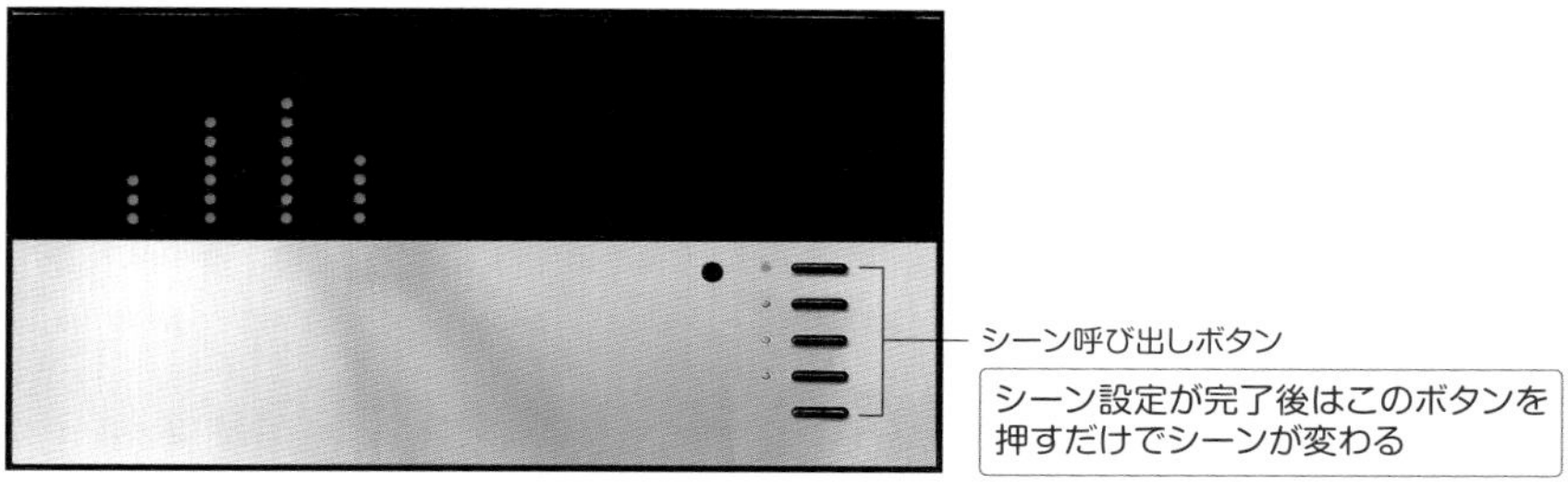

グラフィックアイ3000
写真提供：ルートロン アスカ

図｜システムマップ

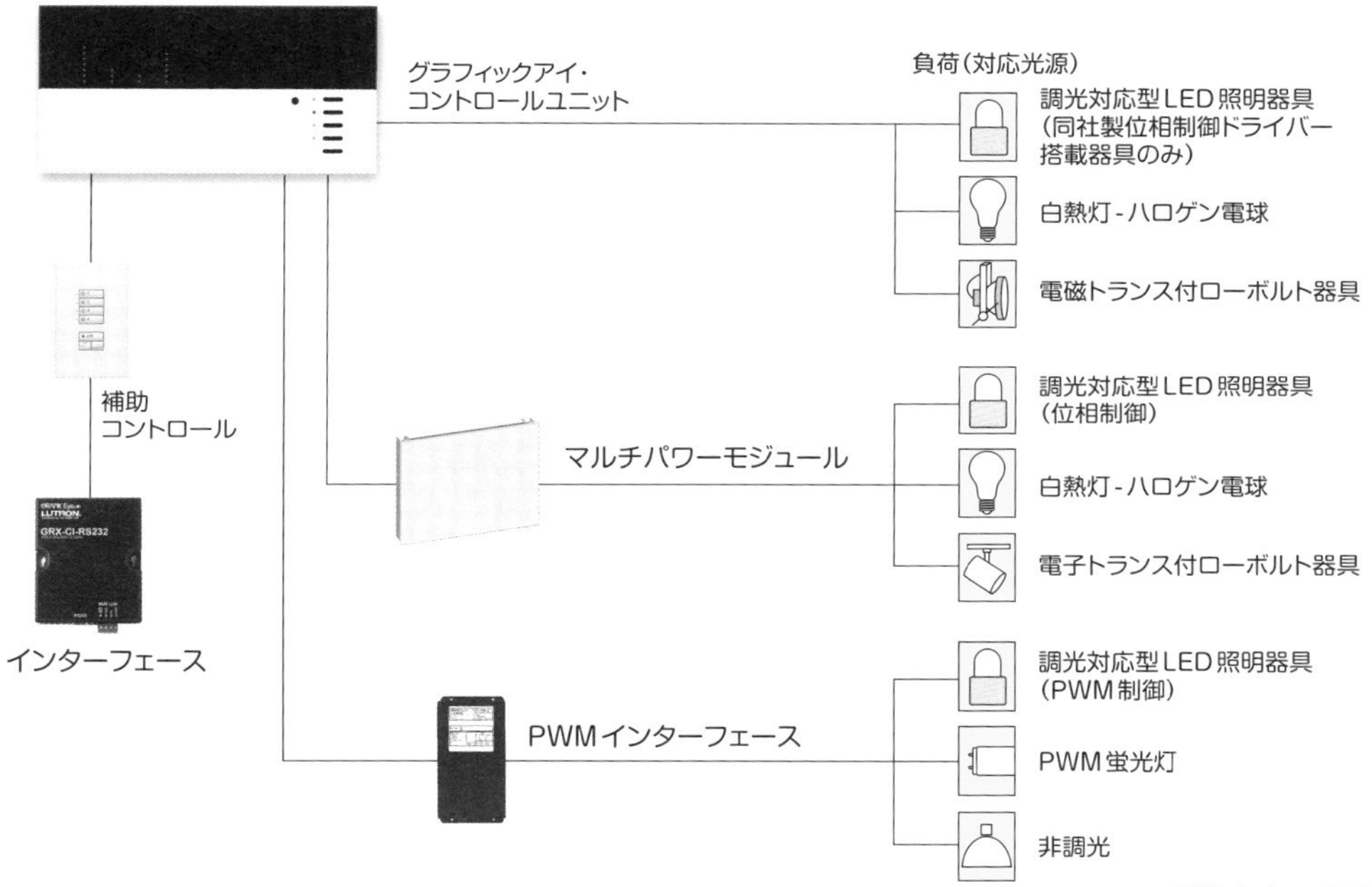

図提供：ルートロン アスカ
※図はグラフィックアイ3000のシステムマップです

Pick UP! 現場の話、あれこれ

LEDで広がる光の世界

白熱灯の調光システムでは電圧をコントロールすることで明るさを調整していた。しかしLEDは電圧をコントロールしてもスムーズに調光することはできない。LED専用のコントロールシステムを使用しなければならない。またLED器具と調光スイッチには相性があり、各照明メーカーは実験、調整をしているので、できれば使用する照明メーカーのコントローラーを使った方がよい。しかしスイッチのデザインが合わないという問題もある。

もうひとつ注意すべき点がある。白熱灯は電圧を下げて暗くなるとともに色温度も下がる。しかしLEDの調光では色温度は変わらない。調光の雰囲気は全く違うのだ。

設計:STUDIO KAZ　撮影:山本まりこ

064

コンセント・分電盤

Point
電気は電柱にある変圧器で100～200Vに落として各戸に届けられる
電気使用量が1kWを超える場合は専用回路とする

分電盤と回路数

戸建住宅でもマンションの一室でも、引き込まれた配線（幹線）はまず分電盤に入れられる。そこから電力会社が取り付ける電流制限機（アンペアブレーカー）を通って漏電遮断機を経由して、複数の配線用遮断機（安全ブレーカー）に分かれ、分岐回路（配線）の先のコンセントや電気機器（負荷）につながる。1回路には15Aまで、複数の機器をつなぐことができるが、エアコンをはじめとした消費電気容量が大きいものは専用回路に分ける。電化製品により100V／200Vと異なる場合も専用回路とする。最近のキッチンでは電子レンジなど電気容量が大きな機器が多いため、リノベーション前に比べて回路数が格段に増える。予備回路数によっては分電盤の交換が必要となるので、既存の分電盤や回路の状態を確認することを忘れないようにする。

一般住宅では単相3線式が主流

今では一般住宅には「単相3線式」と呼ばれる方式で配線される【図】。コンセントにつないですぐに使えるPC、電話器、アース付きコンセントを使用する冷凍冷蔵庫や洗濯機などモーターを使ったものも100Vで使用する。最近ではエアコンやIHクッキングヒーター、食器洗浄機など200Vで使用する機器も多くなった。

単相3線式はこのように100V／200Vの両方を使い分けることができるが、古い建物ではたまに単相2線式のままの場合がある。戸建であれば電信柱からの引き直しも可能ではあるが、集合住宅の場合は住人全体の同意と費用が必要なため、単相3線式に変更することは難しい。LEDや通信機器、PCの周辺機器など最近では12V電源やUSB給電の機器も増え、インフラの再構築が望まれる。

図｜単相3線式100V/200Vの配線図

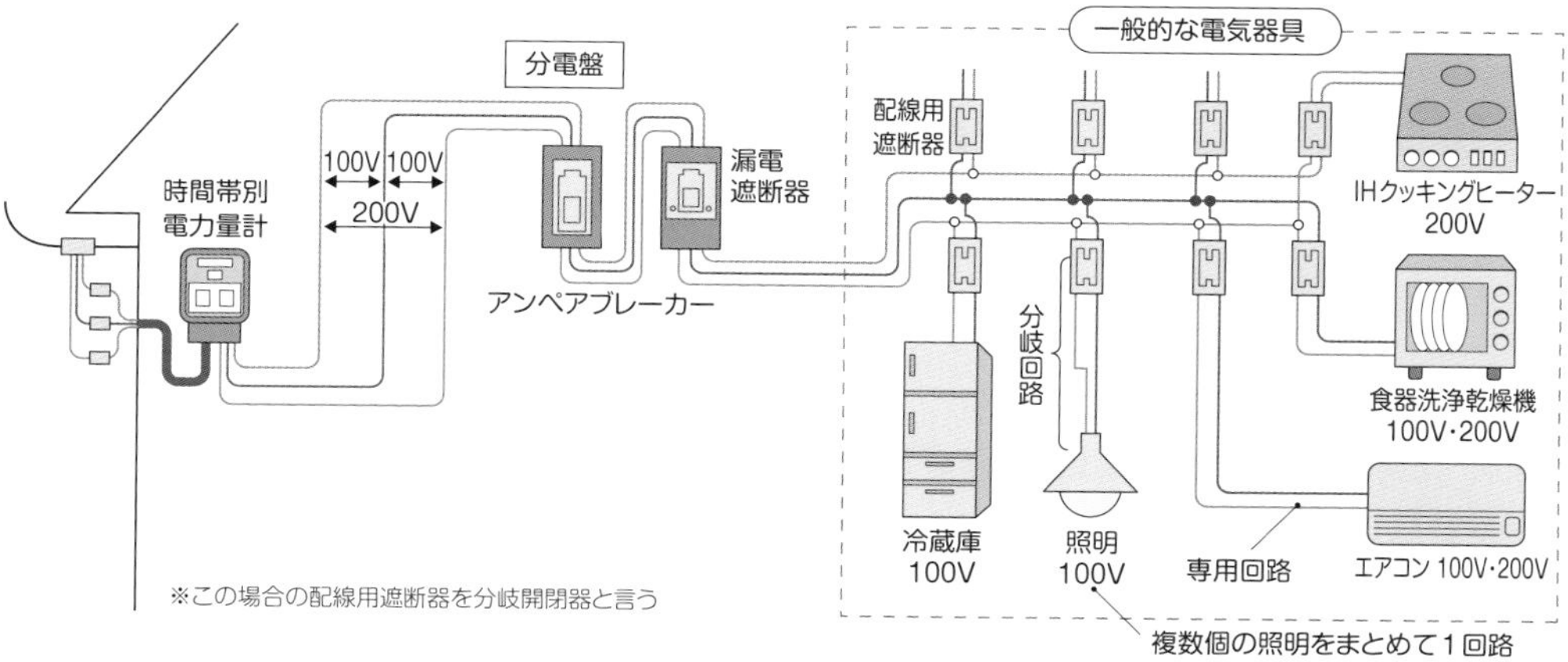

写真｜コンセントやスイッチ

最近はスイッチやコンセントのデザインバリエーションが増え、選択肢が増えたことは嬉しい。エッジが効いたスクエアーなタイプや、クラシックな印象のタンブラー型スイッチやトグルスイッチなども人気だ。リノベーションでは壁内に配線を隠蔽せず、露出配線とすることがあるが、その際にケーブルを隠すための鉄管や金属ボックスなども充実してきたので、合わせて採用を検討したい。

NKシリーズ
KAGラインアップ

写真提供:
神保電器株式会社

トグルスイッチ
PXP-TTS-10型

写真提供:
スガツネ工業株式会社

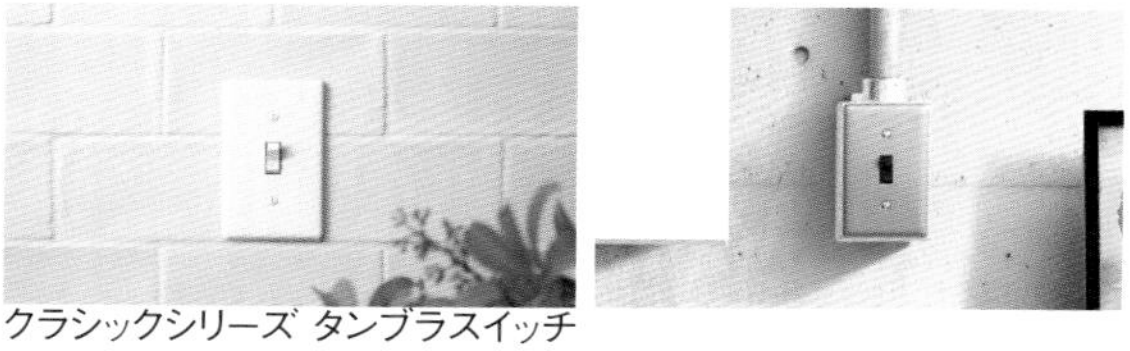

クラシックシリーズ タンブラスイッチ

SO-STYLE

アドバンスシリーズ

すべて写真提供:
パナソニック株式会社

Pick UP! 現場の話、あれこれ

コードレス充電システム

最近はスマートフォンを目覚まし時計代わりに使用する人も多くなった。住宅に限らずホテルの枕元にも充電用の電源が必要だ。最新のスマートフォンはワイヤレス充電ができるタイプが主流になり、家具に埋め込むタイプの機器も出ており、スマートな納まりが可能になった。

オフィスでも個人でのPC、タブレットが不可欠であり、打合せテーブル上にケーブルがきれいに納まるディテールが必要だ。

ワイヤレス充電の標準規格Qi（チー）対応の充電器。Qi対応機種であれば、メーカーや機種に関係なく、置くだけで充電できる。

資料提供:スガツネ工業
商品名:ZENS ワイヤレス充電器シリーズ

写真提供:Bose　商品名:Bose Home Speaker 500

065

インターネット環境
～LANとWi-Fi

Point
これからの住まいはインターネット接続が不可欠
有線LANと無線LANの規格を確認する

日に日に増す インターネットの重要性

現代生活において、インターネットの存在は欠かせない。最近ではインターネット経由で映画や動画の配信を利用している人も多いので、PCだけでなくテレビにも高速なLAN配線をつなぐ。

電信柱から建物までの配線は、戸建であれば光ケーブルを引き込むことが多い。マンションの場合は建物が対応していないと対応が難しいこともあるので理事会や管理会社に確認が必要だ。マンションでは一般的にはVDSL方式が多く、光回線とは10倍ほどの違いが出る。宅内では無線LAN・Wi-Fiの利用も多くなっているが、安定した通信としたい場合は、有線LANにした方がよい。特にデータ量が多くなる映像・動画は有線LANにすべきだろう。

LANのカテゴリー

LANケーブルにはカテゴリーと呼ばれる規格によって、通信速度に大きな差が出る。後々配線をやりかえることを考えて、壁内はCD管を使用した方がよいだろう。Wi-Fiにも規格があり、できるだけ最新のルータを使った方がよいだろう。ただし、戸建では建物の構造によってWi-Fiの電波が届きにくいこともあるので、親機を置く場所や中継機の設置などの検討が必要だ。

今後は家中のあらゆる家電製品がインターネットに接続される「スマート家電」化していくだろうし、行政の手続きなどのオンライン化が進むだろう。働き方が劇的に変化し、リモートワークが中心となり、様々なコミュニケーションがオンラインになった。完全に戻ることはないと思われ、よりインターネットの重要性が増すだろう。

図1 | 宅内LANの仕組み(戸建)

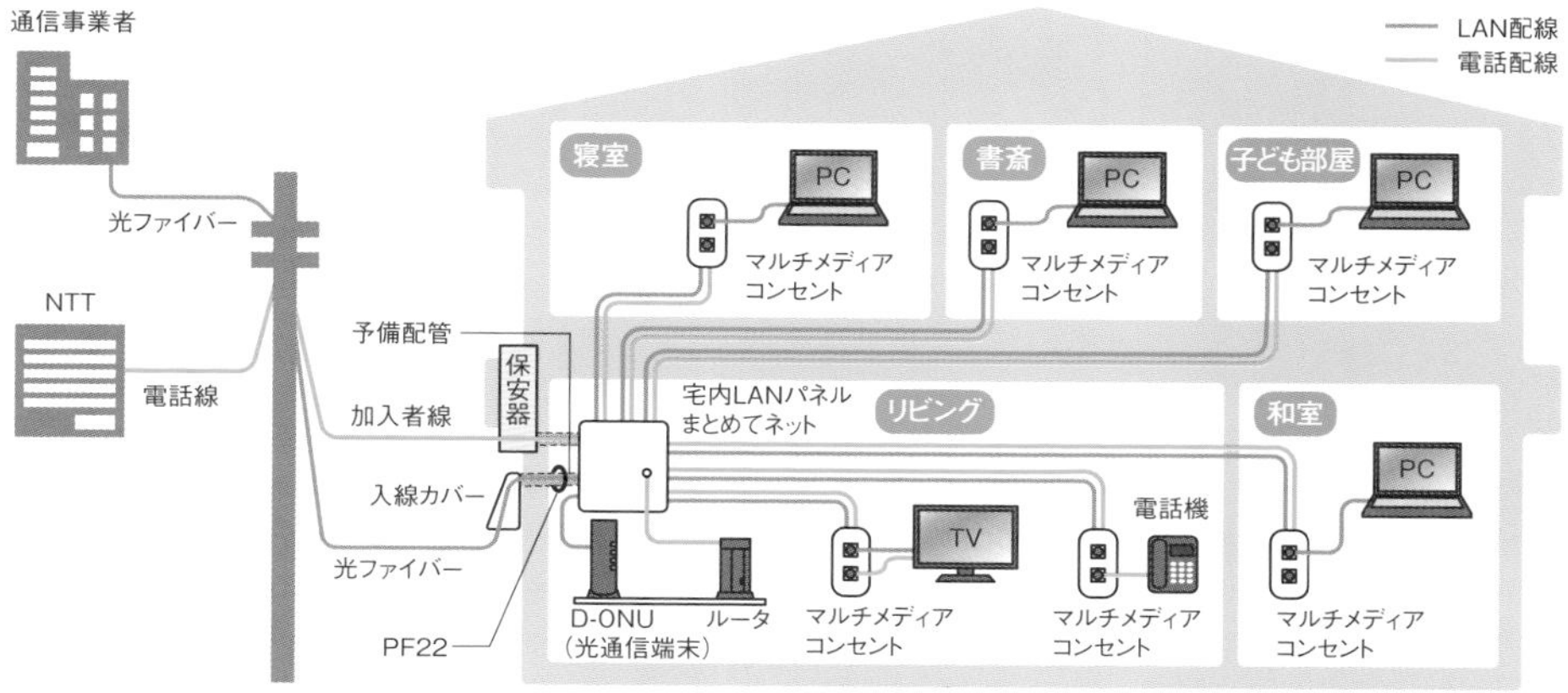

図2 | 宅内LANの仕組み(マンション)

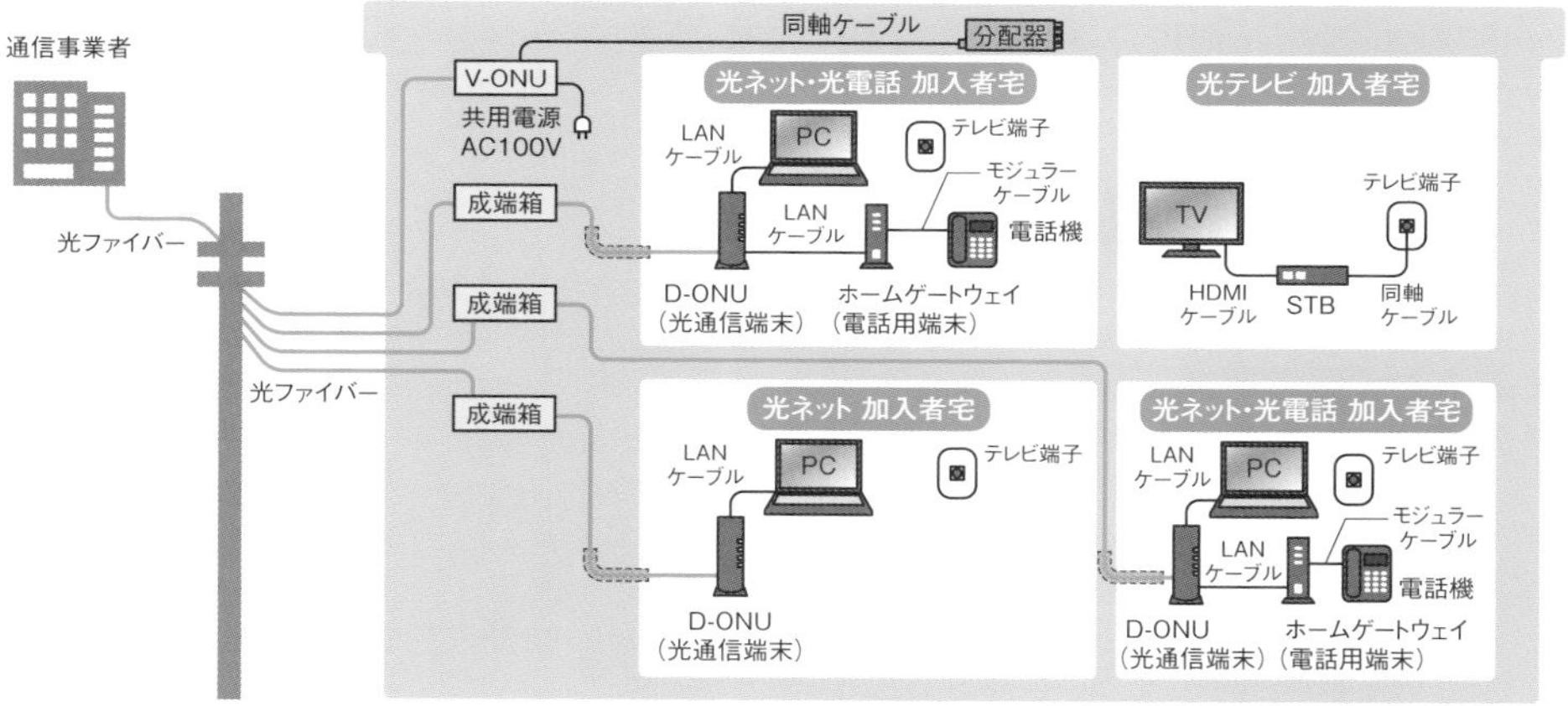

写真 | 在宅ワークスペースの例

設計・写真:STUDIO KAZ

設計:STUDIO KAZ　写真:山本まりこ

066

換気計画

設計:STUDIO KAZ
写真:山本まりこ

Point
室内換気は法にも定められている
必要換気量は出口で計算する

自然換気と機械換気

最近の建築物は「高気密・高断熱」化が進んでいる。さらに接着剤や塗料などから放散されるホルムアルデヒドやVOCといった化学物質が「シックハウス症候群」など健康被害の原因物質とされ、問題視されている。そのため室内の換気計画は重要な課題となっており、建築基準法でも24時間換気装置の設置が義務付けられている。

換気には自然換気と機械換気がある。自然換気はさらに、風力換気と温度差換気に分かれる。一般的に「換気」とは風力換気のことで、建築基準法で「床面積の1／20以上の有効換気面積が必要」と規定されている。2方向に開口を設け、風が通り抜ける仕組みをつくることが理想的である。

必要換気量は部屋の用途、汚染物質の発生程度、在室者の数などから算出され、トイレやキッチン、バスルームなど短時間に大量の汚染物質が発生する空間では、機械による強制換気を必要とする。特にキッチンでは酸素を消費してガスを燃焼、二酸化炭素を放出するため、換気不十分だと事故が起こってしまう。キッチンでの必要換気量は、計算式を用いて算出する**【表1】**。

排気と給気のバランスが重要

換気計画は、排気だけでなく給気も含めて考えなければならない。排気量よりも給気量が少ない場合、部屋のなかが負圧状態となり、建具などの隙間から強く空気が入り込んで風切り音がしたり、出入り口のドア（内開き）が開けにくいなどの現象が起こる。また、シロッコファンでは排気ダクトで屋外まで排気を運ぶが、その距離が長くなるほど、さらに曲がりの回数か増えるごとに換気能力は弱くなる。機械側の換気量ではなく、出口の換気量で計算しなければならない。

表1｜火気使用室における必要換気量算出の計算式

台所などの火を使用する調理室などの必要換気量は、以下の式により求めるよう定められている

建築基準法施行令第20条の3第2項／昭和45年建設省告示第1826号

必要換気量(V)＝定数(N)×理論廃ガス量(K)×燃料消費量または発熱量(Q)

V:必要換気量(m^3/h)　N:換気設備により下図を参照して選択　K:理論廃ガス量(m^3/kWhまたはm^3/kg)
Q:ガス器具の燃料消費量(m^3/hまたはkg/h)または発熱量(kW/h)

定数(N)

定数:40

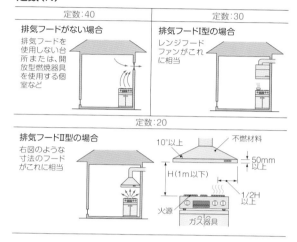

排気フードがない場合

排気フードを使用しない台所または、開放型燃焼器具を使用する個室など

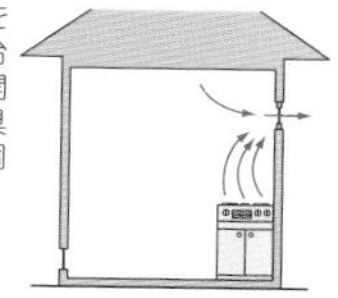

定数:30

排気フードI型の場合

レンジフードファンがこれに相当

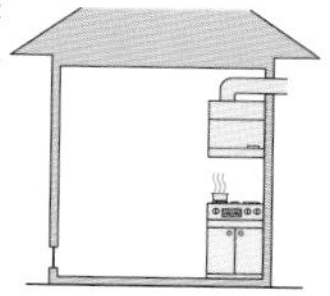

定数:20

排気フードII型の場合

右図のような寸法のフードがこれに相当

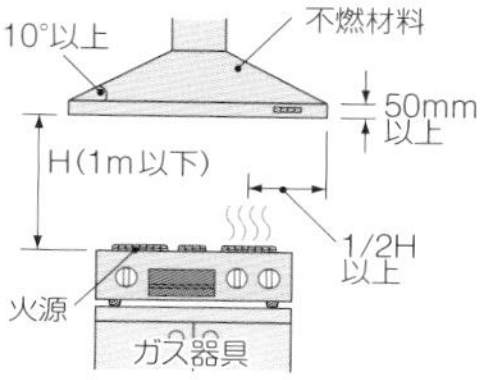

理論廃ガス量(K)

燃料の種類	理論廃ガス量
都市ガス12A	0.93m^3/kWh
都市ガス13A	
都市ガス5C	
都市ガス6B	
ブタンエアガス	
LPガス(プロパン主体)	0.93m^3/kWh(12.9m^3/kg)
灯油	12.1m^3/kg

ガス器具と発熱量(Q)(参考値)

ガス器具		発熱量
都市ガス13A	コンロ1口	4.65kW
	コンロ2口	7.32kW
	コンロ3口	8.95kW
プロパンガス	コンロ1口	4.20kW
	コンロ2口	6.88kW
	コンロ3口	8.05kW

表2｜ファンの種類と特徴

	種類と特徴	形状	羽根	用途
軸流ファン	プロペラファン ①軸流送風機の最も簡単で、小型のもの ②風量は多いが、静圧は低く、0～30Pa程度なので、ダクトなどの抵抗を受けると、極度に風量は減少する ③ほかに圧力型でダクト接続が可能な有圧換気扇、ダクト間に挿入できるコンパクトな斜流ファンがある	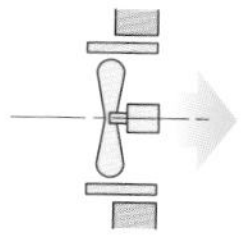		キッチン・トイレなどで直接外壁に面している場合に用いる
遠心力ファン	シロッコファン ①水車と同じ原理で、図のように、羽根車に、幅の狭い、前向きの羽が多数付いているもの ②静圧が高く、あらゆる送風機に使われている	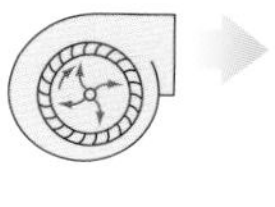		空調やレンジフードなど外壁に面していない場合にダクトを用いて排気する

Pick UP! 現場の話、あれこれ

シロッコファンとプロペラファン

送風機には、プロペラファンと呼ばれる「軸流ファン」とシロッコファンを代表とする「遠心力ファン」がある[表2]。ダクトを用いて屋外に排出する「遠心力ファン」に対して、壁にプロペラファンを取り付けて直接屋外に排出する「軸流ファン」は、風量が大きいが排気能力が外部環境に大きく左右されるため、高層階には使用しない。また、最近はアイランドキッチンが主流となり、シロッコファンを使うことが多くなったが、レンジフードの格好こそ良くなったものの、そのすっきりした形状は効率良く排気する構造とは思えない。

写真:STUDIO KAZ

067

音環境

Point
音の伝搬方法を理解する
残響をコントロールする

音の属性

音は「強さ」「高さ」「音色」の3つの属性によってとらえられる。普段私たちが感じる「音が大きい」という感覚は、音圧が高いことを示している。「音の強さ」は、この音圧のことを指し、単位はdB（デシベル）で表すことが一般的だ。

音は空気中を伝わる波動現象であるから、その波長によって性質が変わる。波長のことを周波数と言い、私たちの耳に聞こえる「音の高さ」を表す。楽器を弾く人は知っていると思うが、楽器の基準音（A＝ラ）は440kHzでチューニングすることが多い。音程が1オクターブ上がると周波数は倍になる。たとえば、440HzのAの音から2オクターブ上のAの音は１７６０Hzとなる。なお人の声は、男性が100～400Hz、女性が150～１２００Hz程度である。

ピアノやギターの音など固有に持っている音のことを「音色」と呼ぶ。私たちの耳は、同じ周波数の音でも音色の違いを聞き分けることができる。人間は耳から入って来た音を3つの属性に分解し、情報として理解する。

残響を考慮した音環境

音環境を考えるときに、「残響」も重要なポイントとなる。石やタイル、ガラスなど、表面が平滑で緻密な素材は吸音性能が低いため、壁に当たった音が吸収されずにいつまでも残り、反響を続ける。これを残響といい、たとえば壁がタイル張りの浴室で音を出すと、残響時間が極端に長くなる。反響した音と発した音が重なって耳に届くため、歌うにはエコーが効いているようで上手に聞こえるが、会話としては聞こえにくくなるため向いていない。逆に残響が少ない環境は落ち着いた雰囲気になるが、反響がまったくなくなると心理的に不安になる。

図 | 音の伝搬

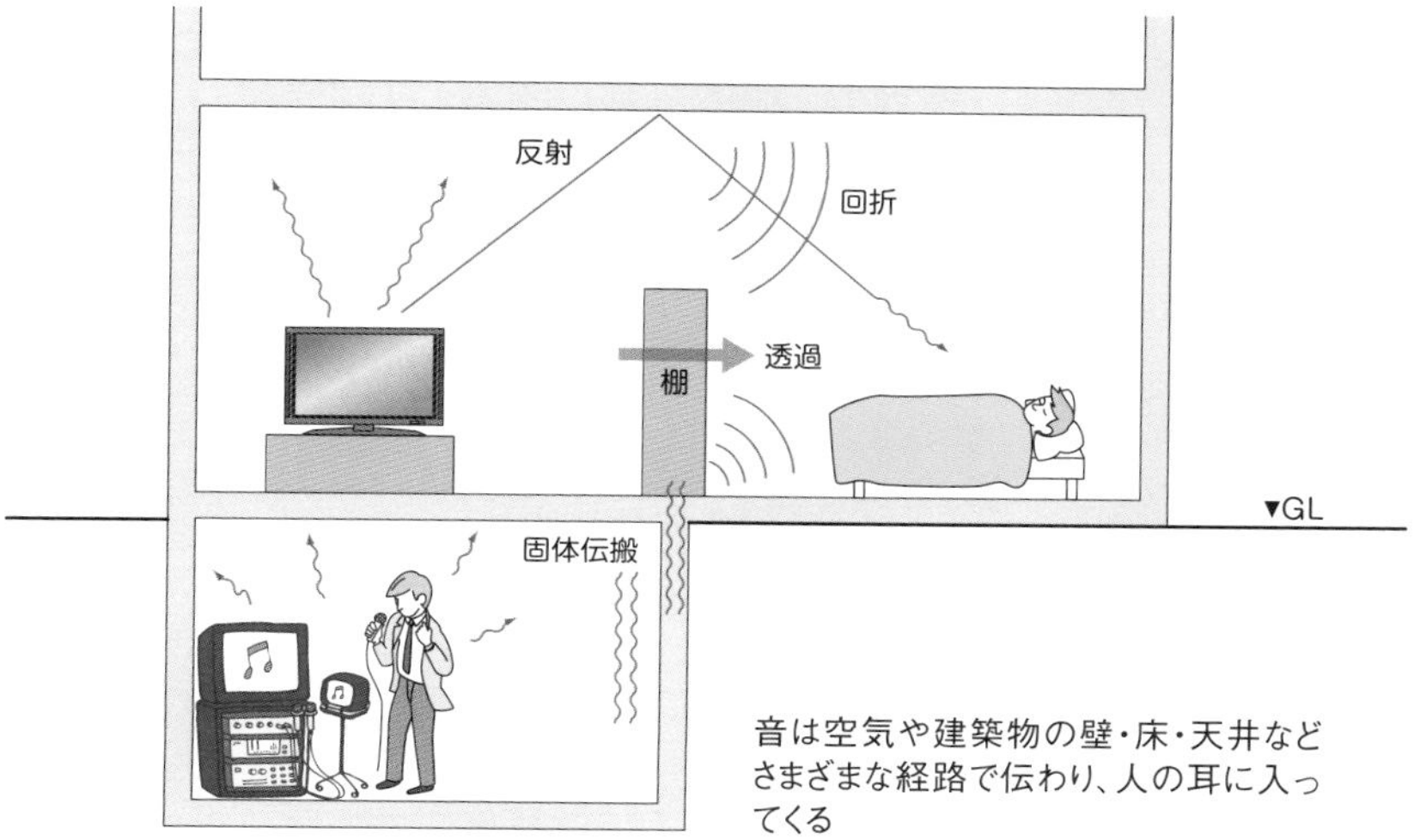

音は空気や建築物の壁・床・天井などさまざまな経路で伝わり、人の耳に入ってくる

表 | 騒音についての環境基準

地域		時間の区分による基準値	
		午前6時～午後10時	午後10時～午前6時
道路に面する地域以外の地域	特に静穏を必要とする地域	50以下	40以下
	専ら住居の用に供せられる地域	55以下	45以下
	相当数の住居と併せて商業、工業等の用に供せられる地域	60以下	50以下
道路に面する地域	特に静穏を必要とする地域のうち、2車線以上の車線を有する道路に面する地域	60以下	55以下
	専ら住居の用に供せられる地域のうち、2車線以上の車線を有する道路に面する地域。および、相当数の住居と併せて商業、工業等の用に供せられる地域のうち、車線を有する道路に面する地域	65以下	60以下
	基幹交通を担う道路に近接する空間(特例)	70以下	65以下

単位:dB(A)

Pick! UP. 現場の話、あれこれ

カクテルパーティー効果

人の耳には、絶えず何かの音が飛び込んで来ている。ほとんどの場合、さまざまな音や周波数が入り交じっているが、それが度を超えたときに騒音となる[図・表]。特に都市部では騒音が激しい。騒音により、会話などが妨害されることをマスキングという。一方で、騒音のなかでも気になる音は十分に聞き分けることができる。この能力を「カクテルパーティー効果」と呼ぶ。騒音があっても関心のある会話の内容についてはきちんと聞き取ることができる。

写真提供:株式会社ツナシマ商事　メーカー:ASKO（アスコ）　掲載モデル:HG1935AB

068

キッチンの熱源1 ～ガスコンロとIHクッキングヒーター

Point
キッチンの熱源の基本はガスかIH
ライフスタイルにあった熱源を選ぶ

ガスコンロとＩＨヒーターの違い

一般的なキッチンの加熱機器は従来のガスコンロとＩＨクッキングヒーターに分かれる。ＩＨはガラストップの下にあるコイルに電流を流して発生する電磁誘導により、鍋底を発熱させる。そのため使えない調理器具があるので注意したい。

ガスコンロは２００８年に施行された法律により、家庭用機器の全バーナーにＳＩセンサーの搭載が義務付けられた。当時輸入されていた海外製のガスコンロは全て撤退したが、出力を上げて「業務用」として復活している。その魅力は画一的な国産のコンロに比べて非常にデザイン性が高いため、オーダーキッチンでは非常に人気が高い。ただし「業務用」なので、周囲との離隔距離などには十分注意して設計しなければならない。

ガスコンロは酸素とガスを混合して炎にするので、燃焼時に室内の空気を汚すが、ＩＨはその点ではクリーンであるため、極端にいえば換気の必要はないともいえる。しかし、上昇気流が起きないため、コンロ上のレンジフードでは補修効率がガスコンロに比べて落ちる。最近ヨーロッパで主流になっているダウンドラフトタイプのレンジフードは、その欠点を補っているといえるだろう。

グリルレスデザインのコンロ

日本のシステムキッチンではグリルが当たり前のようについてくる。しかし、調査では約8割の人はグリルがなくても困らないという。そこで最近はグリルレスのコンロが増えてきた。ドミノ式コンロも登場し、キッチンデザインの可能性が広がった。もちろんグリルも以前のような掃除がしにくいということもなく、オーブンのような使い方など機能と性能が向上した。

写真１｜組み合わせ式（ドミノ式）のクックトップ

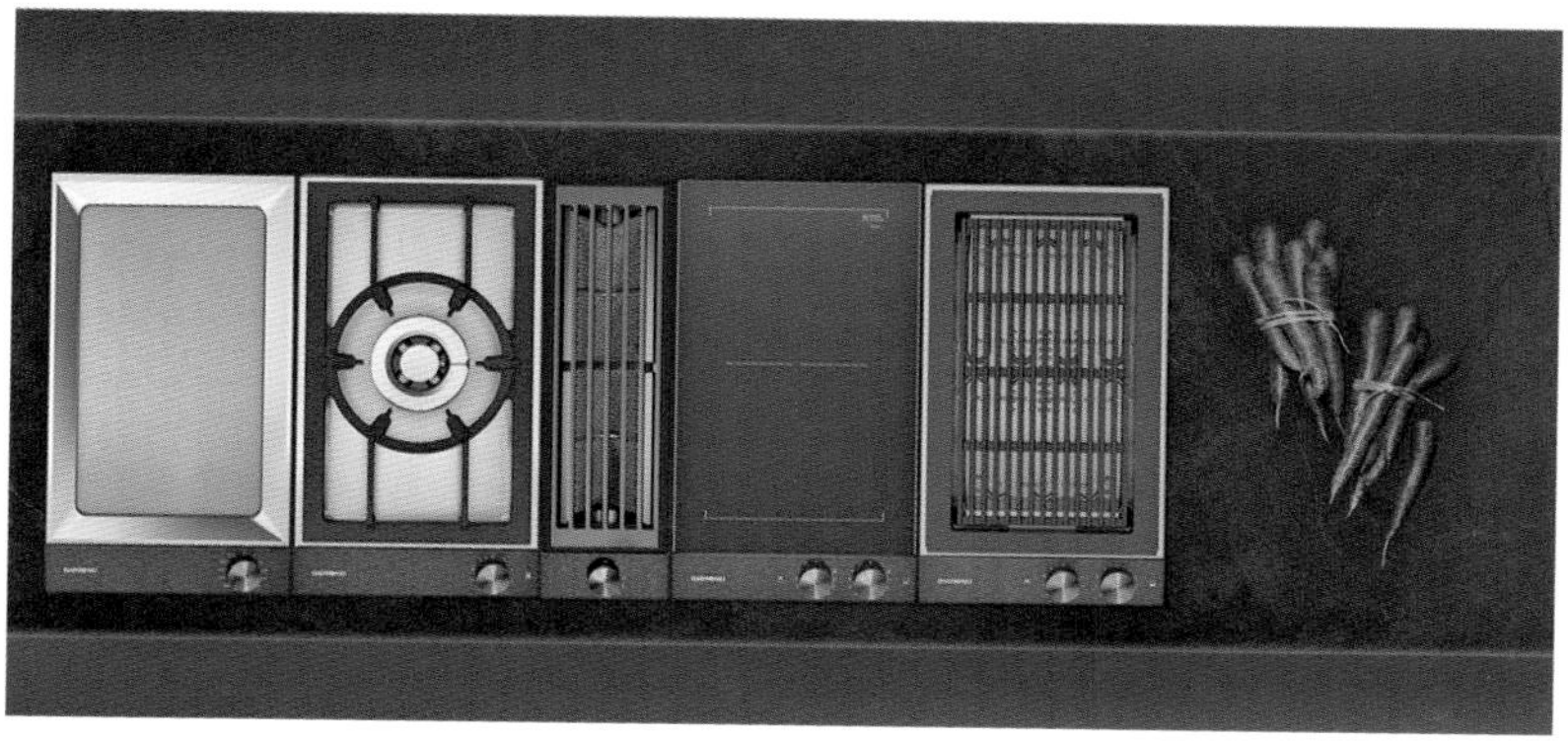

決まったモジュールの機器を使い勝手に合わせて組み合わせることができる。（左から）鉄板焼・ハイカロリーガスバーナー・ダウンドラフトベンチレーション・２口IHヒーター・BBQグリル。機器の種類や並びは自由に設定できる

写真提供:株式会社 N.tec
メーカー:GAGGENAU
商品名:The Vario cooktops 200 series

写真２｜グリル付ガスコンロ

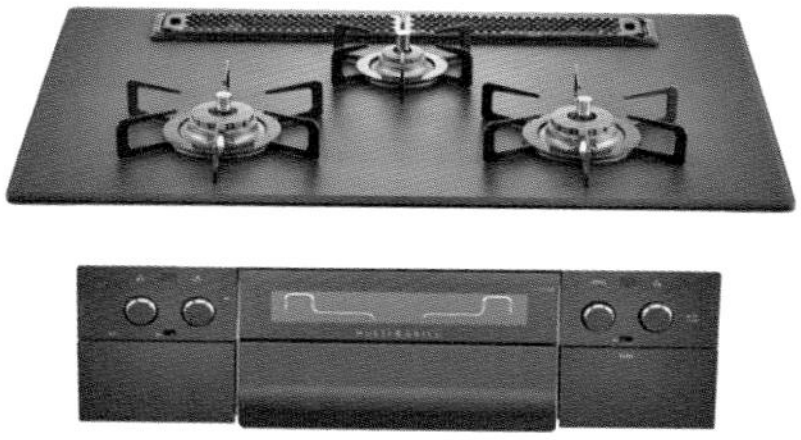

グリルなどの機能性のアップはもちろん、流行りのブラックフェイスで、艶消し感が端正な顔立ちを際立たせている。

写真提供:株式会社ノーリツ　商品名:ピアット マルチグリル

写真３｜グリルレスデザインコンロ

調理に必要な機能のみに集約してミニマル・デザインを実現した、グリルレスタイプのIHクッキングヒーター

写真提供:アリアフィーナ株式会社　品番:A651H3BK

Pick UP! 現場の話、あれこれ

食育と触育

最近はIHの普及が急速に進んでいる。その一方で、IHに関しての勘違いも非常に多い。一番大きな問題点は、IHは裸火を使用しないため火災が起きないと思われていることだ。しかし、そこを過信しているためか、IHを使用中の火災が話題になった。料理番組や雑誌の料理特集で取り上げられ、少量の油で揚げ物をした結果、油そのものが発火温度に達し、炎を出すというものだ。ガスコンロだろうと、IHだろうと調理中はその前を離れないというのが料理をするうえでの基本中の基本である。IHもガスも、その人の暮らしの必要性から選ぶべきだと思っている。けれども「食育（触育）」という観点から見ると、ガスコンロが減っていくのは寂しい思いがする。家庭内で裸火を見ることができる場所がなくなってしまうのだ。これからの子どもが火の存在を知らずに育つという状況は、とても心配だ。

写真提供:ミーレ・ジャパン株式会社

069

キッチンの熱源2
～オーブンなどのビルトイン機器

Point
オーブンを使いこなせたらクックトップは2口で十分
様々なビルトイン機器でキッチンを美しくする

オーブンを使いこなす

日本の家庭では家電量販店で購入したオーブン電子レンジが背面収納のオーブン部分に置かれることが多い。おまけにそのオーブンの横に、トースター、コーヒーメーカー、炊飯器、湯沸かしポットなどの家電が並んでいるキッチンをよく見る。デザインが揃っていればまだよいが、そういうことはほとんどない。最近のキッチンは対面式が多いのでキッチンを使う人の背景としてデザインも素材も色もバラバラな家電製品が並ぶのは美しくない。

まだまだオーブンを使いこなしている人はそれほど多くない。ヨーロッパの家庭やプロの料理人はオーブンをよく使う。例えばハンバーグはフライパンを使わずにオーブンだけで焼き上げる。またオーブンは温度と時間を設定して食材を投入すれば、焼いている時間は他の作業ができる。究極の家事楽家電といえる。このようにオーブンを使いこなせれば、クックトップは2口で十分なこともあり、ワークトップを広く取ることができる。

プロの調理を家庭で実現する

最近の飲食店で真空調理や低温調理といった調理法をよく耳にするだろう。ラーメン店でも低温調理の焼豚が流行っている。これらの調理法はプロ用の道具でしか実現できないと思われるが、それができるビルトイン機器が輸入され出した。バキュームドロワーやスチーマー、ウォーマーなどを使用すれば、家庭でもプロ顔負けの調理が実現できる。他にもコーヒーメーカーなどのビルトイン機器もあるので、壁面収納にきれいに納めることができる。ビルトイン機器の全てが輸入機器なので、200V電源の確保や放熱スペースの確保などをきちんと設計する必要がある。

写真｜ビルトイン調理家電

900㎜幅のハイエンドモデルオーブン
写真提供:株式会社N-TEC　メーカー:GAGGENAU
掲載商品:ビルトインスチームオーブン　品番:EB 333 410

バキュームドロワーとスチームオーブン
写真提供:株式会社ツナシマ商事　メーカー:ASKO（アスコ）
掲載モデル:ODV8127B ／ OCS8664B

バキューマー
写真提供:株式会社N-TEC　メーカー:GAGGENAU
掲載商品:ビルトインバキューマー　品番:DV 461 110

残念ながら、日本では壁面収納にビルトインできる機器を販売しているメーカーはない。家電量販店で売られているオーブン電子レンジを購入する方が多いが、オーブンとして使っている方は多くないのではないだろうか。家庭でもオーブン料理に慣れ親しんでいる海外との文化の差は大きい。

ビルトイン
電気オーブン

写真提供:
エレクトロラックス・ジャパン
株式会社
メーカー:AEG
掲載モデル:BPK842720M

ビルトイン
ガスオーブン

写真提供:
株式会社ツナシマ商事
メーカー:BERTAZZONI
(ベルタゾーニ)
掲載モデル:F680D9

スチームオーブン、コーヒーメーカーウォーマーなどを組み合わせても美しい　写真提供:ミーレ・ジャパン株式会社

第5章　設備

写真提供:株式会社 N·TEC　メーカー:GAGGENAU　掲載商品:アイランドフード(AI 442 720)

070

キッチンの換気設備

Point レンジフードの存在感は大きい。選択は慎重に
使う人に合わせて取り付け位置を決める

デザインで選ぶレンジフード

最近のレンジフードはスタイリッシュなものが多くなった。そのほとんどがシロッコファンタイプであり、吸い込み口から細く絞り込んだスリムフードと呼ばれるものがほとんどだ。

サイズはコンロの幅よりも大きくしなければならないが、最近のレンジフードは幅900㎜以上にすることが多い。色はステンレス（素材）、シルバー、白、黒（塗装）が主流だが、最近は水栓金具同様、レンジフードも多色化しているので、インテリアに合わせて選ぶことができる。吸込み口には整流板と呼ばれるプレートが付けられ、立ち上ってくる油分を含んだ煙が整流板に当たり、油分が付着し、煙が吸い込み口に流れる構造で、グリスフィルターの汚れが少なくなった。

レンジフードは特注することもできる。メーカーが設定しているサイズや色のオーダーができるモデルから、形状を含めてフルオーダーすることもできる。

取り付け位置で選ぶレンジフード

レンジフードは取り付け位置によって分類される。壁面取付タイプ、横壁取付（ペニンシュラ）タイプ、天井取付タイプ（センターフード）、カウンター取り付けタイプ、天井埋め込みタイプに分かれる。最近はペニンシュラ型キッチンに合わせた横壁取付タイプを見かけることが多い。

取り付ける高さは、法規には「加熱機器から800㎜」とされているが、（それを守った上で）使う人の身長を考慮して決めたい。最終的には壁面に貼るタイル割りによって微調整している。

平面的には熱源をすっぽり覆っていなければならないが、ワークトップの前面から50㎜程度は下げて設置したい。

写真｜取り付け位置によるさまざまなレンジフード

横壁取り付け（ペニンシュラ・塗装）タイプ
写真提供:アリアフィーナ株式会社　商品名:サイドカッラ　品番:SCALL-951TW

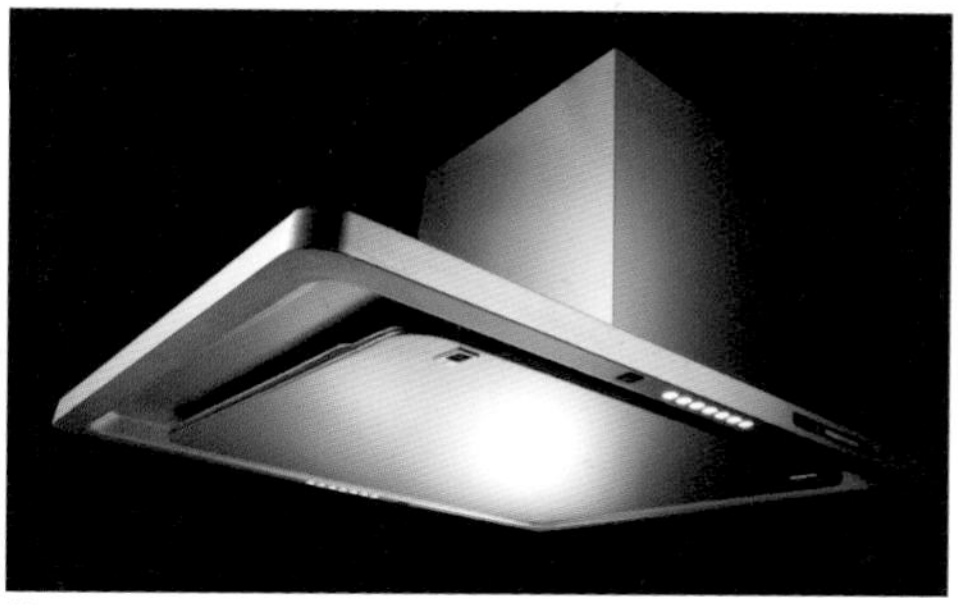
横壁取り付け（ペニンシュラ・ステンレス）タイプ
写真提供:株式会社HEJ　商品名:SSM-901

壁面取り付け（ブラックステンレス）タイプ
写真提供:クックフードル　掲載商品:ナイトフォール　品番:NF90/BS

天井取り付け（ステンレス）タイプ
写真提供:アリアフィーナ株式会社
掲載商品:センターフェデリカ　品番:CFEDL-952S

カウンターに格納されるダウンドラフトタイプ
写真提供:株式会社 N·TEC　メーカー:GAGGENAU
掲載商品:テーブルベンチレーション（AL 400 721）

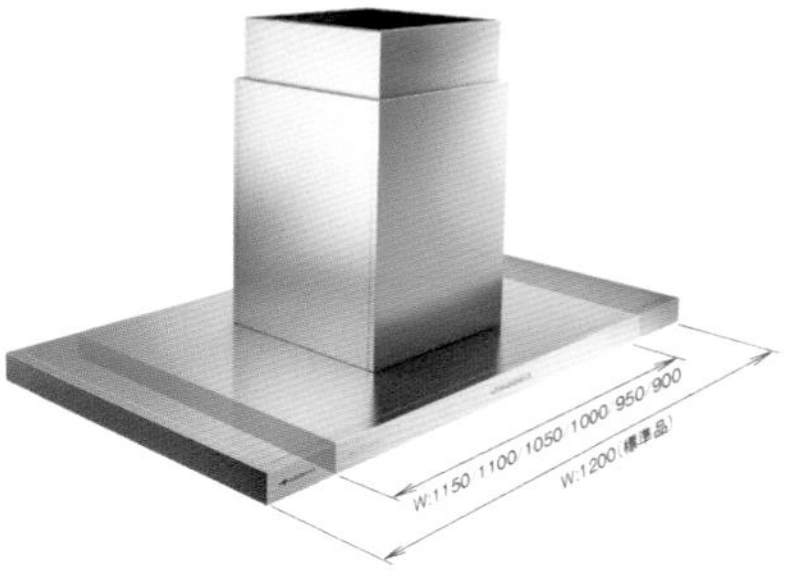

サイズオーダーできるレンジフード
写真提供:アリアフィーナ株式会社
掲載商品:センタードオディチ　品番:CDODL-1251S

既製品をスチールでカバーした特注レンジフード
設計:STUDIO KAZ　写真:山本まりこ

天井埋め込みタイプをアレンジしたレンジフード
設計·写真:STUDIO KAZ
ブランド名:クックフードル　掲載商品:ストラトスフィア　品番:SP110/HL

写真提供:日鉄物産マテックス株式会社　メーカー:KOHLER

071

キッチンのシンクと水栓

Point
- シンクはワークトップとの関係と使い勝手で決める
- キッチン水栓はこれからのキッチンデザインのポイントとなる

素材の選択肢が増えたシンク

シンクの素材には、ステンレス、人工大理石、ホーロー、テラゾーなどがある。最近ではステンレスにガラスコーティングしたカラーシンクや天板にも使われるクォーツストーンやセラミックを原料としたものなど濃い色のシンクも人気が高い。シンクの納め方には同じ素材同士によるシームレスジョイントは清掃性が高く、最近は人気が高い。他にアンダーシンク、オーバーシンク、エプロンシンクなどでキッチンのイメージがガラリと変わるので、慎重に選びたい。

シンクの大きさは生活スタイルに合わせて決めるが、最近は幅750㎜程度が主流だ。サイズだけでなく、水切り付やポケット付、段付など使い勝手に合わせて特注で作ることもできる。シンクを選ぶときは洗剤やスポンジを置く場所も併せて考えておきたい。

多色化するキッチン水栓

キッチン水栓はハンドシャワーや吐水方式の切り替えなどの機能で選ばれることが多い。レバーに触れることなく操作することができる赤外線式タッチレス水栓、もしくは静電気式タッチ水栓の人気も高い。

最近は水栓金具がキッチン全体のデザインを左右する大きなポイントになっている。日本ではほとんどがクロムメッキ仕上げの水栓金具が選ばれているが、ステンレスだけでなくマットブラックやブラックステンレス、ゴールドやカッパーなどの特徴的な色も増えてきた。このように、キッチン水栓は機能だけでなく、色や仕上げをインテリアやキッチンの雰囲気に合わせて選びたい。

他には、ビルトイン浄水器やアルカリイオン整水器、水素水生成機なども合わせて知っておきたい。

写真1｜カラフルになったキッチン水栓

写真提供:株式会社コンセプトビー　メーカー:DELTA

写真提供:リラインス　ブランド:Dornbracht
商品名:1穴型シングルレバーキッチン用混合栓
(ヘッド引き出しタイプ)

写真提供:エスユー技研　メーカー:KWC

写真2｜多機能なキッチン水栓

写真提供:ハンスグローエジャパン株式会社

写真提供:グローエ(blisspa japan 株式会社)

写真3｜クォーツストーンのシンク

写真提供:大日化成工業株式会社

写真4｜エプロンシンク

写真提供:日鉄物産マテックス株式会社
メーカー:KOHLER

写真5｜人工大理石のシンク

設計:STUDIO KAZ　写真:八幡宏

写真6｜オーダーカラーシンク

写真提供:株式会社松岡製作所

Pick UP!　現場の話、あれこれ

丸いシンクだってあり

ヨーロッパでよく見かける丸いシンク。しかし、それはφ300mm程度の小さなもので、日本人の食生活で使用するのは無理がある。最低でも幅600mmはほしいが、天板への納め方や水栓金具の納め方、調理をするときの立ち方などの関係をきっちり押さえておかないと使いにくいシンクになってしまう。[写真]の例はφ600mmのシンクに75mmのフランジを付け、そのフランジから混合水栓、浄水器、ソープディスペンサーを立ち上げた。コの字型キッチンの入隅に配置して、1/4だけオーバーハングさせているので、シンクの下に足が入り、水栓も遠く感じない。また、この円形シンクには半円形の水切を組み合わせた。

設計:STUDIO KAZ　写真:佐藤倫子

写真提供:株式会社ツナシマ商事　メーカー:ASKO(アスコ)

072

キッチンの片付けと保存

Point
食器洗浄機は当たり前、トレンドは輸入食器洗浄機
ライフスタイルで決める冷凍冷蔵庫

食器洗浄機・食器洗い乾燥機

今では多くのキッチンに食器洗浄機が採用されている。最近は輸入食洗機の人気が上がり、システムキッチンに輸入食洗機を入れたいという人が増えてきたが、改造の必要があるし、ケコミのラインが揃わないなど、納まりが美しくない。

国産食洗機は、食器乾燥機からの発展であり、乾燥機能は優れている。一方で水が貴重なヨーロッパの食洗機は節水家電であり、少ない水でしっかり洗えるように洗浄能力が高い。乾燥能力が弱いと言われていたが、ここ数年の技術開発で、各社とも乾燥能力が格段に良くなった。

国産食洗機と輸入食洗機の違いはなんといっても容量の差だ。毎食ごとに食器を洗って乾燥させなければならない日本人と一日分をまとめて洗う欧米人では洗う食器の数量が違うのは明らか。鍋やフライパン、レンジフードのグリスフィルターまで洗えるから、輸入食洗機(幅600㎜タイプ)をお勧めする。

冷凍冷蔵庫

冷凍冷蔵庫は大きさとデザイン、価格のバランスで決めたい。家族の人数や買い物の頻度から大きさを検討する。容量を重視するならアメリカ製の冷凍冷蔵庫を視野に入れてもいいだろう。最近は国産冷蔵庫も表面がフラットになり、以前よりも見た目がよくなったのは嬉しい。輸入冷蔵庫も種類が増え、ビルトインタイプも出てきたので、デザインの幅が広がったといえる。

冷凍冷蔵庫は家庭用家電製品の中では一番大きい。設置場所だけでなく搬入経路を考慮すること。設置場所では扉の開きも忘れないようにする。また、視界の中で非常に目立つ存在なので、パントリーのなかに入れてしまうのもよいだろう。

写真1 | 食器洗浄機

写真提供:ミーレ・ジャパン株式会社

写真提供:株式会社N・TEC　メーカー:GAGGENAU
掲載商品:DI 250 461

写真提供:株式会社ツナシマ商事
メーカー:ASKO（アスコ）　掲載モデル:DFI655

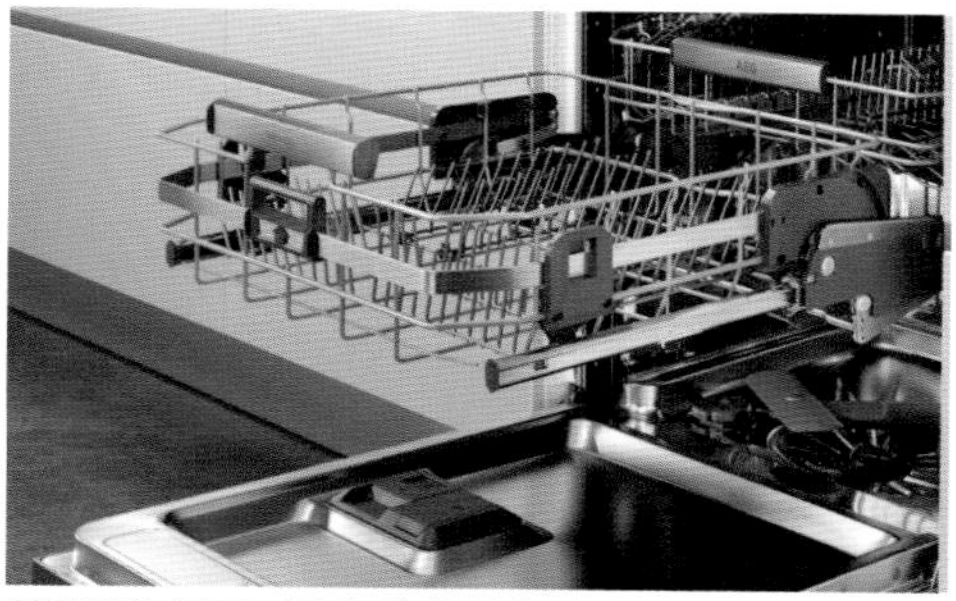

写真提供:エレクトロラックス・ジャパン株式会社　メーカー:AEG
掲載商品:FEE93810PM

写真提供:株式会社G-Place　メーカー:BOSCH

写真2 | 冷凍冷蔵庫

写真提供:インタックSPS　メーカー:LiEBHERR
掲載商品:SBS 7014 Premium

写真提供:株式会社N・TEC　メーカー:GAGGENAU
掲載商品:ビルトイン冷蔵庫（RC 472 304）

写真提供:吉岡電気工業株式会社
メーカー:mabe（マーベ）
掲載商品:カラー冷蔵庫

Pick UP! 現場の話、あれこれ

幅600mmタイプ食器洗浄機のススメ

食器洗浄機は、2〜3段のスプレーアーム（回転羽）が勢いよく湯を噴射しながら回り、汚れを落とす。450mmタイプの庫内は幅よりも奥行きが長い。ということは回転羽は短辺（幅）の長さにするしかなく、水流の当たりが均一にならないが、一方の600mmタイプの庫内は幅と奥行きがほぼ同じなので、均一に水流が当たることになる。そういう意味でも600mmタイプは利点がある。

写真提供:SINKPIA·JAPAN

073

キッチンのごみの行方

Point
ごみ箱の置き場の確保は重要
生ごみを処理できる設備機器を検討する

ごみ箱の居場所

キッチンの設計において、最も悩ましい問題の1つがごみの行方である。ごみの分別方法は自治体によって異なるが、より細かい分別を求められる傾向にある自治体も少なくない。そのため、ごみ箱の数が増え、置き場所に困る。シンク下の引出しに蓋付きのごみ箱を入れるケースを多く見かけるが、引出しと蓋の2アクションになり面倒だ。シンク下をオープンにして、キャスター付きのごみ箱を置く方法もある。ただし、それだけではごみ箱の数も限られ、全体量も足りないため、別途ごみ箱を用意する必要がある。スペースに少し余裕があれば、ウォークインパントリーを設け、そこにごみ箱を置いておくのも有効な方法だろう。

生ごみをどうにかする方法

キッチンで発生するごみの中で、特に生ごみは匂いが気になる。そこで生ごみを処理する機器をあげてみよう。

①ディスポーザー

強力なカッターの回転で生ごみを粉砕し、下水に「排水」する**［写真1］**。非常に便利だが、下水システムの負荷が大きいため、規制している自治体も多く、採用時は確認が必要だ。ただし浄化槽を整備した場合は問題ないため、標準仕様になっているマンションも多い。

②生ゴミ処理機（分解型）

菌の力で有機物を水と炭酸ガスに分解する。約1kgの生ごみを24時間程度でほとんど処理できてしまう**［写真2］**。

③生ゴミ処理機（置き型）

主に家電として販売され、キッチンの隅やバルコニーに設置する。生ごみを堆肥にするタイプ、乾燥させて減量化と除菌を行うタイプなどがある**［写真5］**。

これらは食生活のスタイルやメンテナンスまでも含めたコストを考慮して選択したい。

写真1 ｜ ディスポーザー

写真提供:
株式会社フロム工業
掲載商品:
フロム工業製ディス
ポーザー YS-8100

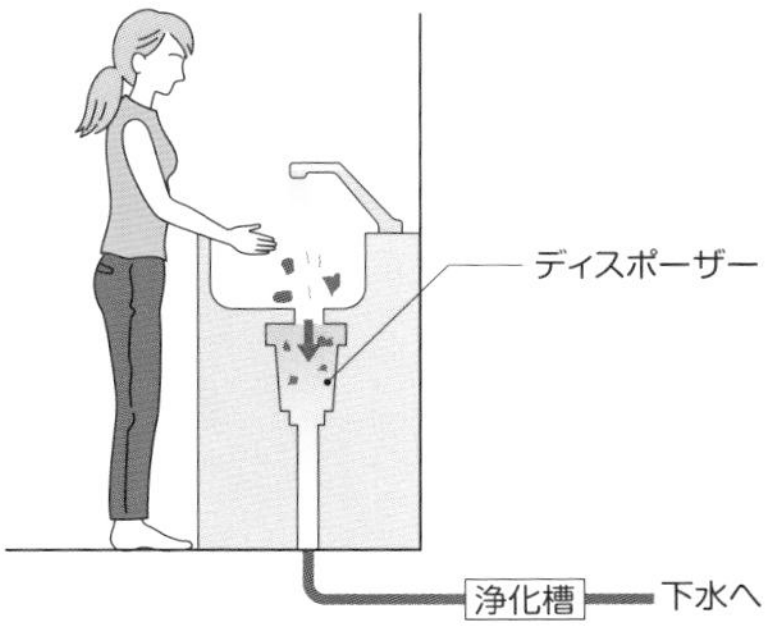

※ディスポーザーの使用は自治体によって対応が異なる。下水道への直接放流が認められた自治体もある。自治体に届出の上、認められた場合のみディスポーザ単独での設置が可能になる。

写真2 ｜ 生ゴミ処理機（ビルトイン型・分解型）

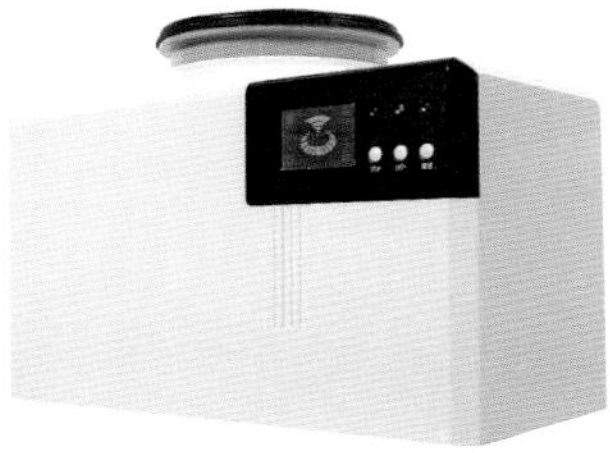

写真提供:
SINKPIA·JAPAN

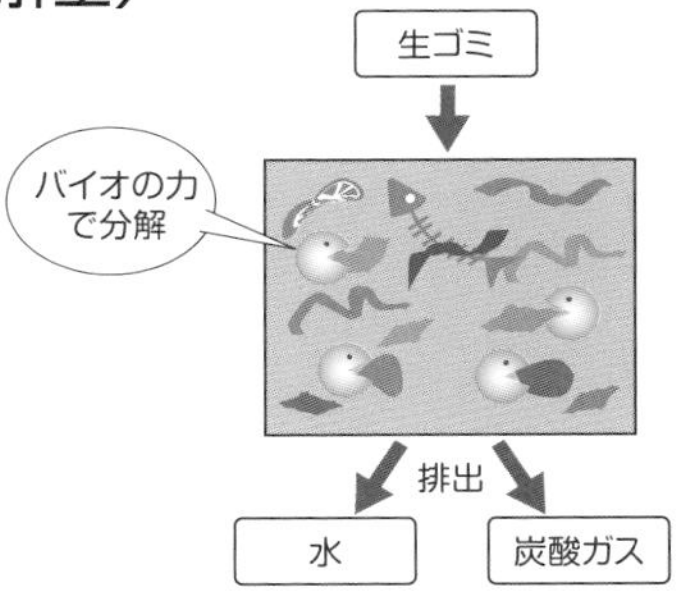

写真3 ｜ 生ゴミ処理機（ビルトイン型・乾燥型）

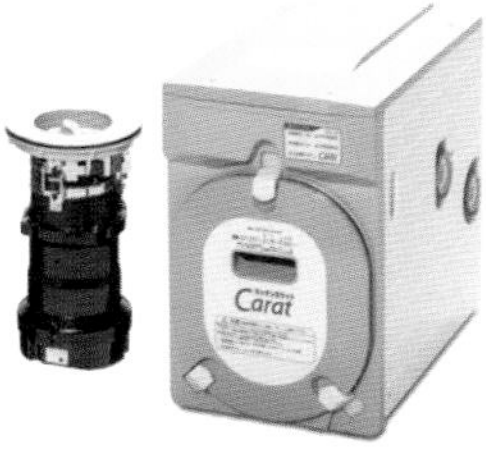

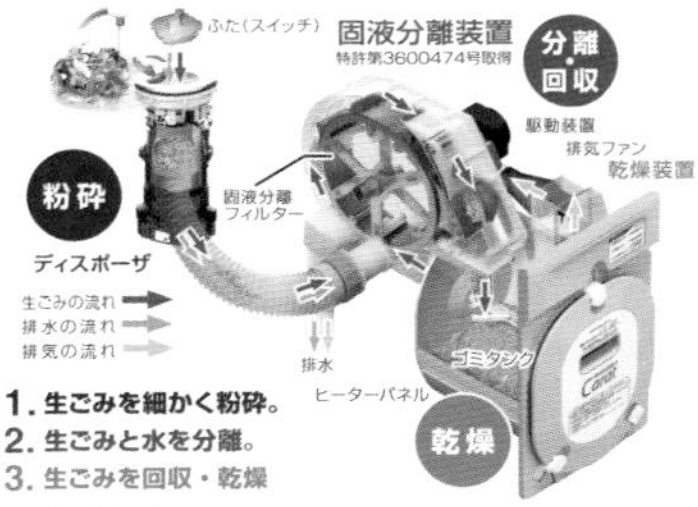

写真提供:株式会社ちくま精機
掲載商品:家庭用生ごみ処理機　掲載商品:キッチンカラット

写真4 ｜ 自動で蓋が開くゴミ箱

写真提供:株式会社さくらドーム
掲載商品:ひらけ、ゴミ箱 ZitA

写真5 ｜ 生ゴミ処理機（置き型・処理型）

写真提供:株式会社伝然
掲載商品:家庭用生ごみ処理機 ナクスル（NAXLU）

写真6 ｜ デザインがいいゴミ箱

写真提供:株式会社セイエイ　掲載商品:ハイロ ビッグボックス

074

浴槽の種類

設計:STUDIO KAZ　企画:アリストコンサルティング　写真:山本まりこ

Point
浴槽の大きさと設置方法は、生活スタイルを考慮して決める
リラクゼーションスペースとしてのバスルームを演出する

形状・設置方法による分類

住宅用浴槽は主に深さの違いで、洋風、和風、和洋折衷の3種類に分類される【表1】。洋風は長さ1400～1600㎜、深さ400～450㎜。和風は長さ800～1200㎜、深さ450～650㎜である。これは入浴方法の違いによるもので、身体を伸ばして長い時間湯に浸かり、浴槽内で身体を洗う欧米人と、比較的熱い湯に肩まで浸かる日本人との違いからくるものである。最近では、特殊な例を除いて、和洋折衷の浴槽がよく使われる。そのほかの形状では、円形や家族で入ることができる複雑な形状のものなどがある。

浴槽の設置方法には、埋め込み型、半埋め込み型、据え置き型がある。特に高齢者は、浴槽が深いと縁の跨《また》ぎが困難になり、危険を伴うため、半埋め込み式が安全である。介護用に浴槽の縁に回転座椅子を設けるタイプもある。

素材・機能による分類

浴槽に使われる素材は、鋳物ホーロー、人工大理石系、FRP、木製、ステンレス製、アクリル製などがある【表2】。最近はバリエーションも豊富で高級感を出せる人工大理石製が主流になっているが、昔ながらの重厚な雰囲気と保温性を併せ持つ鋳物ホーロー製の浴槽の人気も根強い。もちろんヒノキなど耐水性の高い樹種を使用した木製の浴槽の需要も多い【写真1】。

最近ではジェットバス【写真2】やマイクロバブルバスなども普及し、それに合わせて浴室の滞在時間が長くなった。そこで、浴槽内部に付ける照明器具や浴槽そのものを振動させてスピーカーとして音楽を楽しむ装置、浴室テレビの普及および大型化が進み、リラクゼーションスペースとしてのバスルームの存在価値を確立しつつある。

表1｜形状による浴槽の分類

和風	洋風	和洋折衷
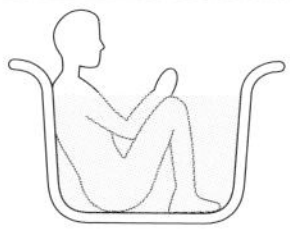	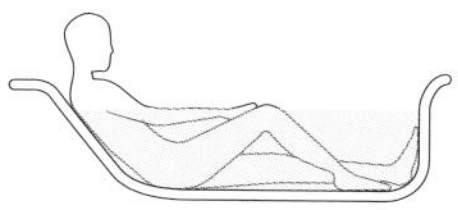	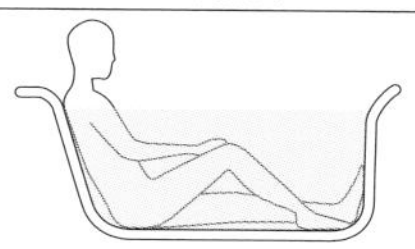
深さがたっぷりあり、ひざを折って入るので、肩までつかりたい人向き。比較的小さいバスルームに向く 幅：800〜1,200mm程度 深さ：450〜650mm程度	浅く長い浴槽に寝た姿勢で入浴できる。浴室にある程度の広さが必要 幅：1,400〜1,600mm程度 深さ：400〜450mm程度	浅く長い浴槽に寝た和式と洋式の長所を併せたタイプ。肩までつかることができ、適度に身体を伸ばすこともできる。最近はこのタイプが主流 幅：1,100〜1,600mm程度 深さ：600mm程度

表2｜素材による浴槽の分類

材質	特徴
人工大理石	合成樹脂などを原材料とした大理石風の素材で、保温性、耐久性の高いのが特徴。ポリエステル系とアクリル系があり、アクリル系の方が高価で傷が付きにくい。肌触りの良さと高級感もあり、掃除もしやすいので人気がある
FRP	柔らかく温かみがある樹脂素材で、保温性、防水性に優れている。肌触りも良く色もカラフルでほかの建材とも調和する。汚れや傷が付きやすいという面もあるが、価格的にも手ごろで、軽量な素材である
ステンレス	汚れにくく、保温性、耐久性にも優れているのが特徴。着色やデザインで、金属特有の肌触りを抑えた商品もでている。価格も比較的お手ごろである
ホーロー	鉄板ベースのものと、鋳物ベースのものがあり、保温性、耐久性があり、肌触りが良いのが特徴。色もカラフルでほかの建材とも調和し、表面が硬いので手入れがしやすい。鋳物は重いので施工に手間取るが、重量感があり丈夫である
木製	ヒノキやサワラ、ヒバなど水に強い木材が使われる。日常の手入れが必要で、怠るとカビが発生したりといったトラブルが出る。そういった短所を改善するために木の風合いを残しながら特殊な処理をした浴槽も販売されている

写真1｜ヒノキの浴槽

写真提供：檜創建株式会社
O-Bath M Design : Motomi Kawakami

写真2｜ジェットバス

写真提供：JAXSON (blisspa japan 株式会社)

写真3｜海外製置き型変形浴槽

写真提供：デュラビット・ジャパン　掲載商品：Paiova 5 バスタブ

写真4｜鋳物ホーロー浴槽

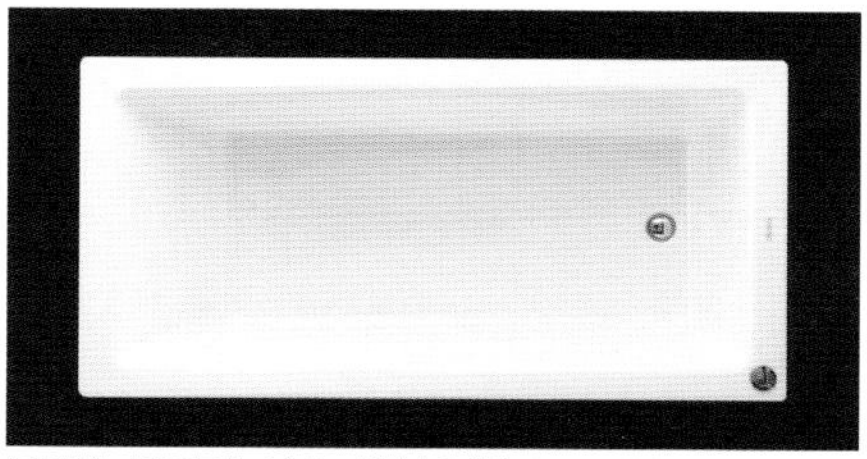

写真提供：大和重工株式会社　掲載商品：鋳物ホーロー浴槽 CASTIE

写真提供:リラインス
ブランド:Dornbracht
掲載商品:
天井埋込式シャワーユニット
（レインスカイM）

075

バス・サニタリーの水栓金具

Point
サニタリー水栓金具は色がポイント、艶消しが主流
多機能化するシャワーヘッドを知る

バスルームの水栓金具

最近の給湯器のほとんどは「自動お湯張り機能」を備えたものを採用しているので、浴槽専用の水栓金具を使用することは少ない。シャワー水栓もサーモスタット付きを使うことが多いが、バスルーム空間のデザインを考えて浴槽専用水栓や2ハンドルの水栓を使うこともある。各社の商品情報を頭に入れておくべきだろう。

頭上からお湯を落とす「レインシャワー」がトレンドだ。設備工事に手間がかかるが、天井に取り付けたヘッドから落ちてくるお湯は非常に気持ちよい。シャワーヘッドも多機能化してきた。出水パターンを変えられるものが増えた。マイクロバブルを発生させるもの、空気を含ませて柔らかい水流にするもの、節水機能、浄水機能など、シャワーヘッドをライフスタイルに合わせて選ぶことで、前項の浴槽と合わせてバスルームをリラクゼーションスペースとして捉えることが増えた。

サニタリーの水栓金具

洗面化粧台の水栓もほとんどがシングルレバータイプの混合水栓だが、トラディショナルなデザインにする場合に2ハンドルタイプを選ぶことが多い。サニタリーの水栓で注意する点は吐水口の位置（長さと高さ）だ。ボウルの外側に水栓を設定する場合、吐水口までが短いと、非常に使いづらい。また高すぎると水跳ねが大きい。最近では天板の上にボウルを乗せるベッセルタイプも増え、水栓金具の選択には注意したい。また洗面の高さはボウルの高さを基準とする。最近は800～850㎜に設定することが多い。

キッチン水栓と同様に、いやそれ以上に洗面水栓は多色化している。洗面ボウルの素材や色、カウンターの色と合わせてコーディネートを楽しみたい。

写真1 ｜ 多機能ハンドシャワー

写真提供:ハンスグローエジャパン株式会社

写真2 ｜ オーバーヘッドシャワーとシャワーシステム

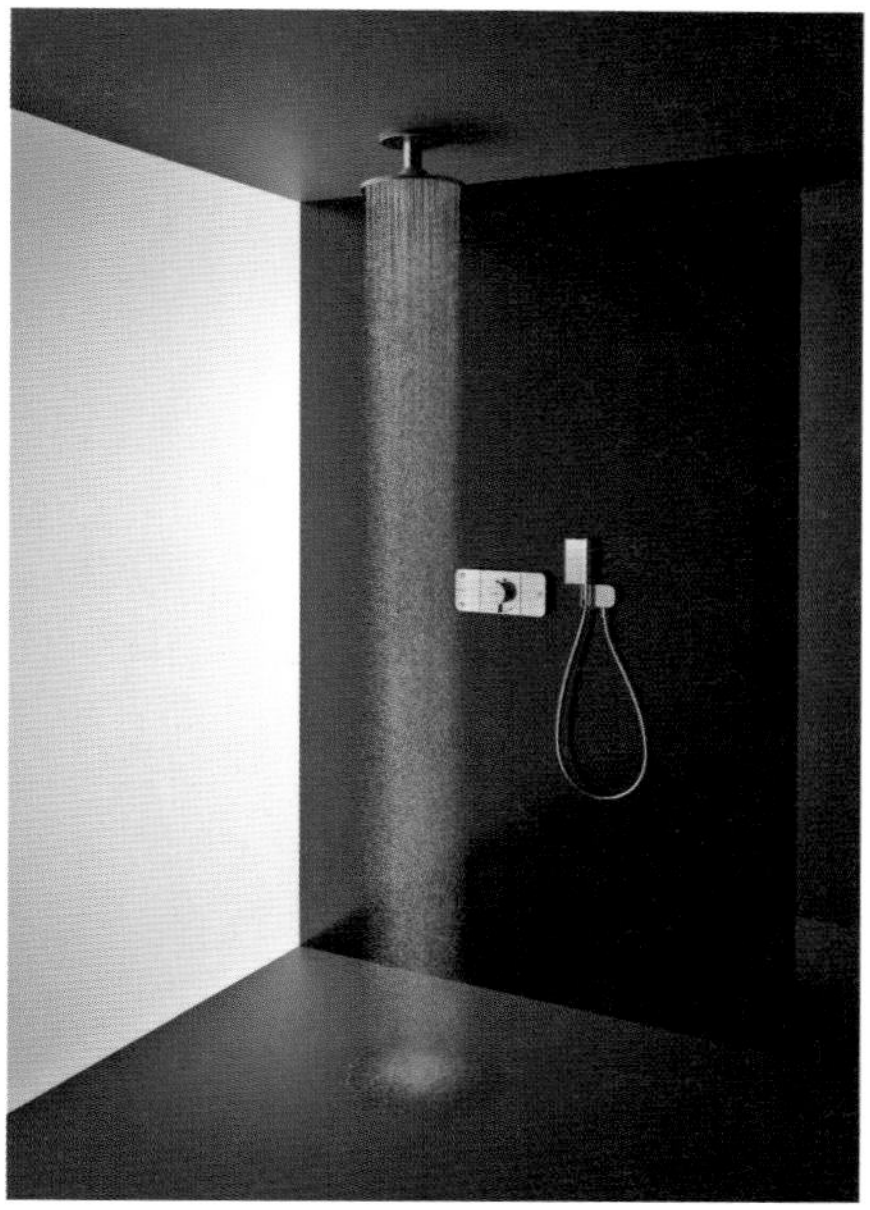

写真提供:ハンスグローエジャパン株式会社

写真3 ｜ 彫刻のような仕上げの水栓金具

写真提供:ハンスグローエジャパン株式会社

写真4 ｜ クラシックテイストの水栓金具

写真提供:日鉄物産マテックス株式会社
メーカー:KOHLER

写真5 ｜ 多色化した水栓金具

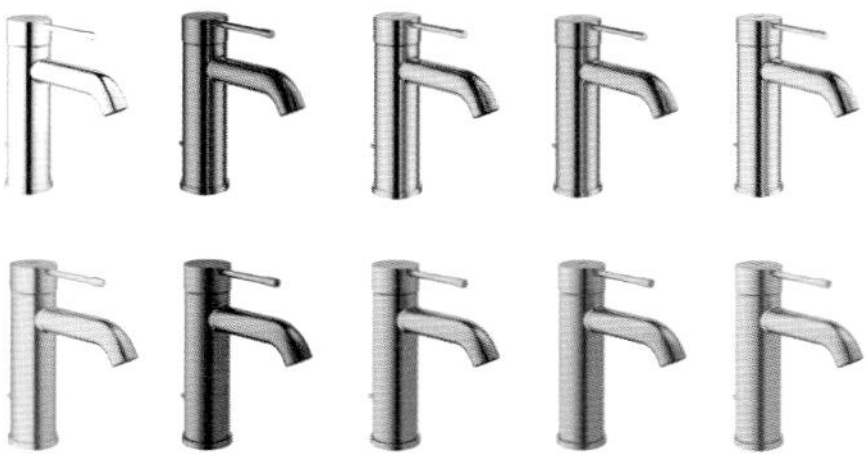

写真提供:グローエ（blisspa japan 株式会社）

Pick UP! 現場の話、あれこれ

洗面脱衣室からパウダールームへ

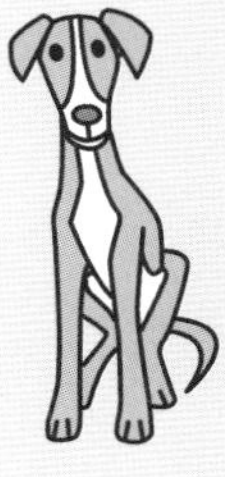

海外のパウダールームはきれいだ。そこがひとつの部屋であるかのように居心地がよさそうに見える。一つ一つのアイテムの選び方もさることながら、やはり床・壁・天井・照明の素材選びが抜群なのだろう。日本と違う点はパウダールームが極めてプライベートな空間であるということ。日本では家族全員がそこを使い、一家に一部屋であることが普通だが、海外では個室に隣接し、個室の数だけあることが多い。そうすると洗濯機をここにおく必然性がなくなる。キッチンにビルトインしたり、ランドリールームを設けたりするケースが多い。そう洗濯機の存在は大きい。私たちの住まいでも考えてみてはどうだろうか。

076

洗面化粧台と洗面ボウル

写真提供:リラインス
ブランド:Alape
掲載商品:置き型洗面器

Point
洗面ボウルの素材を知る
カウンターの素材とボウルの納まりを意識する

洗面ボウルの使い方

昔のように洗面化粧台で髪を洗う人はだいぶ減った。そうなると大きなボウルは不要になる。洗面脱衣室に大きな面積を割く家は多くないので、カウンターの奥行きも考慮したい。特に朝、同時に二人以上が一緒に洗面を使う家庭もあるだろう。そのケースではボウルをふたつ設置することが多いが、幅１ｍほどの大きなボウルに水栓をふたつつけることもある。

洗面ボウルの素材は陶器、磁器、鋳物ホーロー、鉄板ホーロー、人工大理石、ガラス、ステンレス、木などである。清掃性を求めてカウンターと一体にしたければ人工大理石製になるが、あまり高級感は出ない。キッチンシンクに比べると使い方はハードではないので、比較的自由に選ぶことができるだろう。最近は縁が薄い洗面ボウルが流行だ。

洗面化粧台を造作しよう

洗面化粧台はキッチンのように熱湯や油、酸性、刃物などを使うことは少なく、かつコンロなどの構成要素も少なく、法的な規制も多くないため、造作することに対してのハードルは低い。通常の水の染み込みを考慮すれば、木製カウンターでも大丈夫だ。そうすると大工造作でもできる。集成材に穴を開け、水が染み込まないように塗装し、ボウルと水栓を取り付ければ洗面化粧台が完成する。

洗面ボウルの納め方は、オーバーカウンター、アンダーカウンター、シームレス、ベッセルタイプ、半埋め込み、壁付け、ペデスタルなどがある。

木製カウンターはインテリアの雰囲気に合わせて樹種を選ぶ。木製以外でも、天然石、金属、ガラス、樹脂モルタルなどが使用でき、デザインの可能性は無限にある。

写真1｜ベッセルタイプ

写真提供:リラインス　ブランド:Alape
掲載商品:置き型手洗器

写真2｜ガラス製

写真提供:リラインス　ブランド:リラインス
掲載商品:置き型手洗器

写真3｜ペデスタルタイプ

写真提供:日鉄物産マテックス株式会社
メーカー:KOHLER

写真4｜木製(檜)の洗面ボウル

写真提供:檜創建株式会社

写真5｜テーブルタイプの洗面化粧台

写真提供:デュラビット・ジャパン
商品名:Cape Cod 洗面ボウル　Cape Cod フロアスタンディング洗面ユニット

写真6｜木製の造作洗面カウンター

設計:STUDIO KAZ　企画:アリストコンサルティング　写真:山本まりこ

写真7｜造作洗面化粧台

設計:STUDIO KAZ　写真:山本まりこ

077

トイレの設備機器

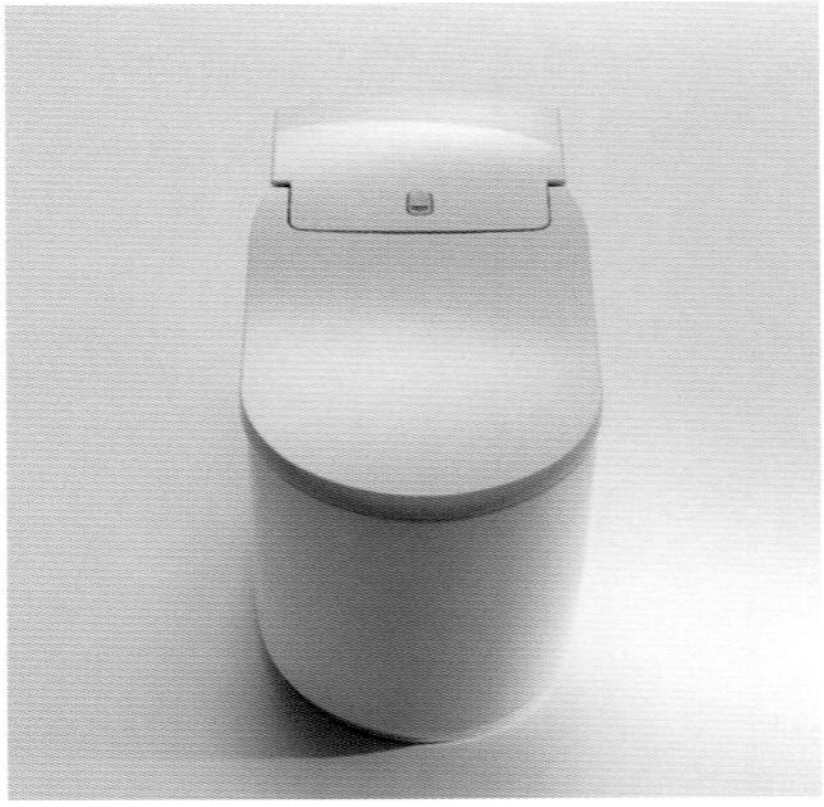

写真提供:
グローエ(blisspa japan 株式会社)

Point 主流はタンクレス便器。必要な機能を検討して便器を選ぶ
手洗いカウンターのデザインに気を配る

洋風便器選定のポイント

多くの一般住宅では小便器を設けず、洋風便器のみを置くことが多い。よって便器はトイレ空間の大きさで選びたい。最近はタンクレス便器が主流になった。タンク付きに比べると奥行きが100㎜以上も小さくできることもあるので、小さなトイレ空間では効率的であるばかりでなく、便器上部の空間が広がるので圧迫感がなくなる。背面の壁が露出することになるので、空間演出の腕の見せどころだ。

便器の機能にも注目したい。温水洗浄、暖房便座、ソフトクローズは最低限ついているが、そこに温風乾燥、除菌、ルームリフレ、自動開閉、音楽再生、脱臭機能、泡洗浄(フォームクッション)、室内補助暖房との連動、抗菌などの機能が付けられる。2020年に起こったコロナウイルス騒動による衛生面での配慮から、便座の自動開閉機能は注目されている。

便器を選ぶポイントのひとつにリモコンのデザインがある。スタイリッシュなデザインや英語表記、高齢者にわかりやすい表示など、標準だけでなく選べるものもあるので、便器と合わせて選びたい。

タンクレス便器を選ぶ時は水圧に注意したい。低水圧では使用できないためリノベーションの場合は解体時に水圧を測ってもらうようにしている。

手洗いカウンター

タンクレス便器では、便器に手洗いがついていないので、別途手洗いボウルを設置しなければならない。一般的には奥行200㎜程度のカウンターを便器と並行に設置するか、正面に配置する。トイレ空間を単なる機能空間とせず、美しい空間を目指すべきであり、そのためには手洗いボウルとカウンターのデザインにも気を配るべきだ。

写真1｜壁付タイプの便器

写真提供:デュラビット・ジャパン
掲載商品:SensoWash® Starck 温水洗浄便座 Darling New 壁掛けトイレ

写真2｜マンションのトイレの例

設計・写真:STUDIO KAZ

写真3｜便器も多色化・多機能化

写真提供:JAXSON
(blisspa japan 株式会社)

写真4｜手洗いカウンター／ベッセル型

写真提供:リラインス　ブランド:リラインス　商品名:オーバーカウンター型手洗器

写真5｜手洗いカウンター／アンダー型

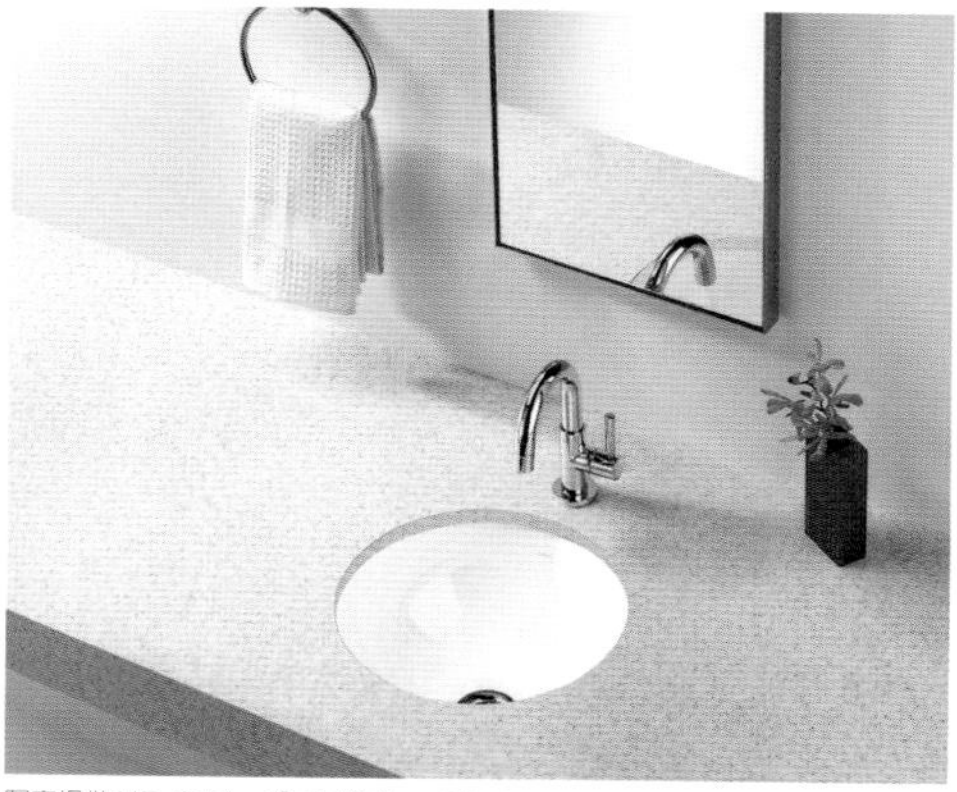

写真提供:リラインス　ブランド:Villeroy&Boch
掲載商品:アンダーカウンター型手洗器

エアコンを考える

色や柄など表情が豊かになった壁掛けエアコン

写真提供:ダイキン工業株式会社

木製ルーバーでエアコンを隠した例

設計:STUDIO KAZ　写真:山本まりこ

スクエアデザインの壁掛けエアコン

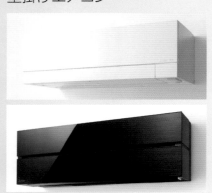

写真提供:三菱電機株式会社
掲載商品:三菱ルームエアコン　霧ヶ峰Style　FLシリーズ

現代の生活においてエアコンがない生活は考えにくい。エアコンの機能は省エネ性能含め、日々進化している。しかし、そのデザインはほとんど変わらない。空間の中で目立つ存在なのに。条件がクリアできれば、天井埋込みタイプを使うのだが、壁掛けエアコンをつけて、ルーバーを作るなどの工夫をしているのが現状だ。

しかし、ここ数年の間に、スクエアデザインや白以外の色も選べるエアコンなどが登場し、インテリアに馴染みやすくなった。

戸建であれば、配管の隠し方の工夫はしやすいが、マンションの場合はスリーブの穴が決まっているので難しい。配管が目立たないように工夫して美しく納めたい。壁をフカして隠蔽配管とするか、配管カバーなどの副資材のデザインがよくなればよいのだけど、今は既製品を塗装する解決方法しかない。前者の場合の方がきれいに納まるが、先行配管をする必要があり、工費が上がってしまう。

エアコンは家電量販店でも購入できるので、工事から外して施主支給にすることもあるが、標準以外の工事となると割高になることもあるので、確認した方がよい。

第6章
計画

設計:STUDIO KAZ　写真:山本まりこ

078

プランニングの基本

Point
親密度の変化に環境を加味してプランする
行為に求められる基本性能を押さえて空間を構成する

パタン・ランゲージ

1977年にクリストファー・アレグザンダーが著し、しばしば建築学の参考書として紹介される「パタン・ランゲージ」によると、オフィスでも住宅でもエントランス部分から徐々に親密度を増してプランすべしとされている【図】。つまり住宅では、玄関→共用空間→台所→専用庭→寝室（個室）となり、そのように実践されることも多い。

しかし、日本の、特に都市部では、この理論をそのまま当てはめるわけにはいかない。1階部分に十分な日照を得られない場合などは、家族が集まるリビングスペースを玄関から離れた2階に設けることもあるだろう。人を招くことが多い家では、玄関からの動線計画が重要になる。家族の形態やコミュニケーションの取り方などは各家庭によってまったく異なるため、デザイナーはヒアリングなどにより適したプログラムを導き出す。

また最近は、リビング・ダイニング・キッチンのように、複数の機能を持った空間をまとめて、一室空間とする傾向がある。「寝室」や「ダイニング」という部屋の呼称はあまり意味をなさなくなり、行為が行われる場所として、計画されるべきである。

行為から空間へ

各行為には、防水性、防汚性、耐火性、換気性能など、それぞれに求められる基本性能が異なる。その性能を押さえたうえで、家庭や個人の生活を当てはめていく。各エリアの距離や分割方法、連結方法、移動手段などの空間構成に関することから、仕上材や家具、照明などの空間要素の選択も重要なポイントになる。オフィスや店舗であれば、不特定多数の人の動線も考慮しなければならず、より計画が複雑になる。

図 親密度の変化

① 住宅

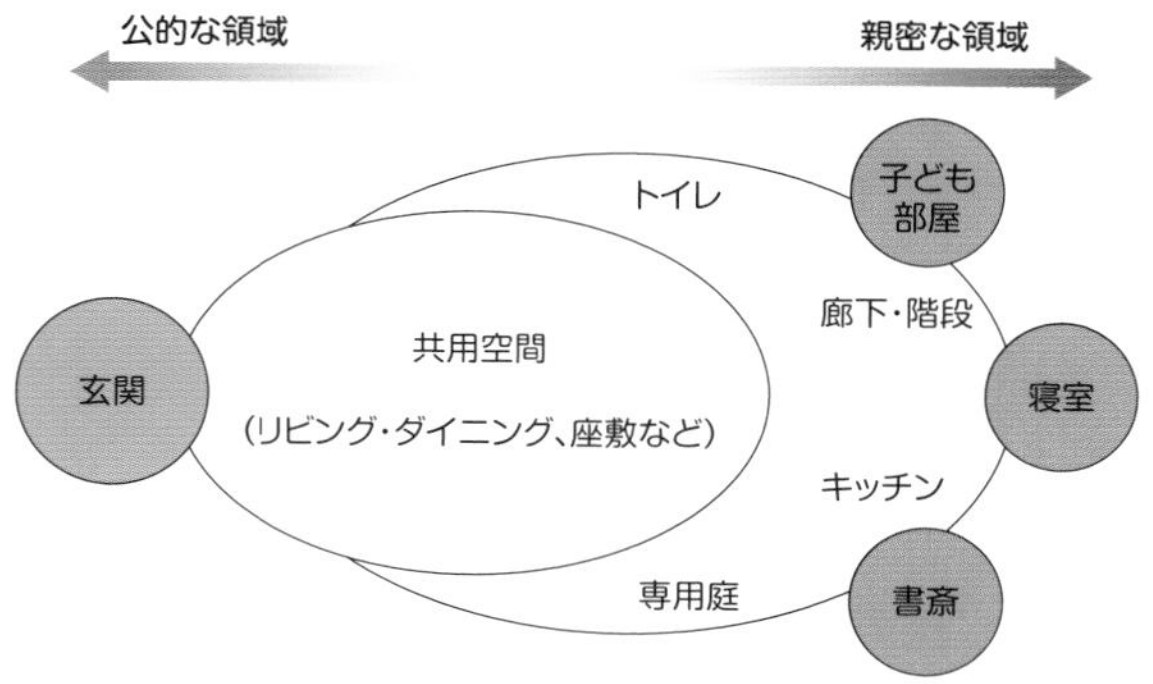

住宅では、玄関、共用空間と台所、専用庭、そして寝室、というシーケンスになる

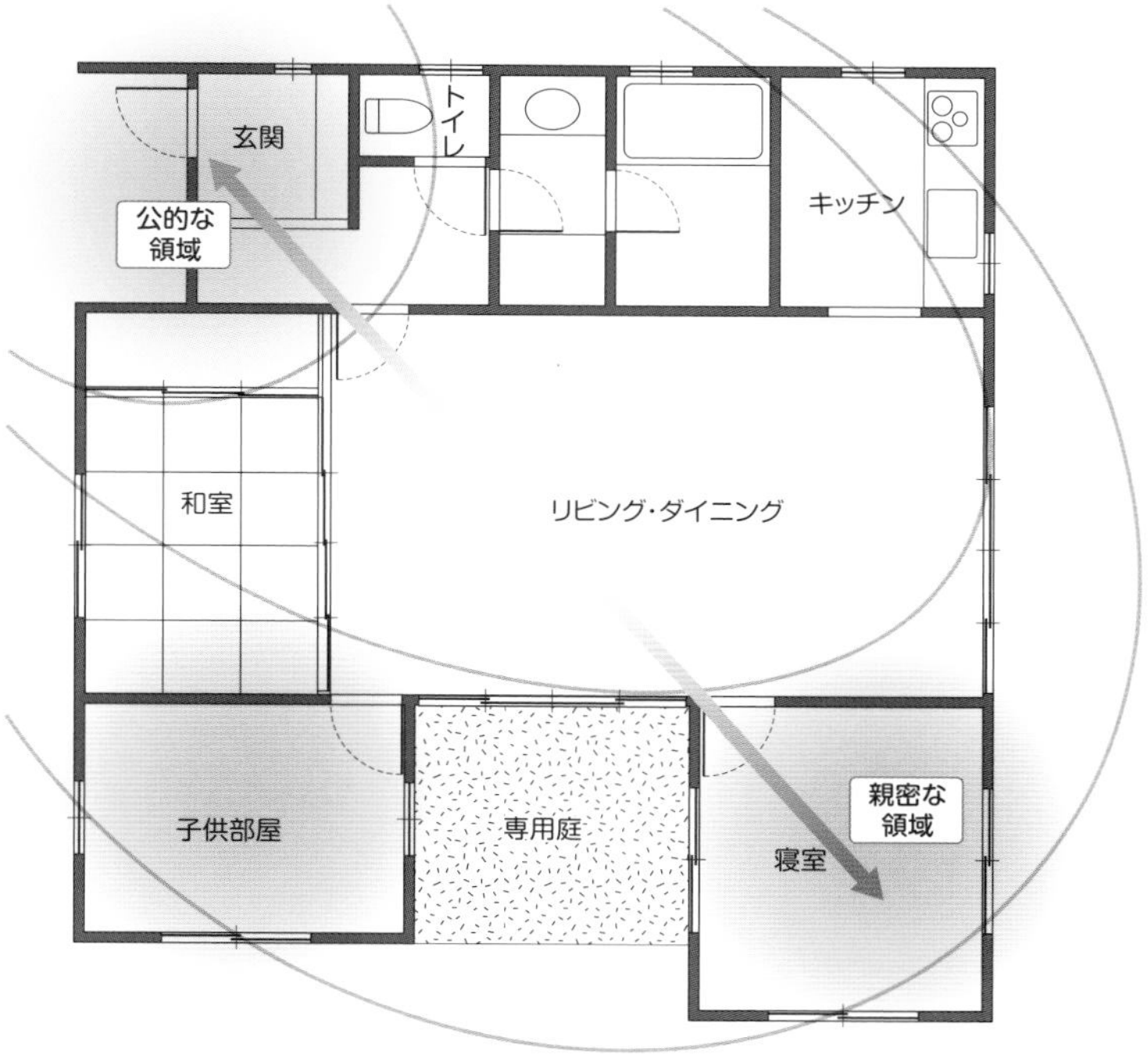

② オフィス

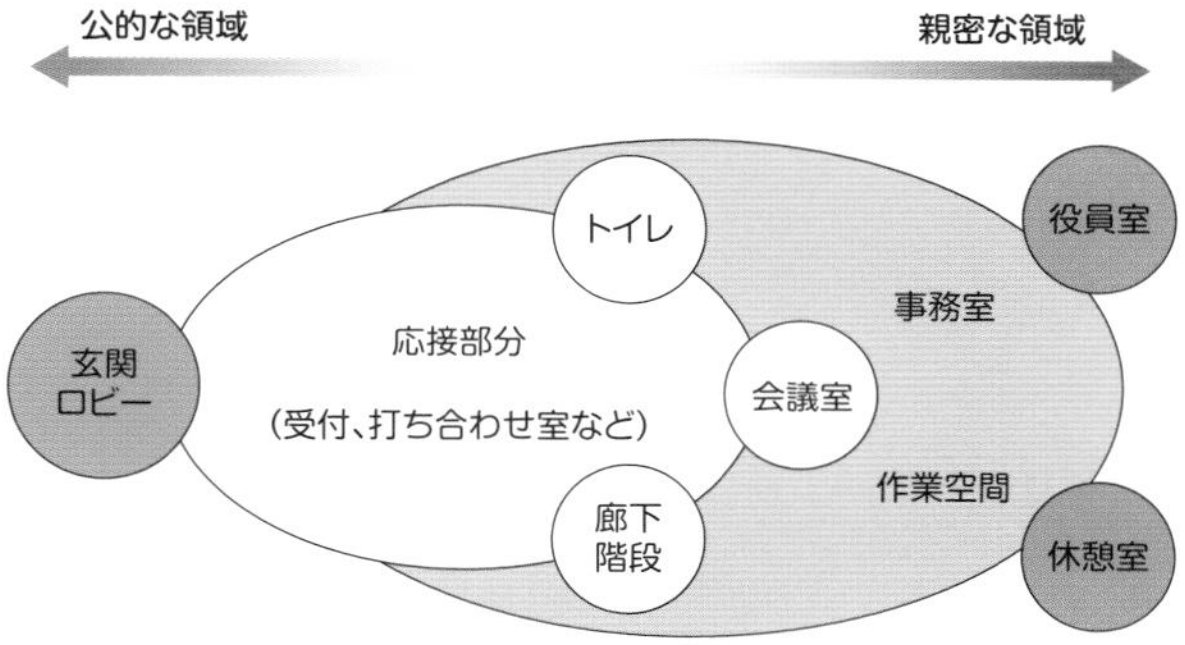

オフィスの場合は、玄関ロビー、応接部分、事務室と作業空間、そして社員用休憩室、役員室ということになる。また、小店舗の場合は、店の入口、客の動き回るスペース、商品をじっくり眺める場所、販売カウンター、カウンター裏、そして従業員用の場所という順序になる

079

玄関廻り

設計:STUDIO KAZ
写真:山本まりこ

Point
玄関は住宅のなかで最も公共性が強い空間である
玄関は「ハレ」の場所であり、きれいに保つことが大事だ

玄関を第一の客間とする考え方

外から最初に訪れる空間であり、外出するときに最後に通過する空間が玄関である。よって、親密度は最も低く、公共性を持った場所であるといえる。さらに下足から上履きに履き替える、もしくは下足を脱ぐための空間であり、また、来客をフィルタリングする空間でもある。そう考えると、玄関は第一の客間であるともいえるだろう。

上がり框はいわば「結界」であり、比較的高価な素材を使うことが多い。それを超えるためには、「資格」が必要ということなのだろう。外国で土足のまま室内に入るときに、何となく玄関で居心地の悪さを感じるのはそのためかもしれない。

古い住宅では土間を広く取り、作業をする場所にもしていたが、現代では「下足のままでいる所」という意味でのみ「土間」という単語が残っている。

このように、内と外の両方の領域をつなぐ共有部分が玄関なのである。

ハレの場所

玄関を「家の顔」だと考え、ハレの場所としてとらえている人も多い【図1】。実際、日本の古い住宅で玄関と客間を豪華につくり、家族で使う部分を質素にする例も数多く見られた。現代ではそこまで極端につくることは少ないが、やはり玄関をきれいに保ち、多少でも絵や花を飾ることができる場所を設けたい空間である。その効果を生かすためには、玄関扉の向きや間取りなどの工夫により、玄関から家の中が丸見えにならないようにしたい【図2・3】。面積に余裕があるなら、「第一の客間」を拡大解釈して玄関ホールを広くしたり、土足のまま入ることができる玄関ホールから続く客間を設けたりして、生活部分とワンクッション置きたい。

図1 ハレの場所としての玄関 (S=1：70)

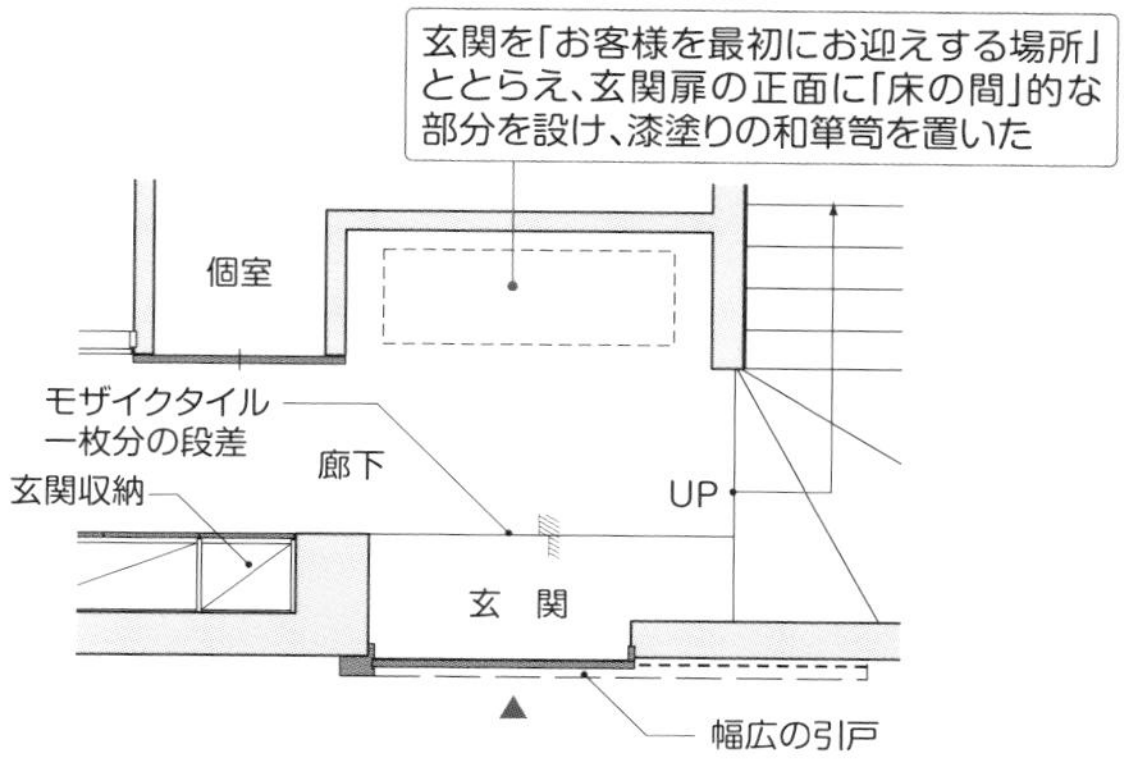
玄関を「お客様を最初にお迎えする場所」ととらえ、玄関扉の正面に「床の間」的な部分を設け、漆塗りの和箪笥を置いた
個室
モザイクタイル一枚分の段差
廊下
玄関収納
UP
玄 関
幅広の引戸

設計・写真:STUDIO KAZ

図2 マンションの玄関の例 (S=1：70)

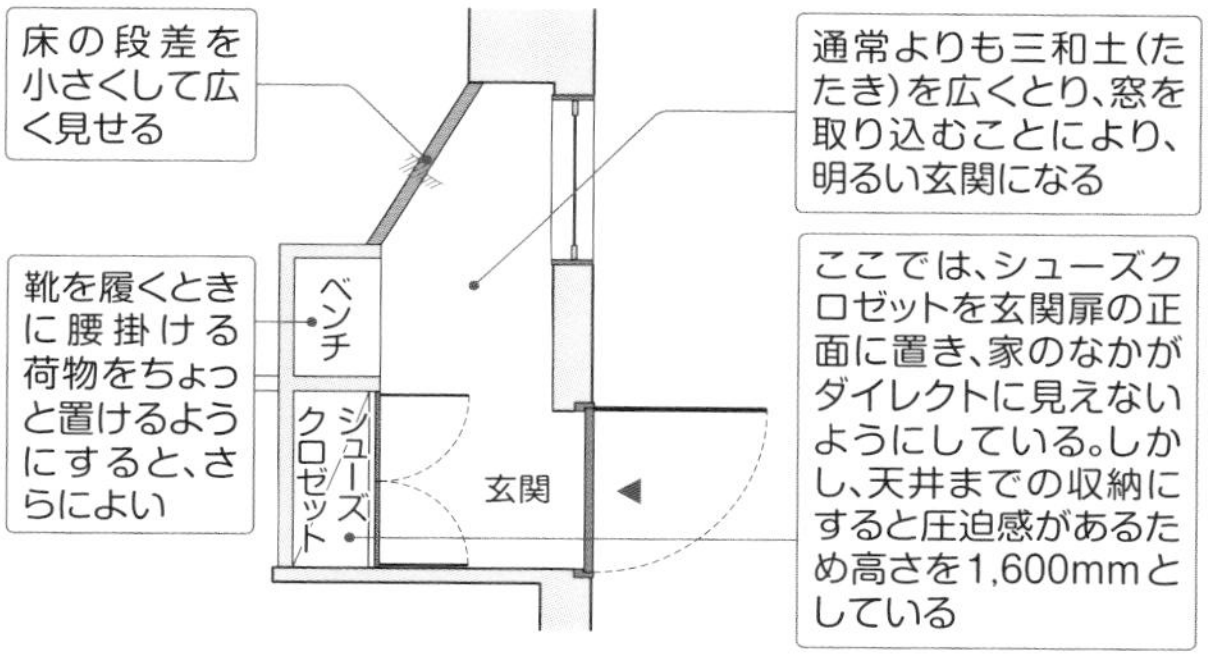
床の段差を小さくして広く見せる
通常よりも三和土(たたき)を広くとり、窓を取り込むことにより、明るい玄関になる
靴を履くときに腰掛ける荷物をちょっと置けるようにすると、さらによい
ベンチ
シューズクロゼット
玄関
ここでは、シューズクロゼットを玄関扉の正面に置き、家のなかがダイレクトに見えないようにしている。しかし、天井までの収納にすると圧迫感があるため高さを1,600mmとしている

設計:STUDIO KAZ　写真:山本まりこ

図3 戸建住宅の玄関の例 (S=1：70)

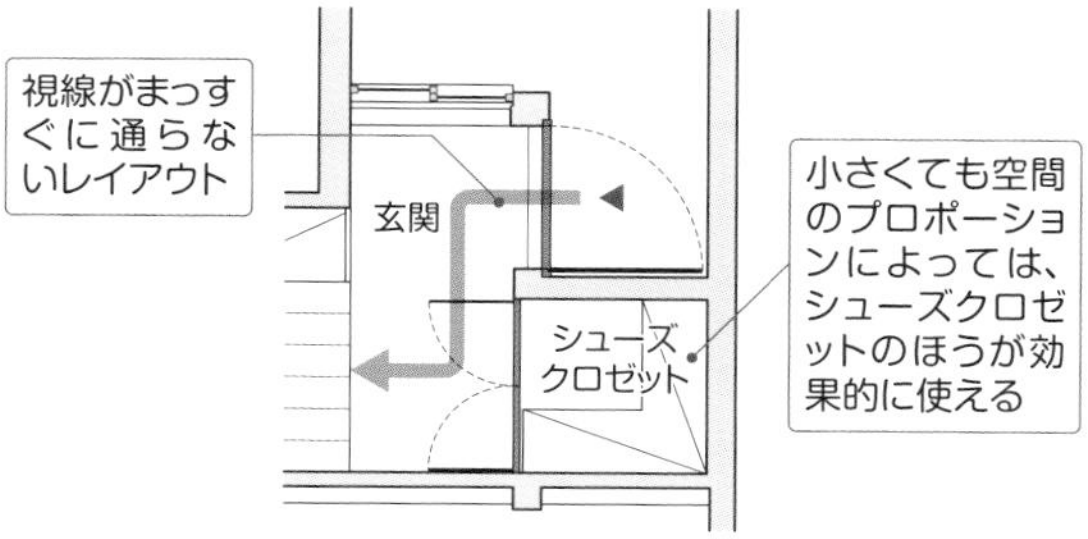
視線がまっすぐに通らないレイアウト
玄関
シューズクロゼット
小さくても空間のプロポーションによっては、シューズクロゼットのほうが効果的に使える

Pick UP! 現場の話、あれこれ

家に帰ったらまず手洗い

2020年初頭、突如襲われた新型コロナウイルス騒動が起こり、日常生活における清潔であることへの意識が非常に高まった。そんな中、玄関に手洗い設備を設けることが少し話題になった。もちろん玄関に給排水設備を持ってくるわけだから一朝一夕にというわけにはいかないだろうが、リノベーションのタイミングでそれもありだろう。

設計:STUIDO KAZ 撮影:山本まりこ

設計・写真：STUDIO KAZ

080

キッチン
～料理する所

Point
料理するだけの「台所」からコミュニケーションのための「キッチン」へ
キッチンには家のなかで最も多くの要素を必要とする

住まいの中心へ

昔から台所は家の北側、日当たりが悪い場所に配置されることが多かった。もちろん、現在のように保管システムが発達していなかったので、食品を長持ちさせる手段や食品搬出入経路としての意味合いも強かった。しかし、最近の住宅プランでは、キッチンを中心にしたプランニングが大多数になってきた。つまり食品を貯蔵し、調理するだけの場所であった「台所」が、家族のコミュニケーションの中心となる「キッチン」に変化したのである。

各家庭において、コミュニケーションの取り方や考え方はまったく異なる。家族の形態によっても違ってくるだろう。これからのキッチンプランニングの基本は、「コミュニケーション」の構築とも言えるだろう【図】。

スーパーで毎日新鮮な食材を購入でき、コンビニエンスストアも林立する今日では、大きな冷蔵庫は不要だろう。また、さまざまな総菜も購入できるため、料理しない人には、電子レンジがあればキッチンはこと足りる。しかし、家族それぞれが忙しい家庭では毎日のように買い物に行くわけにいかず、大型の冷凍冷蔵庫が必要だろう。このようにキッチンの存在意義が各家庭によって異なる。つまり食生活ではなく、生活スタイルそのものをデザインしなければならないのである。

キッチンに求められる要素

キッチンには家のなかで最も多くの要素が入り込む。給排水、ガス、電気、給排気などのインフラ設備、耐水性、耐火性、耐汚染性、耐酸性などの性能に加え、内装仕上材もそれらに対応する性能が求められる【表】。そのためシステムキッチン（オーダーキッチン）、タイルやガラス、最近はキッチンパネルなど幅広い知識が必要だ。

図 キッチンの例 (S=1：60)

キッチンが家中のコントロールステーションとして位置付けられている

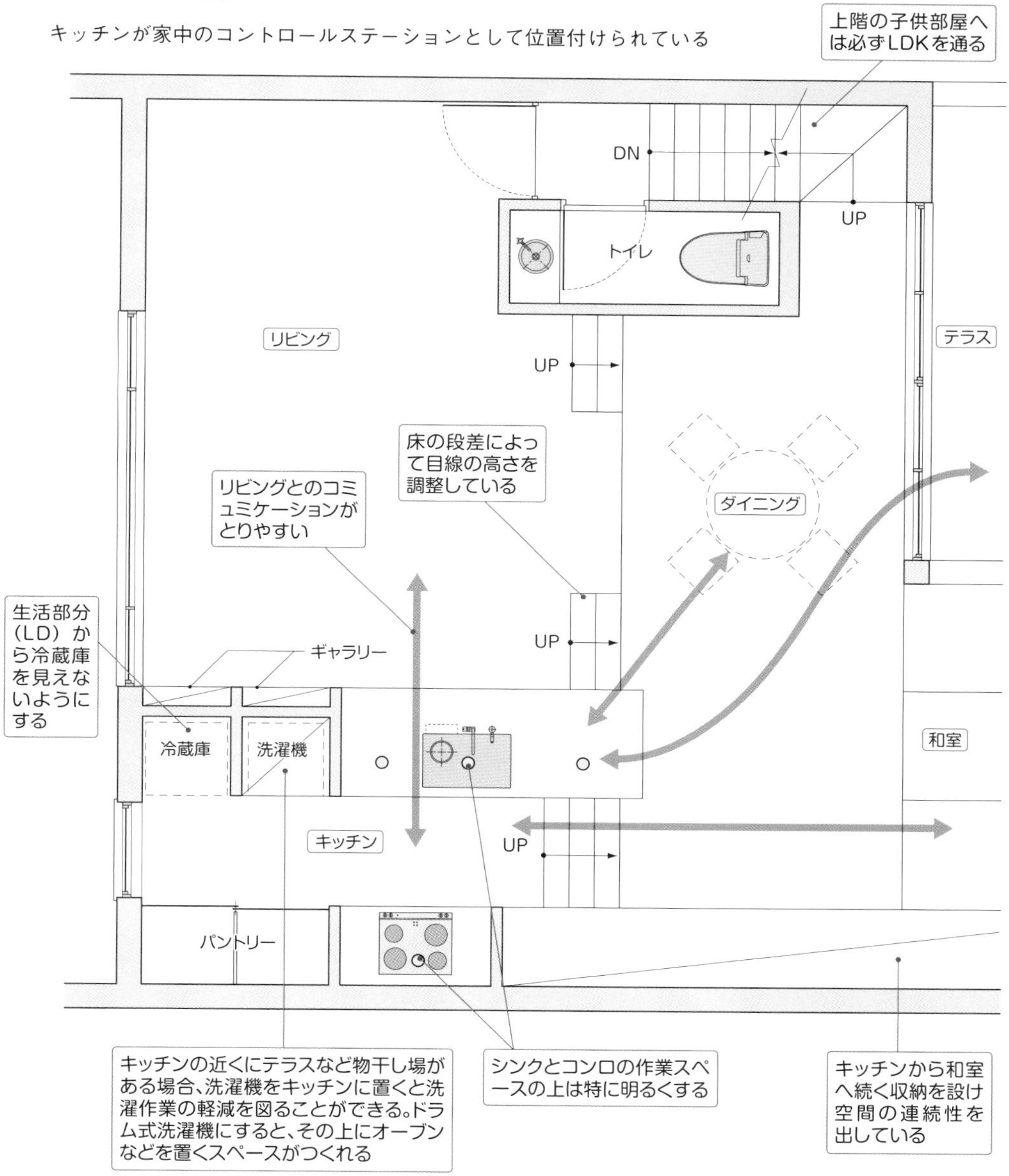

表 キッチンに求められる基本性能

床	耐水性・防汚性・耐薬品性・清掃性
壁	耐水性・防汚性・防カビ性・不燃性
天井	耐水性・防汚性・防カビ性・不燃性
照明	シンク・コンロ・作業スペースは特に明るくする
設備	電気（100V・200V）・ガス・水道（給排水）・給排気・HA・TEL・LAN

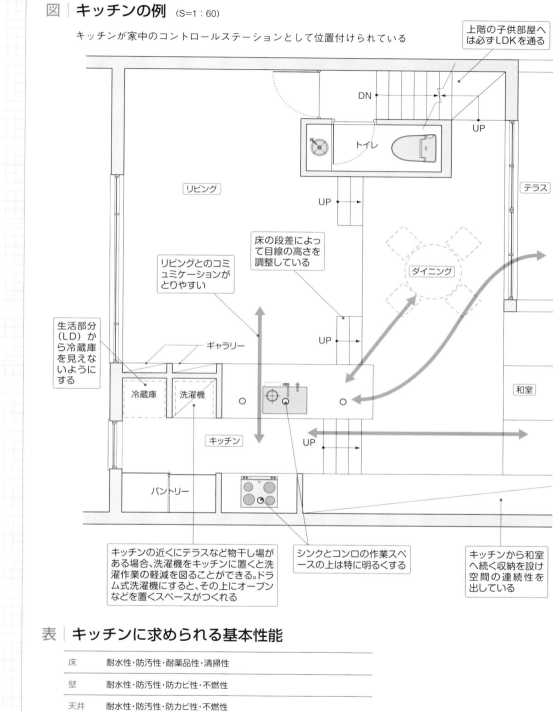

設計:STUDIO KAZ　写真:Nacása & Partners

081

ダイニング
～食事する所

Point
ダイニングスペースの位置付けを明確にする
キッチンとダイニングとの連係を考慮してプランする

ダイニングスペースの配置

一般的にダイニングスペースは、キッチンに連続するように配置される。キッチンで調理された料理をスムーズに運ぶためだ。公団住宅規格の原型、51C型（1951年）で初めてキッチンと同じ空間にダイニングを設けたころから、食事の際にキッチンが見える生活に違和感はなくなったが、今でもフォーマルな場所では通用しない。家族とは別に客人専用のフォーマルダイニングを設ける家もあるぐらいだ。その場合のダイニングスペースは社交やビジネスの場でもあり、仕上材や調度には細心の注意を払う。豪華にするということではなく、戦略の1つとして計画しなければならない。

ダイニングスペースの多目的化

一方、一般的なファミリーダイニングも、最近では家族間や友人との大切なコミュニケーションの場として位置付けられ、食事以外の機能を満たさなければならないことが多い。子どもの勉強場所であったり、家計簿を付ける場所であったり、夫婦で酒を酌み交わす場所であったりする。その場合、リビングスペースよりカジュアルなイメージを持つことが多い。また、朝食と夕食を違う場所でとることもある。家族の間で朝食の時間がずれたり、忙しい場合は、キッチンに付属する「モーニングカウンター」で食事することもある。最近のキッチンはワークトップの奥行きを大きく取ったフルフラットタイプが主流となり、キッチンのワークトップとモーニングカウンターが兼用されることが多くなった。

このようにダイニングスペースの要素は、キッチンやリビングとの関係を深めている【図】。そのため、ダイニングそのものの存在理由を考え直さなければならないのかもしれない。

図 ダイニングの例 (S=1：60)

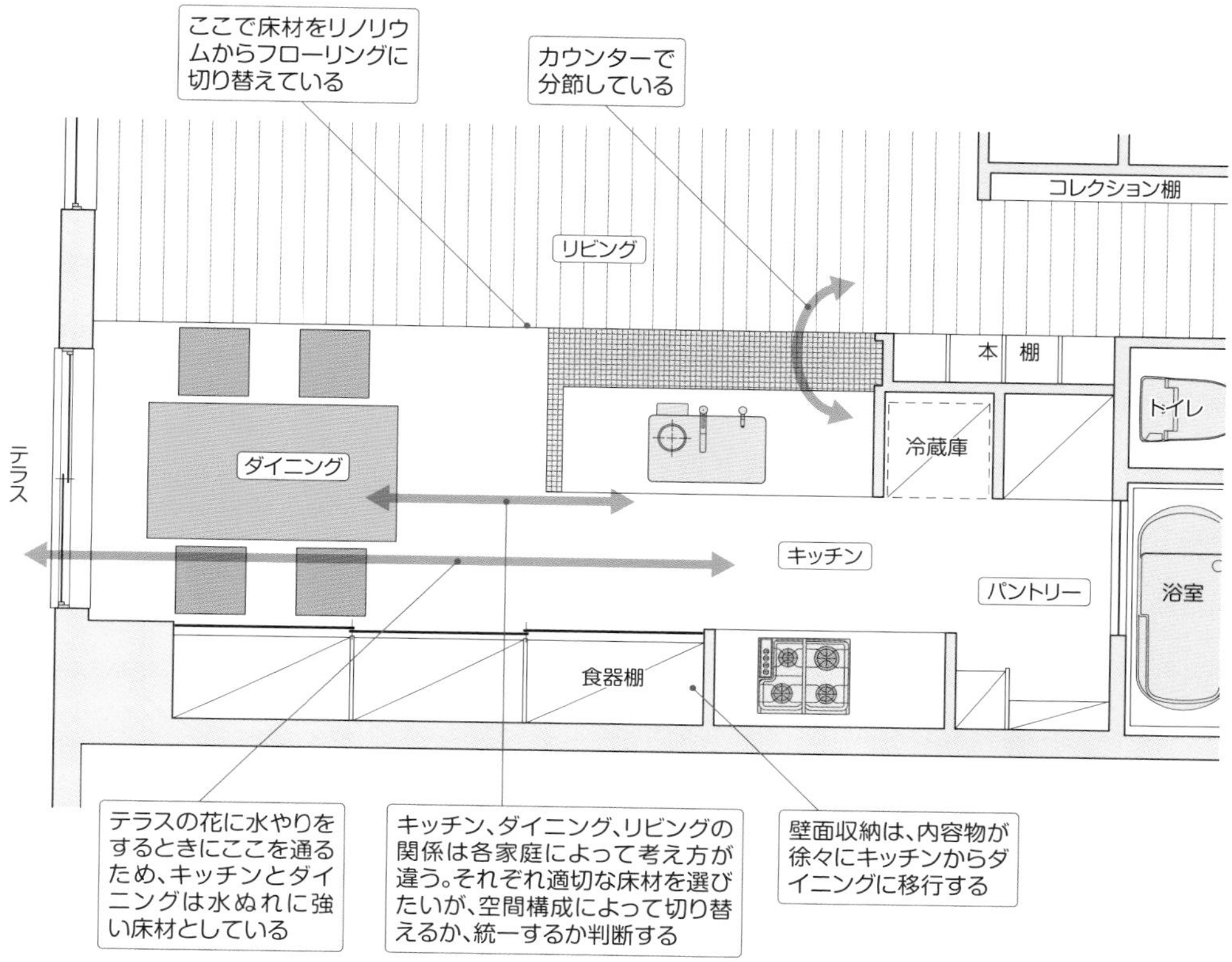
ここで床材をリノリウムからフローリングに切り替えている
カウンターで分節している
コレクション棚
リビング
本 棚
トイレ
冷蔵庫
テラス
ダイニング
キッチン
パントリー
浴室
食器棚
テラスの花に水やりをするときにここを通るため、キッチンとダイニングは水ぬれに強い床材としている
キッチン、ダイニング、リビングの関係は各家庭によって考え方が違う。それぞれ適切な床材を選びたいが、空間構成によって切り替えるか、統一するか判断する
壁面収納は、内容物が徐々にキッチンからダイニングに移行する

Pick! UP. 現場の話、あれこれ

ダイニングテーブルの存在意義を再確認する

近年のヨーロッパで開かれたキッチンの展示会を見ると、ダイニングテーブルがないものを多く見かけた。そのキッチンには食事をするためのカウンターが必ず設けられ、日常の食事はそこで取り、週末のゆっくりした食事はソファーで食べる食事スタイルである。日本でもそのスタイルは増えてきて、LDKを一体として生活スタイルの提案を考えなければならない。

天板とダイニングテーブルが一体となったキッチン
設計:STUIDO KAZ　写真:山本まりこ

設計:STUDIO KAZ　撮影:山本まりこ

082

リビングスペース

Point
- リビングスペースには家族が留まる口実を設ける
- 様々なシーンを想定して照明計画は慎重に行う

リビングスペースで何をする？

日本でのリビングルームの歴史は浅い。リビングルームを「家族が集まる場所」と定義すると、「茶の間」がそれにあたる。だが食事も就寝も行われる場所と考えると、それまであった、「応接間」と呼ばれる部屋の方が近いのではないか。そして現在ではリビングルームはキッチン・ダイニングと一体の空間になった住まいがほとんどだ。

　リビングスペースでは、テレビを見る、ゲームをする、語らう、軽食をとるなど様々な行為が行われる。最近ではカフェブームからの流れで、リビングスペースで食事をとるライフスタイルも定着しつつある。ここで行われる行為はほかの場所でもできるものばかりであり、存在意義をもう一度整理した方がよい。レイアウトが悪いと、単に家族が通過する場所になりかねない。家族の共有領域として何かしら留まる口実を設けることが必要だろう。

テレビとソファーの配置

　とはいえ、リビングスペースで最も行われる行為は（ゲームや映画鑑賞を含めて）テレビを見ることだろう。そこでテレビの配置には注意したい。テレビと見る位置との間に動線があると、フラストレーションがたまる。

　販売店での印象と実際のギャップが大きいものの一つがソファーだ。奥行きだけでなく、背もたれの高さには注意して選ぶようにする。せっかくの「留まる口実」もソファーの座り心地が悪かったり、存在感がありすぎては意味がない。リビングスペースでの行為によってラグやソファー、テーブルの大きさや形、配置、調度品やルームアクセサリーに気をつける。また多目的に使われる場所だからこそ、照明計画にも十分に配慮しなければならない。

写真1｜カジュアルな雰囲気のリビング

設計:STUDIO KAZ　写真:Nacása & Partners

写真2｜照明効果を意識したダイニングレスのリビングスペース

設計・写真:STUDIO KAZ

写真3｜ダイニングとリビングの兼用

設計:STUDIO KAZ　撮影:山本まりこ

Pick UP! 現場の話、あれこれ

フォーマルリビングとファミリーリビング、複数のリビングスペース

ダイニングと同様にリビングにも「フォーマルリビング」と「ファミリーリビング」を設けることがある。来客が多い家では一考されてはどうだろう。

また、リビングスペースを「憩う場所」ととらえると、必ずしも1カ所である必要はない。たとえば廊下の途中や個室の一角、ダイニングやキッチンの日当たりが良い場所などにお気に入りの椅子と小さなテーブルを置いて、本を読んだり、音楽を聴いたり、ちょっとしたくつろげる場所を設けるとよい。その際、わざわざ壁や扉で隔離する必要はない。心理的に隔離するだけで十分くつろげるだろう。

第6章 計画

設計:STUDIO KAZ
写真:山本まりこ

083

アウトドアリビングとインナーテラス

Point
- リビングと隣接した外部の場所を活用する
- インテリアとアウトドアの中間的なスペースを設ける

拡張されたインテリア＝アウトドアリビング

リビングと隣接した庭やバルコニーといった屋外空間をリビングルームのように使う「アウトドアリビング」という空間作りが流行っている。今や空前のアウトドアブームであり、自宅にいながらもアウトドアの雰囲気を味わいたいという人たちにとっては非常に気持ちがよい空間になるだろう。

リビングルームのテラス窓を開放型にして、そこから続くデッキを設ける。そこではピザ窯をつくったり、ハンモックやテラスチェアを置き、長い時間滞在しても居心地よくする。

ウッドデッキの場合、木が腐食しないような処理が必要だ。樹脂を含浸したデッキ材もあるが、木の風合いが損なわれるので、耐候性のある外部用の塗装や液体ガラス【写真2】のような水の侵入を防ぐ塗料を使用するとよい。

浴室やパウダールームに隣接して作るとリゾート気分を味わうことができそうだ。この場合、近隣からの視線には注意したい。

取り込まれた外部空間＝インナーテラス

一方で家の中にいながらも外部空間のような雰囲気を出し、雨や風の影響を受けない空間として「インナーテラス」がある。日当たりがよい場所にインナーサッシで囲まれた場所をつくる。そこでは植物を育てたり、カフェのようにお茶や食事を楽しんだりすることができる。また室内物干の場所にもなるが、いつの間にかその用途だけにならないように気をつけたい。

インナーテラスは床・壁・天井の仕上げをインテリアと変えることでより外部空間のような雰囲気をつくることができる。床を大理石やタイル貼りにすれば夏はひんやり、冬の日当たりがよい日は暖かい場所になる。

写真1｜足場板でつくったアウトドアリビング

設計:STUDIO KAZ　写真:山本まりこ

写真2｜液体ガラス

tatara撥水セラミックシリーズは、“ガラス塗料”と呼ばれるセラミック高分子を特殊技術により木材に奥深く浸透し乾燥硬化する塗料である。木の導管に浸透して水分や汚れをシャットアウトし、表情は木のまま。屋内用、屋外用、オイルなどの種類がある

写真提供:tatara-hanbai合同会社

写真3｜リビングの延長として見えるアウトドアリビング

設計:STUDIO KAZ　写真:山本まりこ

写真4｜マンションに設けたインナーテラス

設計:STUDIO KAZ　写真:山本まりこ

設計:STUDIO KAZ　写真:山本まりこ

084

パウダールーム

Point
機能空間（洗面脱衣室）から快適空間（パウダールーム）へ
いろいろな行為が行われる場所であるため、十分なコンサルティングが必要

連続した行為のための空間

一般的には浴室の前に位置し、入浴のために服を脱ぐための場所であり、朝は顔を洗ったり歯を磨いたりする空間である。多くの家では洗面化粧台と洗濯機が設置され、歯ブラシや化粧瓶、タオル、脱衣かごなど様々なものが置かれる。一日の中でごく短い時間を過ごす場所のため、極めて機能的につくられることが多い。しかし最近ではミストサウナをはじめ、バスルームでの快適性を求めることが増え、それに伴って入浴途中のクールダウンや入浴後のストレッチなど、バスルームとその前室を含めた快適性を考慮する。そうなると単なる機能空間としての『洗面脱衣室』ではなく『パウダールーム』と呼ばれるべきだろう。そのためには機能性のためのクッションフロアではなく、タイルや大理石の床にしたり、水栓金具や洗面ボウル、タオル掛け、暖房を兼ねたタオルウォーマーなどのアクセサリーはデザイン性の高い商品を選びたい。最近では浴室との間仕切りやドアを透明ガラスにして広がりを持たせる例も増えた。ブラケットやダウンライト1灯だけの照明計画ではなく、ここでもタスクアンドアンビエントの照明計画など、快適性とデザイン性を持たせた空間を心掛けたい。

洗濯機はどこに置く?

日本では欧米と違って洗面脱衣室は一家に一部屋しかないので、そこに洗濯機を置くことが多い。機能空間として考えるならばその方が効率的だろう。しかし快適空間と捉えると、その存在感は気になるところ。輸入のビルトインタイプを選んだり、扉で隠したりして、その存在感をコントロールすべきだ。家事動線を考えて、キッチンに設置することもあるが、脱水時の振動や騒音に注意したい。

図1 シャワーブース併設のバスルームの例 (S=1：70)

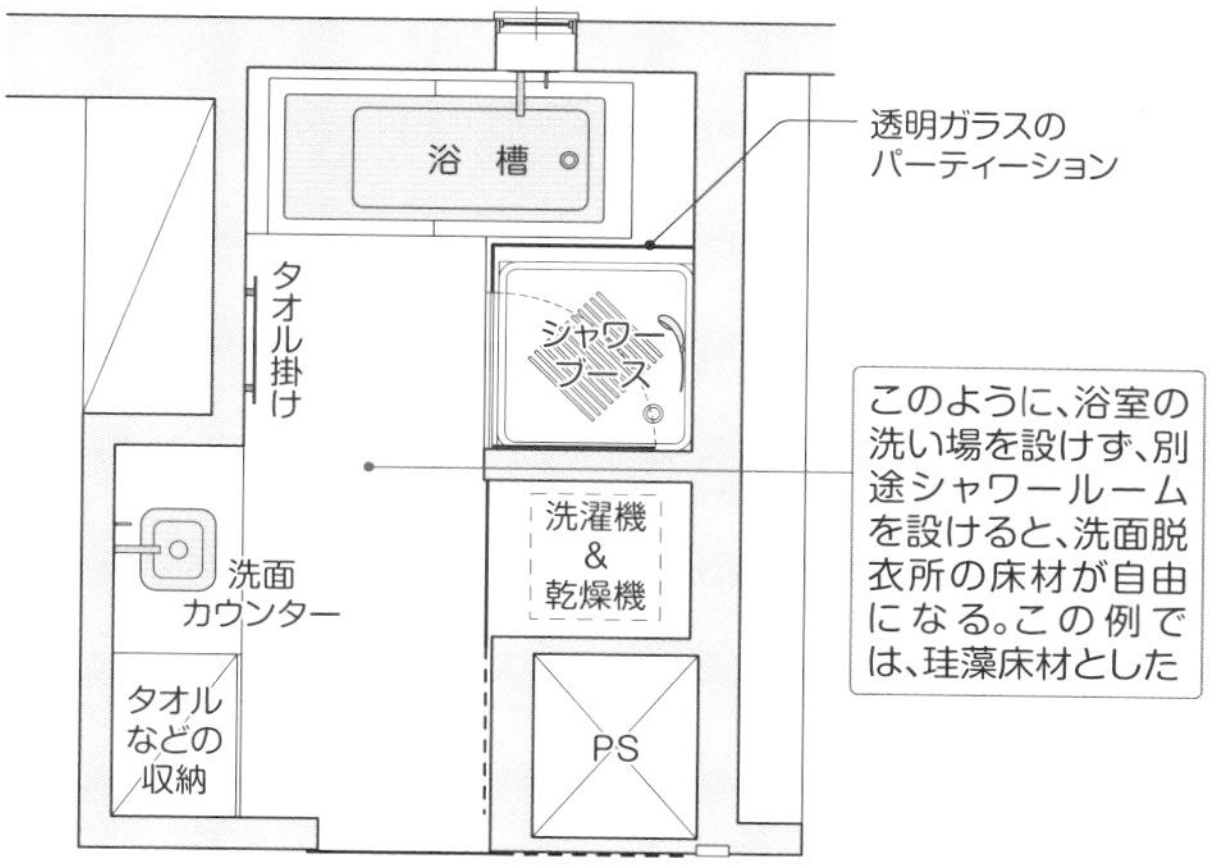
浴 槽
透明ガラスのパーティーション
タオル掛け
シャワーブース
洗濯機&乾燥機
洗面カウンター
タオルなどの収納
PS
このように、浴室の洗い場を設けず、別途シャワールームを設けると、洗面脱衣所の床材が自由になる。この例では、珪藻床材とした

設計:STUDIO KAZ　写真:Nacása & Partners

図2 トイレ併設のパウダールームの例 (S=1：70)

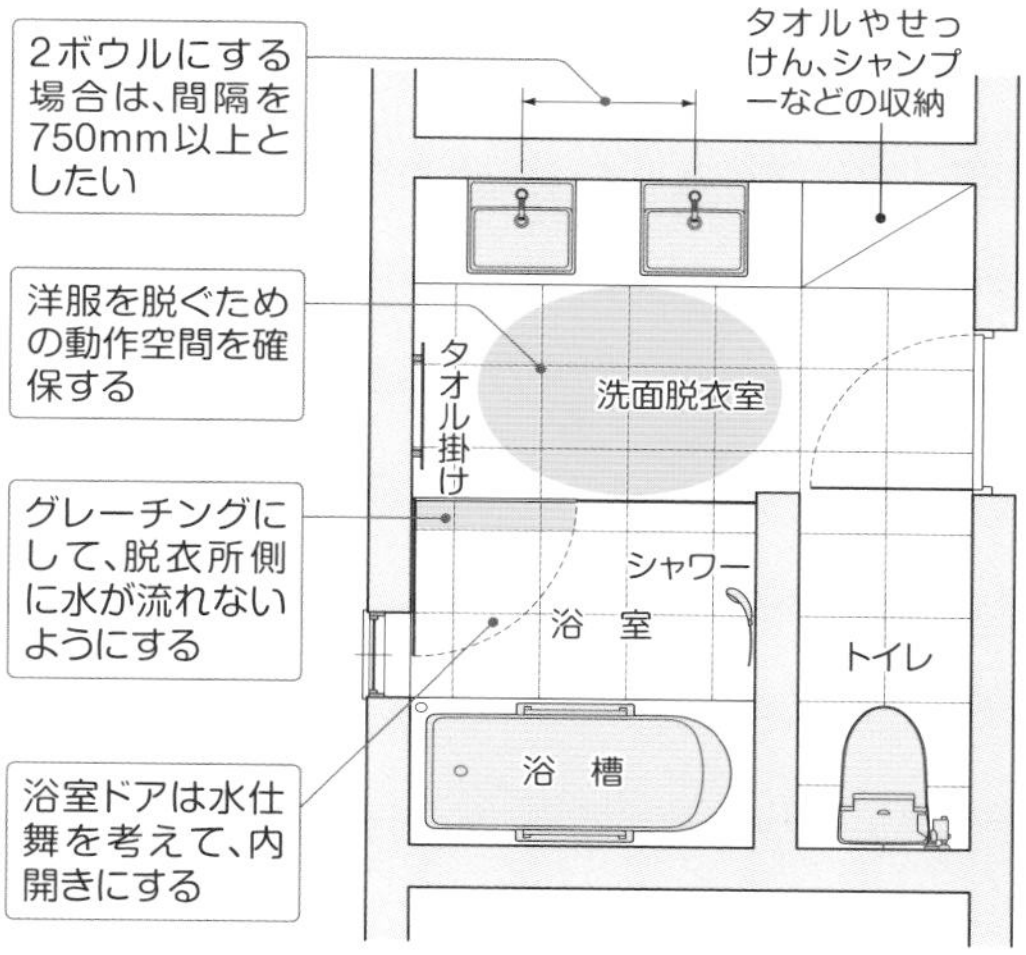
2ボウルにする場合は、間隔を750mm以上としたい
タオルやせっけん、シャンプーなどの収納
洋服を脱ぐための動作空間を確保する
タオル掛け
洗面脱衣室
グレーチングにして、脱衣所側に水が流れないようにする
シャワー
浴 室
トイレ
浴 槽
浴室ドアは水仕舞を考えて、内開きにする

写真1 樹脂モルタルのパウダールーム

設計:STUDIO KAZ　写真:山本まりこ

写真2 透明ガラスで浴室と繋げたパウダールーム

設計:STUDIO KAZ　写真:Nacása & Partners

写真3 モザイクタイル が特徴的なパウダールーム

設計:STUDIO KAZ　写真:山本まりこ

設計:STUDIO KAZ　写真:山本まりこ

085

バスルーム
～入浴する所

Point
入浴は単純な行為ではなく、いくつかの複合した意味を持つ
在来工法とユニットバスを使い分ける

入浴の意味を考える

入浴という行為は、いくつかの側面を持つ。身体を洗う、髪を洗う、身体を温める、リラックスする、ストレッチをするなどさまざまで、とりわけ1日の疲れを癒すためのひとときを過ごす場所として、浴室を利用することが注目されている。入浴のなかのどこに重点を置くかによって空間のつくり方が違ってくる。浴槽を大きくするのか、洗い場を大きくするのか、照明に気を遣うのかといったことを考慮しなければならない。

最近ではシャワーの種類も豊富になった。マッサージ効果を持たせたシャワーヘッドやレインシャワータイプなどが流行りだ。

在来工法とユニットバス

浴室のつくり方には大きく分けて、在来工法【写真1・2・3】とユニットバスの2つに分類される【写真4・5】。最大の問題は防水であり、在来工法では現場で防水層をつくる。そのため、空間の形状や仕上材、開口部が自由に設定できる。一方、ユニットバスは工場で防水パンを製作するため、自由度は少ない。ハーフユニットというものもあり、浴槽の高さまでを工場で製作し、それより上は自由になる。

反面、在来工法では浴室全体の重量が増し、建築物の構造への負担が大きくなる。防水性能もユニットバスのほうが高いため、集合住宅や2階に浴室を設置する場合は、技術的な側面のみを考えれば、ユニットバスを採用するほうが賢明だろう。最近はユニットバスのバリエーションも多く、選択肢はかなり広がった。しかし、制約が多いので、満足できないケースもある。その場合、少し高価になるが、特注の防水パンを検討したい。浴槽や仕上材、開口部などの自由度は在来工法と大差ない。

写真1 | 鋳物ホーロー浴槽を使った洞窟のような在来工法のバスルーム

設計・写真:STUDIO KAZ

設計:STUDIO KAZ　写真:Nacása & Partners

写真2 | レインシャワーシステムと鉄板ホーロー浴槽を使った在来工法のバスルーム

設計・写真:STUDIO KAZ

設計:STUDIO KAZ　写真:山本まりこ

設計・写真:STUDIO KAZ

写真3 | パウダールームからイメージを延長した在来工法のバスルーム

設計:STUDIO KAZ　写真:山本まりこ

設計:STUDIO KAZ　写真:山本まりこ

在来工法では素材ばかりでなく、空間の形状も自由にデザインすることができる。シャワー水栓や浴槽などもひとつのメーカーに揃える必要もない

写真4 | オーダーユニットバス

設計:STUDIO KAZ　写真:山本まりこ

一般的なユニットバスは浴室の形状が決まっており、使われるパーツもメーカーのセレクトガイドから選んで決めていく。だがオーダーユニットバスは、形状やパーツ類のほとんど全てが自由である。ユニットバスの信頼性に在来工法の自由度を併せ持ったもので、ホテルやマンションでよく使われている

写真5 | ユニットバス

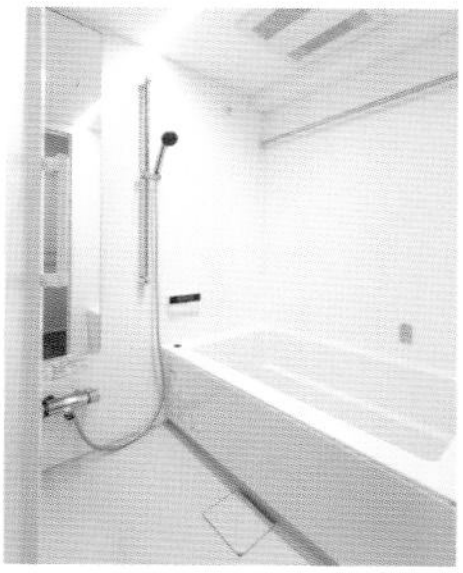

設計:STUDIO KAZ　写真:山本まりこ

写真提供:株式会社和光製作所

設計:STUDIO KAZ
写真:垂見孔士

086

トイレ

Point
常に清潔な状態を保つことが必要である
最低限の機能を押さえて、自由につくる

家のなかの最も小さな空間

トイレは、家のなかでは最も小さな空間であり、1日のなかで最も滞在時間が短く、過度な快適性を求めなくてもよい場所である。しかし、手入れが行き届いていないトイレを目にすると、ほかの部分がどれだけきれいにできていても、全体としての魅力は半減する。飲食店でも、豪華にしなくてよいけれど、トイレの設計がいい加減な店には、いくら料理が美味しくてもまた訪れようと思わない。

この非常に小さな空間に入る要素は次の通り。便器(+リモコン)、紙巻器、タオル掛け、手洗器、カウンター、収納、換気、照明である。その組み合わせを上手に行わなければならない。

住宅と店舗でつくり方を変える

共通して言えることは、トイレ空間をきれいに保つことである。汚れが付着しにくく、清掃しやすい素材を選ばなければならない。店舗の場合、女性が化粧直しを行う可能性もあるので、広めのスペースとカウンターを確保する必要があるだろう。また、照明や香りなどの演出も必要。音や視線などにも配慮が必要だ。客席から便器が丸見えになる計画はやってはいけない。

住宅の場合でも、客中心のフォーマルなトイレの場合は同様に考える。店舗まではいかなくても、フォーマルな場所として少しグレードを上げて、つくり込みたい【図1】。

一方、日常のトイレはシンプルにつくる【図2】。最低限の機能として、音や匂いを外部に漏らさないようにしなければならない。これまでは単独の空間であったが、最近は洗面脱衣室に設けることもある。その場合、完全なオープンでなくても、仕切りを透明ガラスにして、物理的に分割しながら、開放的な空間とすることもある。

図1 ｜ ゲスト用トイレの作り方 (S＝1:50)

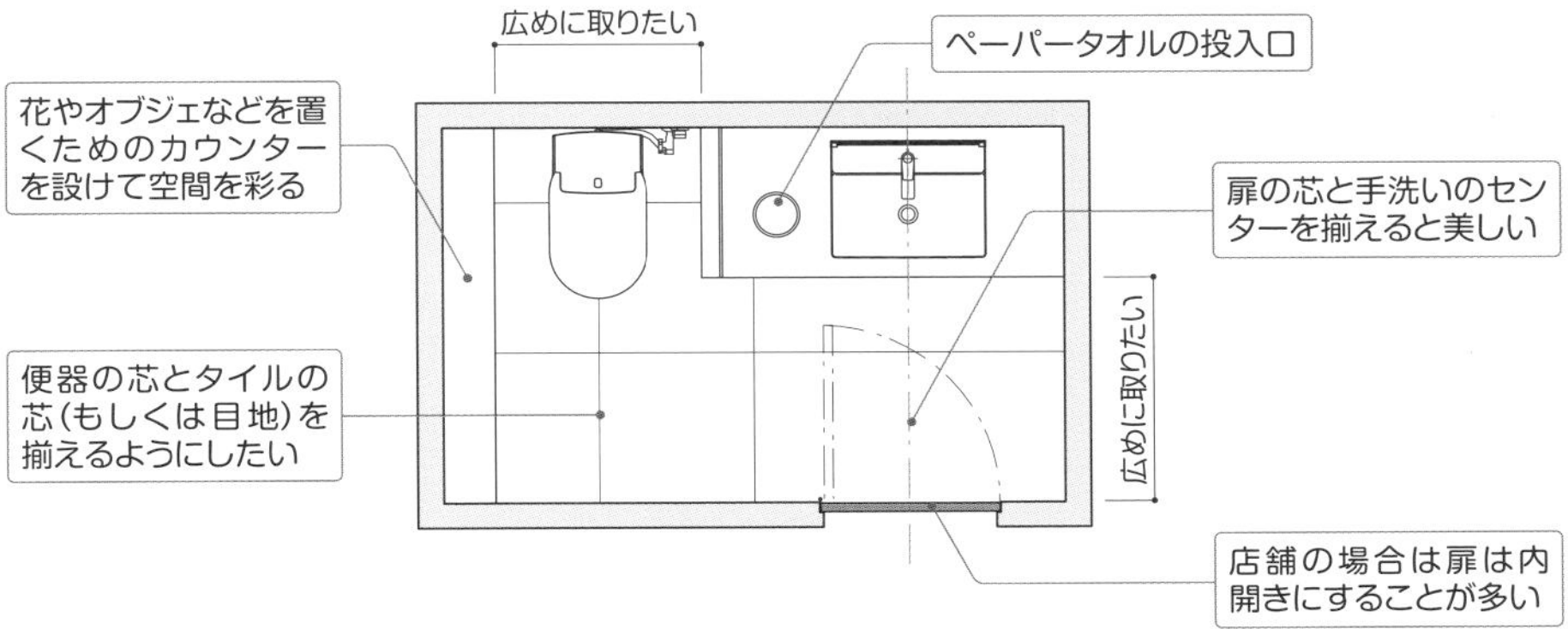
広めに取りたい
ペーパータオルの投入口
花やオブジェなどを置くためのカウンターを設けて空間を彩る
扉の芯と手洗いのセンターを揃えると美しい
便器の芯とタイルの芯(もしくは目地)を揃えるようにしたい
広めに取りたい
店舗の場合は扉は内開きにすることが多い

図2 ｜ 住宅用トイレスペースの基本寸法 (S＝1:50)

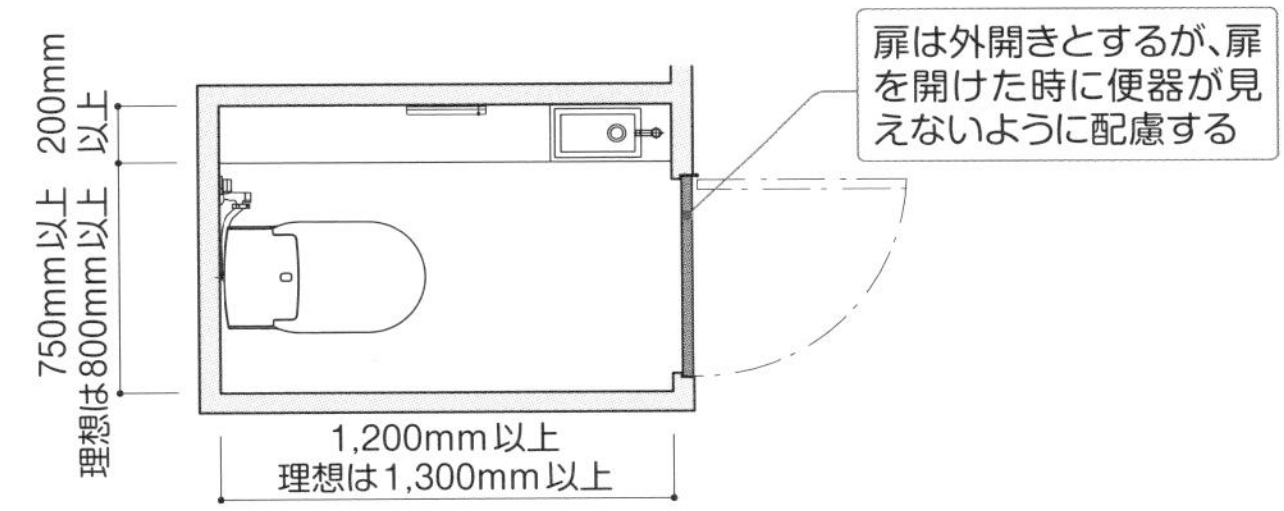
200mm以上
750mm以上 理想は800mm以上
1,200mm以上
理想は1,300mm以上
扉は外開きとするが、扉を開けた時に便器が見えないように配慮する

設計:STUDIO KAZ　写真:山本まりこ

写真1 ｜ オフィスのトイレとピクトグラム

TOILET

設計:STUDIO KAZ　写真:山本まりこ

写真2 ｜ 照明計画にこだわったトイレの例

設計:STUDIO KAZ　写真:山本まりこ

第6章 計画

設計:STUDIO KAZ　写真:Nacása & Partners

087

寝室

Point
寝室は寝るためだけの空間ではない
睡眠導入行為を把握する

快適なSLEEPING ROOMへ

寝室は、家のなかで最も親密度が高い場所である。単に寝るだけならば、ベッドスペースさえ確保すればよい。しかし、理想的な睡眠を得るには、その前後の行為が重要になる。それらを寝室で行う場合、いろんな要素が絡んでくる。化粧をするのであれば、ドレッサーとその行為のための空間が必要だが、そのときにパートナーのことも考慮しなければならない。テレビを見るのならベッドとテレビの間にドレッサーを配置してはいけない。

寝室では、スムーズに眠りに移行するための行為(睡眠導入行為)をストレスなく行うことが睡眠そのものより重要であり、睡眠導入行為のために部屋をしつらえるべきである。ベッドのための部屋「BED ROOM」ではなく快適な睡眠を得るための部屋「SLEEPING ROOM」と考えたい【図】。

質の良い眠りを得るために

寝室というと「どうせ寝るだけだから」とないがしろにしてきた人も多い。しかし、寝室こそ慎重に計画するべきで、特に素材も含めた色彩計画と照明計画には配慮したい。興奮する色は避け、音の反響が大きな素材を使わない、照明の色温度や照度など、睡眠導入のためのシーン設定された照明計画、照明器具の輝度などに注意する。質の良い眠りは、健康など日常生活に直結する。

マンションでは、リビングに併設した和室を夫婦の寝室とする家庭も多い。もちろん布団を上げ下げするので、押入れを併設することが必要だ。家族で食事をしていた部屋に布団を敷いて寝るというほどに極端ではないが、1つの空間を多目的に使用するという、古くからある日本的な考え方である。限られた空間をいかに有効に利用するかは、日本人の得意とする所だろう。

写真｜ベッドルームの例

ベッドの硬さや高さは人それぞれの好みに分かれる。ホテルのような寝心地にする時はマットレスを2段重ねすることもある。また、ベッドルームの照明計画では、仰向けになった時に光源が目に入らないように心がけるとよい

設計:STUDIO KAZ　写真:山本まりこ

図｜寝室の例（S＝1:80）

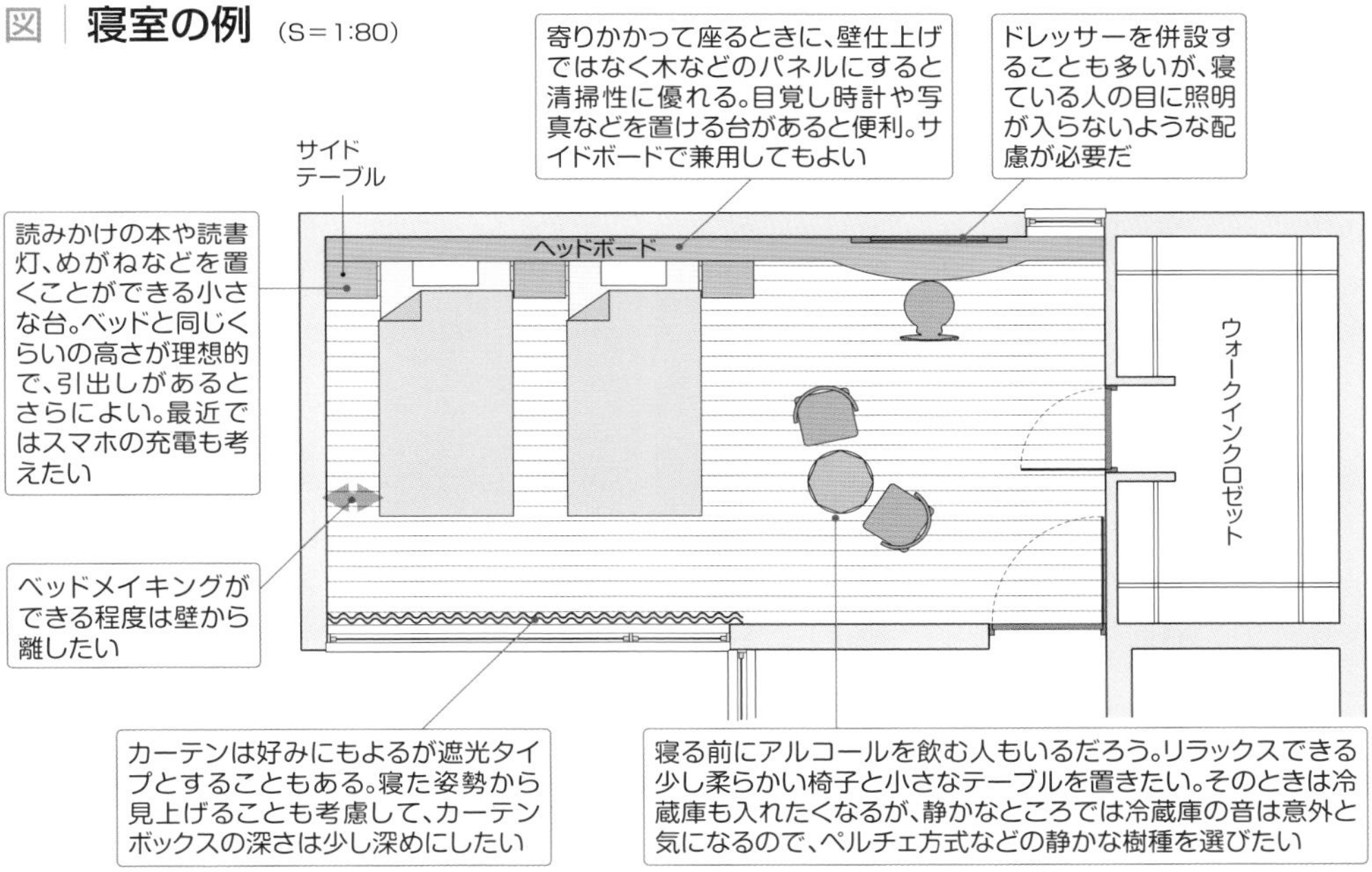

寄りかかって座るときに、壁仕上げではなく木などのパネルにすると清掃性に優れる。目覚し時計や写真などを置ける台があると便利。サイドボードで兼用してもよい
ドレッサーを併設することも多いが、寝ている人の目に照明が入らないような配慮が必要だ
サイドテーブル
読みかけの本や読書灯、めがねなどを置くことができる小さな台。ベッドと同じくらいの高さが理想的で、引出しがあるとさらによい。最近ではスマホの充電も考えたい
ヘッドボード
ウォークインクロゼット
ベッドメイキングができる程度は壁から離したい
カーテンは好みにもよるが遮光タイプとすることもある。寝た姿勢から見上げることも考慮して、カーテンボックスの深さは少し深めにしたい
寝る前にアルコールを飲む人もいるだろう。リラックスできる少し柔らかい椅子と小さなテーブルを置きたい。そのときは冷蔵庫も入れたくなるが、静かなところでは冷蔵庫の音は意外と気になるので、ペルチェ方式などの静かな樹種を選びたい

Pick UP.　現場の話、あれこれ

気になるのは音と明るさ

静かな地方で育った人が都会に出てくると、あまりのうるささに眠れないということもある。逆にそのような環境で育った人が地方に行くと静かすぎて眠れない。快適に眠るための明るさにも個人差がある。困るのは、そんな2人が夫婦で、1つの寝室を共有する場合だ。ヘッドフォンやアイマスクを使う解決方法もあるが、できればその状況は避けたい。

エリアを明確に区分できたり、ピンポイントに小範囲のみを照らす照明計画や器具を提案したい。

088

子ども部屋
～子どもの領域

設計:カイエ+STUDIO KAZ　写真:山本まりこ

Point

子どもの成長に合わせて可変する空間を考える

すべての行為を部屋に入れてしまう必要はない

いつまでも子どもではない

子ども部屋の計画には親の考え方だけでなく、時代性も反映されるべきだ。「私のころは」は通用しないと考えたほうがよい。その時代を読むのに映画やテレビドラマは、善くも悪くも参考になるだろう。もちろん、それらも含めた時代性が「親の考え方」なのだが。

一番大きなテーマは、成長していつかは家を出て行く可能性のある子どもに対して、部屋を与えるかということだろう。賛否両論あるが、「子どもに部屋を貸す」という感覚がよいのではないだろうか。その考えのうえで、いつでもなくすことができるか、もしくは容易に転用できるなど、可変性を持たせる工夫をするのも1つの解決策だ。「子ども部屋は要らない。子どものためのコーナーでよい」という家庭もある。もちろん、それらは性別、年齢差などを考慮して計画しなければならず、十分な打ち合わせが必要だ。

どこまで部屋に入れるか

一般的に、夫婦の寝室に隣接して計画しがちだが、自立心を養うためにも少し離したほうがよい。家のなかの場所としては、昼の領域と夜の領域の境目に配置するのが望ましい。

また、子どもの生活すべてを部屋のなかに入れなくてもよいのではないか。部屋は最低限のベッドとクロゼット、本棚程度で、勉強のスペースを部屋の外に設ける。以前計画した例では、2つの子ども部屋と夫婦の寝室の間にスタディールームを設置した**【図・写真】**。そこは階段を上った正面に位置した「第2のリビング」となり、お互いの気配が感じられる家族のコミュニケーションの場所として機能している。

部屋の広さや形状、ロフトが付いてるかよりも、親との関係性を確立することのほうが重要である。

図｜子ども部屋（子ども2人）の例 (S=1：50)

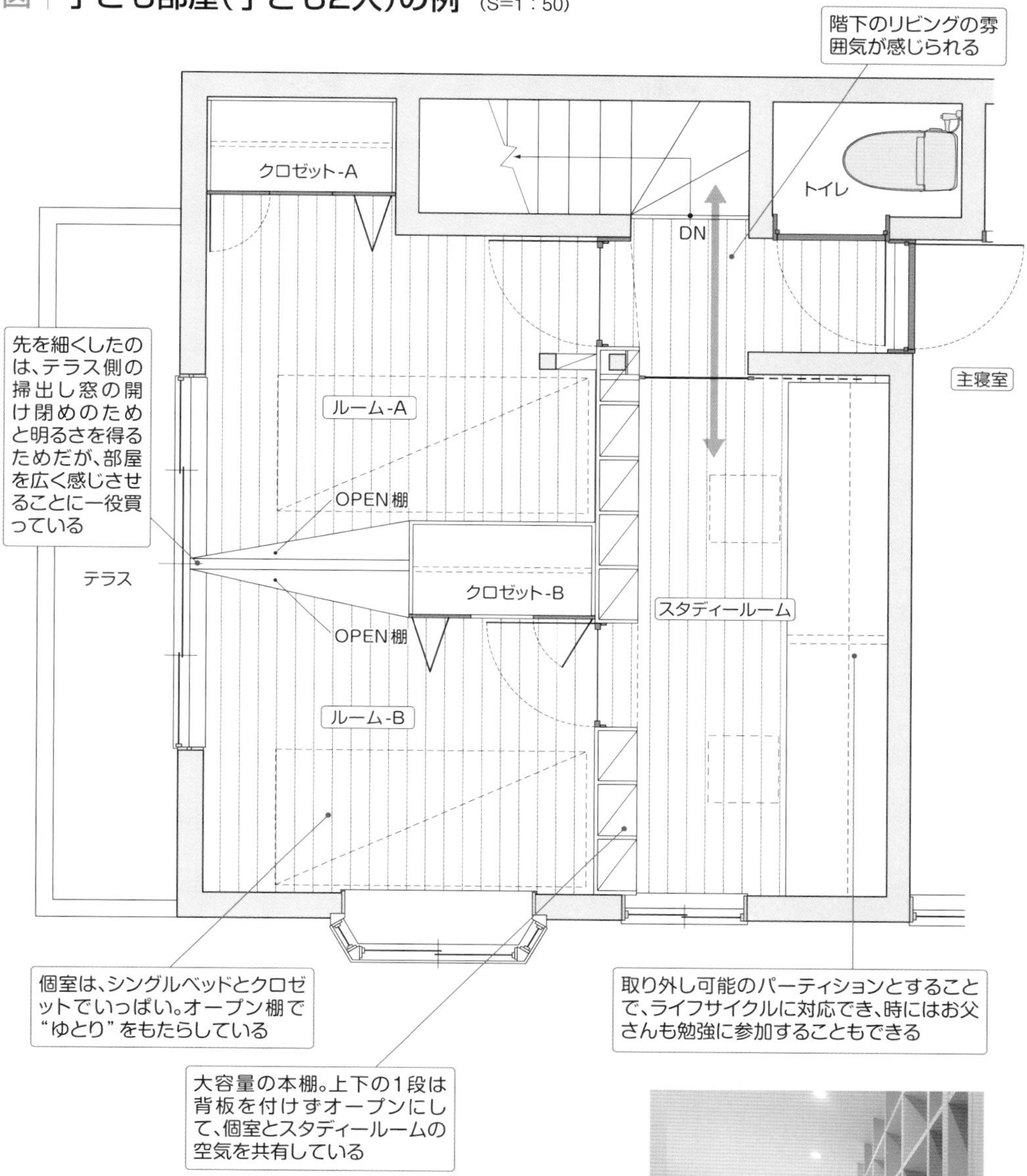

階下のリビングの雰囲気が感じられる
クロゼット-A
トイレ
DN
主寝室
先を細くしたのは、テラス側の掃出し窓の開け閉めのためと明るさを得るためだが、部屋を広く感じさせることに一役買っている
ルーム-A
OPEN棚
テラス
クロゼット-B
スタディールーム
OPEN棚
ルーム-B
個室は、シングルベッドとクロゼットでいっぱい。オープン棚で"ゆとり"をもたらしている
取り外し可能のパーティションとすることで、ライフサイクルに対応でき、時にはお父さんも勉強に参加することもできる
大容量の本棚。上下の1段は背板を付けずオープンにして、個室とスタディールームの空気を共有している

写真｜**スタディールーム**

上図のスタディールームを入口方向から見る

設計・写真：STUDIO KAZ

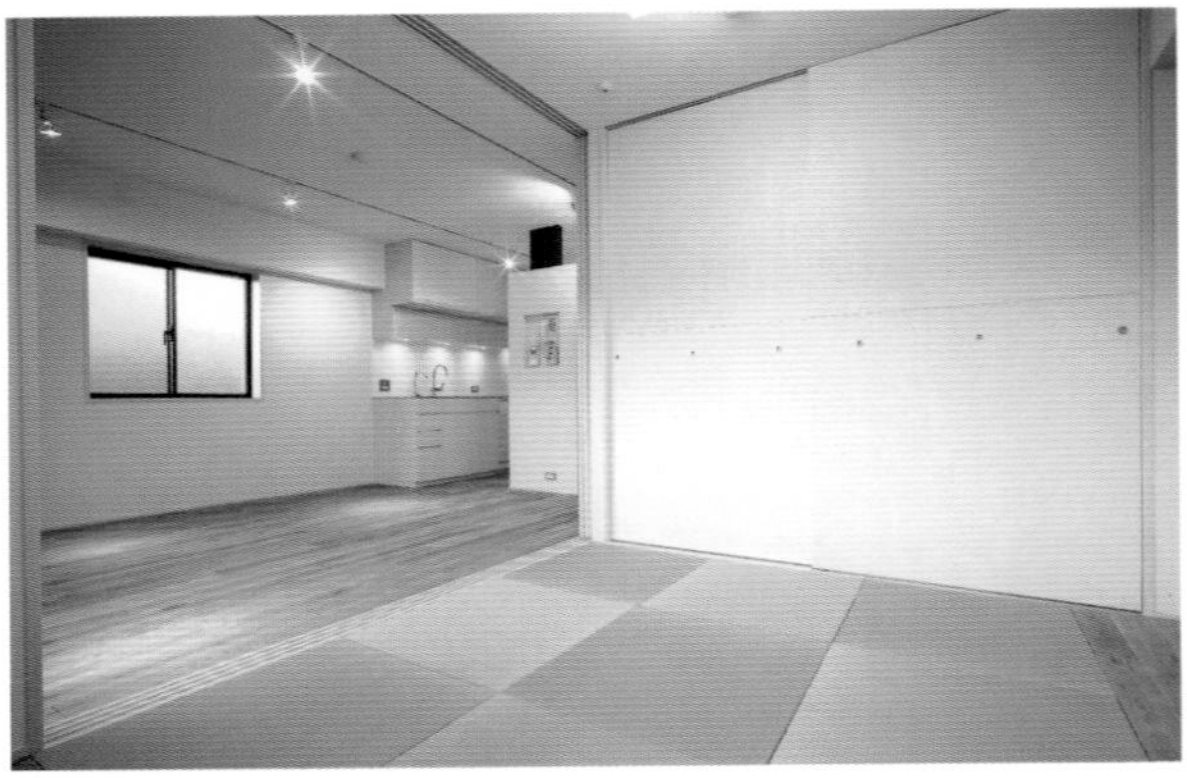

設計:STUDIO KAZ　写真:山本まりこ

089

和室

Point
和室の必要性を検討してみる
アイレベルを意識したデザインを考える

畳への憧憬

戦後、日本人は本格的に椅子式の生活に移行した。日常の作業では明らかに椅子式のほうが身体的負担が少なく、生活上、和室を計画する必要性はまったくないと言ってもよい。しかし、多くの人は和室を求める。和室は日本人の原風景として存在し、そこでの立ち居振る舞いも容易に想像できるのである【図1】。しかし、現実的にはその和室を十分活用している家は残念ながら少ないようだ。

椅子式と畳式の一番の違いは、座る姿勢にある。つまりアイレベルに差が生じ、コミュニケーションが噛み合なかったり、和室のすぐ横にダイニングがある場合（分譲マンションの多くに見られる）、わずか700㎜ほどの椅子やテーブルが、畳に座っている人には壁のようにそびえ立つ存在になる。

椅子と畳のアイレベル差をどう解消するかを十分検討する必要がある。

現代生活に和室を組み合わせる

広さに余裕があれば問題はなく、離れた所に配置すればよい。しかし、余裕がない場合は、アイレベルの差を意識した空間づくりをしなければならない。椅子の座面高ぐらい（約400㎜程度）まで畳を持ち上げてしまうのも1つの手だろう【図2】。副産物として、畳下に収納が確保できる。畳に直に座るので、天井高は低くても気にならない。襖や棚も視線に合わせて計画する。400㎜程度持ち上げた畳式の床に合わせた室礼は椅子式の空間にもマッチしやすい。

もう1つ、昔の家を思い浮かべれば分かるが、和室で生活する様は、恐ろしいほどに物が少ない。収納上手と言えばそれまでだが、現代の生活でそれだけ物を減らすのは至難の技だ。思い切って物を減らすか、上手な収納計画が和室づくりのポイントとなる。

図1 畳の敷き方

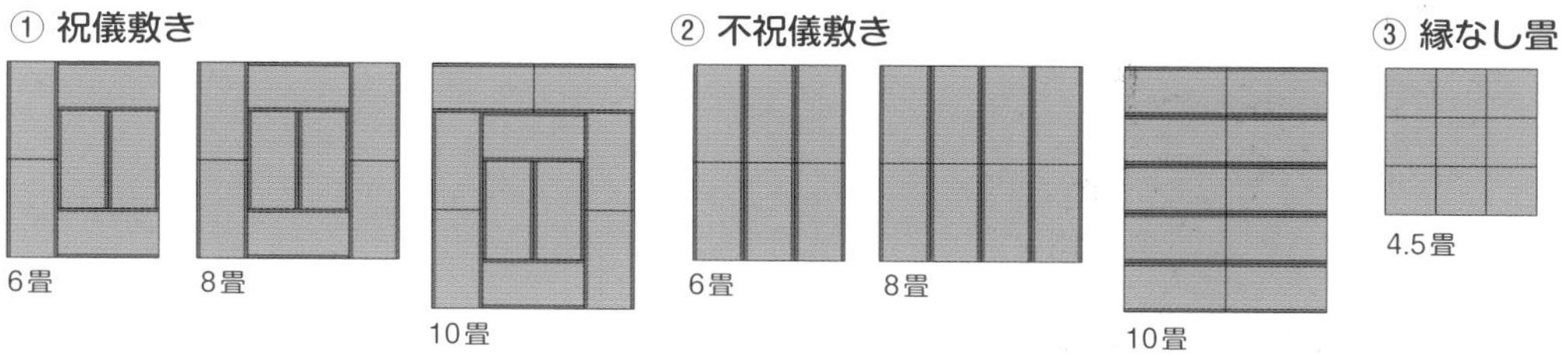

写真1 リビングと和室の境界

設計:STUDIO KAZ 写真:山本まりこ

写真2 リビングから和室を見る

設計:STUDIO KAZ 写真:山本まりこ

写真3 リビングと和室を仕切る建具

設計:STUDIO KAZ 写真:山本まりこ

写真4 屋根の構造を現した和室

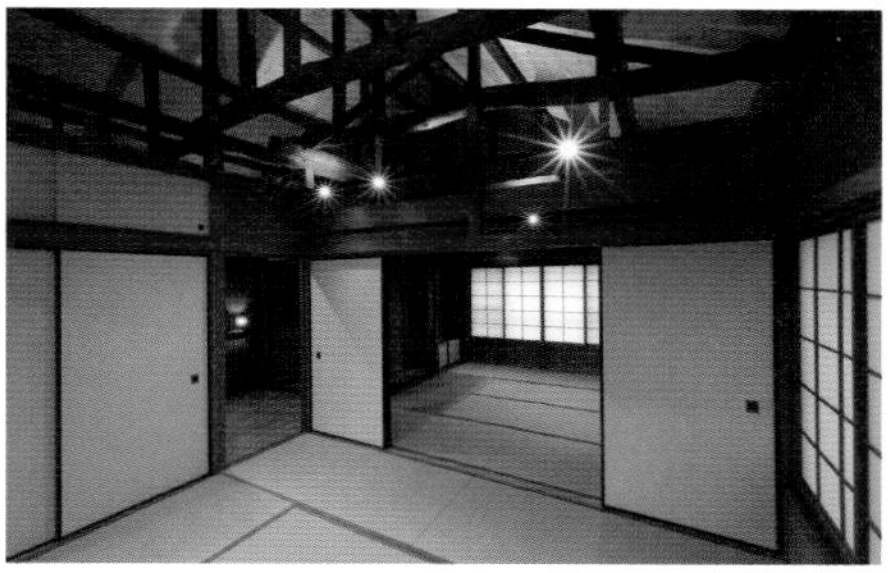

設計:STUDIO KAZ 写真:山本まりこ

図2 椅子式と和室を上手になじませる工夫

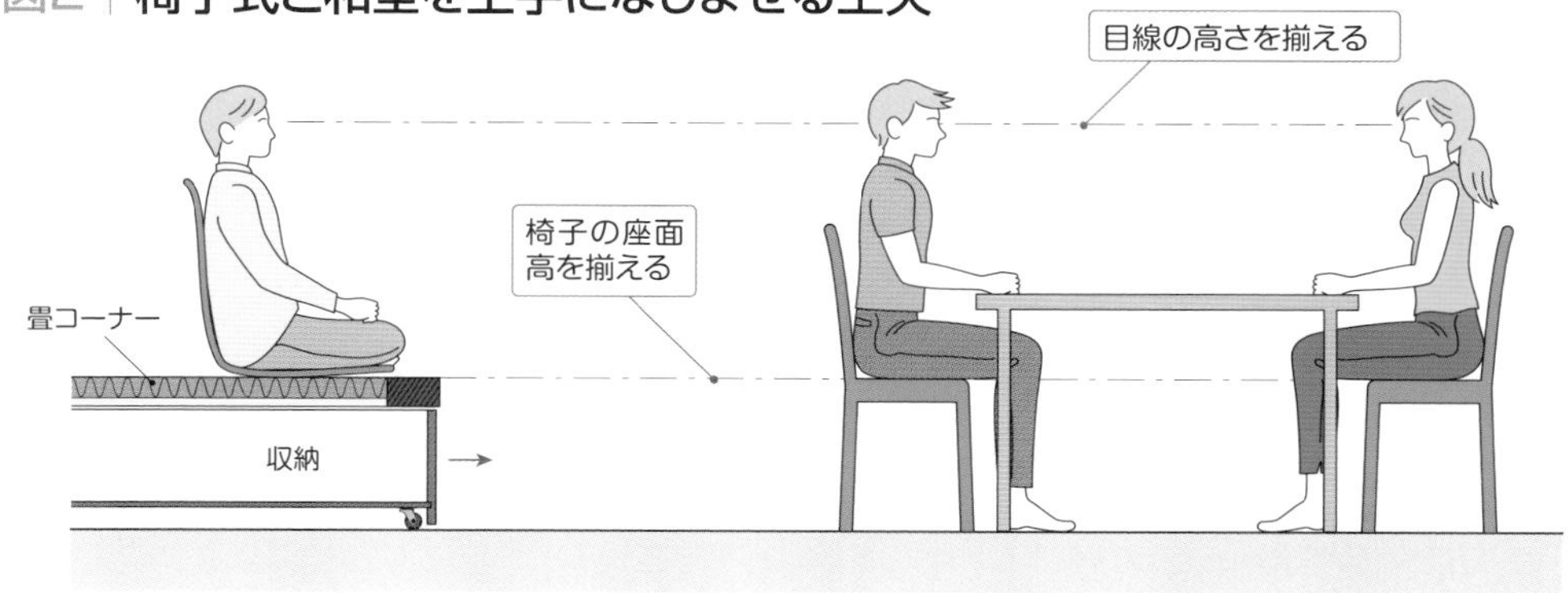

設計:STUDIO KAZ
写真:Nacása & Partners

090

書斎 ワークスペース

Point
- 使用目的を明確にして、必要なアイテムを見直す
- 在宅ワークのために自宅にワークスペースを設ける人が増えた

趣味のための空間

本来の意味の書斎とは、執筆を生業としている人の仕事スペースである。それ以外の人にとっては、読書をしたり、一人で音楽を聞いたり、お酒を飲んだり、コレクションを楽しんだりといった「趣味部屋」として位置づけされる。

物書きをするのでなければ、机や椅子、本棚といったアイテムは必要ないだろう。たとえば読書をする部屋であれば、ル・コルビジェのLC4（シエーズロング）とアイリーン・グレーのE・1027（サイドテーブル）、コーヒーを入れるための道具さえあれば十分ではないだろうか。最近では日々のことをblogに残すだけでなく、手軽なアプリケーションが出てきたことから、映像編集や音楽制作などを趣味にする人が多くなった。場合によってはある程度の防音設備も必要になることもあるだろう。

在宅ワークの背景を設える

働き方がかわり、毎日会社へ行くことなく、自宅で仕事をするいわゆる「在宅ワーク」が主流となり、住まいの一角をワークスペースとして設える必要が出てきた人が多い。そこには仕事の資料とパソコンが置かれ、ご主人と奥さんのそれぞれのワークスペースを求められることもある。リモート会議も多くなったり、YouTuberやV-tuberという職種の人も出現し、自宅で映像を撮影し、配信することが当たり前に行われている。

そうなると、配信する画面の出来栄えを意識するようになる。画面に映る背景に生活臭を漂わせないようにする必要が生じ、画面の顔色がよく見える照明だけでなく、壁面装飾やグリーンなどインテリアスタイリングに注目が集まっている。

図1　書斎の例 (S=1：60)

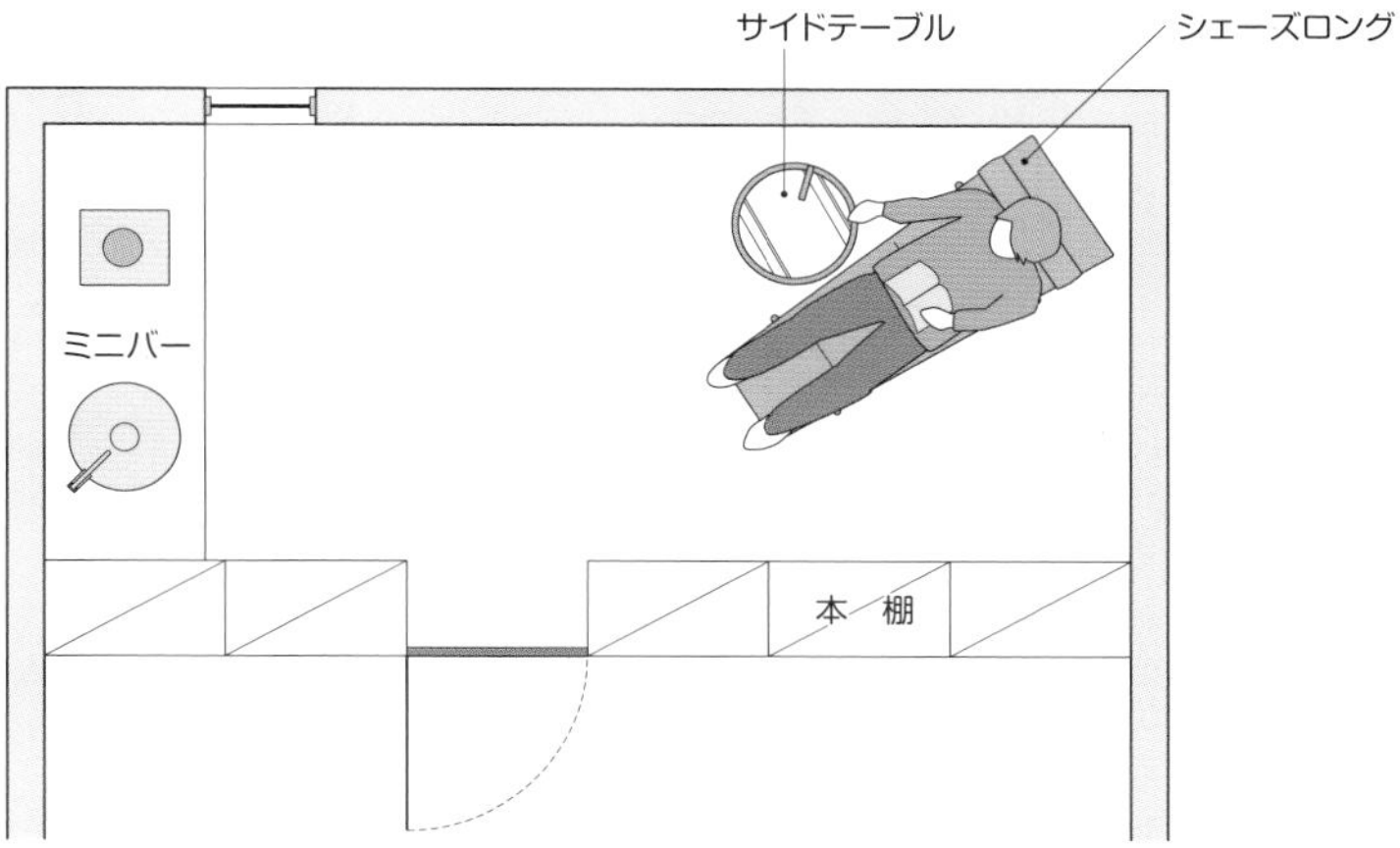

図2　PCコーナー(リビング)の例 (S=1：100)

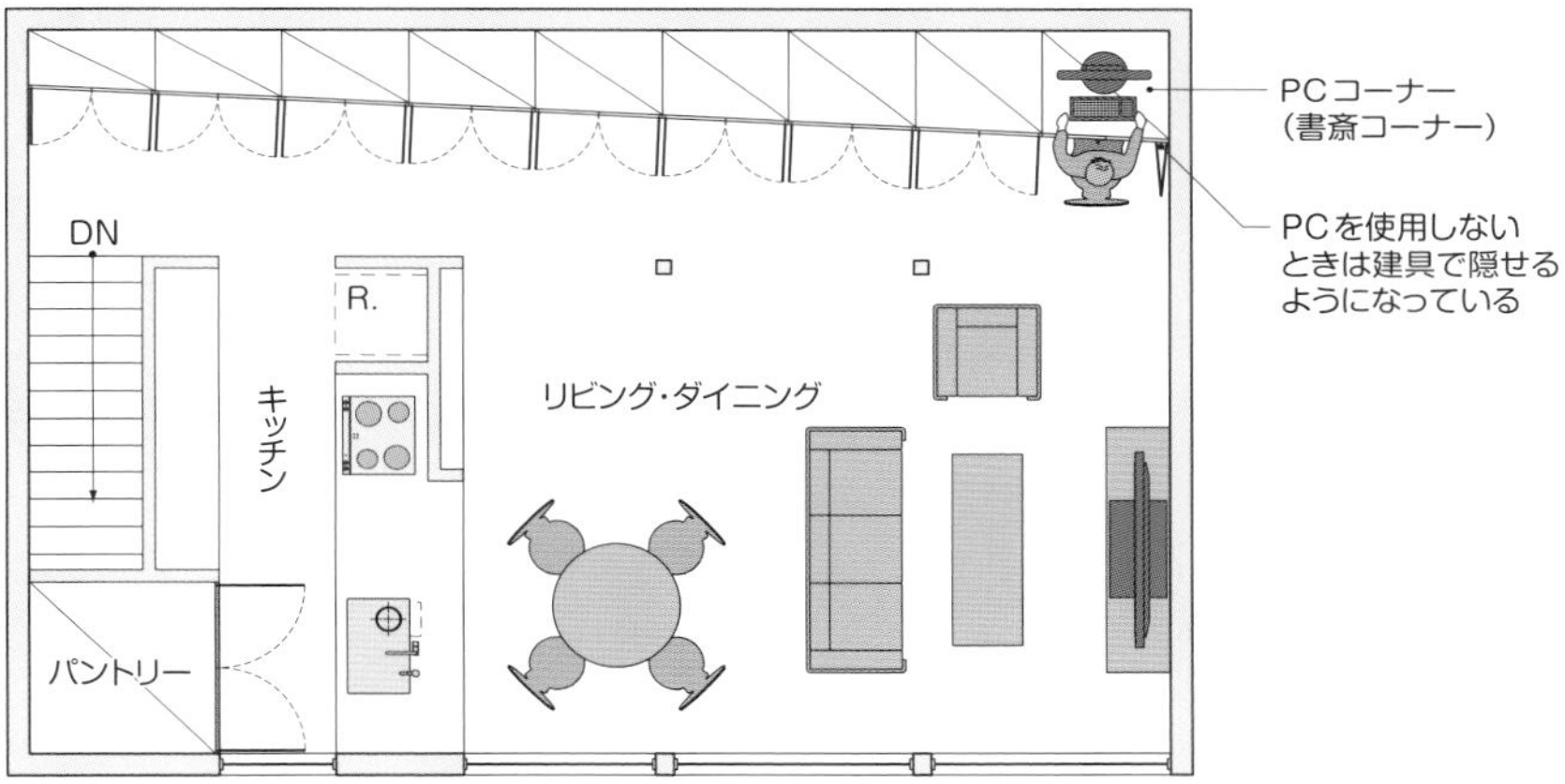

写真1　LDKの一角に設けたワークスペース

設計・写真:STUDIO KAZ

写真2　趣味に興じる部屋

設計:STUDIO KAZ　写真:山本まりこ

設計·写真:STUDIO KAZ

091

収納計画

Point
入れる物に合わせた収納方法を計画する
見せる収納と見せない収納のバランスに注意する

分類すること

収納計画を定義付けると、「物」と人の関係を再構築する作業となる。

第1の作業は「分類すること」。つまり物に秩序を与え、仕分けする作業である。基本的には使う場所の近くに収納すべきであり、取り出しやすく、しまいやすい仕組みとしたい【写真1】。このとき、最も注意するのは奥行きだろう。収納した物が前後に並ぶのは出しにくくなり、結局、奥の物を使わなくなるだろう。だからといって、奥行きがデコボコの収納を設けると見た目が悪い。また、中身に応じて幅や高さも変えると効率的だが、これも慎重にやらないと、落ち着かない空間になる。しかも、その定義で実践してしまうと、中身の最大値で計画することになり、扉が大きくなるなど、かえって使いにくいこともあるので注意したい。幅が広い収納の場合、同じ大きさの扉で分割すると、空間が単調になり、冷たい印象を受けることもある。

使用頻度の少ない物や季節物は納戸にしまうほうがよい。天井高などの条件によっては居室として面積に参入しなくてよい空間なので、容積率などを気にしなくて済む利点もあり、ぜひともつくっておきたい空間だ。マンションでも、空間構成の工夫で設置は不可能ではないので、考えたいところだ。

見せる収納

すべてを扉で隠すのは、確かにきれいだ。しかし、いつもきれいにしていなければならない、と恐怖心に襲われはしないだろうか。それは、埃1つ許されない空間に近い。どこか、緩やかに「出しっ放しでもいいんだよ」という場所をつくると気が楽になるし、楽しみもでき、「飾るセンス」も養われるだろう【写真2】。物を買うときにも「飾ること」を意識するようになる。

写真1 | 分類収納の例

設計:今永環境計画＋STUDIO KAZ　写真:Nacása & Partners

①窓兼照明　②メディア　③スピーカー
④オーディオ　⑤リモコン　⑥本　⑦エアコン　⑧その他

この例ではなかに収納するものに合わせて、扉や引出しの大きさを変えている

ほんの数センチの奥行きでも「飾る収納」があると、気持ちの余裕が生まれる

写真2 | 見せる収納の例

設計・写真:STUDIO KAZ

設計:STUDIO KAZ
写真:Nacása & Partners

092

ウォークインクロゼット

Point
場所と大きさは十分に検討する
夏物と冬物の入れ替え方法が重要だ

どれぐらいの大きさが必要か

ウォークインクロゼットの要望は非常に多い。確かに、何でも無造作に収納できるスペースは貴重な存在だ【図1】。しかし、そこには人が入って作業する「空きスペース」が必要であり、決して広くはない空間のなかにそれだけのスペースを確保すべきか疑問が残る。ほかの部分とのバランスで決めたい。計画する際に必ず確認したいのは、持っている箪笥をクロゼット内に入れるかどうか。最近減ってはいるが、処分できない箪笥は意外に多い。

それらを踏まえたうえで、洋服の量を計算する。ハンガーパイプに掛ける物はショートとロングに分け、それぞれの長さを測る。引出しに入れる物は種類で分類して量を算出する。ここで問題になるのは、夏物と冬物の扱いだ。十分な広さなら平面的なエリア分けで解決できるが、難しい場合、入れ替え方法を検討する。筆者の場合、前後に並べる方法をとることがある【図2】。衣替えのときに前後を入れ替えるだけで済む。余計な動線や作業スペースをつくらなくてもよい。正確に言うと、これはウォークインクロゼットとは呼ばないのかもしれないが。

ハンガーパイプは、耐荷重の問題はあるができれば可動にしたい。シャツとジャケットで必要な長さが違うし、コート類が増える冬の対策にもなる。

どこに計画するか

一般的には寝室内からアプローチすることが多い。できるだけ出入り口に近い場所がよいのだが、部屋の出入り口とクロゼットの扉が重ならないように注意したい。朝の行動パターンから、寝室と浴室（洗面室）の途中に設ける手もある。ほかにも廊下からアプローチすることもあるが、その場合は納戸的な意味合いが強くなる。

図1 ウォークインクロゼットの例 (S=1：80)

① 一般的な例

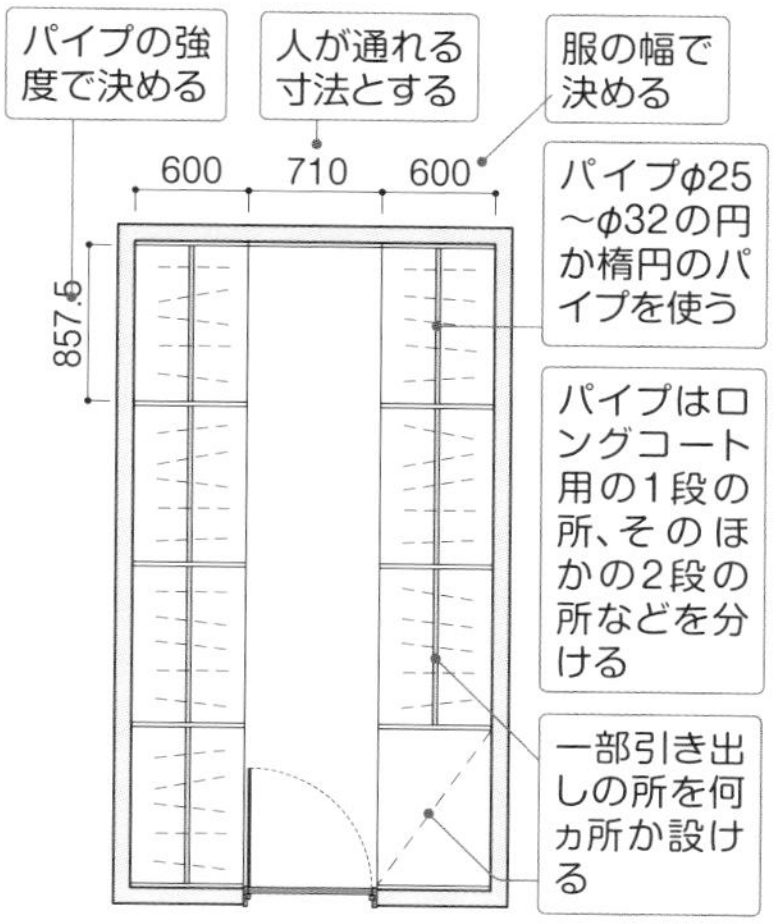
パイプの強度で決める
人が通れる寸法とする
服の幅で決める
600
710
600
857.5
パイプφ25〜φ32の円か楕円のパイプを使う
パイプはロングコート用の1段の所、そのほかの2段の所などを分ける
一部引き出しの所を何ヵ所か設ける

② 動線部分を少なくした例

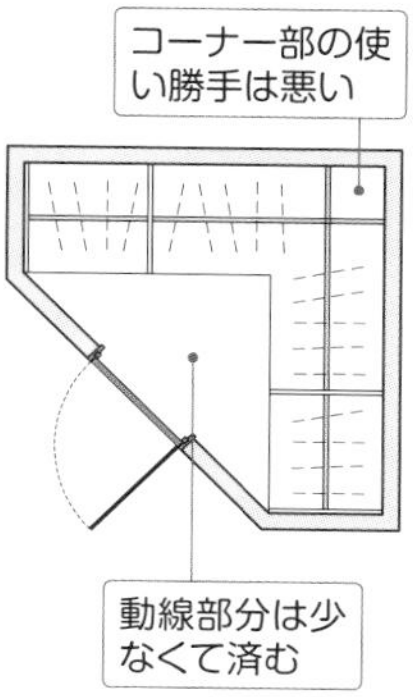
コーナー部の使い勝手は悪い
動線部分は少なくて済む

③ ランドリー機能を備えた例

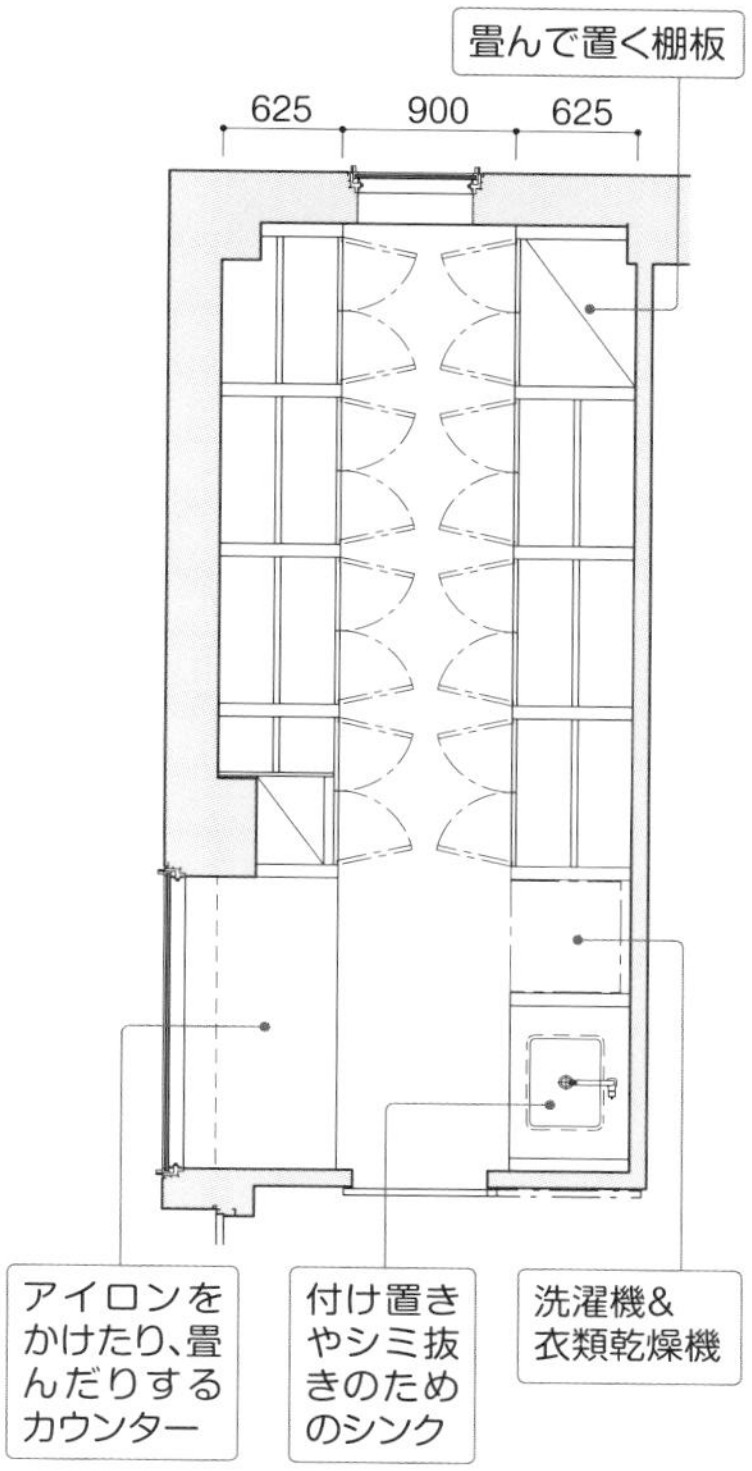
畳んで置く棚板
625
900
625
アイロンをかけたり、畳んだりするカウンター
付け置きやシミ抜きのためのシンク
洗濯機&衣類乾燥機

図2 前後に並べたクロゼットの例 (S=1：80)

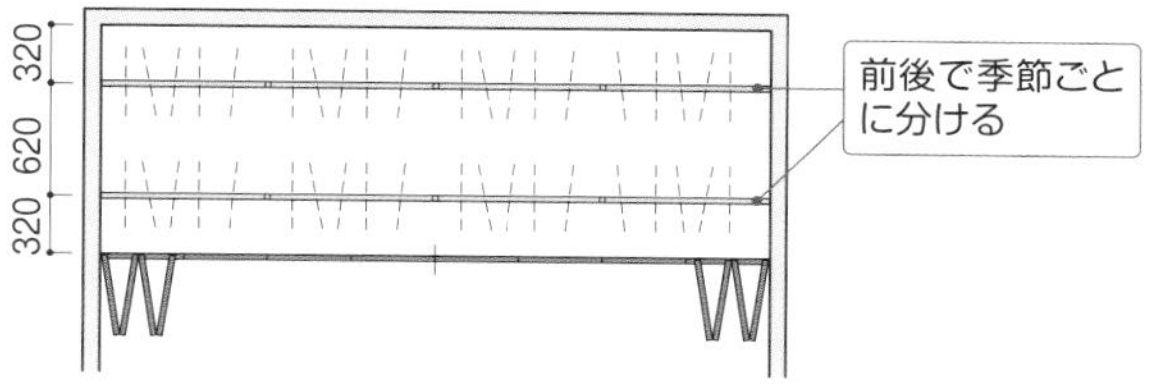
320
620
320
前後で季節ごとに分ける

写真 海外のウォークインクロゼットの例

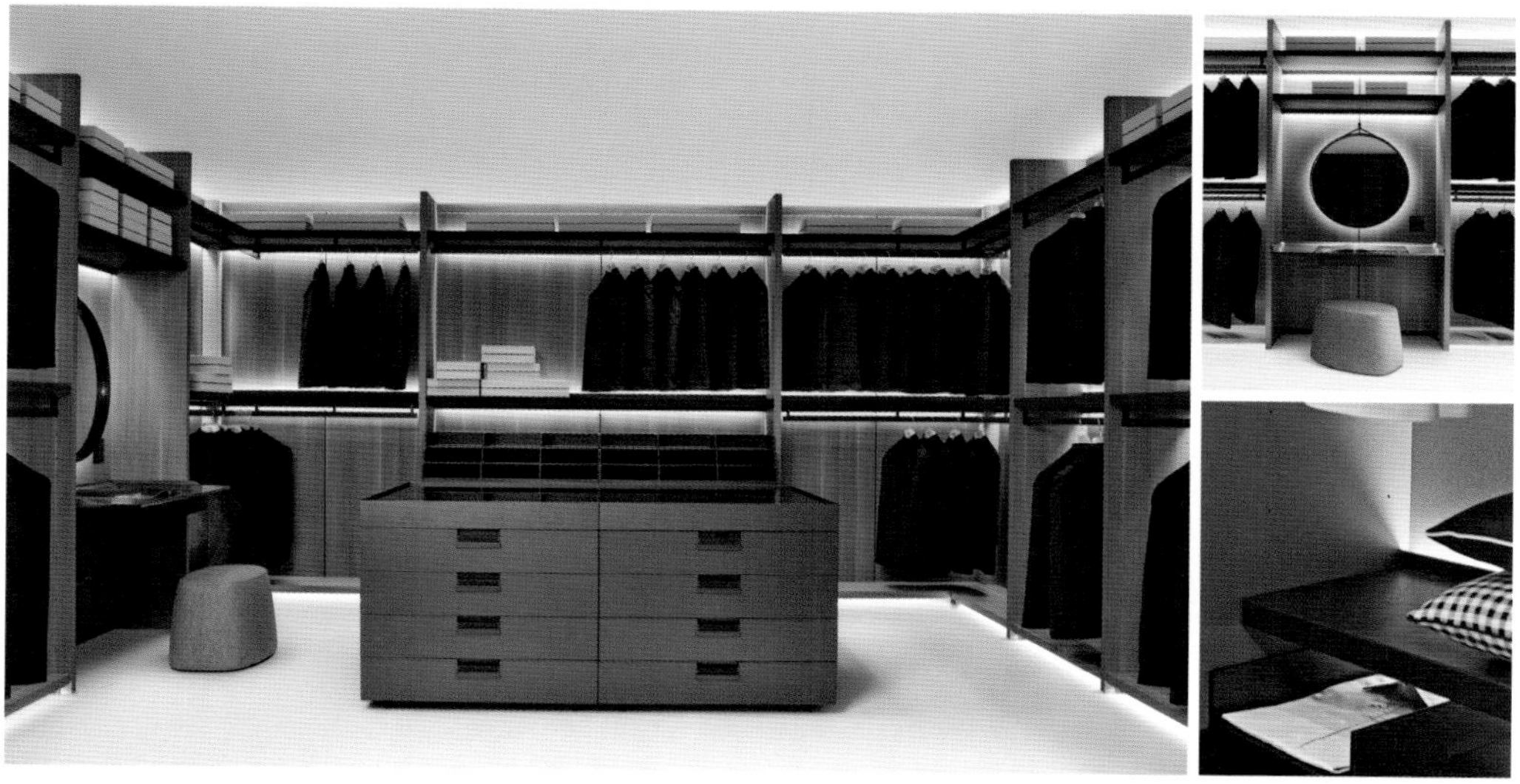

日本では簡素に、低コストで作られることは多いウォークインクロゼットだが、海外の展示会に行くと、まるで高級ブティックのように作り込んでいるのをよく見る。それは映画のワンシーンでもよく見かける風景だ

写真提供:B&B Italia

093

高齢者の部屋

設計:STUDIO KAZ
写真:山本まりこ

Point
高齢者の身体的特徴を理解する
段差だけでなく「バリア」への対応に気を配る

バリアフリーで完璧か

昨今、声高に「バリアフリー」と叫ばれているが、まずバリアとなってしまうメカニズムを理解することから始めなければならない。全般的に高齢者は筋力が衰えることが、バリアをつくる原因だ。段差だけでなく、色彩や照明に関しても同様だ。たとえば眼球はピントや絞りの調整を筋肉で行う。その筋力が衰えるゆえ、焦点を合わせたり、明るさに慣れるのに時間がかかる。段差に関しても同様で、あってはならない所に微妙な段差があることが最も危ない。階段ぐらいの段差であれば、かえって安全と言う人もいる。もちろん年齢によっても違うだろうから、個人レベルでの対応が必要だ［図1］。

各種の対応

①色彩計画

高齢になると、色の微妙な濃淡を識別しにくくなる。特に濃い色に関して、それが顕著になるようだ。注意が必要な場所では、目が疲れない程度に濃淡がはっきりした配色にしたい。

②照明計画

加齢と共に明るさへの順応時間が長くなるので、できるだけ明るさの濃淡も避けたい。必要照度は年齢や作業内容で異なるが、概ね若年の2～3倍の明るさが必要となる。逆に、輝度に対しては敏感になるので、直接光源が見えない照明器具やシステムで必要な照度を得ることを考えなければならない。

③車椅子など

車椅子の移動は、段差はもちろん無理なのでスロープとするが、急勾配では意味がない。1／12を基本とするが、1／15～1／18程度が望ましい。車椅子の回転半径も考慮したい［図2］。最近は幅が狭い室内用の車椅子もある。手摺や家具の配置では、できるだけフラットに納まるように考えたい。

図1　段差への配慮

照明を付けたり段の色を変えるなどして、段差があることを分かりやすくする

図2　車椅子の対応

① 勾配

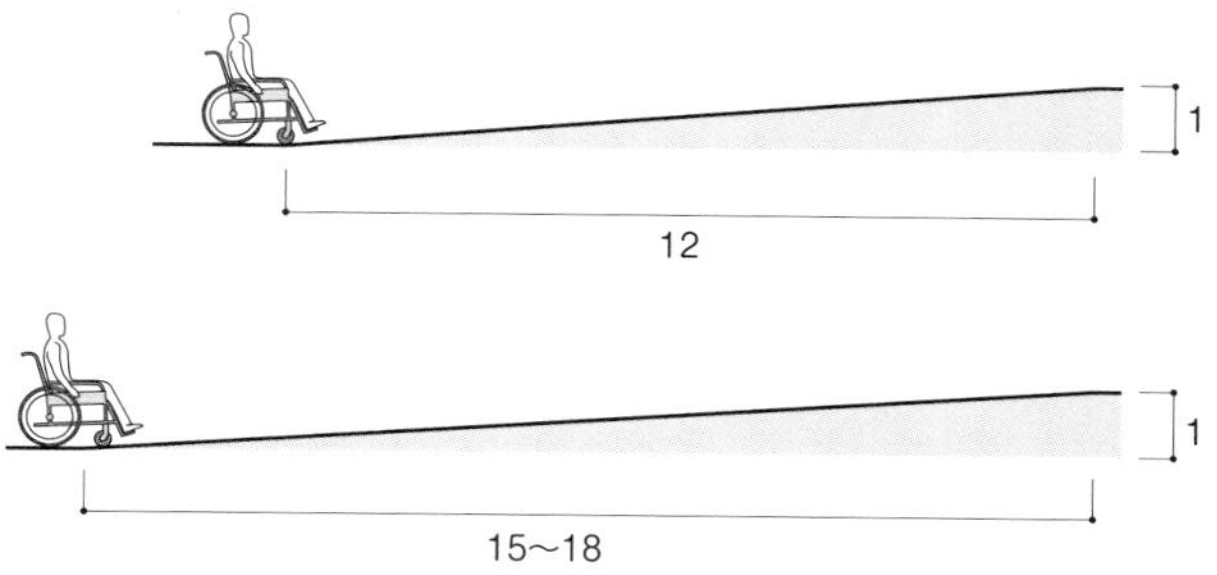
1
12
1
15〜18

② 回転半径（自走式）

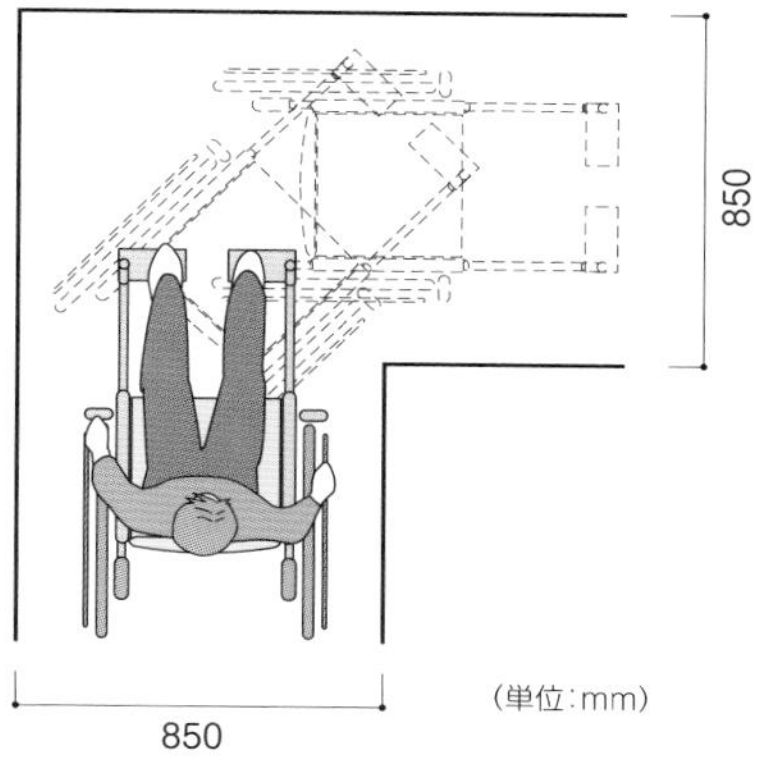
850
850
（単位：mm）

Pick UP! 現場の話、あれこれ

仏壇と神棚

高齢者の部屋には仏壇や神棚が置かれることが多いが、その向きや置き方には注意したい。神棚は人の頭よりも高い位置に設置し、神棚の下を人が通り抜けられないようにする。仏壇と神棚が同じ部屋にある場合、神棚を高い位置にし、仏壇と神棚が向かい合わないようにする。設置する向きに関しては、〔右表〕のように部屋の場所により異なるので注意したい。

	神棚	仏壇
東の部屋	南か西	南か西
東南の部屋	北西か西	南
西の部屋	東	東
北西の部屋	南か東南か東	南か東
北の部屋	南か東	南か西

設計:STUDIO KAZ　写真:山本まりこ

094

シアタールーム・リスニングルーム

Point
音楽と映像はインターネットで楽しむ時代
音漏れ注意

機器類の配線計画は綿密に

ここ数年で映像も音楽もインターネット配信やBluetoothなどで楽しむことが主流になった。テレビにはLAN配線を繋ぎ、地上波だけでなく、ドラマや映画などを動画配信サイトにアクセスして視聴している。映像の品質も4Kや8Kといった高画質が当たり前になり、データ量が多く、通信速度にも配慮したい。最近ではテレビを設置せず、白い壁に投影する例も増えてきた。プロジェクターの光源もLEDが増え、本体が小型化したが、光源の明るさには注意したい。

いずれにしても配線の処理はあらかじめ計画しておく。またプロジェクターの場合、投影機とスクリーンとの位置関係に注意が必要だが、超短焦点型のプロジェクターだとその点はクリアできる。

映像と共に音響も工夫したい。以前の5.1chサラウンドシステムから6.1chや7.1chになり、より臨場感が求められる。この場合、人の位置とスピーカーの関係を整えておかないと、せっかくのサラウンドシステムも効果が薄れる。テレビの下に「サウンドバー」と呼ばれるスピーカーを設置して、バーチャルサラウンドで手軽に楽しむケースも増えている。Wi-FiやBluetoothに対応した機器も多くなり、配線の煩わしさから解放されたといっていい。

防音対策

大きな音量を出すので、防音対策はしっかりしたい。内装の仕上げを防音仕様にするほか、窓やドアからの音漏れも防ぐ。窓には二重サッシ、真空・合わせガラス、厚手のカーテンなどを使う。ドアは枠との間のパッキンをしっかり入れ、ドア下はオートマチックタイトなどを利用し、隙間をなくす努力をする。

図1 サラウンドシステムにおける理想的なスピーカーの配置

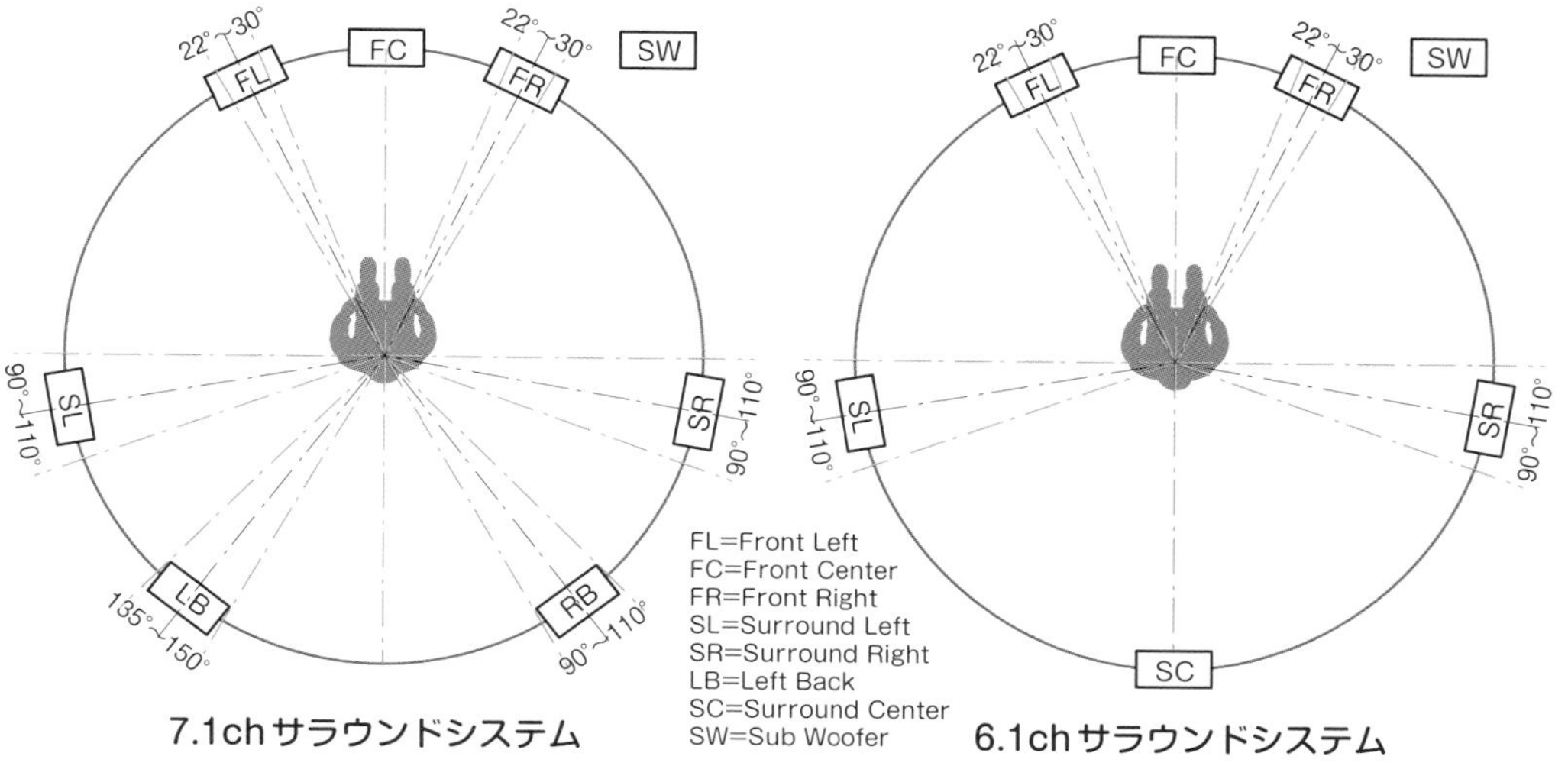

写真1 サウンドバー

写真提供:Bose 掲載商品:Bose Smart Soundbar 300

写真3 Bluetooth® ポータブルスピーカー

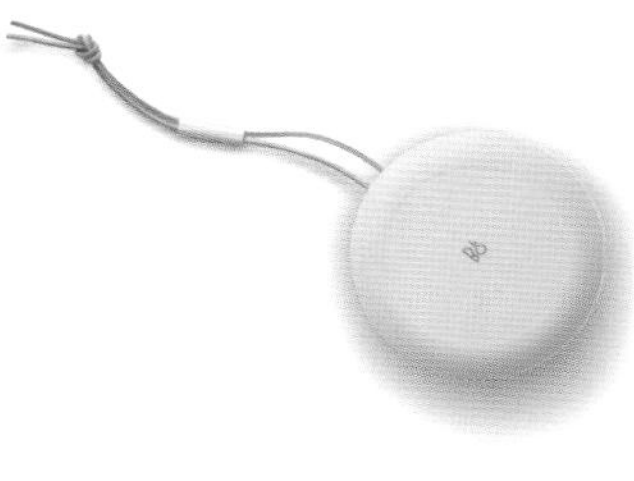

写真提供:バング&オルフセン
掲載商品:Beosound A1 第2世代

写真提供:Bose
掲載商品:SoundLink Revolve+ II Bluetooth® speaker

写真2 超短焦点4K HDRプロジェクター

写真提供:ソニー株式会社

図2 開き扉用エアタイト

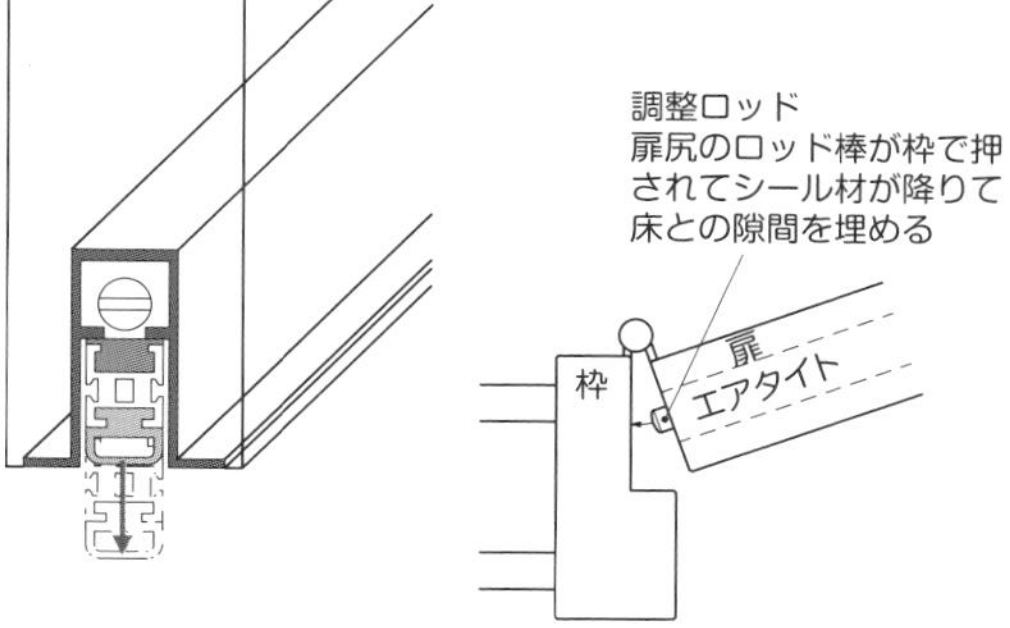

095

住宅と店舗

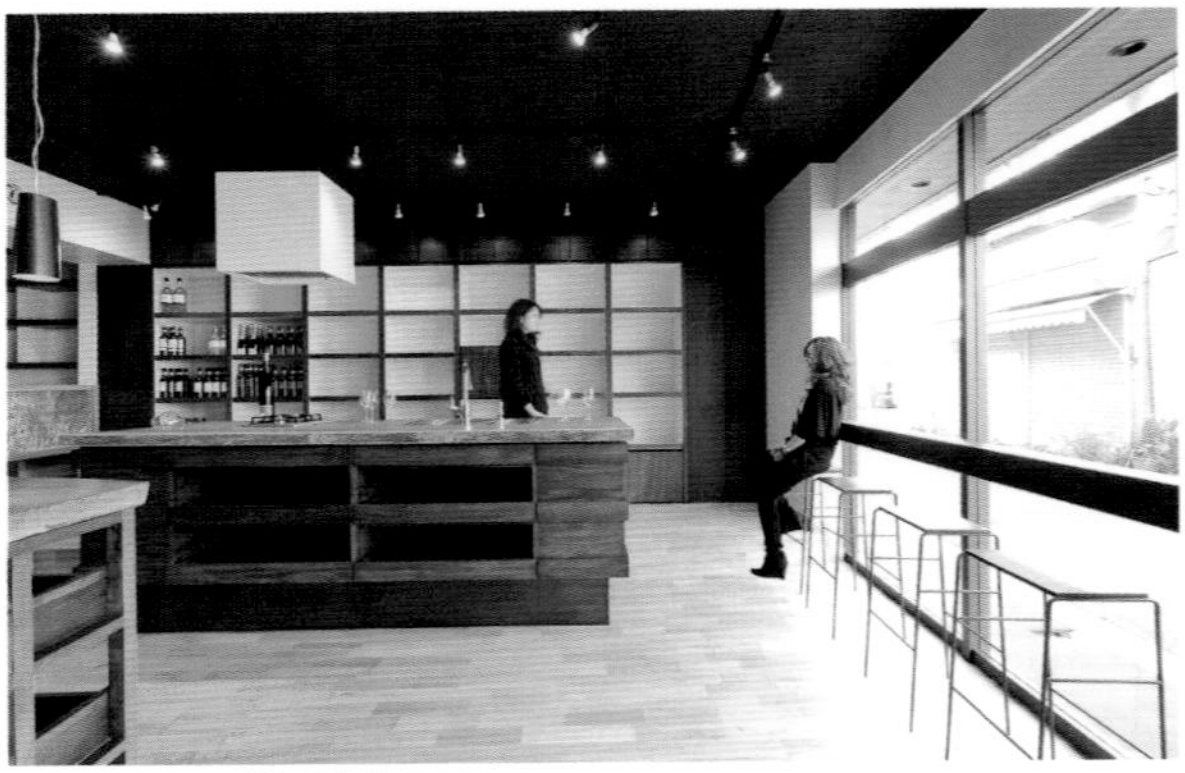

設計:STUDIO KAZ　写真:山本まりこ

Point
店舗デザインには劇場性を持たせる
動線計画は綿密に、できればスタッフの意見も取り入れたい

具体的な顔が見えない店舗

住宅と店舗のデザインの考え方で最も異なる点は対象者だ。住宅ではそこに住まう人の顔が見えるが、店舗の場合、ある程度ターゲットを絞り込んで想像できるものの、スタッフと不特定多数の客を対象とする。デザインによって人の行動や心理をコントロールできるが、さまざまな状況を考えてデザインしなければならない。

時間の考え方も違う。住宅は家族の成長とともに長いサイクルで計画するが、店舗の場合、業種によるが住宅よりも短いサイクルで考える。特に物販店はその傾向が強い。店舗デザインには非日常的な劇場性が必要である。「家でくつろいでいるようなカフェ」といっても、自宅と同じではいけない。

とはいえ、客層などのターゲットは確実に絞っておきたい。使う素材やデザインの方向性がまったく違う。オーガニックを売りにするカフェに樹脂や金属だらけの内装は合わない。また、「差別化」も重要なキーワードになる。

人の動きに気を遣う

動線は、特に綿密に計画したい。客の動線とスタッフの動線を緻密にシミュレーションする必要がある。店が儲かるかどうかのすべてをデザインが握っているわけではないが、動線の善し悪しは確実に売り上げに反映される。デザイナーだけで判断するより、実際に働くスタッフと打ち合わせするほうが理想的だ。

そのほか、匂いや音楽もデザインの1つの要素として、トータルで考えたい。非日常的な雰囲気をつくることも住宅との大きな違いだ。グラフィックデザインも重要だ。インテリアデザインとグラフィックデザインのイメージが違っていては客だけでなく、スタッフも店の雰囲気づくりに戸惑うだろう。

写真1 | 杉無垢材のカウンターを使ったラウンジバー

設計:STUDIO KAZ　写真:山本まりこ

設計:STUDIO KAZ　写真:山本まりこ

写真2 | 古民家を改装したカフェ

設計:STUDIO KAZ　写真:山本まりこ

写真3 | アンティーク扉を利用した美容室

設計:STUDIO KAZ　写真:山本まりこ

写真4 | 店舗看板のデザイン

テナントビルと違い単独店舗の場合、看板はファサードと共にお店の顔となり、インテリアデザイン との統一感は重要なポイントである

設計·写真:STUDIO KAZ

設計:STUDIO KAZ　写真:山本まりこ

設計·写真:STUDIO KAZ

096

物販店

Point
- **物販店のデザインは商品の陳列で決まる**
- **ディスプレイの意味と重要性を理解する**

陳列什器のデザイン

　物販店で最も重要な要素は、動線計画と什器デザインだ。商品を見やすい高さに、分かりやすい順番で、効率良く配置しなければならない。よって、奥行きなどのサイズは商品に合わせた寸法にする。商品によっては照明を当てる必要があるが、熱によるダメージを与える可能性があるので、ハロゲン球の使用は避ける。これまでは蛍光灯を利用していたが、LEDのバリエーションも増え、価格が下がってきたこともあり、今後はLEDの使用が増えるだろう。蛍光灯よりさらにコンパクトで一つひとつの器具が小さいため、形状の自由度が増し、什器のデザインも自由になる。

　什器のデザインが物販店全体の雰囲気を決定付ける一方、あくまで主役は商品だということを忘れてはならない。商品をより良く見せるための「背景」としてデザインする。中央に置く什器は可動式のほうがよい【図】。ちょっとしたレイアウトの変更は客に新鮮さを与えることができる。壁面什器は高さによって角度を付けるなどの工夫が必要。床に近い高さはストックに充てることが多い。引出しやワゴンにすると取り出しやすい。

ディスプレイデザイン

　できるだけ数多くの商品を並べたいと考える店が多いが、通路幅はゆとりを持って設計しなければならない。客が商品を選ぶため留まると通れなくなる通路幅では売り上げに大きく響く。

　ディスプレイも物販店では特に重要なポイントだ。店内に客を誘導するようにデザインする。洋服店では特に有効で、コーディネートの参考例としてウィンドウだけでなく店内にも展開する。この場合、店員もディスプレイの一部ということを認識しておく。

図 | 可動式什器の例 (S=1：40)

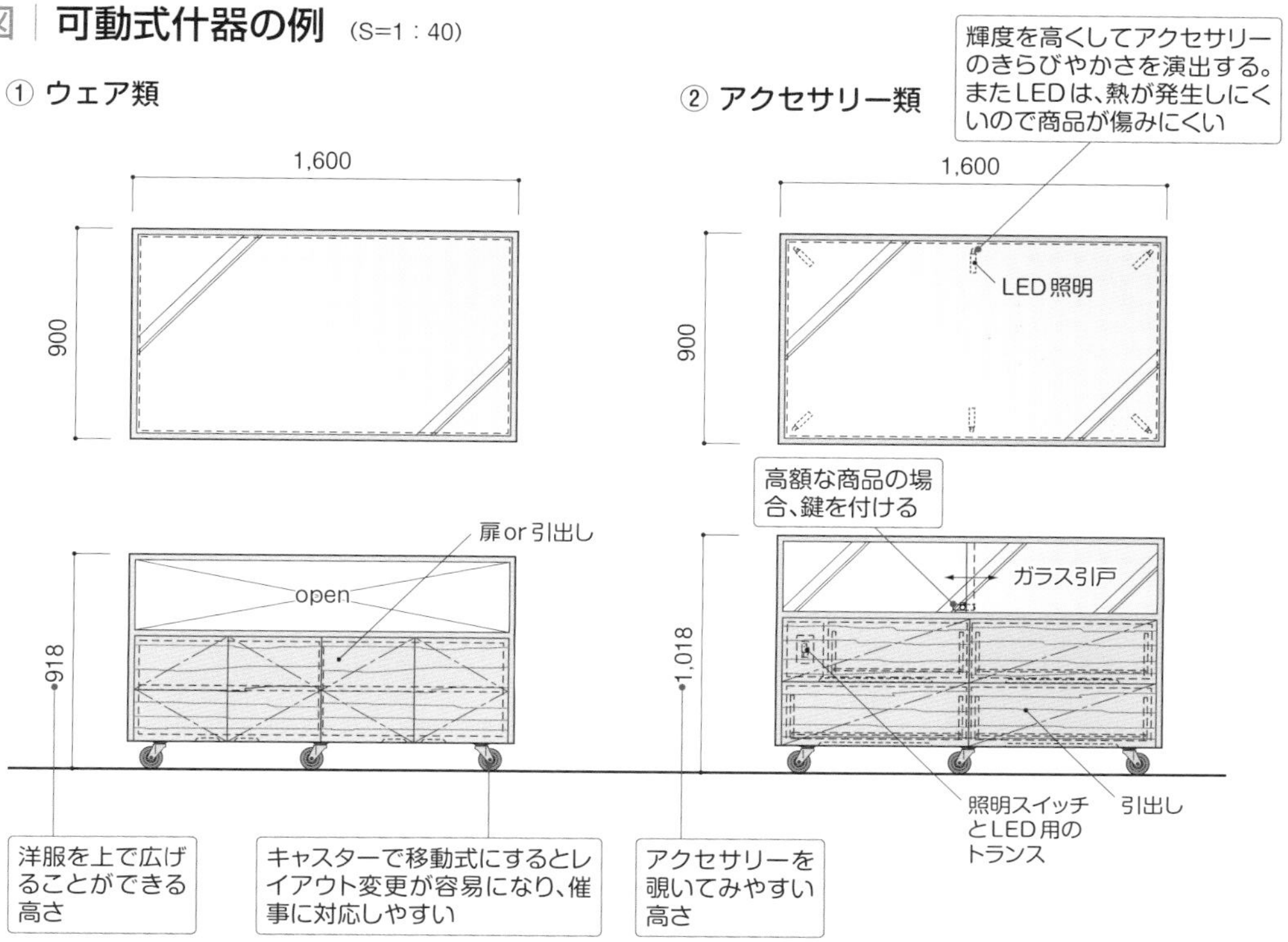

① ウェア類
② アクセサリー類
1,600
900
1,600
900
輝度を高くしてアクセサリーのきらびやかさを演出する。またLEDは、熱が発生しにくいので商品が傷みにくい
LED照明
扉or引出し
open
918
高額な商品の場合、鍵を付ける
ガラス引戸
1,018
照明スイッチとLED用のトランス
引出し
洋服を上で広げることができる高さ
キャスターで移動式にするとレイアウト変更が容易になり、催事に対応しやすい
アクセサリーを覗いてみやすい高さ

写真 | ワイン中心の酒屋の陳列棚

設計:STUDIO KAZ　写真:山本まりこ

第6章 計画

設計:STUDIO KAZ　写真:山本まりこ

097 飲食店

Point
座席数を把握し、効率の良いレイアウトを創出する
客とスタッフと料理の動きを把握する

座席レイアウト

飲食店の場合、座席数と売り上げがリンクする。経営者から「このテナントに座席数をいくつ」と要望が出るので、いかに効率の良いレイアウトを創出できるかが鍵となる【図】。座席数によっては、スタッフを増やす必要も出てくるため経営者と綿密に打ち合わせをする。

テーブル席で4人テーブルをつくる際、テーブルを2つに分割できるようにすると効率が良い。1人か2人の客が来てその席に案内し、次の客が4人組のとき、4人テーブルを解体して新たな4人席をつくるなど、フレキシブルに対応できる。もちろん、座席同士の距離も重要だ。余裕があるほど良いのだが、座席数を確保するためには、ギリギリまで寸法を詰めたい部分だ。

厨房は客が立ち入れないよう隔離されなければならない。作業風景が見えるのは構わないが、熱や煙、匂い、音などの印象は想像するより強い。店の雰囲気を考え、カジュアルな雰囲気ならオープンにして厨房の音もBGMの1つととらえ、落ち着いた雰囲気なら完全に分離して音が漏れないようにする。そうすると、おのずとスタッフの所作も店の雰囲気に合ってくる。

客の動線とスタッフの動線

動線計画では、入り口から客席、客席からトイレ（化粧室）といった客の動線と、ホールと厨房、ドリンクコーナーなどのスタッフの動線が重ならないように注意する。特にトイレの位置はテナントで決まっていることもあるので、そこまでのレイアウトは慎重にしたい。ほんの一瞬の小さなイライラが「また来たい」という感情を左右することもある。そして、飲食店は何よりもまず、清潔でなければならない。そのためには清掃しやすいレイアウトと素材で仕上げなければならない。

図・写真｜飲食店の例 (S=1：80)

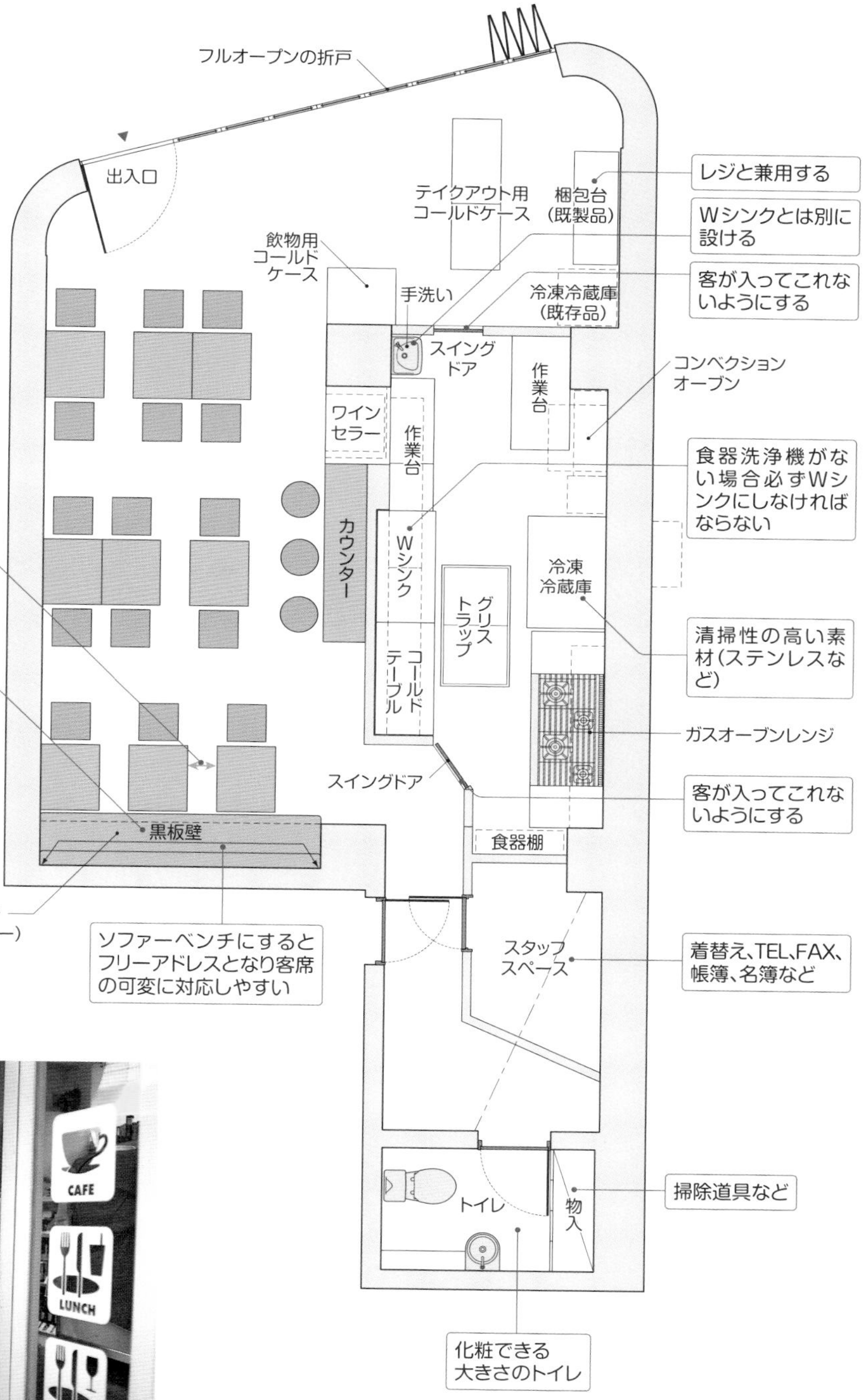
フルオープンの折戸
出入口
テイクアウト用
コールドケース
梱包台
(既製品)
レジと兼用する
Wシンクとは別に
設ける
飲物用
コールド
ケース
手洗い
冷凍冷蔵庫
(既存品)
客が入ってこれな
いようにする
スイング
ドア
作業台
コンベクション
オーブン
ワイン
セラー
作業台
食器洗浄機がな
い場合必ずW シ
ンクにしなければ
ならない
カウンター
Wシンク
グリス
トラップ
冷凍
冷蔵庫
ギリギリの寸法
清掃性の高い素
材(ステンレスな
ど)
黒板にメニュー
を手書きで入
れるようにする
と、動きがある
インテリアにな
る。カジュアル
な店舗のとき
に有効
コールド
テーブル
ガスオーブンレンジ
スイングドア
客が入ってこれな
いようにする
黒板壁
食器棚
ソファーベンチ
(ビニールレザー)
ソファーベンチにすると
フリーアドレスとなり客席
の可変に対応しやすい
スタッフ
スペース
着替え、TEL、FAX、
帳簿、名簿など
トイレ
物入
掃除道具など
化粧できる
大きさのトイレ

CAFE
SWEETS
LUNCH
DELI
DINNER

写真:STUDIO KAZ

設計:STUDIO KAZ　写真:山本まりこ

098

美容室のインテリア

Point
各エリアの大きさや動きのバランスをとる
きちんと照度計算し、色温度と輝度には注意が必要である

エリアの分割と連結

店舗デザインは、業態によってそれぞれ手法を変えなければならない。その1つの例として美容室を考える【図】。

一般的に美容室は大きく5つのエリアに分かれる。カット（セット）エリア、シャンプーエリア、カラーリングやパーマのベンチタイムを過ごすエリア、ウェイティングエリア、スタッフエリアの5つだ。スタッフエリアにはボイラー室、休憩、カラー液の調合、受付・会計、トイレなどが含まれる。それらすべてを別々の部屋に分けるのは現実的に難しい。そこでいくつかを兼用するが、これはオーナーの使い勝手が大きく反映されるので、綿密な打ち合わせが必要だ。カットエリアではスタイリストとアシスタントの2人で作業することもある。2人の動作空間と作業動線を明確にし、客の動線を重ね合わせて計画しなければならない。シャンプーエリアでは給排水設備の経路確保や水はねなども考慮する。また、床材は清掃性が重視され、髪の毛が残りにくい素材にしなければならない。

ポイントは鏡

美容室のデザインでは「鏡」がポイントになるだろう。そこですべての印象が決まると言ってもよい。照明計算では、きちんと照度計算をしなければならない。また、色温度にも注意したい。できるだけ自然光に近い色温度を再現したい。客はヘアーだけでなくメイクアップも合わせてコーディネートすることが多いので、色の再現性が重要になる。理想的には夜（白熱灯）と昼（蛍光灯）を切り替えられると良い。また、輝度も気を付けたい。カットのときに眩しいと、つい険しい表情になってしまう。最近は、ネイルケアやエステを併設することもあり、そのスペースや設備も考えることがある。

図 美容室の例 (S=1：80)

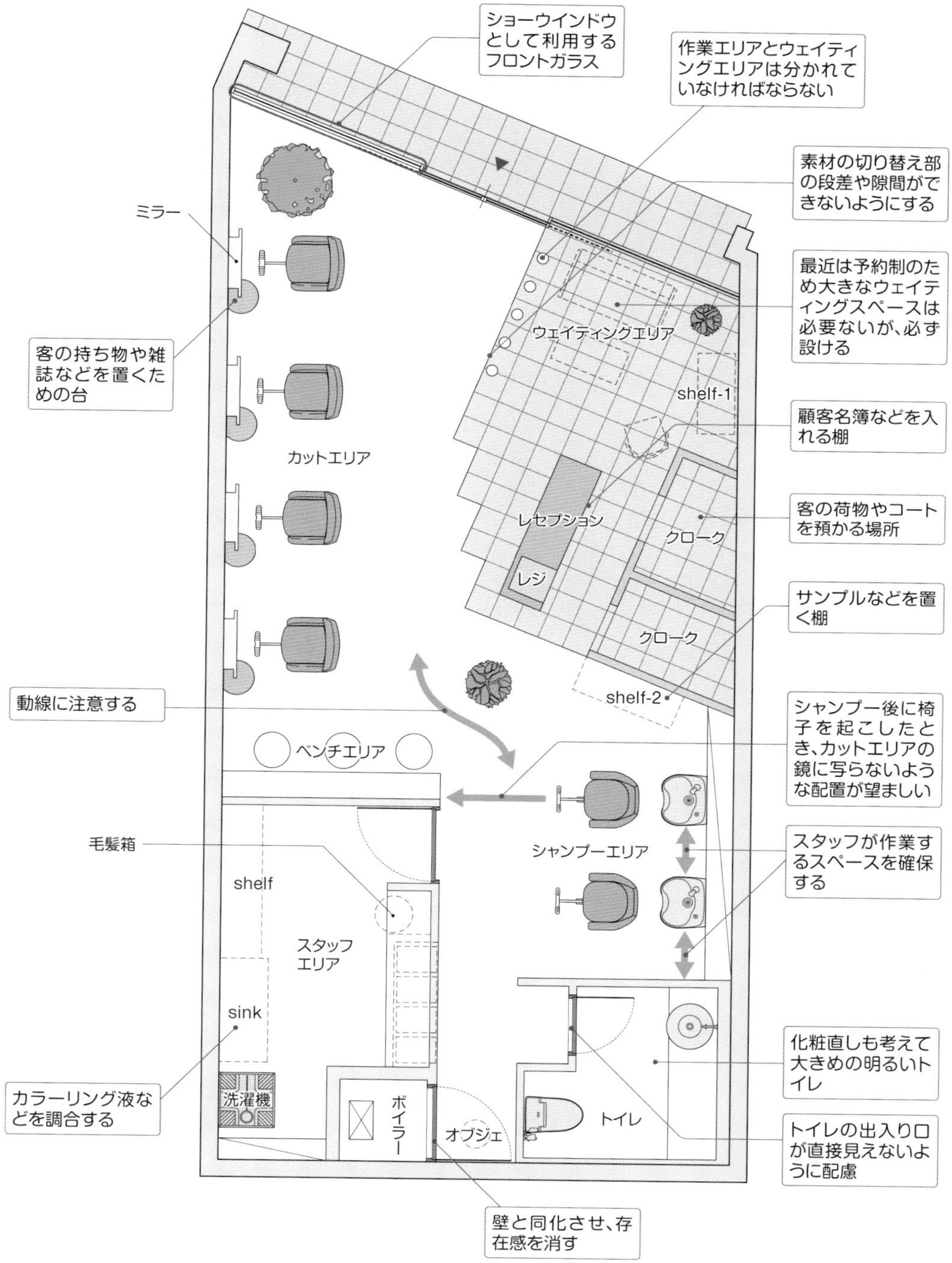
ショーウインドウとして利用するフロントガラス
作業エリアとウェイティングエリアは分かれていなければならない
素材の切り替え部の段差や隙間ができないようにする
最近は予約制のため大きなウェイティングスペースは必要ないが、必ず設ける
ウェイティングエリア
shelf-1
顧客名簿などを入れる棚
客の荷物やコートを預かる場所
レセプション
クローク
レジ
クローク
サンプルなどを置く棚
shelf-2
ミラー
客の持ち物や雑誌などを置くための台
カットエリア
動線に注意する
ベンチエリア
シャンプー後に椅子を起こしたとき、カットエリアの鏡に写らないような配置が望ましい
シャンプーエリア
スタッフが作業するスペースを確保する
毛髪箱
shelf
スタッフエリア
sink
カラーリング液などを調合する
洗濯機
ボイラー
オブジェ
トイレ
化粧直しも考えて大きめの明るいトイレ
トイレの出入り口が直接見えないように配慮
壁と同化させ、存在感を消す

設計:STUDIO KAZ　写真:山本まりこ

099

オフィスのインテリア

Point
- 業態に合わせた働く場所作りを考える
- 照明計画はこれからのオフィスのポイントになる

フリーアドレス型ワークスタイル

近年の働き方改革に加え、新型コロナウイルス騒動の影響もあり、30年ほど前から提唱されていた、フリーアドレススタイルのデスクレイアウトは、今後一気に加速するだろう。そこで重要なのは、テレワークを含めたワークスタイルによる、ネットワーク環境の充実と合わせてセキュリティの強化が求められる。

一人に一台のノートパソコンを所有し、常に持ち歩く。極端に言えば、デスク周りには電源とLANポートさえあればよいということにある。無線LANにすることもできるが、セキュリティや通信の安定感を考えると有線LANがよい。FAXは（一部の業態を除いて）時代遅れだし、電話もスマホの方が効率がよい。

よって今後、オフィスつくりは働く環境を重視する方向に進むだろう。ディスカッションが活発になる、一人で集中しやすいなど、業態に合わせた働く場所作りを考えなければならない。

照明計画は色温度がポイント

第5章でも書いた通り、LED光源一辺倒となった現代では、色温度が照明計画の最重要ポイントだといってよい。一般的に職場や学校といった、脳を活発に動かさなければならない空間では、色温度を高めに設定するが、これからの職場は色温度を低くしてもよいと思う。照明計画だけでなく素材計画や仕事スタイルの多様化への対策など、できるだけリラックスした環境を整え、仕事のメリハリをつけることを考える。他にも短時間で十分に休息が取れるような、リフレッシュルームを設けるといった配慮が求められる。

オフィスの中にバーカウンターを設け、社員のリフレッシュの場だけでなく、商談の場にしてもよいだろう。

写真｜さまざまなオフィスのカタチ

築古倉庫を改装したオフィス

設計:STUDIO KAZ　写真:山本まりこ

杉集成材と色を使ったリフレッシュルーム

設計・写真:STUDIO KAZ

倉庫内につくったオフィス

設計:STUDIO KAZ　写真:山本まりこ

フリーアドレス形式のオフィスと造作の照明

設計:STUDIO KAZ　写真:山本まりこ

フリーアドレス形式のオフィス

設計:STUDIO KAZ　写真:山本まりこ

足場板を床材にしたオフィス

設計:STUDIO KAZ　写真:山本まりこ

Pick UP! 現場の話、あれこれ

空きオフィス問題

新しくできた駅周辺だけでなく、都心部の主要駅近くでは大規模な開発が進んでいる。加えて2019年に施行された「働き方改革法案」、さらに2020年の新型コロナウイルス騒動によるテレワークの推進など、オフィスの在り方そのものが変革している。私の予想だが、既存のオフィスフロアを中心に大量に空きテナントが発生するのではないだろうか。そうすると、これまでオフィスで使われていた空きテナントの利用方法として、住居やホテルなどへのコンバージョンが進むのではないだろうか。

設計:STUDIO KAZ　写真:山本まりこ

100

ショールーム・展示ブースのインテリア

Point
ブランドのレギュレーションは厳守
ブースデザインはデフォルメされた表現

ブランドの世界観を大切に守る

ショールームの主役は言うまでもなく商品である。店舗と違うところは、ほとんどのショールームはひとつのブランドのみが並べられるということと、販売が目的ではなく、商品の説明が第一の目的であるということだ。

まず最初に確認したいのは、ブランドごとに定められているレギュレーションだ。ロゴの扱い方だけでなく、色の組み合わせ、素材の組み合わせ、余白の取り方など細かく決められているブランドも多い。それを踏まえて、そのブランドが持っている世界観を崩さないように計画しなければならない。空間全体が商品の一つだとイメージして計画すべきだろう。

キッチン家電をはじめ、実演を伴う商品の展示をすることもあり、運営方法も考慮して計画を進めなければならない。

非日常の小さな空間

展示会のブースは一区画が2m×2m、もしくは3m×3mという極めて小さな空間である。多くの場合は2～4日間だけの展示であり、搬入～設営、解体～搬出の時間が定められ、さらに同じ時間に他のブースも同様の作業を行うので、作り方や工程の管理が重要になる。そのため、慣れた専門業者に依頼することが多い。

日常ではあまり対峙しないような広さの空間なので、そこではかなりデフォルメされた表現をすることが多い。また普段我々が慣れている3尺モジュールではなく、1mモジュールであることも注意したい。

展示会場では住宅や店舗とは違い、床のレベル（水平）が悪い。また電気配線や給排水設備なども自由に取り回すことができないため、施工業者との事前協議が必要だ。

写真｜さまざまなショールーム・展示ブースのカタチ

輸入キッチン家電メーカーのショールーム

設計:STUDIO KAZ　写真:松浦ブンセイ

ビルトイン機器の施工・技術説明展示

設計:STUDIO KAZ　写真:松浦ブンセイ

キッチンを備えたイベントスペース

設計:STUDIO KAZ　写真:山本まりこ

ギャラリーにしつらえたキッチンの展示

設計:STUDIO KAZ　写真:キッチンアカデミー

展示会全体の会場構成

設計:STUDIO KAZ　写真:山本まりこ

展示会のブースデザイン-1

設計:STUDIO KAZ　写真:山本まりこ

展示会のブースデザイン-2

設計:STUDIO KAZ　写真:山本まりこ

101

リフォーム・リノベーション

設計:STUDIO KAZ　写真:Nacása & Partners

Point
リフォームする動機から市場を測る
時代がリフォーム市場を後押ししている

リフォームする理由

住宅のリフォームは、壁紙の張替えなど小規模の工事（修繕）から、増改築を伴う大規模工事まで含まれる【図・写真】。リフォームをする動機は2つに分けられ、1つは「古くなったから」であり、建築物の老朽化や汚れを改善することを目的とする。建築物は時間と共に確実に劣化していくが、適切な時期にメンテナンスを施すことによって長持ちさせることができる。

もう1つの動機は、家族構成が変わったり、加齢により生活習慣が変わったりという「ライフスタイルの変化」によるものである。特に子どもの成長に伴う工事の割合が高い。生活や年齢、体型が変化し、使いにくくなったまま暮らしているとストレスがたまり、肉体的だけでなく精神的にも支障が出るだろう。新築時にライフサイクルを考慮した設計であれば比較的軽微な工事で済むが、分譲マンションや建売住宅には考慮されてないものも多い。最近は、住まいに関する価値観が変化し、多様化し、駅から近いなどの利便性を重視した中古マンションを、リフォームすることを前提に購入するケースが特に若年層で増えている。

住宅ライフサイクルコスト

住宅の一生に掛かるコストを「住宅ライフサイクルコスト（LCC）」と呼び、新築時のコストに加えて日常のメンテナンスや修繕、リフォーム、解体に至るまでの総額を示す。昨今の考え方は構造体を長持ちするように計画し、ライフスタイルの変化やインフラの老朽化にはリフォームで対応することが主流になっている。それはLCCを下げ、環境への配慮にもつながる。

また、テレビ番組の影響や長引く不況もあり、リフォーム需要は確実に伸びている。

図・写真｜間取り変更を伴うリフォーム例 (S=1：120)

① リフォーム前

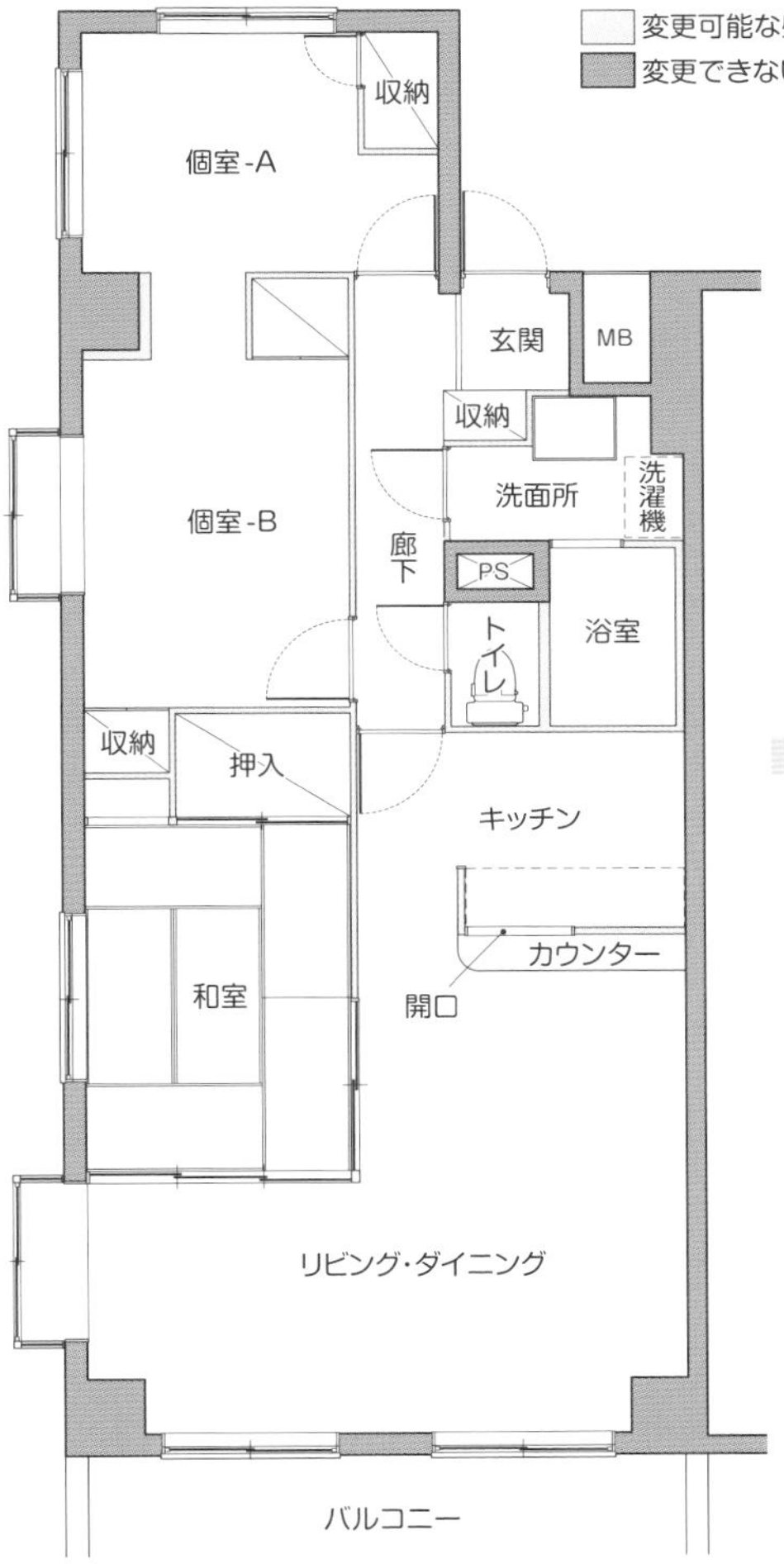

② リフォーム後

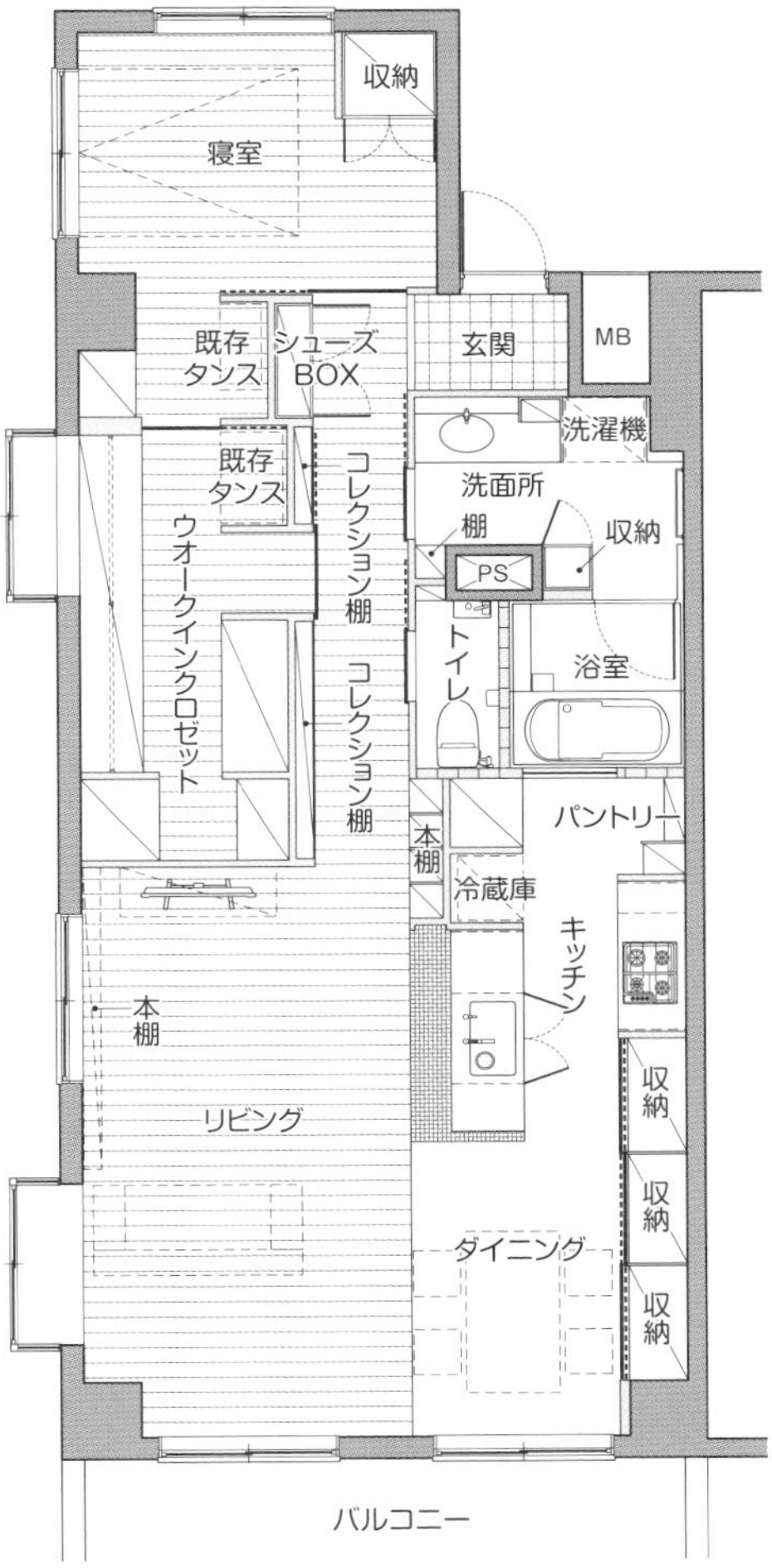

Before

写真：STUDIO KAZ

After

設計：STUDIO KAZ　写真：Nacása & Partners

設計:STUDIO KAZ　写真:山本まりこ

102

戸建住宅のリフォーム

Point
- リフォームにも確認申請を必要とする場合がある
- 構造によって工事可能範囲が異なる

法的制限の確認

戸建住宅のリフォーム計画を立てるときに最初に注意すべきことは、その工事が確認申請を必要とするかどうかだ※1。10㎡以上の増築を伴う工事や構造に手を加えるような大規模改修、用途を変更する工事の場合、確認申請が必要となる。

しかし、なかには完了済証を受けていない住宅があり、リフォームしようとしても確認申請※2を受け付けられないケースが多い。その際は申請を必要としない範囲での工事とする。また、新築当時は適法であったがその後の法改正で基準を外れてしまった「既存不適格建築物」は、基本的には法令に適合する計画としなければならない。

構造を確認

法的制限を確認したら次は構造の確認だ。主な構造には、①木造在来軸組工法、②木造ツーバイフォー工法、③鉄骨造、④RCラーメン構造、⑤RC壁式構造、⑥プレハブ住宅などがある。

木造在来軸組工法の場合は、比較的自由に間取りの変更が可能だが、2階や3階建てでは建築物全体の重量バランスに注意が必要だ。場合によっては、柱や梁の補強が必要になる【図1】。木造ツーバイフォー工法は、壁の配置によって建物構造を保っているので、壊せない壁（耐力壁）が多く、間取りの変更には制限が多い【図2】。鉄骨は、木造在来軸組工法とほぼ同様に考えてよいが、ブレースには注意が必要である【図3】。RC構造は、基本的にコンクリートでできた壁を撤去できないと考えてよいが、それ以外の壁は自由に変更できる【図4・5】。プレハブ住宅はメーカーによって工法や材質などが異なるため、工事の都度、確認が必要だ。

図1 | 木造在来軸組工法

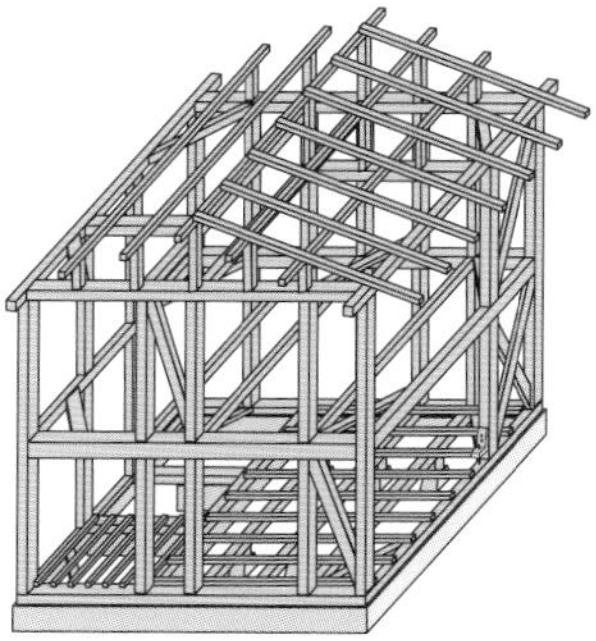

図2 | 木造ツーバイフォー工法

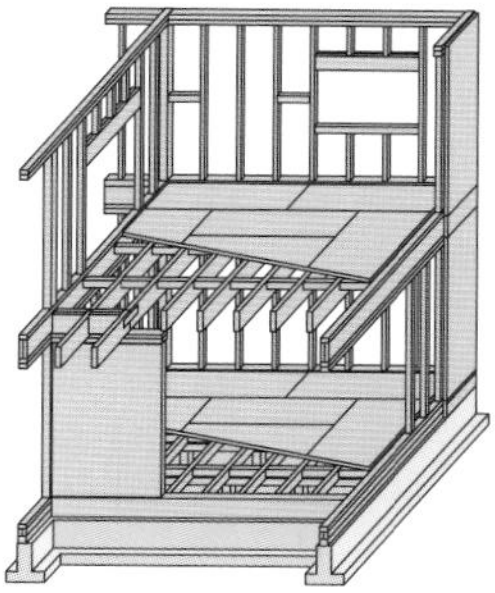

図3 | 鉄骨造

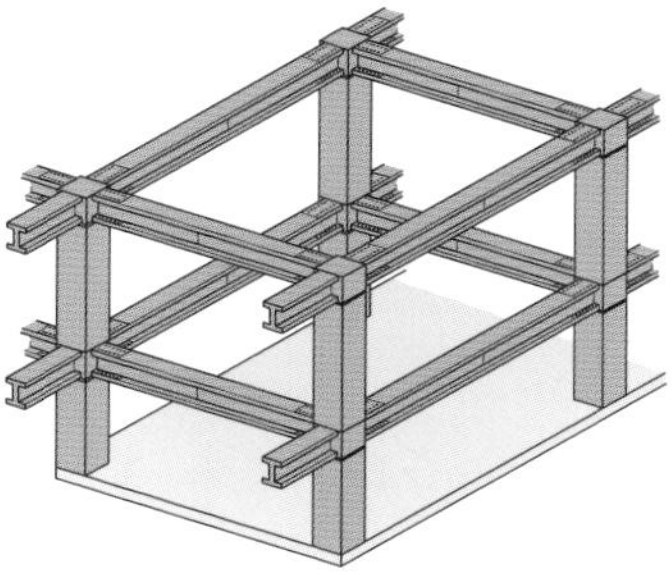

図4 | RCラーメン構造

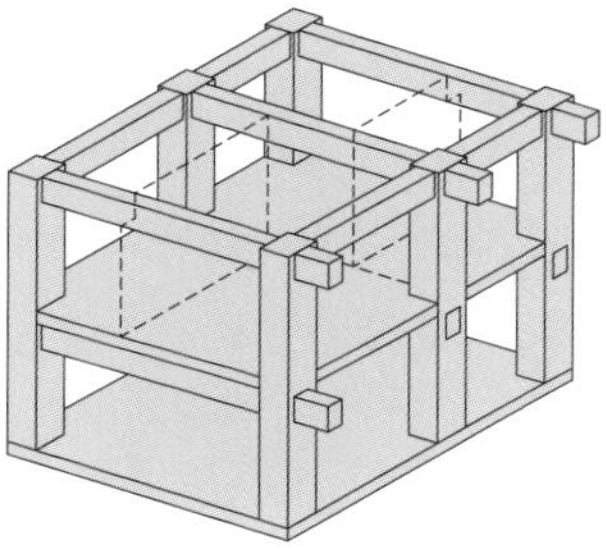

図5 | RC壁式構造

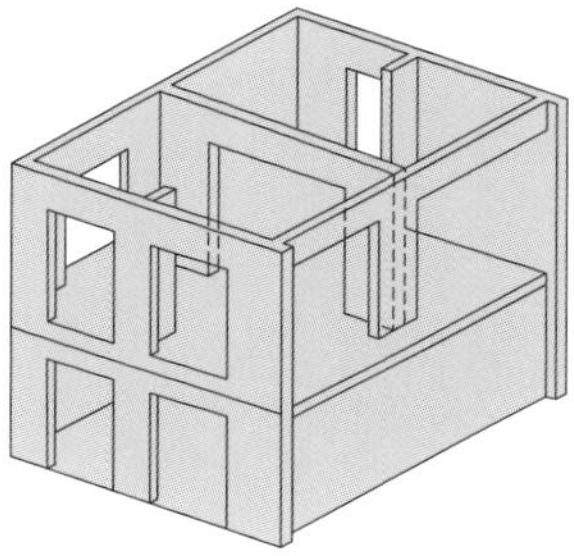

※1:防火地域・準防火地域に指定されている場合は10㎡以下の増築でも確認申請が必要となる。その場合でも建築基準法上の規定を満たさなくてはならない（建ぺい率、容積率、高さ、不燃、防火規定、構造など）。

※2:検査済証が無い場合でも、既存建物の調査（法適合状況調査）によって建築時に合法に建てられたことを示すことができれば、検査済証のない建物でも、増築が認可される可能性がある。もちろん違法性のある建物は、法適合状況調査で不適合となり、不適合部分を是正しない限り、増築ができないので注意が必要。

写真1 | 古民家をスタジオにリノベーションした例

設計:STUDIO KAZ　写真:山本まりこ

写真2 | 木造住宅の一部をリノベーションした例

設計:STUDIO KAZ　写真:山本まりこ

103

マンションのリフォーム

設計:STUDIO KAZ　写真:山本まりこ

Point
- 工事可能範囲を把握することから始める
- 近隣とのトラブルを避けるための調整が重要である

管理規約と竣工図を確認する

マンションのリフォーム【図】では、まず管理規約を把握しなければならない。そこには、工事可能な範囲、時間、曜日、床材の遮音等級などが記されている。一般的に、工事可能時間は9時から17時までだが、そのなかに荷物の搬出入が含まれることもあるので注意したい。また、土日は工事できないと定めている場合もあり、工程に大きく関わり、工事費にも影響するので事前の確認が必要だ。マンションの竣工図は管理員室や管理会社に必ず置いてあるので、事前に確認しておく。竣工図で構造、給排水配管や排気ダクトの経路を確認すると、おおむね解体できる範囲が分かる。

しかし、竣工図と実際が違うこともあるので、ある程度のリスクを予測し、その対処策もあらかじめ準備する。そうしないと全体の工程に影響し、建築主だけでなく近隣に対して迷惑をかけてしまう。工事中は近隣に対して、必要以上に注意を払っておいたほうがよい。着工前に必ず工事の告知を行い、着工日の前日か朝に最低でも上下左右斜めのお宅にはあいさつをする。あらかじめ申請した工程は徹底して守り、騒音に細心の注意を払い、トラブルが起きないようにする。建築主はリフォーム後も住み続けるので、近隣との関係は良好に保たなければならない。

変更してはいけない所

マンションリフォームでは、玄関や窓の開口部、PS（パイプスペース）、DS（ダクトスペース）、構造壁、防火壁は変更できない。そういった意味でプランが制限される。特に排水管の経路は水勾配を考慮したうえで検討したい。ほかにもインターホンや火災報知器の配線や分電盤までの配線は伸ばしにくいため、大幅な移動は難しい。

図・写真 ｜ マンションのリフォーム例

変更可能な壁
変更できない壁

① リフォーム前 (S=1:200)

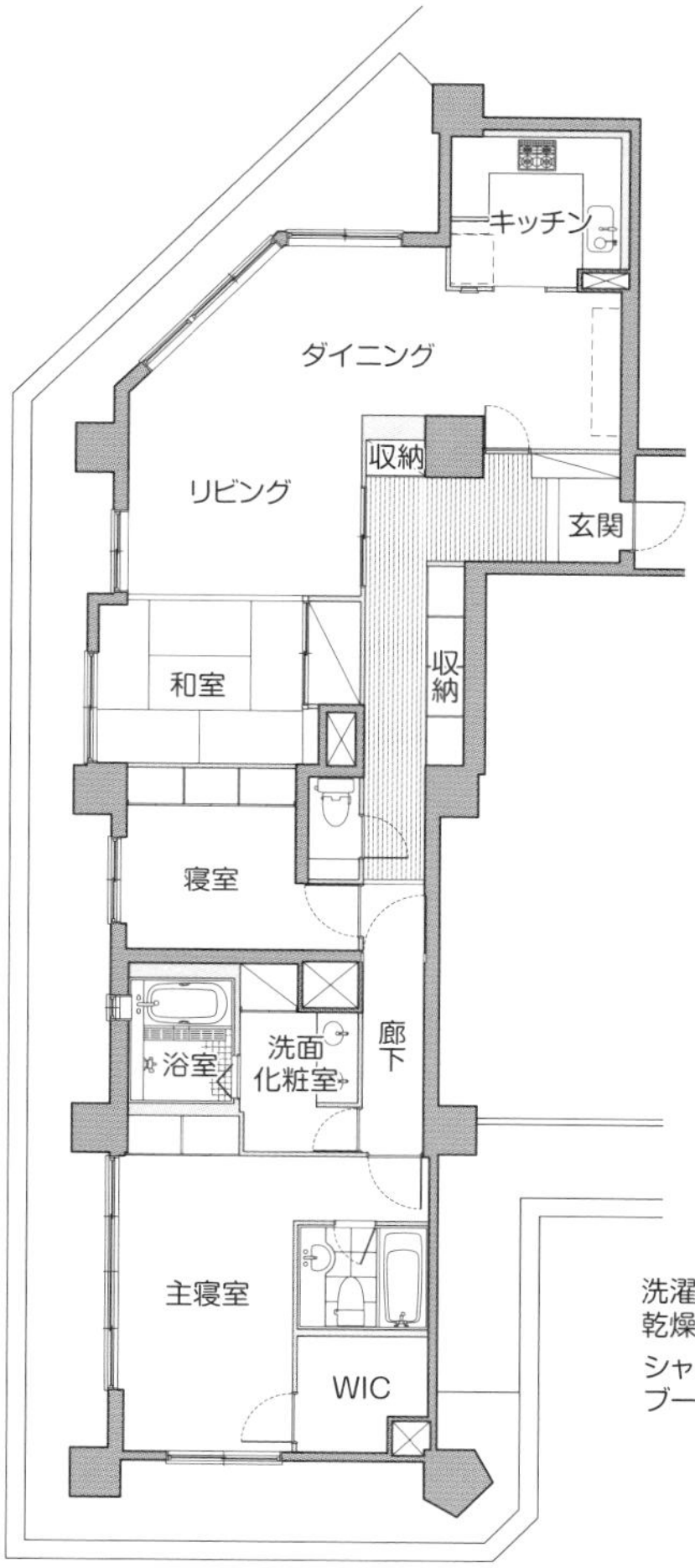

② リフォーム後 (S=1:150)

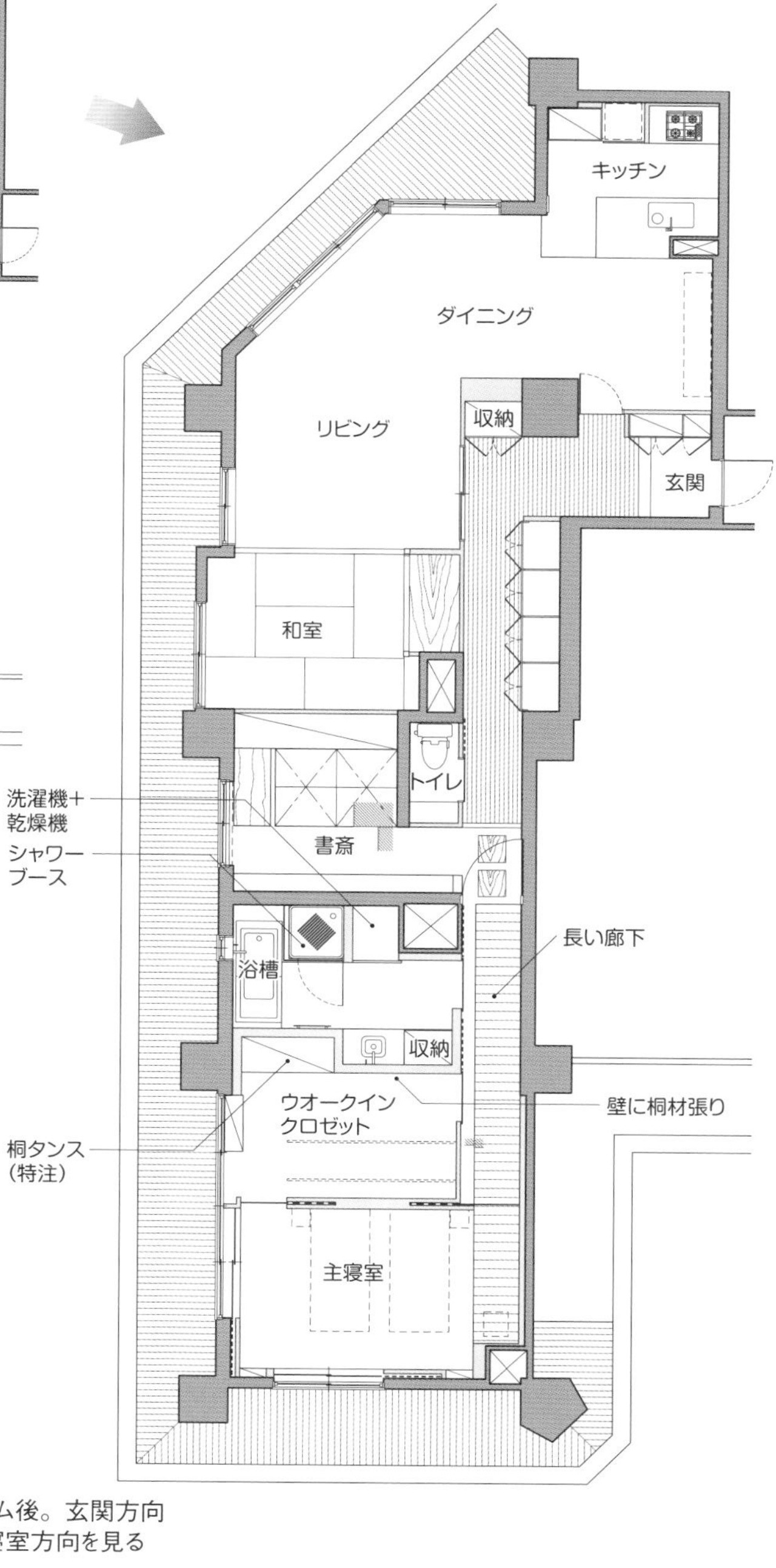

リフォーム後。玄関方向から主寝室方向を見る

設計·写真:STUDIO KAZ

受付カウンターのデザイン

設計：STUDIO KAZ　写真：垂見孔士

オフィスだけでなく、病院や美容院などでも受付カウンターのデザインには気を遣う。その会社（店）の「顔」であり、業態や企業イメージを反映させたい。もちろん受付カウンターだけでなく、内装全般において意識し、その一部分として受付カウンターをデザインするのが望ましい。一点豪華主義のように考える経営者もいるが、あまりお薦めしない。「顔」でありながら、通信手段、顧客情報や社員情報などの管理を充実させなければならず、企業規模や業態によって求められる要素が違う。

写真は弁護士事務所の受付カウンター。チャコールグレーをベースにカウンターの腰壁にグリーンとイエローのリブ、背面のオープン棚の棚板をグリーン、イエロー、ピンクをバランスよく配置した。といっても大人っぽい色の組み合わせなので、派手なイメージにはなっていない（そのさじ加減が難しい）。テレビや映画の影響もあるだろうが、弁護士事務所というと古くさく、お堅いように思われがちだが、それを明るく、楽しげなイメージになるように考えた。もちろんなかに座る人を引き立てるための色の配分にも気を遣っている。

第7章

インテリアデザインの仕事をするために

設計・写真:STUDIO KAZ

104

インテリアデザイナーの心構え

Point
インテリアをデザインすることとは行為をデザインすること
常に新しい情報に更新しておく

行為のデザイン

インテリアデザインは、人が入ってはじめて完成する。その空間では何らかの行為が行われており、住宅であればさまざまな生活行為が営まれ、商業スペースであれば飲食や物販などの行為が存在し、それぞれ人が介在してはじめて、空間としての意義が生まれる。つまり、インテリアをデザインすることは、行為そのものをデザインすることと同義であると考えられる。

それは「行為のデザイン」と言ってもよい【写真】。たとえば「食べる」という行為は、本来「生きていくために必要な栄養を摂取する」ことであるが、現代ではもっと広い意味で使われる。「食べる」ことの周囲には、コミュニケーションや会話、親しみ、食育、自給自足……などがさまざまにまとわりつき、着膨れしている状態にある。そこで、その衣服を1枚1枚はぎ取り、本質を見つけ出し、そこにそれぞれの暮らしに即した新たな決まりごとを積み重ねることで、極めてサイトスペシフィックな「食べる」行為が構築される。その行為を繰り返し、積み重ねることがインテリアデザインと言える。

最新情報の収集

インテリアに使われる素材や設備機器、技術は日々進化している。また、流行というものもある。特に素材や設備機器・家電製品は、流行の移り変わりや技術の進歩により、短いサイクルで新商品を発表するものも多い。一般的に、日本の商品はヨーロッパに比べてモデルチェンジが早い。新築物件などでは計画から1年以上かかることも多く、当初予定していた商品が廃番になることがある。代替品があってもサイズや価格が著しく変わる場合もあり、注意が必要だ。常に最新情報に目を光らせていなければならない【表】。

写真｜行為のデザイン

あくまで"人"が主役であり、そこに存在する人が美しく見える空間としなければならない。
そのために、色や素材、線やスケール感をデザインする

設計:今永環境計画+STUDIO KAZ　写真:STUDIO KAZ

表｜建築･インテリアデザイン関連のイベントなど

東京ビッグサイト（東京国際展示場）
東京インターナショナルギフトショー
LIVING & DESIGN
国際ホテルレストランショー
JAPAN SHOP
建築・建材展
ライティング・フェア
SECURITY SHOW
ジャパン建材フェア
R&R建築再生展
リフォーム産業フェア
サイン&ディスプレイショウ
GOOD DESIGN EXIBITION
IFFT／国際家具見本市
国際テーブル&キッチンウェアEXPO
国際福祉機器展
ジャパンホーム&ビルディングショー
JAPANTEX
インテリアライフスタイル
エコプロダクツ展
その他
DESIGNART TOKYO
旭川デザインウィーク
大川木工まつり
海外
ミラノサローネ国際家具見本市
Imm／ケルン国際家具見本市
Interzum（インターツム）
3 days of design
ストックホルム国際家具見本市
ISH
MAISON & OBJET(メゾン･エ･オブジェ)
Heimtextil（ハイムテキスタイル）
Ambiente（アンビエンテ）
KBIS (The kitchen & Bath Industry Show)
100% DESIGN LONDON
ICFF(国際コンテンポラリー家具見本市)
Formex
チェックすべき施設
リビングデザインセンターOZONE
東京デザインセンター
クラシカレッジ／THE KITCHEN
IHPC（ATC輸入住宅促進センター）
情報収集サイト
AllAbout住まい https://allabout.co.jp/r_house/
JDN／Japan Design Net https://www.japandesign.ne.jp/
REAL KITCHEN & INTERIOR https://realkitchen-interior.com

このほかにもたくさんのイベントや情報サイトがある。常にアンテナを張っておき、技術だけでなく、デザイントレンドなどの最新情報を手にしておきたい。

写真:STUDIO KAZ

105

インテリアの仕事・資格・人

Point
職種が細分化され、さらに範囲が広がっている
特別に資格は必要ないが、たくさんの職種が存在する

細分化された職種

昔、インテリアデザインは建築家の仕事であった。彼らは都市計画から建築、内装、建具、家具、照明までデザインした。そのため、明確に職域が区分されていない。いや、する必要がなかったというのが正しい表現だろう。しかし、その後インテリアデザイナーという肩書きが確立し、今ではさらに細分化され、各々が専門の分野で活躍している【表1】。そもそもインテリアデザインに携わるために必ず必要な資格はなく、極端な話、手を挙げれば誰でも就ける職業である。よって時代の要請により、新たな肩書きが次々と生まれている状況にある【表2】。

仕事の範囲

一般的なインテリアの仕事は、基本的な構造体の内側が対象となる。しかし、リフォームなどでは、柱や梁の移動や撤去・補強、壁の移動や撤去などが絡むこともあり、ある程度の建築的知識を持っていたほうがよい。キッチンやバスルームの設計では、設備設計の知識が必要となる。インテリアコーディネーターの例では、単純なコーディネーションだけでなく、歴史、人間工学、素材、設備、環境工学、仕上材、施工からユニバーサルデザイン、テーブルウェア、インテリアオーナメントに至るさまざまな知識をはじめ、コンサルティングやプレゼンテーション、流通に関する能力も求められる。

最近では植物を育てるスペースを室内に設けるケースも多く、ガーデニングやフラワーアレンジメントもインテリアに携わる職種と言える。また、雑貨ブームでもあり、バイイングやデザインなど雑貨に関する職種もインテリア関連と言えるだろう。広い意味では、インテリアショップの店員、家具職人、家具バイヤーなども含まれる。

表1 | インテリアに関する職業（肩書き）一覧 （一部）

インテリアデザイナー
インテリアコーディネーター
インテリアプランナー
インテリアスタイリスト
プロダクトデザイナー
家具デザイナー
家具バイヤー
家具リペアラー
ディスプレイデザイナー
キッチンスペシャリスト
フラワーデザイナー
ガーデニングデザイナー
雑貨バイヤー
雑貨デザイナー
インテリアショップスタッフ
福祉住環境コーディネーター
ハウジングアドバイザー
収納アドバイザー
照明デザイナー
照明コンサルタント
空間デザイナー
空間プロデューサー
建築士（一級・二級・木造）
マンションリフォームマネージャー
テキスタイルデザイナー
ランドスケープデザイナー
リビングスタイリスト
ライティングコーディネーター
ホームインスペクター

表2 | 建築・インテリアに関する資格一覧 （一部）

資　格	所管・認定団体など
一級建築士・二級建築士・木造建築士	国土交通大臣または都道府県知事免許
インテリアコーディネーター	公益社団法人インテリア産業協会
キッチンスペシャリスト	公益社団法人インテリア産業協会
インテリアプランナー	一般社団法人日本インテリアプランナー協会
インテリア設計士	一般社団法人日本インテリア設計士協会
福祉住環境コーディネーター	東京商工会議所
マンションリフォームマネージャー	公益財団法人住宅リフォーム・紛争処理支援センター
リビングスタイリスト	一般社団法人日本ライフスタイル協会
照明コンサルタント	一般社団法人照明学会
ライティングコーディネーター	一般社団法人日本ライティングコーディネート協会
商業施設士（コマーシャルスペースデザイナー）	公益社団法人商業施設技術団体連合会
DIYアドバイサー	一般社団法人日本DIY協会
エクステリアプランナー	公益社団法人日本エクステリア建設業協会
整理・収納・清掃（3S）コーディネーター	一般社団法人日本整理収納協会
整理収納アドバイサー	一般社団法人ハウスキーピング協会
CADトレース技能審査	中央職業能力開発協会
CAD実務キャリア認定制度	NPO法人日本学び協会CAD検定部会
建築CAD検定試験	一般社団法人全国建築CAD連盟
宅地建物取引主任者	国土交通省
古物商	都道府県公安委員会許可
色彩検定	公益社団法人 色彩検定協会
カラーコーディネーター	東京商工会議所
ホームインスペクター	日本ホームインスペクター協会

インテリアデザインに関する主な団体

社団法人日本インテリアデザイナー協会
社団法人インテリア産業協会
社団法人日本インダストリアルデザイナー協会

106

設計・写真:STUDIO KAZ

コミュニケーション

Point
コミュニケーションがすべての始まりである
相手に合わせて言葉を使い分けることが求められる

コミュニケーション

インテリアに関する職種ではなくても、ほとんどの仕事は、他者とのかかわりのなかで進められる。つまり何らかの接点を持って生活しなければならず、そこには必ずコミュニケーションが必要である。

インテリアの場合、顧客とのコミュニケーションと、業者とのコミュニケーションが存在する【図】。

顧客とのコミュニケーションでは、素人である顧客に対して、できるだけ専門用語は使わず、分かりやすい言葉を使いたい【写真】。たとえば寸法の単位、デザイナーは㎜で考えているが、一般の方は㎝で考えているので、それに合わせたほうがよい。しかし、現場では職人たちと㎜（あるいは寸）で話をしなければならず、頭をうまく切り替えて使い分けたい。また、言葉だけでなく、さまざまなツールを駆使して、正しく理解してもらうことが重要だ。

現場とのコミュニケーションも大切にしたい。デザイナーは基本的に自分で物をつくることができない。「こうしたい」という自分の意志を現場に正しく伝え、さまざまな職方さんが設計者の意図どおりに工事しているかを確認しなければならない。

話を聞いて提案する

顧客との会話から、ニーズや要望、好み、必要条件などを導き出し（コンサルテーション）、それに即した提案（プレゼンテーション）をしなければならない。言葉だけでなく、スケッチやパース、サンプル、図面、模型、実例写真、イメージ写真などを駆使し、「プレゼンテーションボード」にまとめて提案する。この場合、相手が理解しやすくまとめることが大切なポイントであり、その技量こそがデザイナーに問われるところだ。

図｜コミュニケーション

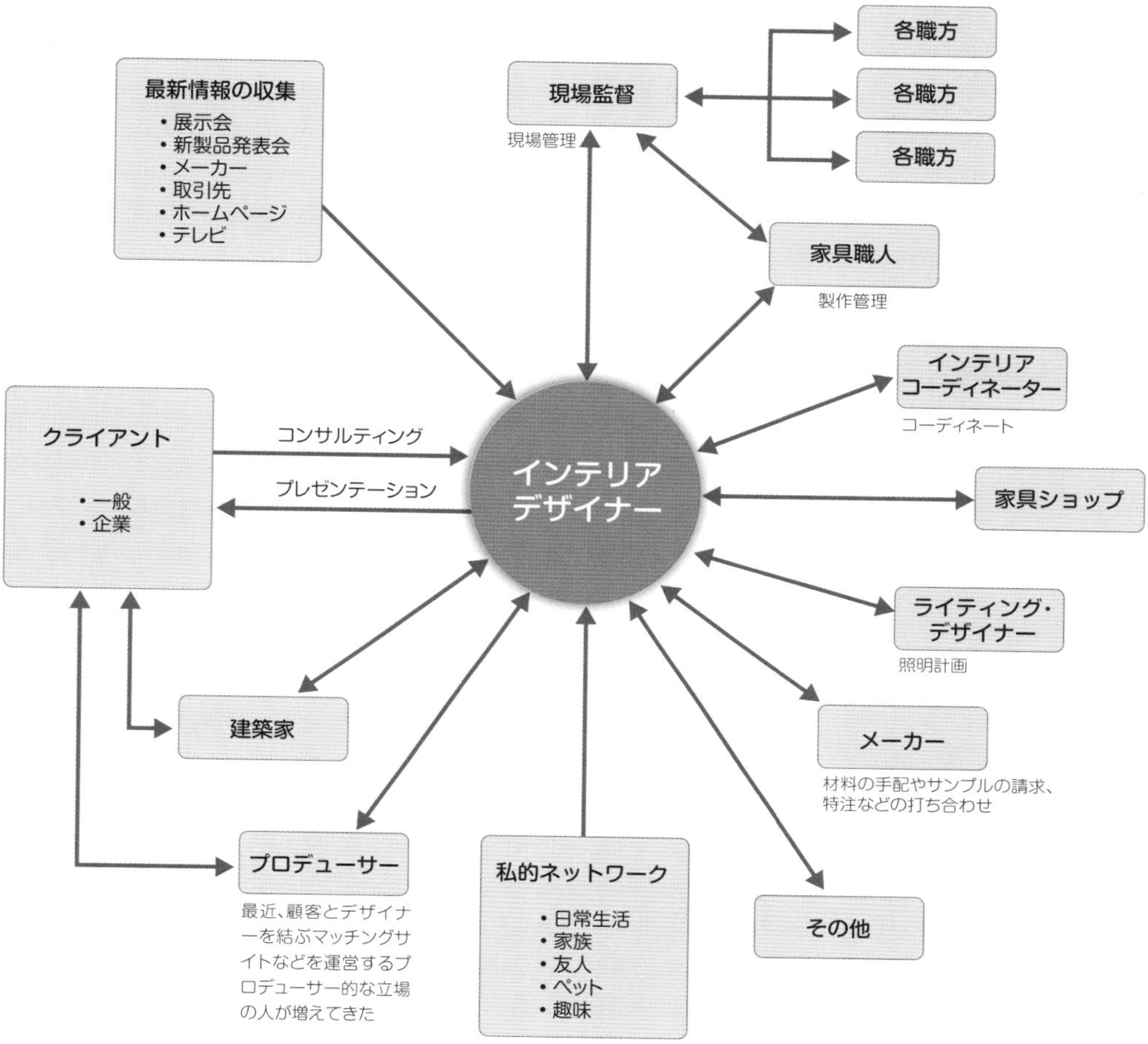

写真｜打ち合わせの風景

中古一戸建をリフォームして、店舗にする打ち合わせ中。図面、サンプル、色見本、カタログなどたくさんの資料を使いながらクライアントの要望を受け、自らの提案に対しての理解を深めてもらう

写真:STUDIO KAZ

設計・写真:STUDIO KAZ

107

インテリアデザイナーってこんな人

Point
普段の生活も仕事の一部である
今やPCは手放せないが、PCを使うことが仕事ではない

アンテナは常に広げておく

インテリアデザイナーの仕事は図面やパースを描くことではない。クライアントの要望に答えて、空間を完成させて引き渡すことが仕事だ（その後のメンテナンスなどは続くが）。クライアントの多岐に渡る要望に答えるために、様々な情報を持っておく必要がある。また、デザイナーと呼ばれる以上、完成した空間は美しくなければならない。そのための情報収集には手間暇を惜しんではいけない。

スケッチブックやタブレットを必ず携帯する。デジカメやスマートフォンでの撮影での記録も有効だ。この場合、できるだけ画角が広い機種を選びたい。竣工写真だけでなく、現状の記録でも、インテリアの撮影では引きがないことが多いため、広角レンズが活躍する。動画機能も活用したい。とくにリノベーション前の現状把握では見落としが少なくなる。最近では仕事の宣伝も動画によることが多い。スマートフォンのカメラ機能も向上し、クオリティの高い写真や動画の撮影が可能だ。現場での実測にはレーザー距離計が便利だが、コンベックスは常に持ち歩いておくのはいうまでもない。

様々なソフトを使い分ける

図面やパース、プレゼンテーションの作成、メールやSNSによるクライアントや業者とのやり取り、情報収集や発信など、今やPCは手放すことができない。最近ではCADデータの互換性はよくなり、OSに左右されることは少ない。そのほかに資料作成用として、「illustrator」や「Photoshop」（adobe）をはじめとした画像・写真加工ソフト、「Keynote」（apple）や「PowerPoint」（Microsoft）などのプレゼンテーションソフトを使うことも多い。

写真｜インテリアデザイナーのバッグの中味

現場で床に置いても自立する

ペンケースの中身

シャープペンシル
(STAEDTLER･0.9㎜／4B)
ボールペン(黒･赤･青)
万年筆
油性ペン(黒)
水性ペン(青)
三角スケール

Pick UP! 現場の話、あれこれ

PCに使われてはいけない

イマドキPCを持っていないデザイナーは皆無だろう。出先のカフェでもインターネットにつないで、クライアントや業者とやりとりをしたり、情報収集をしたりすることができる。本文にもあるように図面もほぼCADソフトを使って作成する。最新のCADソフトにはデフォルトで色々なデータが含まれている。ドアや窓、階段、便器やシンクなど、それらを組み合わせるだけでそれなりの図面を描くことはできる。しかし、それでよいのだろうか？　そのデータはあくまでもCADソフトがデザインしたものであり、デザイナー本人の思想は全く反映されていない。我々デザイナーはその空間で繰り広げられる様々なシーンをイメージしながらデザインを構築しているのである。そこには便器の色や形、階段の素材や色、手すりの形状、ドアや枠の形状もシーンを構成する要素のひとつだ。PCに使われてはいけない。

108

安全計画

設計・写真:STUDIO KAZ

Point

安全計画は多岐に渡って目を光らせる

子どもに対しての安全対策は可変できるようにしたい

子どもに対する安全計画

インテリアデザイナーがかかわっている以上、美しい空間であることは前提となるが、それ以前に「安全であること」は最低限満たされなければならない条件である。基本的には、法律に則った設計としなければならない。問題は、法律に規定されていない部分だ。

特に子どもに対しての安全計画は気を付けたい。大人であれば問題ないが、小さな子どもにとって危険なこともある。しかし、そんな危険な時期は、建築物の一生のなかではほんの一瞬であり、後に可変できるような仕掛けを工夫したい。階段の手摺などがその例だ。

素材から納まりまで

最近は塗料や接着材の安全性も厳しく監理される。特に塗料はオスモやリボスをはじめ自然塗料が注目されているが【表】、きちんと比較検討し、自らの尺度で選んだほうがよい。また、素材の安全性も考えたい。ムクのフローリングは価格面で輸入材が多く使われるが、それらの素性もきちんと調べたい。なかには違法伐採の材木やコストダウンのため乾燥が不十分なものも少なからずあり、反りなど問題が生じる可能性も否めない。

納まり面も気にしたい【写真】。たとえばキッチンのシンク前にタオル掛けを付けることが多いが、この位置が女性の腰骨の高さだったり、小さな子どもの目の高さだと危険を伴う。それでケガして「キッチン嫌い」になったらたいへんだ。同様に素材の角をどれだけ丸めるかもポイントとなる。シャープに納めるなら面取りしたくないが、ケガの危険性は高い。逆に面取りを大きくすると危険性は低くなるが、あまったるいデザインになる。デザインやスタイル、使用感と安全性のバランスを図ることが重要である。

表｜自然塗料リスト

塗料名	材料の特徴	輸入・製造
オスモカラー	ひまわり油、大豆油など植物油がベースの塗料	オスモ&エーデル
AURO自然塗料	天然原料100%のドイツ製自然塗料	アウロジャパン
自然塗料エシャ	亜麻仁油、桐油、紅花油、輝ペン樹脂などの天然材料でつくられた国産の塗料	ターナー色彩
リボス自然塗料オイルフィニッシュ	「健康」と「エコロジー」の徹底から誕生した自然健康塗料。亜麻仁油などがベース	イケダコーポレーション
プラネットカラー	100%植物油とワックスを使用した天然木材用保護塗料	プラネットジャパン

オスモカラー ウッドワックス
写真提供：オスモ&エーデル株式会社

AURO Nr.690 ジャパンオイルワックス（水性）
写真提供：アウロジャパン株式会社

リボス カルデット #270
写真提供：株式会社イケダコーポレーション

写真｜安全性に配慮したタオル掛け

出っ張らないキッチンのタオル掛け

設計・写真:STUDIO KAZ

Pick UP! 現場の話、あれこれ

コイヤプロジェクト

2018年10月に『コイヤ』という活動を発表した。我々を取り巻く社会は、簡単、便利、安価なモノづくりを追求してきた。そして我々はいつの頃からか、「消費者」と呼ばれるようになった。裏を返せば、我々の元に届けられる多くのモノが、消費されるモノとして作られているということ。そこに違和感を感じ、共に作る「共創者」として必要なモノを共有し、助け合い、「愛用」して生きる新しいくらし方を模索していきたい。コイヤは日本の木で、人とモノ、作る人と使う人、暮らしと地域、地域と地域をつなぐデザイン・プロジェクト。
https://koiya.org/

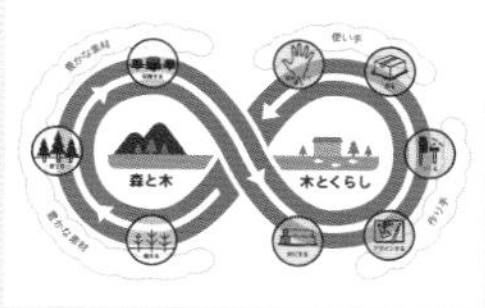

写真提供:コイヤ評議会　写真:松浦ブンセイ

写真:STUDIO KAZ

109

インテリア計画の進め方

Point
2つとして同じインテリアを計画してはいけない
生活の主題を見つけることから始める

サイトスペシフィックということ

計画の進め方【図】にセオリーはない。大きく分けると、全体の空間構成から徐々に詳細を詰める方法と、ある1つの重要なディテールから空間を組み立てる方法に分かれる。しかし、どちらも全体とディテールの間を行ったり来たりしてデザインは進められる。

使う人の顔が具体的に見える場合、後者のほうが有効だろう。たとえば大好きな絵を飾りたいなら、それを飾る壁を中心に空間構成を考える。もちろん素材や色、プロポーションも特定の絵のために選ばれなければならない。

そうした「特別な条件下でのみ成立する環境（空間）」をサイトスペシフィックと呼ぶ。当人にはこのうえなく気持ちよい空間だが、他人にはまったく使いにくい空間となることもある。特に住空間においては、わがままにプランを進めてよい。誰にも気兼ねなく自分自身が生活する場所なのだから、自分さえ気持ちよければよいのである。

そのためには、まず既成概念を崩すことから始めたい。そして、考えなければならないのは、「生活の主題」を見つけることである。各家族が家＝生活に求める要素はさまざまである。それらを一義的にまとめるのは乱暴すぎる。次に与えられたボリュームを「分割」する。「食べる」や「寝る」といった用途や目的が違う行為に合わせた空間を設定しなければならない。分割の方法はいくつもあり、状況に応じて使い分ける。さらに、分割された複数の空間の関係性を再構築して「連結」させる。行為とは連続して起こる出来事であり、単独で成立するものではない。よって、各空間（＝行為）の関係性を整理することが「使いやすい」「居心地がよい」空間になるのである。

分割と連結

図 一般的なインテリア計画の進め方の例

企　画

どこに、いつごろ、誰のために、どういった目的で、どれだけの予算で、どのような空間にしたいのか、といったプランの基本となる部分を明らかにする。それを行うのは依頼者であり、計画・設計の前提となる与条件が示される

計画・設計

設計者が与えられた条件を検討、調整を行い、基本計画案を定め、プランの概要を図面などに表す。そして、依頼主が確認した基本計画案の内容を受け、設計を行う。仕上方法や仕様、備品などの詳細を決定し、設計図書を作成する

条件の確認・整理

計画にあたって、家族構成などの人的要素、構造や広さなどの空間要素、採光などの環境要素、家具や設備など物的要素をはじめ、予算や法規制、技術、工期、さらに社会的背景から個人の好みまで多くの与条件を整理し、これらが矛盾しないように総合的な視点で調整する

空間の配分と配置

まず空間内でのさまざまな行為やシーンを想定したうえで、適応する単位空間の設定を行う。さらに動作空間の寸法などに配慮しつつ、全体的なバランスを取りながら空間の広さと位置関係が決定され、平面計画にまとめる

立体空間の計画

立体空間として、高さのみならず部位や部材などの位置関係を確認し、空間断面の形状、寸法などを検討する。その際、スケッチや模型を作成すれば、構想をまとめたり、細部を確認したりするのに役立つ

インテリアコーディネーション

基本計画案に沿って、床・壁・天井の仕上材を決め、家具や建具、照明器具、ファブリックといった個々のエレメントを空間のなかに配置する。優れたエレメントをただ集めるのではなく、空間全体とのかかわりを意識したバランスの取れたコーディネーションを重視する

予算計画

予算が与条件に盛り込まれている場合と計画が先行する場合の2つのケースがある。前者では決められた予算内でどこまで計画が可能か、後者では計画の実施に伴ってどれくらい費用が掛かるか検討される。いずれのケースも、依頼主との綿密な打ち合わせと調整が必要となる

スケジュール計画

計画が期限内に納まるように立案する。必要とされる工程を確認し、いつから始めていつ終わるのか全体の期間を設定する。全体の工期は適正であっても仕上期間が極端に短いといったバランスの悪いスケジュールは避けなければならない

施工計画

施工業者を決定する。最終的に決めるのは依頼主であるが、専門知識を持つ設計者にはそのための助言をする必要がある。実績や体制、見積書の内容、営業・現場監督者の対応、実際の現場の状況、アフターメンテナンスなどから総合的に判断し、施工を依頼する

施工 → **完成** → **メンテナンス**

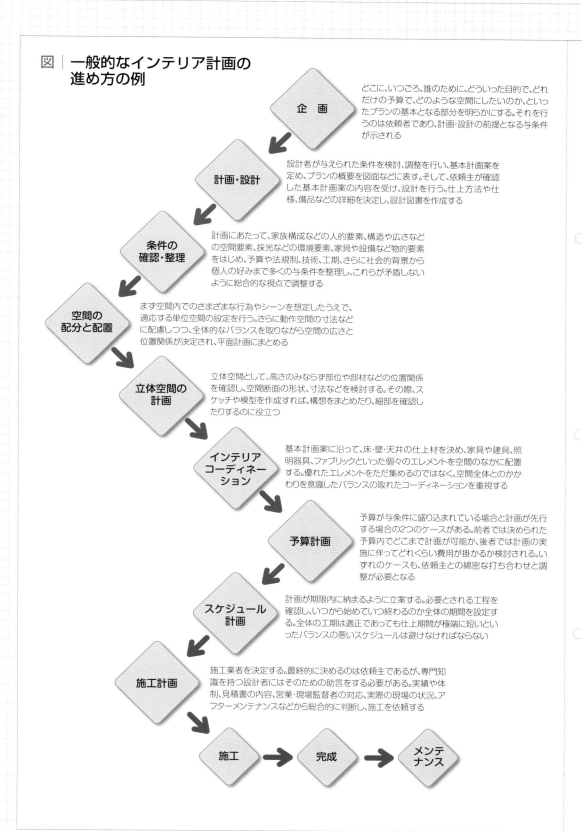

設計:STUDIO KAZ
写真:山本まりこ

110

建築基準法
～インテリア関連法規

Point
法に関する最新情報を常に更新するように心掛ける
建築物のかたちだけでなく、材料や安全に関しても規定されている

最新の法規内容を把握する

インテリア計画にもさまざまな法規が絡む。法律のほかに政令や省令、条例などがあり、それらは頻繁に改正や改訂が行われたり、新しく制定されることがあるので、常に最新の内容を把握しておくことが大切である。

建築基準法

建築基準法は、「建築物の敷地、構造、設備及び用途に関する最低の基準を定めて、国民の生命、健康及び財産の保護を図り、もって公共の福祉の増進に資すること」を目的としている。

敷地に「用途地域」が設定されている場合、地域ごとに建ててはいけない建築物の大きさや用途などが定められており、倉庫を住宅にリノベーションする場合や店舗を新規開店するときに注意しなければならない。

建築物を新しく建てるときだけでなく、増築したり、大規模な改修を行う場合にも確認申請の必要があり、計画の前に役所で事前確認をしておいたほうがよいだろう。

建築基準法では、建ぺい率や容積率、高さ制限、（北側や道路などの）斜線制限により、建築物の形態が制限されている（集団規定）。また、居室の採光や換気などの環境衛生面も規定されている。ほかにも階段に関して勾配や踊場、手摺などに規定がある。手摺は屋上やバルコニーに設置する場合の高さも決められている。建築材料は、防火性能について定められており、その性能により不燃、準不燃、難燃に分けられ、都市計画地域ごとに材料の使用が限定されている（単体規定）。最近は住宅でも地下室を設けるケースが増えているが、建築基準法によって住宅の地下室が定義されており、地階に居室を設ける場合においても、容積率の緩和などが規定されている。

図｜建築基準法の体系

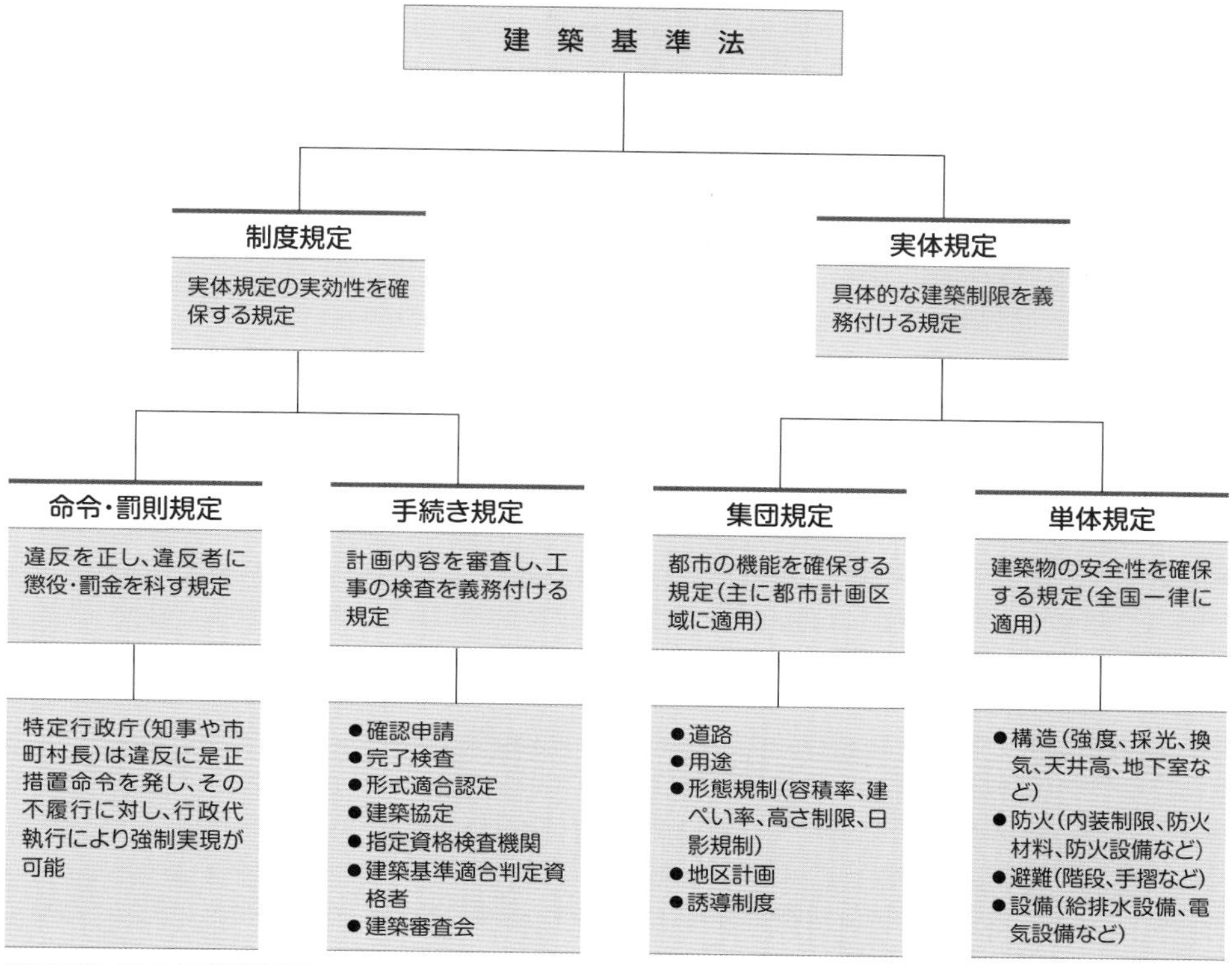

出典：「世界で一番やさしい建築基準法」谷村広一著

表｜建築基準法の構成

建築基準法	建築基準法1条では、「この法律は、建築物の敷地、構造、設備及び用途に関する最低の基準を定め、国民の生命・健康及び財産の保護を図り、もって公共の福祉の増進に資することを目的とする。」と明言している。建築基準法の法体系は3つの要素から成る。1つ目は法令運用上の総括的なものであり、適用の範囲、原則、制度、手続き、罰則規定など。あとの2つは、単体規定と集団規定と呼ばれる。単体規定は、建築物の構造、防火や避難施設、衛生設備などに関する安全性を確保するための規定であり、集団規定は、建築物の集団である街や都市において、安全で良好な環境を確保するための規定である。なお、建築基準法に適合しているかどうかは建築士が建築主事に建築確認申請し、主事は確認を行って判断する。現場においては、工事監理者が申請どおりに建築基準法が遵守されているかどうかを確認し、工事完了時には、検査を受ける
建築基準法施行令	建築基準法の規定を受けて、規定を実現するための具体的な方法や方策を定めている。建築基準法の施行に必要な衛生・構造・防火・避難などに関する技術的基準を定めた政令のこと
建築基準法施行規則	建築基準法と建築基準法施行令を実施する際に必要とされる設計図書や事務書式を具体的に定めている
国土交通省告示	建築基準法関係告示は国土交通省から公示される。複数分野の技術進歩に柔軟に追従するために、具体的な技術的基準を定めている。建築基準法・建築基準法施行令・建築基準法施行規則を補完する役割を担う

設計:STUDIO KAZ　写真:山本まりこ

111

内装制限
〜インテリア関連法規

Point
複雑な内装制限の適用範囲
住宅でも火気使用室をはじめ、内装制限の適用を受ける

火気使用室としての内装制限

建築基準法のなかでも、特にインテリアデザインに大きく関わるのが内装制限である。これは「建築物の内装の防火性能を高めることにより、火災の発生を防止するとともに万一火災が発生した場合においても、初期火災の拡大の遅延、有害な発煙等の防止を図り、安全に避難できるような建築物にすること」を目的とした規定である。

内装制限の適用は対象となる建物によって適用される基準や範囲が決まっているので把握したい【表】。

住宅においても内装制限が適用される【図１・２】。特にキッチンがある部屋は「火気使用室」と呼ばれ、より厳しく規制される。最近ではダイニングとリビングを合わせて一室とすることが多く、天井面から500㎜以上の準不燃もしくは不燃材料で仕上げた垂れ壁を設けない限り、その全てが適用対象となる。

戸建住宅に限ってはいるが、2009年に内装制限の適用対象が緩和されたが、見方によってはより厳しくなったともいえる【図3】。

またキッチンを扉で隠している事例をたまに見かけるが、「火気」を扉等で覆うことは消防法により禁止されている。これはキッチンだけでなく、衣類乾燥機も含まれるので注意したい。

IHクッキングヒーターの扱いについて

近年、家庭のキッチンにおいてIHクッキングヒーターの普及率が高くなっている。建築基準法（第35条の2）では「その他火を使用する設備若しくは器具」に該当しないため、内装制限が適用されない。ただし、条例等によっては電気を熱源とする火気使用設備・器具として適用することに留意したい。

表 | 内装制限の適用範囲

	対象建築物		措置の内容	
	用途	規模等	居室等	通路等
①	劇場、映画館、演芸場、観覧場、公会堂、集会場	・400㎡以上の耐火建築物	難燃材料※3、4	準不燃材料
		・100㎡以上の準耐火建築物		
		・100㎡以上のその他建築物		
	病院、診療所、ホテル、旅館、下宿、共同住宅、寄宿舎、児童福祉施設等（100m2区画されている耐火建築物は対象外）	・300㎡※1以上の耐火建築物		
		・300㎡※2以上の準耐火建築物		
		・200㎡以上のその他建築物		
	百貨店、マーケット、展示場、キャバレー等、ダンスホール、遊技場、公衆浴場、待合、料理店、飲食店、物販等	・1,000㎡※1以上の耐火建築物		
		・500㎡※2以上の準耐火建築物		
		・200㎡以上のその他建築物		
②	自動車車庫・修理工場、①の用途の地階		準不燃材料	準不燃材料※5
③	すべての用途※6	・階数3以上・延べ面積500㎡超	難燃材料※3	準不燃材料※5
		・階数2・延べ面積1,000㎡超		
		・階数1・延べ面積3,000㎡超		
④	内装制限上の無窓居室		準不燃材料	準不燃材料※5
⑤	火器使用室（住宅）	最上階を除く（階数2以上）	準不燃材料	
	火器使用室（住宅以外）		準不燃材料	

※1:三階以上の床面積　※2:二階の床面積　※3:壁のうち床面から1.2m以下の部分は対象外　※4:三階以上の階を特殊建築物の用途とする場合、天井は準不燃材料で仕上げる必要がある　※5:避難階段·特殊避難階段の場合、内装及び下地を不燃材料としなければならない　※6:学校等、法別表第一の2項用途で31㎡以下の部分、100㎡区画の条件を満たす部分は対象外

図1 | 内装制限の適用対象となる居室の部分

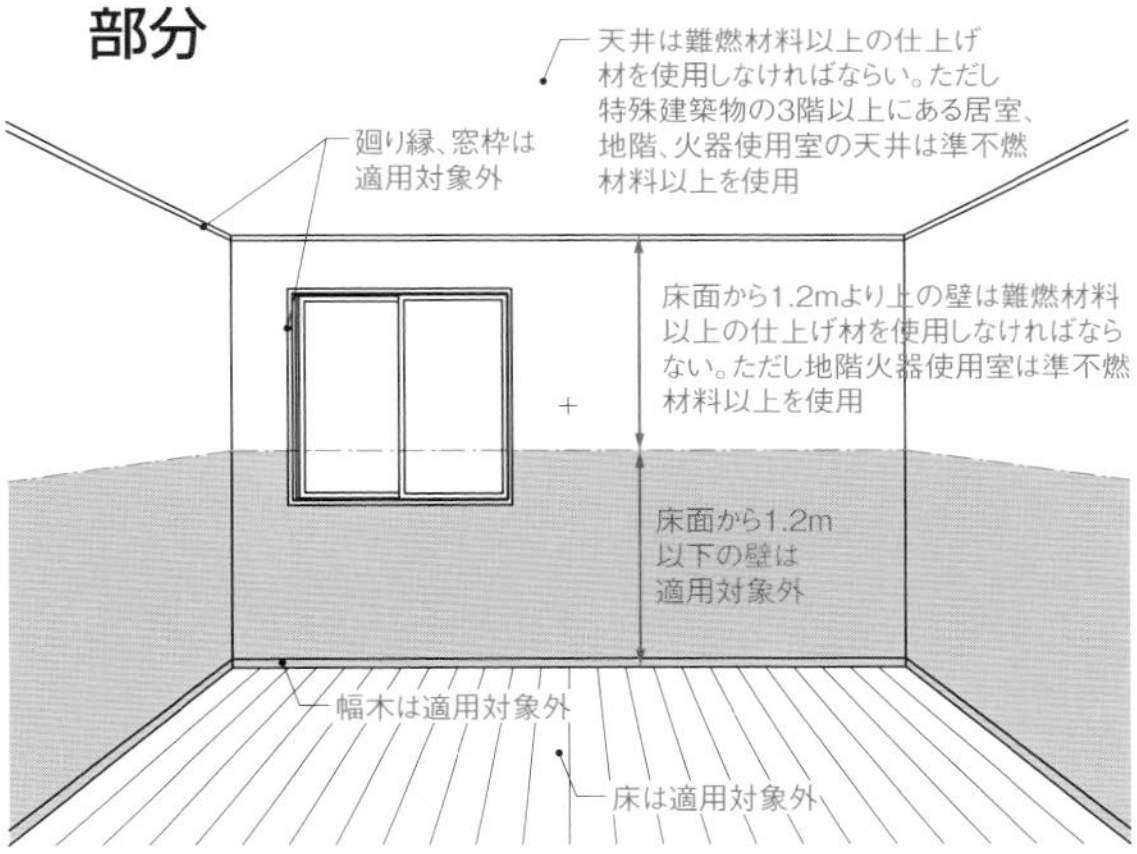

図2 | 住宅における内装制限の適用範囲

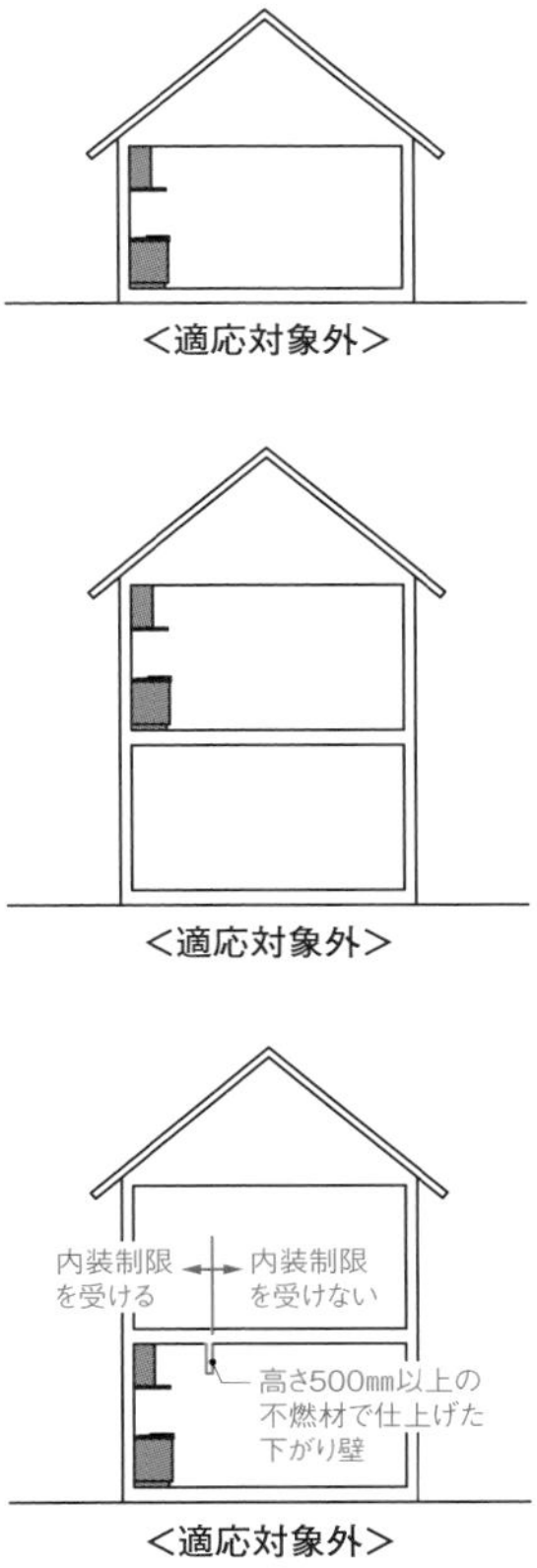

図3 | コンロ廻りの内装制限

火気使用室の壁と天井は準不燃材料以上の不燃材料で仕上げる

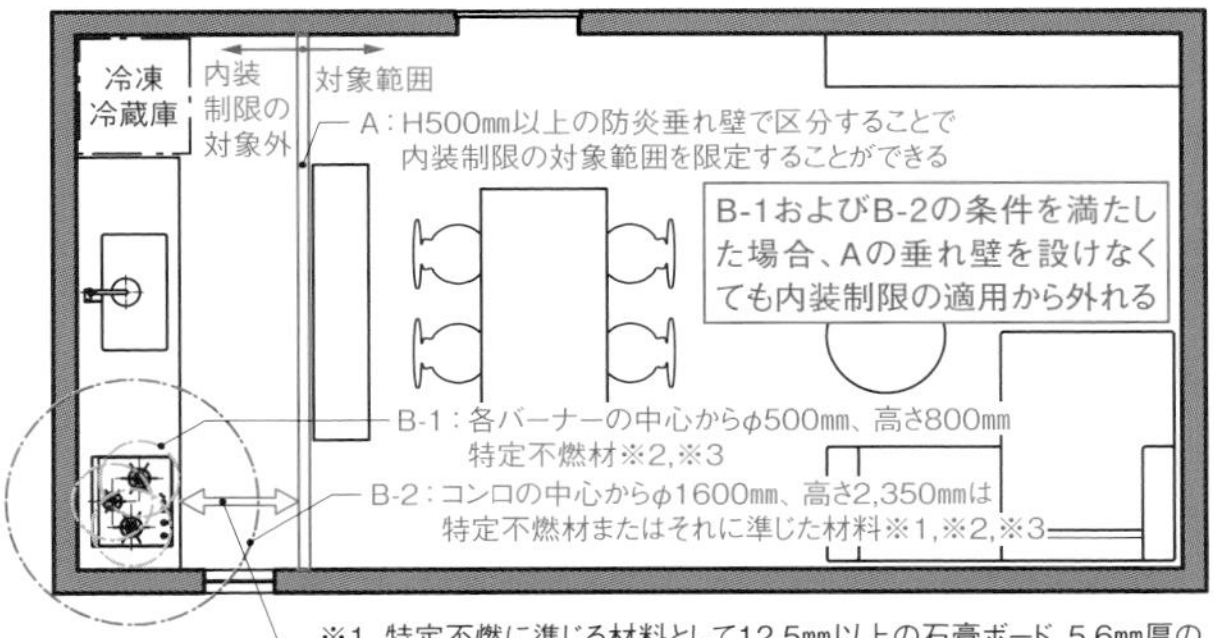
下がり壁は火源から天井までの高さの1／2以上離す

※1. 特定不燃に準じる材料として12.5mm以上の石膏ボード、5.6mm厚の珪酸カルシウム板2枚重ね、5.6mm厚の繊維強化セメント板2枚重ね厚さ12mm以上のモルタルの使用が認められる

※2. A、Bの基準は戸建住宅にのみ対象であり、集合住宅には適用されない

※3. 使用できる材料は仕上げだけでなく、下地や構造材も含まれる

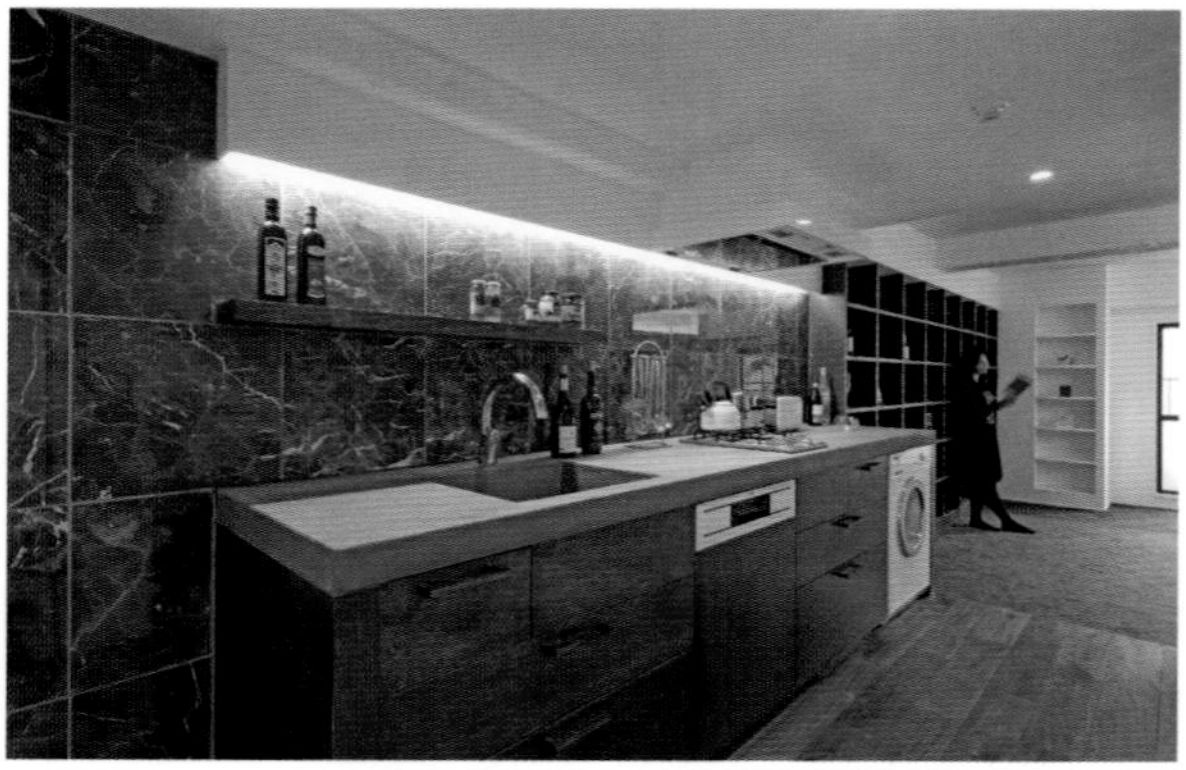

設計:STUDIO KAZ　写真:山本まりこ

112

コンロ周りの離隔距離
～キッチン関連法規

Point
- キッチンの加熱機器と壁や天井の距離を知る
- 加熱機器の種類によって離隔距離は違う

コンロまわりの離隔距離

住宅の中でもキッチンは火気を使用する場所であり、より火災への配慮が求められる。加熱機器と周囲の壁や天井、レンジフードまでの離隔距離は明確に定められている。

加熱機器と可燃物との離隔距離は、ガスコンロの場合、側方壁面は本体から150㎜（もしくは75㎜）以上、業務用機器の場合は200㎜以上、後方壁面は50㎜以上離さなければならない。ＩＨクッキングヒーターの場合は、側方及び後方共にＩＨヒーターの外周（本体ではなく）から100㎜以上もしくは本体から20㎜以上（いずれかの広い方の数値）離さなければならない。天井面までは１０００㎜以上が基本である。

レンジフードの高さ

レンジフードは火源からの距離が遠くなるほどに吸い込み能力は落ちるので、使用に不都合がない範囲で可能な限り火源に近づけたいのだが、これも法律等で定められている。

建築基準法及び建築基準法施行令では「火源から排気フード下端までの高さを100㎝以下としなければならない」とあり、火災予防条例準則では「レンジフード　のグリスフィルターと火源との距離は800㎜以上、これ以外のものと火源との距離は１０００㎜以上」となっている。「ただし、バーナー全口に過昇温度防止装置が付いたコンロの場合にのみ、特例として離隔距離を600㎜とすることができる」ともなっているが、現実的な数字とはいえない。以上のことを踏まえて、レンジフードの取付け高さは、ワークトップの高さ＋800～１０００㎜の間で、使う人の身長に合わせて決めたい。なお、これらの離隔距離は各機器に性能評定品もしくは適合品として、ラベルが添付されているので確認すること【図2】。

図1｜加熱機器まわりの離隔距離

ガスコンロまわりの離隔距離

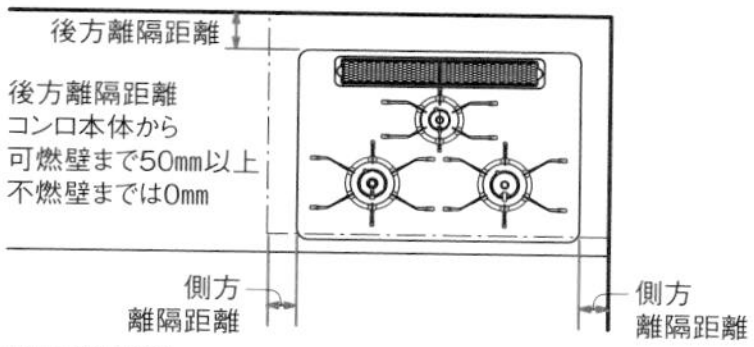

■ 後方離隔距離
コンロ本体から
可燃壁まで50mm以上
不燃壁までは0mm

■ 側方離隔距離
コンロ本体から可燃壁まで150mm以上（幅750mmのコンロの場合は75mm）
不燃壁までは0mm
業務用機器の場合は200mm以上

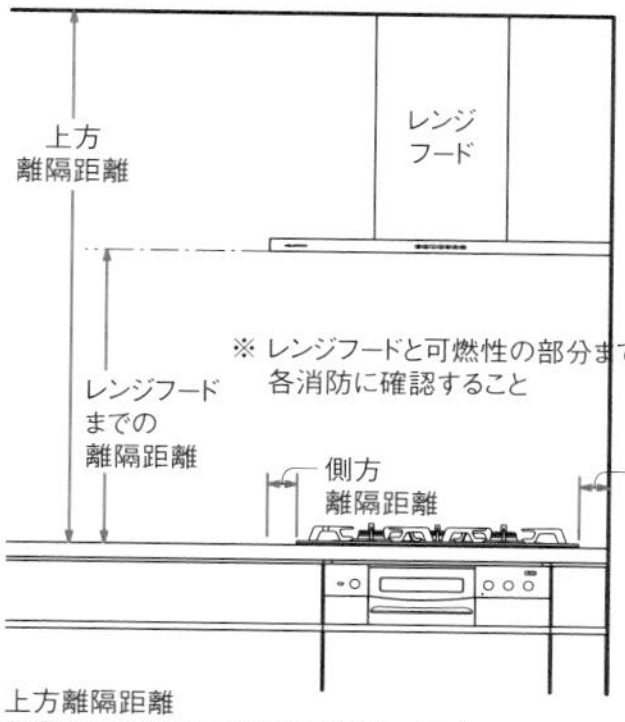

■ 上方離隔距離
周囲が不燃壁もしくが防熱板がない場合、
レンジフード（グリスフィルター）まで800mm以上、可燃性の部分まで1,000mm以上
周囲が不燃壁もしくが防熱板がある場合、
レンジフード（グリスフィルター）まで600mm以上、可燃性の部分まで800mm以上

IHクッキングヒーターまわりの離隔距離

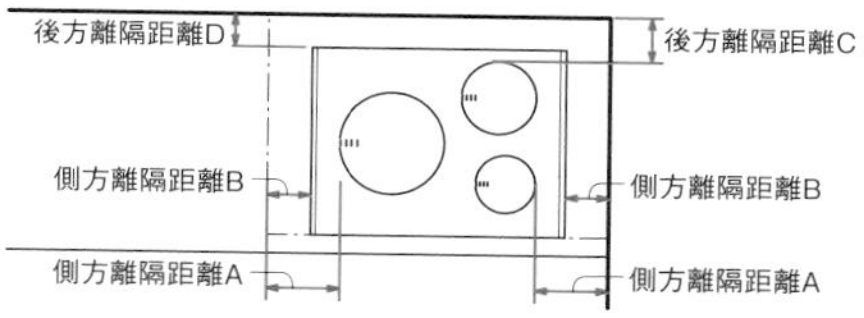

■ 可燃性の壁（防火構造以外）の場合の側方離隔距離
側方離隔距離Aが100mm以上もしくは側方離隔距離Bが20mm以上
後方離隔距離Cが100mm以上もしくは後方離隔距離Dが20mm以上
上方離隔距離は100mm以上

■ レンジフードもしくは不燃材の場合の離隔距離
側方離隔距離Bが0mm
後方離隔距離Cが0mm
上方離隔距離は600mm以上（全口IHの場合）
上方離隔距離は800mm以上（全口IHでない場合）

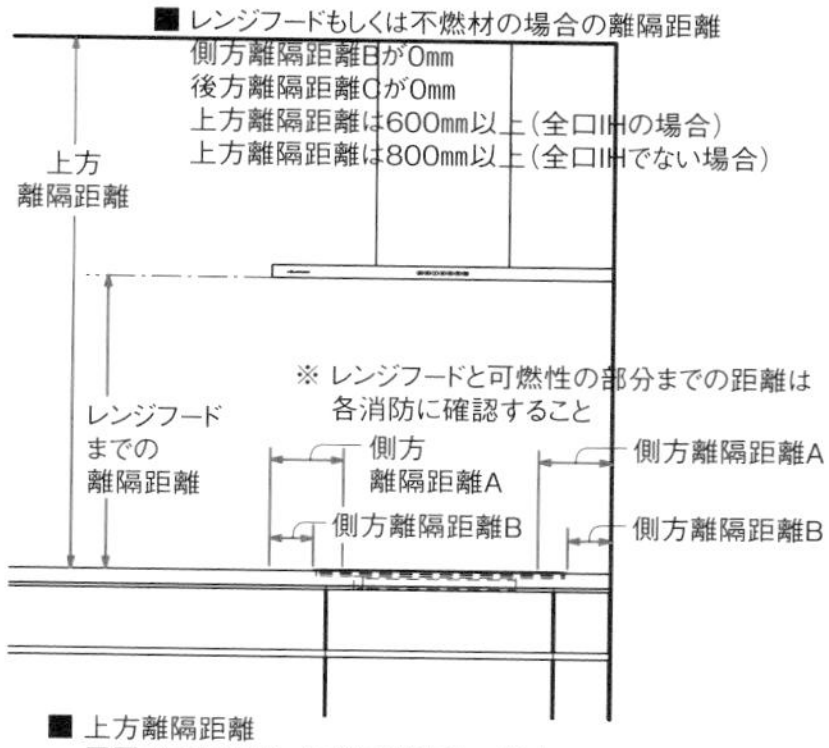

■ 上方離隔距離
周囲が不燃壁もしくが防熱板がない場合、
レンジフード（グリスフィルター）まで800mm以上、可燃性の部分まで1,000mm以上
周囲が不燃壁もしくが防熱板がある場合、
レンジフード（グリスフィルター）まで600mm以上、可燃性の部分まで800mm以上

表｜仕上げ別離隔距離

加熱機器	可燃材料（防火構造以外）の場合		不燃材の場合	
IHクッキングヒーター	側方離隔距離（IH部分）	100mm以上	側方離隔距離（IH部分）	
	側方離隔距離（本体）	20mm以上	側方離隔距離（本体）	0mm
	後方離隔距離（IH部分）	100mm以上	後方離隔距離（IH部分）	
	後方離隔距離（本体）	20mm以上	後方離隔距離（本体）	0mm
	上方離隔距離（全口IH）	1000mm以上	上方離隔距離（全口IH）	600mm以上
			上方離隔距離（全口IH以外）	800mm以上
	レンジフード	800mm以上	レンジフード（全口IH）	600mm以上
			レンジフード（全口IH以外）	600mm以上
ガスコンロ	側方離隔距離（本体）	150mm以上	側方離隔距離（本体）	0mm
	後方離隔距離（本体）	50mm以上	後方離隔距離（本体）	0mm
	上方離隔距離	1000mm以上	上方離隔距離	800mm以上
	レンジフード	800mm以上	レンジフード	600mm以上

※加熱機器によっては、離隔距離が個別に設定されている機種もあるので、必ず確認すること
※レンジフードと可燃物（吊戸棚やトールキャビネットなど）との離隔距離は消防署に確認すること

図2｜離隔距離を示すラベルの例

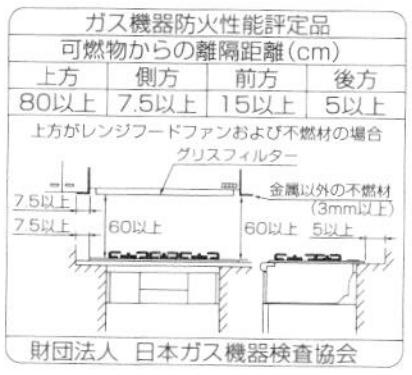

75cm幅タイプ

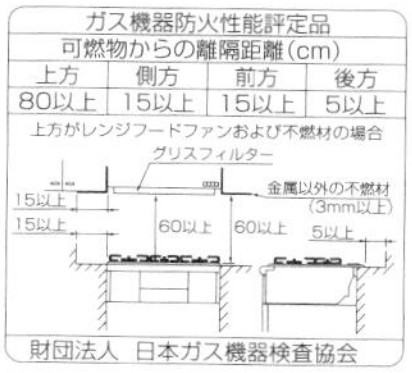

60cm幅タイプ

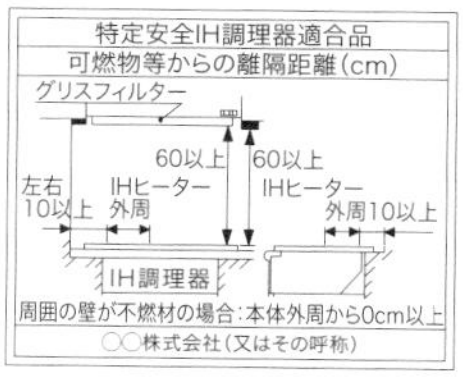

IHヒーター

第7章 インテリアデザインの仕事をするために

設計·写真:STUDIO KAZ

113

その他のインテリア関連法規

Point
安全な生活を送るために法が定められている
ユニバーサルデザインが求められている

消防法と火災予防条例

建築基準法のほかにも、消防法をはじめとして、インテリアに関わる法律は多い。なかには、認定マークを発行している機関もあるので、表示マークも合わせて覚えておきたい［図1］。

消防法は「火災を予防し、警戒し及び鎮圧し、国民の生命、身体及び財産を火災から保護するとともに、火災又は地震等の災害に因る被害を軽減すること」を目的とした法律である。内装仕上材は、建築基準法により内装制限が定められている。一方、カーテンやじゅうたんなどの調度品に関しては、消防法による「防炎規制」がある。対象部位に使用する場合、必ず「防炎マーク」を付けなければならない。テナントビルなどでは防炎認定番号の提出を求められることもあるので、メーカーに問い合わせる必要がある。また、火気を使用する設備の周辺での可燃物との離隔距離が設定されているので遵守が求められる［図2］。

バリアフリー新法などの法規

バリアフリー新法では「高齢者や障害者等が自立した日常生活及び社会生活を確保するために、商業施設などの建築物、公共交通機関の施設や車両、道路や屋外駐車場、都市公園など、日常生活で利用する施設を利便かつ安全に利用できるためにバリアフリー化を進めること」としている。オフィスビルでも車椅子対応など、万人が利用可能なユニバーサルデザインの摘要が求められている。品確法やPL法は、住宅や製品の瑕疵《かし》や欠陥などの責任の所在をはっきりさせることで、安心、安全に使うという使用者の権利を保護する法律である。廃棄物処理法や家電リサイクル法は、廃棄物の処分やリサイクルを正しく円滑に行うことを目的とし、環境問題に対応した法律といえる。

図1 | インテリア関連の制度と表示マーク(一部)

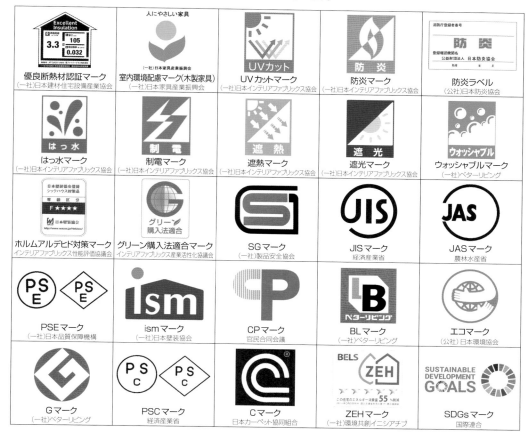

優良断熱材認証マーク (一社)日本建材住宅設備産業協会	室内環境配慮マーク(木製家具) (一社)日本家具産業振興会	UVカットマーク (一社)日本インテリアファブリックス協会	防炎マーク (一社)日本インテリアファブリックス協会	防炎ラベル (公社)日本防炎協会
はっ水マーク (一社)日本インテリアファブリックス協会	制電マーク (一社)日本インテリアファブリックス協会	遮熱マーク (一社)日本インテリアファブリックス協会	遮光マーク (一社)日本インテリアファブリックス協会	ウォッシャブルマーク (一社)ベターリビング
ホルムアルデヒド対策マーク インテリアファブリックス性能評価協議会	グリーン購入法適合マーク インテリアファブリックス産業活性化協議会	SGマーク (一社)製品安全協会	JISマーク 経済産業省	JASマーク 農林水産省
PSEマーク (一社)日本品質保障機構	ismマーク (一社)日本壁装協会	CPマーク 官民合同会議	BLマーク (一社)ベターリビング	エコマーク (公社)日本環境協会
Gマーク (一社)ベターリビング	PSCマーク 経済産業省	Cマーク 日本カーペット協同組合	ZEHマーク (一社)環境共創イニシアチブ	SDGsマーク 国際連合

図2 | ガスコンロの離隔距離

(東京都の火災予防条例の場合)

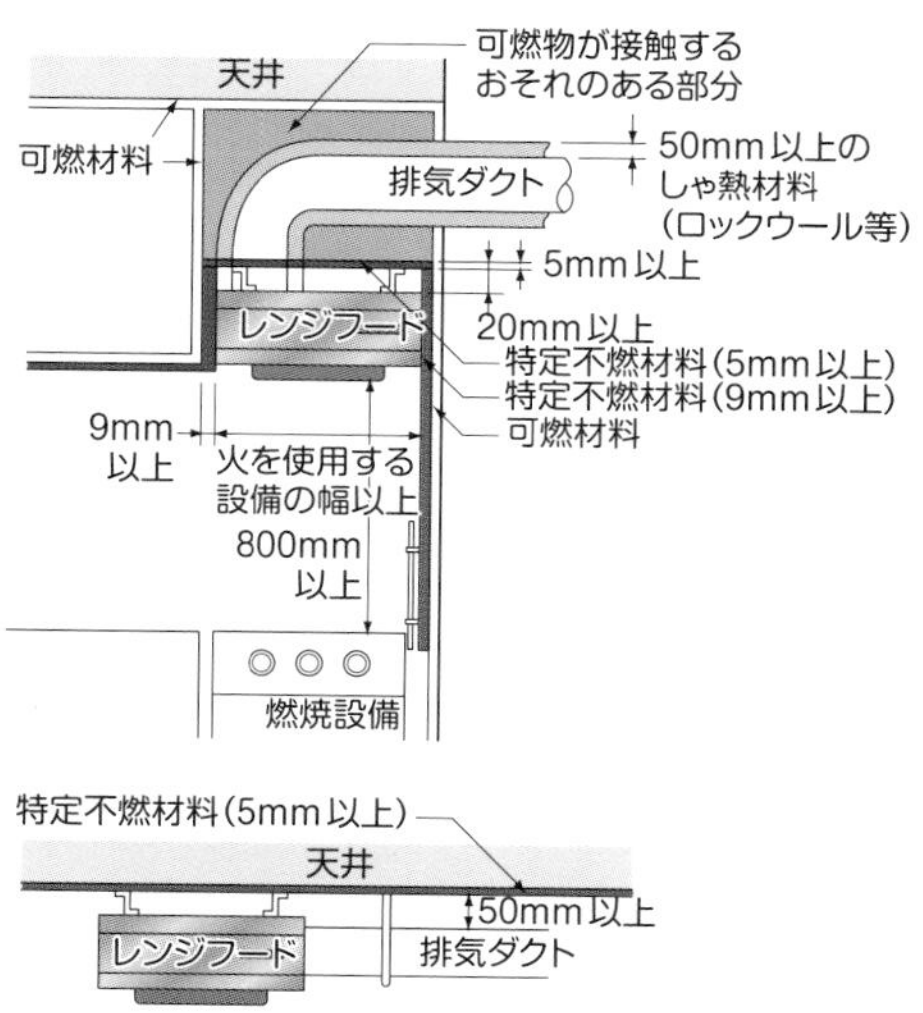

表 | 主な関連法規

建物に関する法令	建築基準法、同施行令、告示、通達
	消防法
	住宅の品質確保の促進等に関する法律
	省エネルギーの使用の合理化に関する法律
	高齢者、障害者等の移動等の円滑化の促進に関する法律
	長期優良住宅の普及の促進に関する法律
	耐震改修促進法
	廃棄物の処理及び清掃に関する法律+建物リサイクル法
	建物の区分所有に関する法律
環境に関する法令	環境基本法
	景観法
生活に関する法令	住生活基本法
	契約関連法規
	消費者保護法
	特定商取引法
商品に関する法令	工業標準化法
	農林物資の規格化及び品質表示の適正化に関する法律
	製造物責任法
	家電リサイクル法
	消費生活用製品安全法
	家庭用品品質表示法
	電気用品安全法

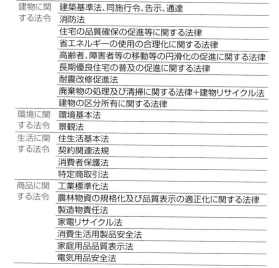

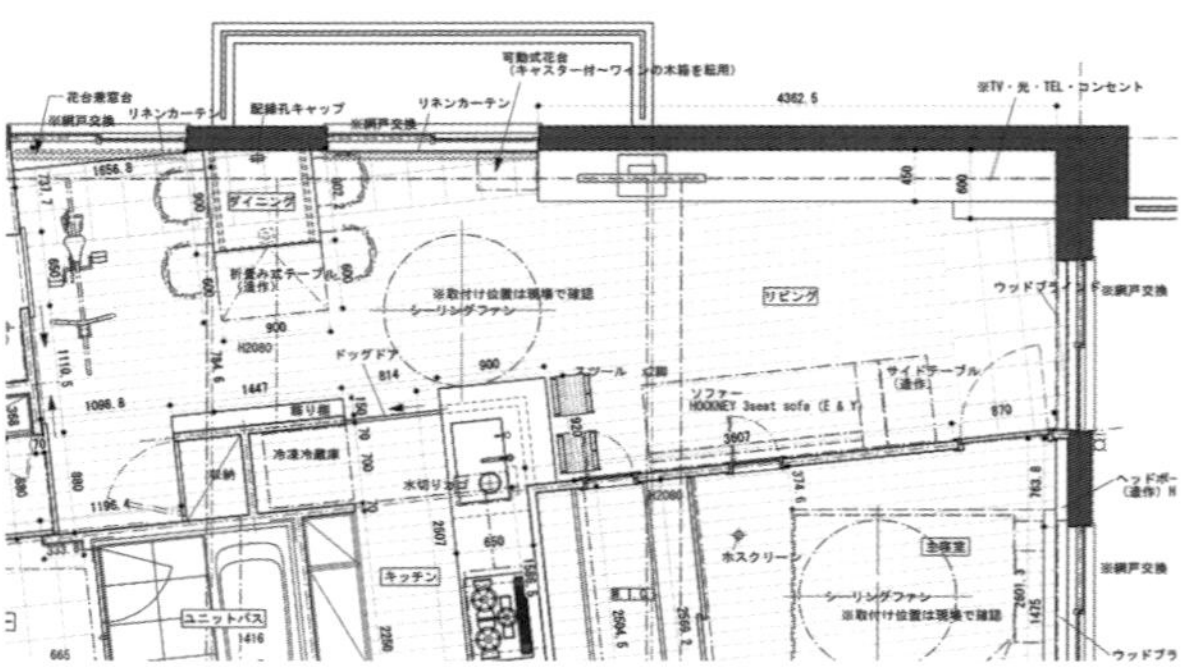

設計:STUDIO KAZ

114

インテリアの図面

Point
- 図面の基本を身に付けていなければ話にならない
- 打ち合わせの相手に応じて図面を使い分ける

図面を描く意味

建築やインテリアに関係なく、図面を描く意味は「自分（デザイナー）の意図を相手（建築主、施工者、職人など）に伝えること」であり、そのために相手に応じた図面を描く必要がある。つまり自分と相手との間の共通言語として、図面は存在している。

インテリアデザインと建築デザインで描く図面は基本的に変わらないが、職種によっては求められる図面が違ってくる。しかし、インテリアと建築は不可分の関係にあり、建築設計者や現場監督、職人との打ち合わせも多い。そのため建築図面に触れる機会は少なくない。たとえばインテリアコーディネーターは、照明のプロット図面や配線図、設備配管図、仕上表などを自ら作成することも多いし、インテリアスタイリストや家具デザイナー、照明デザイナーは与えられたスペースを把握するために、建築図面を正確に読み解かなければならない。つまりインテリアに関わる仕事をするうえで、最低でも図面を正確に読むことが必要となる。そのためには「基本的な図面の規則」を知らなければ話にならない。ここでいう「基本的な図面の規則」とは、線の種類とその意味、各種記号の意味、寸法の取り方を指す【表1・2】。

プレゼン用と現場施工用の図面

建築主プレゼンテーション用の図面と現場施工用の図面は使い分けなければならない。現場用の図面では各職方が作業をするうえで支障がないように、詳細な情報が図面に盛り込まれなければならないが、プレゼンテーション用の図面では情報を整理し、時には色付きで表現したり、パーツや材料の写真、パースなどを添付したりする。図面を読むことに慣れていない顧客が理解しやすいように努めたい。

表1 基本的な図面の規則

① 線の種類

断続形式による種類

- 実　線
- 破　線
- 一点鎖線

太さによる種類

- 細　線
- 中　線
- 太　線

	実　線	破　線	一点鎖線	
細線	寸法線、寸法補助線、引出し線、ハッチング、特殊な用途に用いる線	かくれ線	中心線 基準線 切断線	そこにないもの
中線	外形線	かくれ線	想定線	そこにあるもの
太線	断面線			切った所

※線の太さと種類を明確に使い分けることでメリハリのある図面を心掛ける。そうすることで理解しやすい図面を書くことができる。

② 寸法の入れ方

※寸法の入れ方を間違うと間違って伝わる可能性が高くなる。

寸法補助記号

φ……直径　R……半径

□……四角(正方形)

t……厚み　c……面取り

マーカーの種類

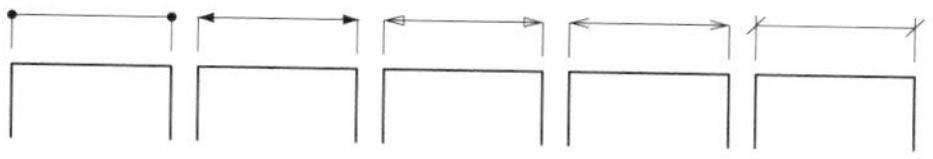

寸法の表し方

辺の長さ　弦の長さ　円弧の長さ　角度

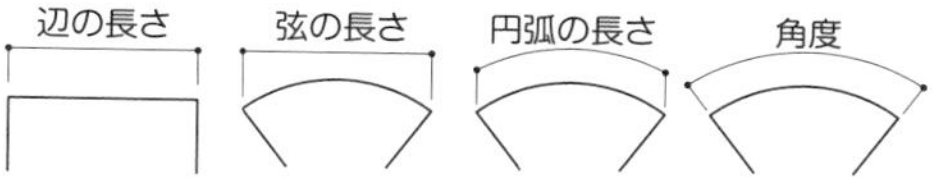

文字の置き方

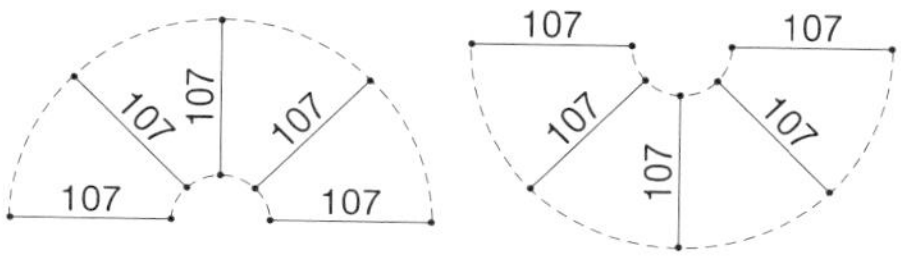

表2 設備図の表示記号(一部)

記号	電気設備
CL	シーリングライト
DL	ダウンライト
P	ペンダント
B	壁付灯
S	スポットライト壁付
S	スポットライト天井付
	蛍光灯
	蛍光灯壁付
F	フットライト壁付
	ローゼット
●	スイッチ
●H	スイッチ・ホタル
●T	スイッチ・タイマー
●3	スイッチ・3路
	スイッチ・調光
●L	スイッチ・パイロット

記号	名称
S	熱感センサー(天井)
	コンセント・壁付1口
2	コンセント・壁付2口
n	コンセント・壁付n口
E	コンセント・壁付アース付
WP	コンセント・壁付防水型
	コンセント・床付
200	コンセント・壁付200V
M	マルチメディアコンセント
R	リモコン(給湯器(HW))
F	床暖コントローラー
	アウトレット・電話用(壁用)
	アウトレット・TV用(壁用)
	LAN
TV d	インターホン子機(カメラ付ドアホン)
TV T	インターホン親機(モニター付)
TV t	インターホン増設親機(モニター付)

記号	名称
d	インターホン子機
T	インターホン親機
t	インターホン増設親機
	弱電用端子盤
	分電盤
	動力盤・制御盤
	スピーカー・天井付
	スピーカー・壁付
	換気設備
	換気扇
	天井扇
	その他
⊗	排水
	混合栓
	給水栓
	給湯栓
	ガス栓

115

パース

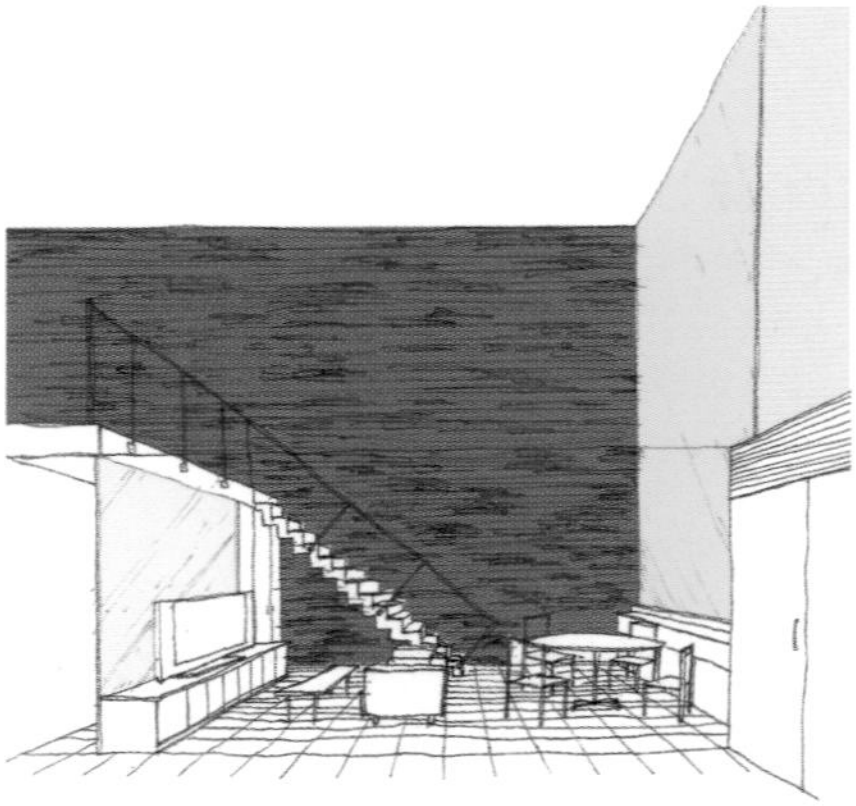
パース作成:STUDIO KAZ

Point
パースはプレゼンテーションの有効なツールである
パース、アイソメ、アクソメ、フリーハンドスケッチなどを使い分ける

パースの基本

平面図や展開図では、立体感を表現することは難しい。特に各面のつながりや納まりを説明、検討する場合、立体的に表現する必要がある。それがパース（パースペクティブ）であり、図面を読み慣れていない顧客に対してのプレゼンテーションでは非常に有効なツールになる【図1】。そのため、必ず身に付けておかなければならない。

パースは透視図法、遠近図法とも呼ばれ、遠くのものは小さく、近くのものは大きく表現し、奥行き方向に平行な線は1つの点に収束するという原理に基づく。透視図法には平行透視図法（1消点）、有角透視図法（2消点）、斜透視図法（3消点）の3種類があり【図2】、このうち平行透視図法が手軽に描けることもあって最もよく使われる。有角透視図法は平行透視図法よりも自然な立体感で表現できるため、こちらも頻繁に使われる技法である。

また、アイソメ（アイソメトリックパース）やアクソメ（アクソノメトリックパース）という軸測投影図という表現方法もある【図3】。これらは、すべての寸法が実寸で表されるため、透視図と比べて作図が簡単であり、空間の構成や家具などのエレメントの姿図を表現するのに適している。

フリーハンドスケッチ

これらの基本を理解しておけば、パースグリッドなどを用いて手軽に（簡略化して）パースを描ける。また、現場や打ち合わせの席、思考の過程などフリーハンドでスケッチすることが多いが、その場合もパースの基本が身に付いていると、より分かりやすく表現できる。日頃から身の回りやインテリア写真などを意識を高くして描くことで、技術は向上する。そのためにスケッチブックは常に携帯しておきたい。

図1 | パースの例 (手描きパースにPhotoshopで着色)

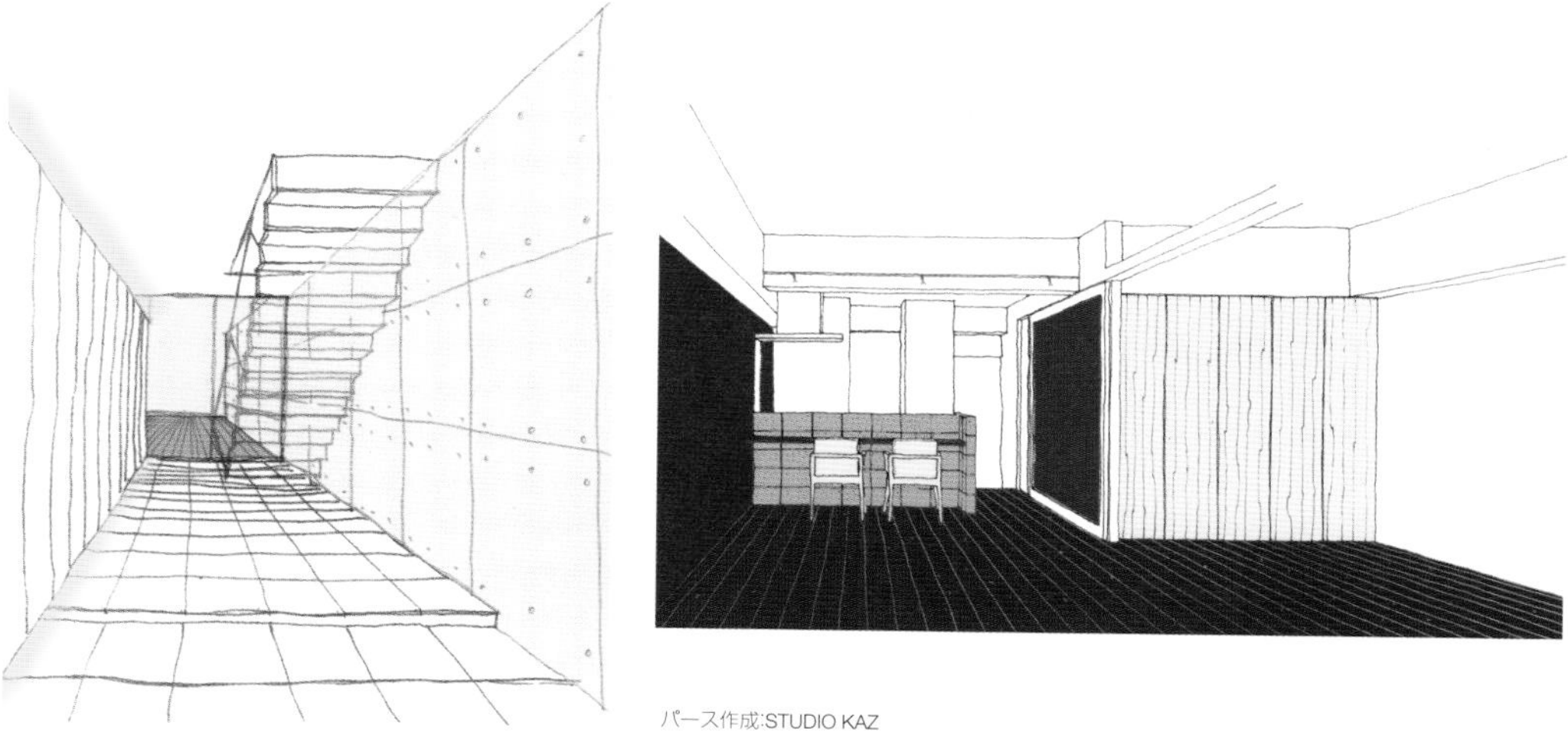

パース作成:STUDIO KAZ

図2 | 透視図法の種類

① 1消点図法(平行透視図)

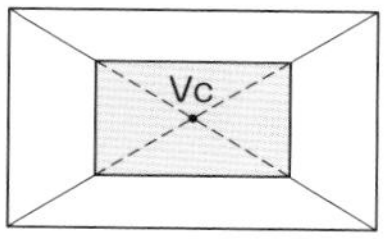

② 2消点図法(有角透視図)

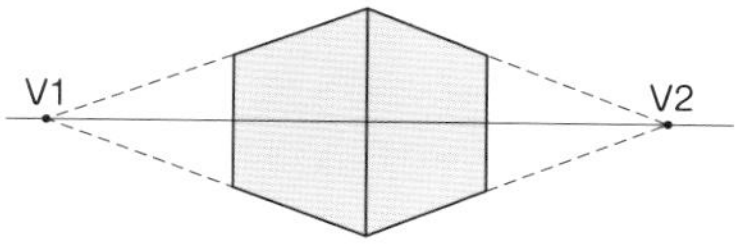

③ 3消点図法(斜透視図)

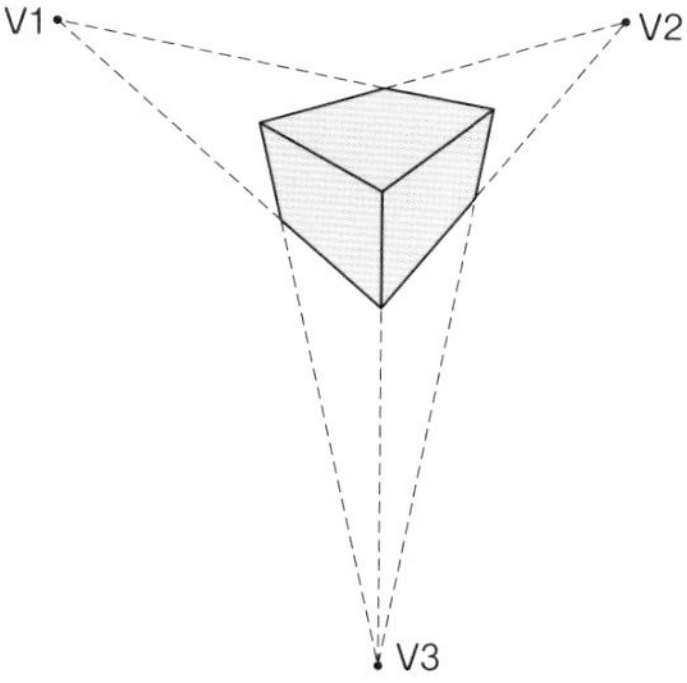

Vは消点を示す

図3 | アイソメ図とアクソメ図

① アイソメ図

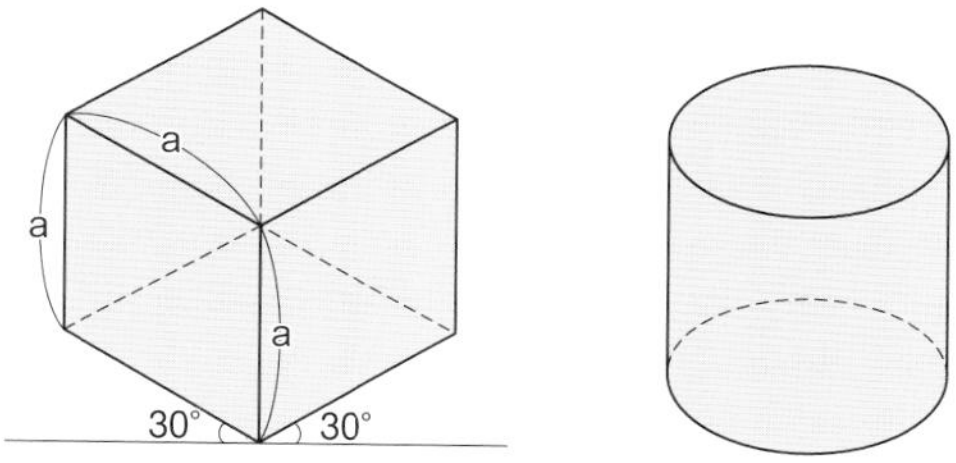

立方体を描く場合、縦・横・高さの比は1:1:1になるので描きやすい。円は35°(傾斜)の楕円定規を用いる

② アクソメ図

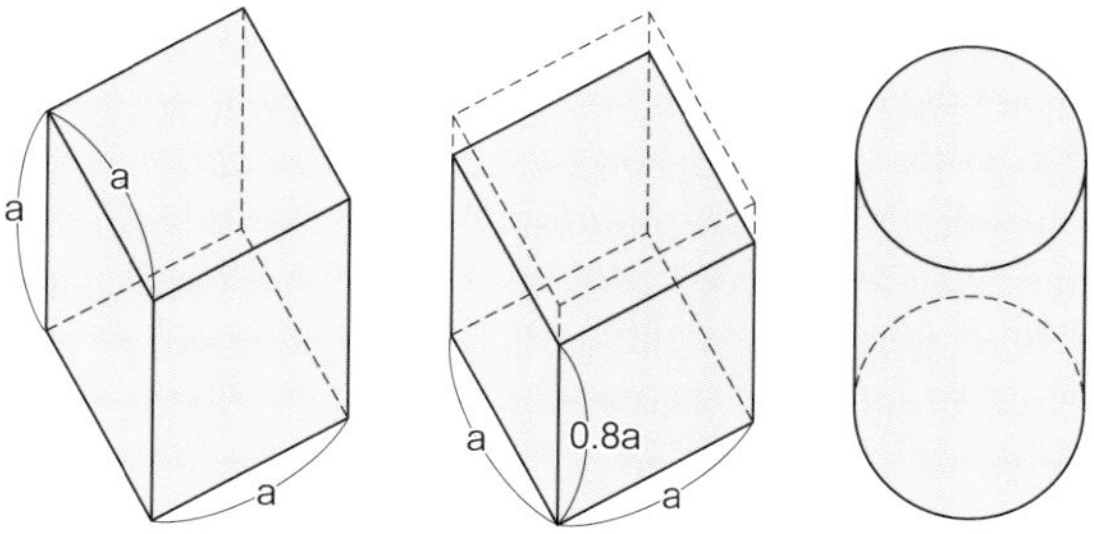

立方体の縦・横・高さを1:1:1にとると高さが強調されるので、高さ方向を0.8ぐらいにするとよい。円は、そのままのかたちを使えるので描きやすい

設計·CG作成:STUDIO KAZ

116

CADとCG

Point
データを共有してひとつのプロジェクトが進められる
BIMを活用してミスを減らし、コスト削減につなげる

チームで描く図面

手描き図面をほとんど見なくなり、コンピューターで描かれたCAD図面ばかりで、昔の美しく個性的な図面が見られないのは寂しい限りだ。

最近では多くのCADソフトがあり、PCや周囲の環境によって選ばれている【表】。また一つの物件を進めるにあたって、処理しなければならない情報量が非常に多く、専門性も高くなりひとりの設計者で完結することは少ない。チームやネットワークでそれぞれの担当者が図面を共有して描くこともある。そのため違うソフトを使っていても汎用フォーマット（dxfなど）でやりとりすることでスムーズにプロジェクトが進められる。CADを利用していない相手にはPDFなどで送ることになる。

大規模な現場を除いて、図面はA3サイズで作成することが多くなった。そのためA3サイズのカラープリンター、スキャナー、FAX機能が搭載された複合機の採用が多い【写真】。3DCGは静止画だけでなく、ウォークスルー動画やVR／ARなども併せてプレゼンテーションに利用される。

プロジェクトを一括管理する

今では建築計画の全ての工程をBIM（Building Information Modeling）で一括管理できるようになった。基本設計、プレゼンテーション、実施設計、確認申請、長期優良住宅申請、ZEH、外皮計算、省エネ計算、構造計算、積算見積りまでを行う3D BIMに加えて工程管理を行う4D BIM、コスト管理まで加えた5D BIMも導入されはじめている。つまり建築意匠、測量、構造、施工、積算、購買までもが一つのデータをチェックすることにより、プロジェクト全体のコスト削減につながっている。

表｜代表的なCADソフト、CGソフトの種類と販売会社

	ソフト	対応OS		販売会社
2D	AutoCAD	Win	Mac	Autodesk
	Jw CAD	Win		フリーソフト
	DRA-CAD	Win		建築ピボット
3D	VectorWorks	Win	Mac	エーアンドエー
	ARCHITREND ZERO	Win		福井コンピュータアーキテクト
	Walk in Home	Win		安心計画
	3Dマイホームデザイナー PRO	Win		メガソフト
	3ds Max	Win		Autodesk
	Shade3D	Win	Mac	フォーラムエイト
	SketchUp Pro	Win	Mac	アルファコックス
	Fusion 360	Win	Mac	Autodesk
BIM	ArchiCAD	Win	Mac	グラフィソフト
	VectorWorks Architect	Win	Mac	エーアンドエー
	Revit	Win		Autodesk
	GLOOBE	Win		福井コンピュータアーキテクト

写真｜代表的なプリンター

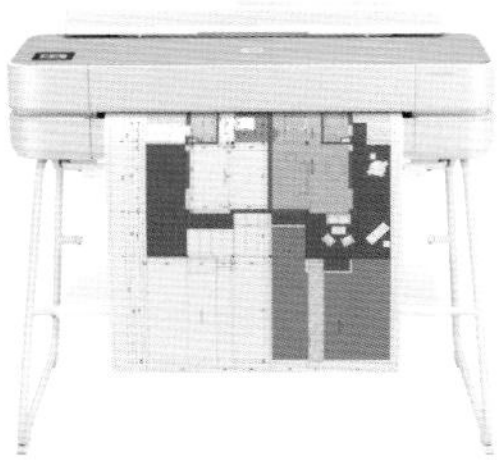

HP DesignJet Studio A1
●メーカー：日本HP
●外形寸法（WxDxH）：1,013×D 555×H 932mm
●重量：33.6kg
写真提供：日本HP株式会社

エプソン A3ノビ対応インクジェット複合機
エコタンク搭載モデル
PM-M6712FT
●メーカー：EPSON
●外形寸法（WxDxH）：515×500×350mm
●重量：約21.5kg
写真提供:セイコーエプソン株式会社

MFC-J6983CDW
●メーカー：ブラザー工業
●外形寸法（WxDxH）：575×477×375mm
●重量：約23.4kg
写真提供:ブラザー工業株式会社

図｜CGの例

キッチンの提案CG
設計·CG作成:STUDIO KAZ

設計・模型作成:STUDIO KAZ

117

プレゼンテーション

Point
プレゼンテーションのクオリティが求められる時代である
最後は実物で確認しなければならない

体験型プレゼンテーションが主流

数年前まで2次元で行っていたプレゼンテーションもすっかり様変わりした。3D CGを使用したVR（Virtual Reality）や家具や仕上げ材のデータを利用したAR（Augmented Reality）など、体験型のプレゼンテーションも当たり前になってきた。顧客にとってはよりリアリティが増し、理解度も上がるだろう。PCさえあれば手軽に利用できるようになったため、今後は画質を含め、クオリティが求められる。

VR／ARを使用しないまでも、最近ではPowerPointやkeynoteなどのプレゼンテーションソフトを使うことが多い。これらはほとんどのPCやタブレット、スマートフォンでも再生することができるため、メールやオンラインでのプレゼンテーションも可能になり、顧客からのフィードバックも期待できる**【写真2】**。

もちろん昔ながらの模型を使ったプレゼンテーションも非常に有効な手段である。模型はクライアントの理解力を高めるだけでなく、設計者やデザイナー自身が空間構成を把握するために最も適している**【写真3】**。

プレゼンテーションはセンスが大事

しかしながら、我々の仕事はいうまでもなくバーチャルな空間ではなく、顧客のためのリアルな空間を作ることだということを忘れてはならない。空間を構成する色のニュアンスや素材の表情や質感は、3D CGやVR／ARでは正確に再現することはできない。最後は実物の素材サンプルや色見本の組み合わせを使って、コーディネートを決めなければならない**【写真4】**。

いずれにしても、プレゼンテーションのまとめ方のセンスが問われる時代になった。

写真1 | VRプレゼンテーションのイメージ

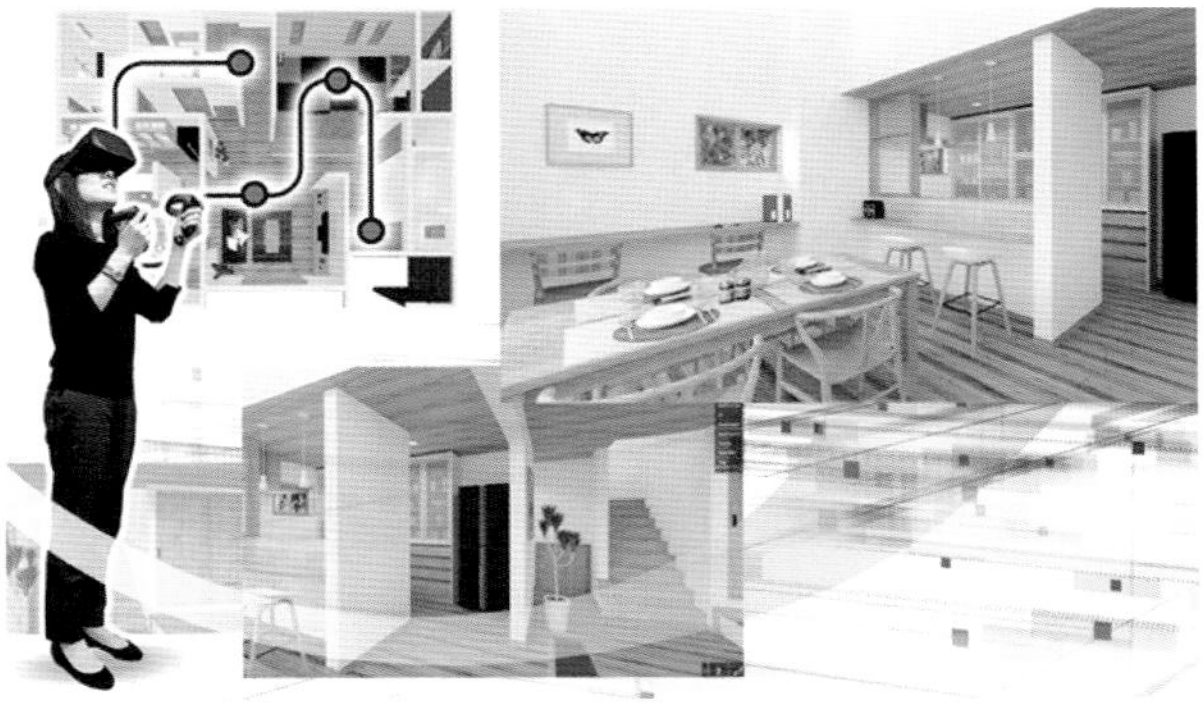

写真提供:安心計画株式会社

写真2 | keynoteを使ったプレゼンテーション

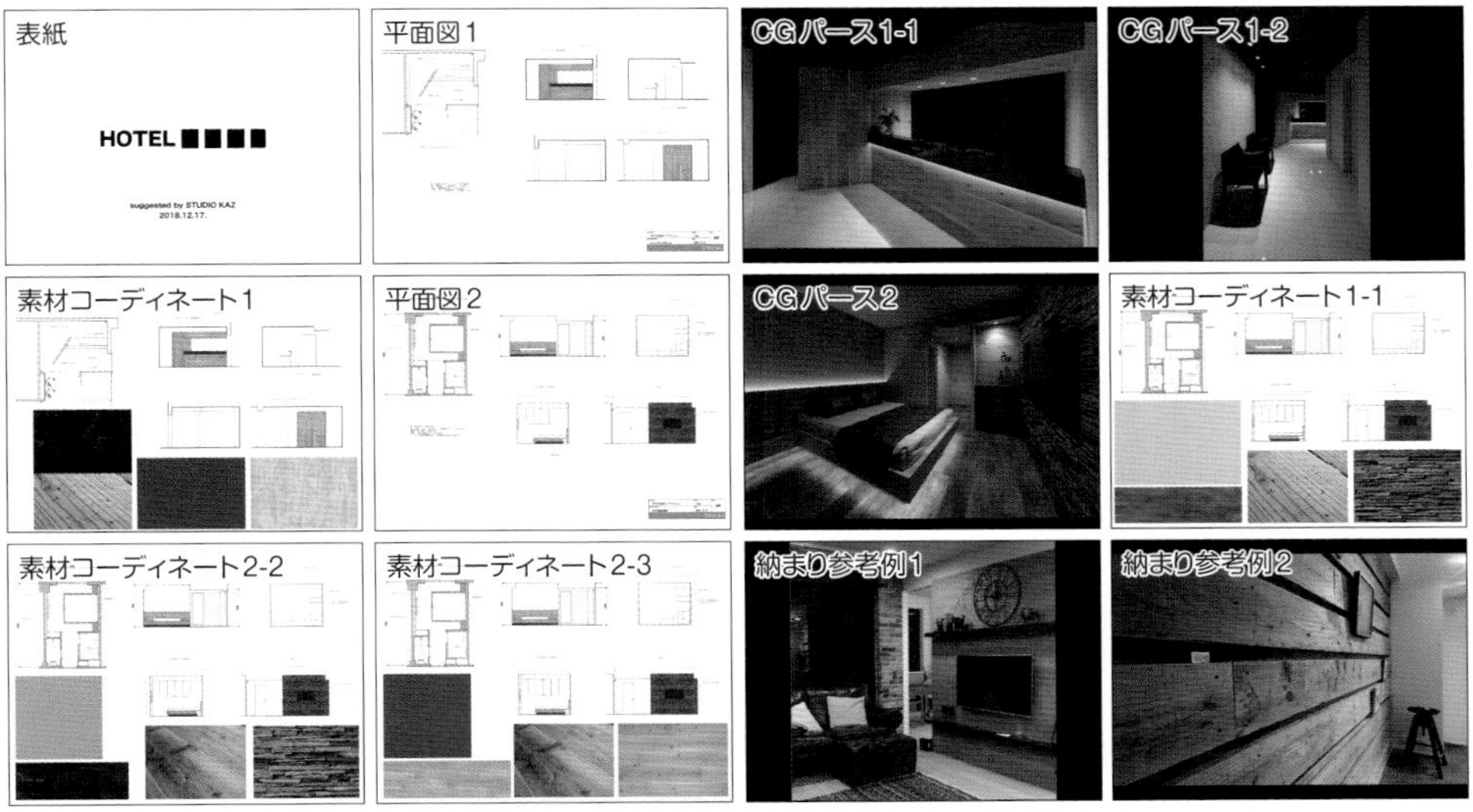

資料作成:STUDIO KAZ

写真3 | 模型を使ったプレゼンテーション

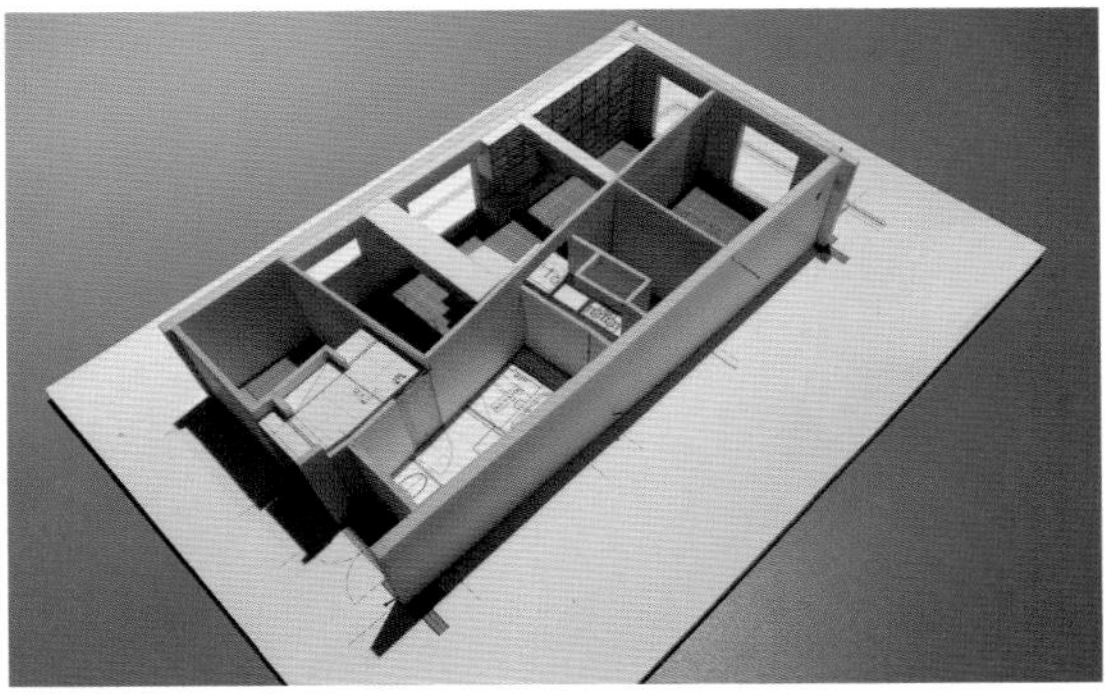

模型製作・写真:STUDIO KAZ

写真4 | 素材コーディネートのプレゼンテーション

製作・写真:STUDIO KAZ

索引 INDEX

著者プロフィール｜PROFILE

著者

和田浩一／coichi wada

（株）STUDIO KAZ代表。インテリアデザイナー・キッチンデザイナー／1965年福岡県生まれ。1988年九州芸術工科大学卒業後、トーヨーサッシ（現LIXIL）株式会社入社。1994年STUDIO KAZ設立。1998～2012年バンタンデザイン研究所、2002～2006年工学院大学専門学校、2014年～東京デザインプレックス研究所非常勤講師。2014年に工務店にキッチンの知識を指導する「キッチンアカデミー 」を立ち上げる。2020年大阪に「THE KITCHEN DEMO & lab.」という施設を開設する。「キッチンスペースプランニングコンクール」「住まいのインテリコーディネーションコンテスト」など受賞歴多数。個展やグループ展も積極的に開催。二級建築士、インテリアコーディネーター、キッチンスペシャリスト

協力

小川由華莉／yukari ogawa

参考文献 REFERENCES

□椅子のデザイン小史（大廣保行著、鹿島出版会刊）

□色の科学（金子隆芳著、朝倉書店刊）

□インテリアコーディネーターハンドブック技術編（社団法人インテリア産業協会刊）

□インテリアコーディネーターハンドブック販売編（社団法人インテリア産業協会刊）

□カラーコーディネーター入門ー色彩（大井義雄・川崎秀昭著、日本色研事業刊）

□キッチンをつくる／KITCHENING（和田浩一＋STUDIO KAZ著、彰国社刊）

□暮らしのためのデザイン（秋岡芳夫著、新潮社刊）

□コイズミ照明カタログ

□色彩演出事典（北畠耀編、セキスイインテリア刊）

□色彩科学入門（財団法人日本色彩研究所編、日本色研事業刊）

□色彩学貴重書図説（北畠耀著、社団法人日本塗料工業会刊）

□色彩の心理学（金子隆芳著、岩波書店刊）

□住まいのインテリアデザイン（朝倉書店刊）

□住まい方の思想（渡辺武信著、中公新書刊）

□住まい考（三菱商事・住まい館、GK道具学研究所編、筑摩書房刊）

□東京電力オール電化住宅のご提案パンフレット

□寝床術（睡眠文化研究所編、ポプラ社刊）

□パタンランゲージー環境設計の手引（クリストファー・アレグザンダー著、鹿島出版会刊）

□木のデザイン図鑑（エクスナレッジ刊）

□建築知識1993年5月号（エクスナレッジ刊）

□建築知識1993年9月号（エクスナレッジ刊）

□建築知識2006年4月号（エクスナレッジ刊）

□建築知識2008年7月号（エクスナレッジ刊）

□建築知識2009年9月号（エクスナレッジ刊）

□すまいのビジュアル事典 誰にも聞けない家造りのコトバ（エクスナレッジ刊）

110のキーワードで学ぶ 世界で一番やさしいシリーズ

□06／RC・S造設計編（佐藤秀・SH建築事務所著、エクスナレッジ刊）

□07／建築設備編（山田浩幸著、エクスナレッジ刊）

□09／木造住宅監理編（安木正著、エクスナレッジ刊）

□11／建築構法編（大野隆司著、エクスナレッジ刊）

□12／建築基準法編（谷村広一著、エクスナレッジ刊）

世界で一番やさしい　インテリア
改訂版

2021年3月25日　初版第1刷発行
2023年3月20日　　　第2刷発行

著　者　和田浩一
発行者　澤井聖一
発行所　株式会社エクスナレッジ
〒106-0032
東京都港区六本木7-2-26
https://www.xknowledge.co.jp/

問合せ先　編集　Tel : 03-3403-1381　Fax : 03-3403-1345
Mail : info@xknowledge.co.jp
販売　Tel : 03-3403-1321　Fax : 03-3403-1829